文学与当代史丛书

丛书主编
洪子诚

农民说理的世界

赵树理小说的形式与政治

（增订版）

李国华 著

北京大学出版社
PEKING UNIVERSITY PRESS

图书在版编目（CIP）数据

农民说理的世界：赵树理小说的形式与政治 / 李国华著. —— 增订版. —— 北京：北京大学出版社, 2025.9. —— (文学与当代史丛书). —— ISBN 978-7-301-36612-7

Ⅰ. I207.42

中国国家版本馆CIP数据核字第2025DD1891号

书　　名	农民说理的世界：赵树理小说的形式与政治（增订版） NONGMIN SHUOLI DE SHIJIE: ZHAOSHULI XIAOSHUO DE XINGSHI YU ZHENGZHI (ZENGDING BAN)
著作责任者	李国华　著
责任编辑	黄敏劼
标准书号	ISBN 978-7-301-36612-7
出版发行	北京大学出版社
地　　址	北京市海淀区成府路205号　100871
网　　址	http://www.pup.cn　新浪微博：@北京大学出版社 @阅读培文
电子邮箱	编辑部 pkupw@pup.cn　总编室 zpup@pup.cn
电　　话	邮购部 010-62752015　发行部 010-62750672　编辑部 010-62750112
印　刷　者	天津联城印刷有限公司
经　销　者	新华书店
	880毫米×1230毫米　16开本　28印张　354千字 2025年9月第1版　2025年9月第1次印刷
定　　价	108.00元（精装）

未经许可，不得以任何方式复制或抄袭本书之部分或全部内容。
版权所有，侵权必究
举报电话：010-62752024　电子邮箱：fd@pup.cn
图书如有印装质量问题，请与出版部联系，电话：010-62756370

目录

序 …………………………………………………… 吴晓东 iii

导　论　赵树理小说的形式与社会主义政治 ……………… 1
　　一　赵树理研究的问题性　　　　　　　　　　　　1
　　二　农村认识与文学农村　　　　　　　　　　　　10
　　三　农村小说形式的文学政治　　　　　　　　　　19
　　四　研究思路及论述策略　　　　　　　　　　　　29

第一章　"世界"及其再现 …………………………………… 35
　　一　"世界"的意义与功能　　　　　　　　　　　　36
　　二　再现的阶级结构和政权结构　　　　　　　　　51
　　三　政治情感的疾病隐喻　　　　　　　　　　　　67

第二章　"理"的辩证法 ……………………………………… 80
　　一　"老直理"与"真理"：民意及其变异　　　　　81
　　二　"势力就是理"："理"与"势"的结构关系　　　97
　　三　"理"的分裂：人文地理、家庭伦理及个人心理　115
　　四　救赎"理"的暴力：事理、情理及私情　　　　134

第三章 "说"的欲望、能力及形式 …………………… 149
　　一　寻找"能说话"的人　　　　　　　　　150
　　二　学会"说"　　　　　　　　　　　　　164
　　三　"官腔"与"老百姓的话"　　　　　　　177
　　四　"说"的乌托邦　　　　　　　　　　　192

第四章 "农民"的主体性 …………………………… 206
　　一　"农民"的主体形象　　　　　　　　　209
　　二　"农民"主体性的觉醒与确立　　　　　222
　　三　暧昧的叙述主体　　　　　　　　　　235
　　四　"农民"主体的可能　　　　　　　　　248

第五章 赵树理小说写作的困境 …………………… 262
　　一　真实与社会主义政治　　　　　　　　263
　　二　"世界"的消失　　　　　　　　　　　285

结　语 ……………………………………………… 301

附录一　乡村之外——追踪赵树理小说中的城市因素 …… 308
附录二　劳动、尊严及其形式——赵树理小说《福贵》释读 …… 336
附录三　事例的事理与纹理——赵树理《实干家潘永福》释读 …… 362
附录四　论周立波《暴风骤雨》的叙述与形式 …………… 381
附录五　赵树理之影及其他——解读丁玲《太阳照在桑干河上》的
　　　　一个视角 ………………………………………… 401

参考文献 …………………………………………… 419
初版后记 …………………………………………… 431
增订版后记 ………………………………………… 437

序

吴晓东

在李国华博士论文答辩会上,担任答辩委员会主席的钱理群先生说他每拿到一本博士论文后,总喜欢先翻阅论文的后记。而李国华博士论文后记中的这样几句话给钱先生以深刻印象:"我不想成为理论的俘虏,不想论文的写作变成学院体制内部的有机生产,我希望我的论文背后,是对我亲身经历的社会现实的一点简单的理解。""我要通过我的论文表达现实关怀,却又不信它能达成目的,辗转间,自伤自怜之态,唾手可掬。我痛恨这种徙倚不定的论客劲儿,决意以后只在文字里讨生活,不让文字变成我的生活。我就在俗世里,在人间烟火中,老病,死去,灰飞烟灭。""我只能让自己的论文写作也充满人间烟火,拒绝被一些抽象的概念吞噬净尽。"

说实话,国华后记中的这些表达也让作为导师的我感到震动以致惭愧,从而在答辩会的现场就暗暗反思自己是否已经成为"理论的俘虏",多年来的所谓学术研究是否已经"变成学院体制内部的有机生产",在"让文字变成我的生活"的同时,也丧失了理解和关怀社会现实的能力,最终使所谓的论文写作"被一些抽象的概念吞噬净尽"。

而我同时感到欣慰的，是有着这种自觉和警惕的国华，或可在他将来同样漫长的学术生涯中，避免重蹈导师所可能已经"践履"的覆辙。国华对他已经从事的学术研究有着堪称与众不同的理解。也是在后记中，国华把自己的博士论文究竟"对学术研究有没有贡献"，看成是"余事而已"，令我想到的是黄遵宪的诗："穷途竟何世，余事作诗人。"国华的学术兴趣的一大部分在晚清，他在做硕士论文阶段即曾浸淫过在我看来颇为佶屈聱牙的章太炎，以及留学日本时期用文言文写作的鲁迅，相信他也多少受到一些晚清的仁人志士的鹜远之思的濡染。梁启超在《嘉应黄先生墓志铭》中曾说："古有以一人之用舍系一国之兴亡者，观于先生，其信之矣。"如生于晚清，或许国华也会把黄公度之"余事作诗人"奉为座右铭吧，他所谓"我要通过我的论文表达现实关怀"，或许正是在学术研究越来越体制化的当今世代赋予他所即将从事的毕生志业以别样的期许。

我不知道当初国华在本科阶段选择了北大的国际政治系，是否也是别有幽怀。不过本科毕业后转投中文系读现代文学的硕士生，这一被我戏谑为"弃明投暗"的选择，正是源于国华对文学的真正热爱和独异理解。国华是在2002年开始跟我读硕士研究生，一年后我因为赴日本做客座教师，他便转到高远东先生门下，在余下两年的硕士生涯中得到高远东先生的真传，尤其在鲁迅研究方面下了很大的功夫，也为他日后的鲁迅研究和教学打下了基础。国华已经发表的一系列关于鲁迅杂文和鲁迅旧体诗的研究文章，都表现出非常独特的识见，假以时日，当有望在鲁迅研究界独树一帜。2008年，当了三年高校教师的国华又选择回来跟我读现代文学博士生。从2002年算起，我认识他已经有十几年了。这些年里，我感受最深的当是他对待文学以及文学研究的态度。在我看来，文学与他认知世界的角度，与他感受世界的方式，与他自己的情感世界的生成与表达，都形成了真正切身的关系。也许，第一义的文学创作与第一义的文学研究都有赖于这种切身性的生成。文学研究也由此与研究者自身的"情感结构"相互生发，研究者自身的视界也构成了感受文学以及世界的出发点。从国华已经发表的研究论文来看，他追求的正是有体温和有情热的学术，即使在对标准化和规范化有着较强要求的博士论文写作中，也隐约闪现着"穷年忧黎元，叹息肠内热"的杜甫式情怀。也正是这种情热，使国华最终超越了立场和姿态意义上的意识形态"左""右"之争，真正在"俗世里，在人间烟火中"体验到了学术与人间世的具体关联性。

  对文学世界的独特理解也成就了国华对原创性的近乎偏执的追求。在我组织的一次次研究生的读书会上，每每感到国华颇有些"语不惊人死不休"的劲头儿。作为我的第一个博士生，国华也自觉承担起"大师兄"的使命，对师弟师妹肩负着提携与针砭的重任。他无法忍受同门中平庸与流俗的见解，对人云亦云和机械重复更是难以容忍，因此每每贡献着属于自己的真知灼见，也因为直率与锋芒令师弟师妹不时产生刺痛之感。国华毕业离开北大快三年了，他的直率和锋芒，还有对与众不同的识见的着意追求，既是作为导师的我，也是他的师弟师妹越来越怀念的。

  国华自己的研究与写作，更是希望在既有模式之外另辟蹊径，展开独异的学术视野。他对鲁迅和茅盾的研究，对旧体诗的领悟，对晚清的兴趣，都试图别开生面，言他人所未尝言，见他人之所不曾见。把赵树理的小说作为博士论文的研究对象，最初在他是不太情愿的选择："觉得赵树理研究天地太小，仿佛自己手大脚大，腾挪不开似的，但我仍然接受了导师的建议，选择了赵树理小说作为研究对象。但因为立场的缘故，我不愿意在故事、小说、文学、主流意识形态、延安、四十年代、现代性、知识分子、民间、庙堂……之类的范畴里展开对赵树理小说的解读。虽然也与这些范畴纠缠，也捧出了形式、文学政治之类的词汇，但这不过是便宜之计，写给读者看罢了。"我愿意把国华后记中的这番"夫子自道"看成他对自己的更高的期许，表现出的是在既有话语体系中腾挪出自己一片新天地的抱负。这部赵树理研究也的确展现出国华的多方面的自觉意识，既与体制对话，又能充分意识到既有体制自身的束缚；既能在既有学术话语和脉络中生成自己的问题意识，又别有怀抱和诉求，继而催生独属于自己的思考的视野和角度，从而致力于打开一番不同的学术天地。他的问题意识是从历史、现实、文本、理论多方面综合而来，同时又能把诸种维度打成一片，有所化而不拘泥，最终呈现了"赵树理研究"这一天地的可能的宽度和广度，也多少进一步证明了赵树理研究领域问题的丰富性和独特性。正像钱理群先生曾经说过的那样，在中国现代众多作家中，鲁迅、赵树理、沈从文是最土性化的三位，在文学作品中提供的是中国人理解和认知自己的社会和历史的最具本土性的模式。而赵树理与众不同之处还在于，他以自己的文学实践提供的问题视野，即使与鲁迅和沈从文相比，也独具自己的历史性和现实性，也更深入地介入到21世纪的中国社会和历史进程中。无论从后社会主义的立场出发，还是从三农问题的视野着眼，无论从20世纪本土性经验的角度审视，还是从创造了无可替代的独特文本形式的层面切入，赵树理都具有值得重视的文学史意义。这或许正是赵树理在新世纪以来的中国文学研究领域越来越获得研究者瞩目的原因。国华的博士论文《农民说理的世界——赵树理小说的形式与政治》也正充分表现出对上述学科问题的自觉。论文的核心构想，是试图以形式为中介，通过讨论赵树理小说与社会主义历史实践之间的关系，发掘赵树理小说中的文学政治。

我最欣赏的是国华通过大量的文本细读，发现赵树理在讨论新启蒙和革命等堪称重大的问题的同时，还集中思考了农民的情感、语言、娱乐以及权利、欲望、性格等问题，并希望通过创造农民喜闻乐见的新形式来唤醒农民自我言说的能力，进而主动参与构建中国农村社会的新秩序，并在经济、政治、文学文化、道德伦理诸层面实现自我确立。这种自我确立的过程，为国华在社会主义历史实践的宏观视野中讨论农民的主体性问题提供了文本和历史的依据。而赵树理小说的文学政治也由此被国华概括为"农民说理的世界"，进而建构了关于赵树理小说创作的别开生面的文学阐释，在深入到赵树理小说创作的内部肌理的同时，又与赵树理小说创作具体的历史和政治语境相结合，呈现了对赵树理小说中农民与社会主义实践之关系的新的理解。

关于国华的博士论文取得的成绩，我愿意引述钱理群先生的评价。钱老师认为，李国华的博士论文，代表了目前赵树理研究的最高成就。钱老师尤其重视李国华在研究中对于赵树理"作为一个关于农民问题的思想者的本色"的传达，认为国华由此呈现了一个以文学的方式思考中国农村问题的作为思想者的赵树理形象，这也是一个以思考和解决农民问题为使命的真正意义上的知识分子形象。同时钱老师还看重李国华把赵树理笔下的乡村世界，纳入中国社会主义的历史和理念的大传统中去的努力，从而使赵树理传统成为思考社会主义传统的重要组成部分，堪与毛泽东的社会主义理念和实践形成真正的对话性。

我还格外看重国华对文学形式的独特的解读和思考。通过形式中介去认知文学，借以认知世界，似乎是文学研究者无法规避的使命，但形式问题又是最具有难度的。如何赋予文学形式以生命力和解释力，如何通过形式看待赵树理所面对的问题，是李国华的博士论文有创意的部分。国华认为："赵树理小说的形式，乃是释放构建社会新秩序的激情的一种方式。"论文对赵树理独特的文学世界的深入发掘，依我看，在很大程度上取决于国华对"形式"所赋予的这一内涵。由此，国华也较为成功地解决了如下的问题：赵树理如何创造出独属于他的文学形式和文学世界，从中又如何表达了赵树理对于中国农村社会的他人无法替代的思考。

此外，我还赞赏国华对作家、作品进而对历史所抱持的一种"理解的同情"的研究态度。这使得他对于作家、文本和人物都具有一种亲和性。论文选择的一些基本叙述单位，如"世界""理""说""农民"，都建立在对赵树理文本世界的体贴与同情的基础上，从而避免了运用西方文学理论和政治理论对研究对象进行简单比附的做法，真正做到了从文学作品出发，贴近了研究对象。

上述这些学究式的评价，或许是李国华有所不屑的。然而博士毕业后继续执教高校的国华或许面临必然的矛盾，既渴望超越体制，又必须生存于体系之中，这一悖论性处境当是他早已警醒和自觉的，我也相信他有能力处理两者间的平衡。如何既保有独特的创造力，又见容于他所求生的体制，是我对国华的最后的期许。

是所谓序。

2015 年 5 月 4 日于京北

导　论　赵树理小说的形式与社会主义政治

一　赵树理研究的问题性

1966年末，赵树理做了自己在"文化大革命"初期的第三次检查。他在检查的末尾要求"党在数年之内"把他"放到个应放的地方"：

> 我不要求过早地加以区别，此次文化大革命是触及每个人灵魂的事，文化界、文艺界的人们更应该是一无例外的。待到把和我共过事的人都接触到，把问题都摆出来，我本人的全部情况也便随之而出，搜集起来，便是总结。我以为这过程可能与打扑克有点相像。在起牌时候，搭子上插错了牌也是常有的事，但是打过几圈来就都倒正了。我愿意等到最后洗牌时候，再被检点。①

---

① 赵树理:《回忆历史　认识自己》，载《赵树理全集》第6卷，北京：大众文艺出版社，2006年，第483页。

这一要求在他逝世后第八年得到回应。1978年10月17日，北京八宝山公墓举行了赵树理骨灰安放仪式，致悼词的是刘白羽。在这番政治上的洗牌之后，文学研究者也开始全面地重新检点赵树理的创作，寻找赵树理的创作"应放的地方"。在"去政治化的政治"①形成的过程中，赵树理这张牌被不停地在搭子中插来插去，以至于文学史对于他的叙述都专设一个议题"赵树理的'评价史'"②，2009年更有博士论文专门讨论赵树理的阐释史③。似乎是苦于无法将赵树理放到"应放的地方"，研究者不得不刻意检讨研究本身，文学上的判断似乎比政治洗牌还难以完成。而在有人表示"告别革命"④的今天，似乎尚未到"最后洗牌时候"，故而仍然难以确定赵树理的创作"应放的地方"。

的确，赵树理的创作"应放的地方"是难以确定的。早在1946年，郭沫若高度评价赵树理及其作品时就强调："看惯了亭园花木的人，毫无疑问，对于这样的作家和作品也会感觉生疏或厌恶的。这不单纯是文艺的问题，也不单纯是意识的问题，这要关涉到民族解放斗争的整个发展。"⑤要将赵树理的创作放到"应放的地方"，必须在反思

---

① 参见汪晖：《去政治化的政治、霸权的多重构成与六十年代的消逝》，载《开放时代》2007年第2期。

② 参见洪子诚：《中国当代文学史》，北京：北京大学出版社，1999年，第98—100页。洪子诚修订《中国当代文学史》时，不但未取消"赵树理的'评价史'"这一议题，而且增添了不少对于赵树理研究的梳理。参见洪子诚：《中国当代文学史》（修订版），北京：北京大学出版社，2007年，第88—90页。

③ 朱凌：《赵树理阐释史》，福建师范大学博士学位论文，2009年。最早就赵树理研究史进行研究的是黄修己。参见黄修己：《不平坦的路——赵树理研究之研究》，天津：天津教育出版社，1990年。其后有硕士论文讨论赵树理的评价史，参见吴宇宏：《赵树理评价史研究》，北京大学硕士学位论文，2000年。

④ 参见李泽厚、刘再复：《告别革命》，香港：天地图书有限公司，2004年。按，该书第1版1995年印行，2004年印行的是第5版，增加了若干内容。

⑤ 郭沫若：《关于〈李家庄的变迁〉》，载《论赵树理的创作》，沈阳：东北书店，1949年，第20页。

自己是否"看惯亭园花木"的基础上，构建一个对于文艺、意识及民族解放斗争的整体理解。但情感的转变与整体理解的构建谈何容易？同为解放区作家，看到赵树理声名鹊起①，丁玲却在1948年6月26日的日记中语带暗讽地写道，"这个正在走红运的人"，然后强调他跟所有的作家一样爱说话爱说自己，但却"容易偏狭"。②丁玲日记的字里行间的意思虽然可以归于文人相轻，但也透露出丁玲不太能够理解赵树理的信息。丁玲对赵树理的态度是典型的。③洲之内彻1953年曾转述一个翻译中国文学的人对赵树理文学发表的意见，开始时略带困惑地说"好歹容易懂吧"，接着却说"可是怎么也不好理解啊"，④可见对赵树理作品感觉生疏者，最客气的意见也不过如此。甚者如夏志清便赤裸裸地讥刺道："赵树理的蠢笨及小丑式的文笔根本不能用来叙述，而他的所谓新主题也不过是老生常谈的反封建跟歌颂……的杂拌而已。"⑤当然，与夏志清的审美趣味中所显露的意识形态思维不同，丁

---

① 当年在延安采访的美国记者杰克·贝尔登表示，赵树理"可能是共产党地区中除了毛泽东、朱德之外最出名的人了"。杰克·贝尔登：《中国震撼世界》，邱应觉、杨海平、胡代岗等译，北京：北京出版社，1980年，第109页。

② 丁玲：《丁玲全集》第11卷，石家庄：河北人民出版社，2001年，第345页。

③ 赵树理对丁玲也颇有微词，赞同王春对丁玲、艾青、沙可夫的评论，即视他们为"自然领导者"，认为"东总布胡同那一伙只是些说空话的"，"清谈误国"。参见赵树理：《我的宗派主义》，载《赵树理全集》第4卷，北京：大众文艺出版社，2006年，第493页。有关丁玲和赵树理之间东西总布胡同之争，参见苏春生：《从通俗化研究会到大众文艺创作研究会——兼及东西总布胡同之争》，载《中国现代文学研究丛刊》2003年第2期；张霖：《两条胡同的是是非非——关于五十年代初文学与政治的多重博弈》，载《文学评论》2009年第2期。

④ 洲之内彻：《赵树理文学的特色》，载黄修己编《赵树理研究资料》，太原：北岳文艺出版社，1985年，第461页。

⑤ 夏志清：《中国现代小说史》，刘绍铭、李欧梵、林耀福等译，香港：香港中文大学出版社，2001年，第411—412页。

玲式的生疏主要缘于感情。①如果说同时代的人因为距离太近而当局者迷，不能很好地理解赵树理，那么在赵树理去世以后又如何呢？黄修己在1985年指出"感情上的隔阂会阻碍人们进入作品"，而这"在赵树理研究中更为突出"。②其实，时间并不能真正淡化理解赵树理的困难，关键还在于郭沫若说过的情感转变与整体理解的建构。

在"重写文学史"③的潮流中，有两种研究赵树理的学术思路值得注意。一种是发掘赵树理及其文学的知识分子性或民间性，谈知识分子性的以陈徒手、席扬等人为代表④，谈民间性的以陈思和、王光东等人为代表⑤，背后都是五四式的启蒙眼光，即在理论和意识上肯定赵树理，而在情感上则始终相隔一间。另一种是以反思"重写文学

---

① 在理论和意识上，丁玲是亲近赵树理的。她曾在1950年的一篇文章中写道："当我第一次读《李有才板话》的时候，它的形式的新颖，是非常使我喜悦过的。"见丁玲：《跨到新的时代来——谈知识分子的旧兴趣与工农兵文艺》，载《丁玲全集》第7卷，石家庄：河北人民出版社，2001年，第203页。
② 黄修己：《赵树理研究》，太原：山西人民出版社，1985年，"导言"第8页。
③ "重写文学史"由王晓明和陈思和在1980年代末提出，对现代文学的研究产生了极为深远的影响。参见杨庆祥：《"重写"的限度："重写文学史"的想象与实践》，北京：北京大学出版社，2011年；李陀编：《昨天的故事：关于重写文学史》，北京：生活·读书·新知三联书店，2011年。
④ 陈徒手在《读书》杂志1998年第4期上发表了《一九五九年冬天的赵树理》一文；席扬最早专门分析赵树理的现代知识分子性质的文章是《角色自塑与意识重构——试论赵树理的"知识分子"意义》，载《晋东南师范专科学校学报》2001年第4期。
⑤ 陈思和在1994年开始以"民间""庙堂"等关键词构建其关于20世纪中国文学的理解，赵树理是他讨论"民间"价值最重要的一环。参见陈思和：《民间的浮沉——对抗战到文革文学史的一个尝试性解读》，载《上海文学》1994年第1期。王光东继承了陈思和的一些思考，参见王光东：《"民间"的现代价值——中国现代文学与民间文化形态》，载《中国社会科学》2003年第6期。

史"的面目出现的"再解读"①的思路。李杨1993年重新分析陈荒煤提出的"赵树理方向"②，认为："对'社会主义现实主义'而言，究竟什么是赵树理方向的真正意义呢？答案只能是陈荒煤提到的第二条——民族形式。这是赵树理小说对叙事文学的最大贡献，通过它，叙事文学找到了自己的形式，叙事在中国找到了自己的话语起点。而这是'五四'以来中国知识分子一直在追求的目标。"③李杨的观点在一定程度上也可以说是对茅盾意见的重新阐释，茅盾认为《李家庄的变迁》是"走向民族形式的一个里程碑"④。2002年以后，贺桂梅在著作和论文中皆曾论涉赵树理文学的"现代性"问题，将"再解读"的思路推得更远，一方面通过赵树理反省"已然被体制化的左翼文学本身被异化的悲剧"⑤，另一方面则认为赵树理的小说创作及其文本为讨论"我们一直视为价值评判标准的'现代性'本身"提供了展开的可能性⑥。贺桂梅的研究钩沉了1953年洲之内彻与竹内好的分歧，并在竹内好认为赵树理以中世纪文学为媒介"成功地超越了现代文学"⑦的基础上，实现

---

① "再解读"在理论上与"重写文学史"重返五四的方式不同，乃是以反思五四的方式重返五四，其讨论问题的对象和文本也集中在1940—1970年代。参见贺桂梅：《"再解读"——文本分析和历史解构》，载唐小兵编《再解读：大众文艺与意识形态》（增订版），北京：北京大学出版社，2007年，第270—277页。

② 陈荒煤：《向赵树理方向迈进》，载黄修己编《赵树理研究资料》，第196—201页。

③ 李杨：《现实主义的现代转型——"社会主义现实主义"研究》，北京大学博士学位论文，1993年，第66页。该论文改名《抗争宿命之路——社会主义现实主义（1942—1976）研究》，由时代文艺出版社1993年出版，内容有增删。

④ 茅盾：《论赵树理的小说》，载《文萃》第2年第10号，1946年12月20日。

⑤ 贺桂梅：《转折的时代——40～50年代作家研究》，济南：山东教育出版社，2003年，第325页。

⑥ 贺桂梅：《赵树理文学的现代性问题》，载唐小兵编《再解读：大众文艺与意识形态》（增订版），第109页。

⑦ 竹内好：《新颖的赵树理文学》，载黄修己编《赵树理研究资料》，第491页。

了对多年以来笼罩在赵树理文学顶上的"现代性"迷思的反省。从研究思路而言，李杨、贺桂梅的"再解读"都试图摆脱"现代性"视野带来的盲视，而他们的研究对象赵树理及其创作也似乎日益接近"应放的地方"。[1]

有了上述学术研究的积淀，研究者似乎也开始自觉揭开"感情上的隔阂"，强调必须为赵树理量身定做一套有效的学术话语。杨天舒在她2006年完成的博士论文中便说："对赵树理小说的艺术研究，要求真正摆脱'小说中心主义'的束缚，避开现代小说覆盖性的价值判断体系，才能进一步有所提升。"[2] 这种有意识地拒绝"现代小说"的立场，也许与她的论题是"赵树理小说创作与民间文艺资源"有关，但并未妨碍她在具体的分析中涉及现代小说的价值判断体系。而且，现代小说的价值判断体系非止一家。在杨天舒之前，马若芬（Josephine A. Matthews）即曾在其1991年完成的博士论文《艺术性与真实性：赵树理及其小说世界》（*Artistry and Authenticity: Zhao Shuli and His Fictional World*）中借助诺曼·弗里德曼（Norman Friedman）《小说中的视点：一个批评概念的发展》（*Point of View in Fiction: The Development of a Critical Concept*）提出的"多重叙述者"（multifarious narrator）分析小说《李家庄的变迁》的叙述策略，[3] 并在另文中借助伊瑟尔的读者反

---

[1] 董之林以赵树理小说为例讨论十七年文学研究，也属于反思"现代性"的一种视角，不过主要是从文学史研究的角度介入的。参见董之林：《关于"十七年"文学研究的历史反思——以赵树理小说为例》，载《中国社会科学》2006年第4期。

[2] 杨天舒：《赵树理小说创作与民间文艺资源》，北京大学博士学位论文，2006年，第2页。最近孙晓忠更以"声音的政治"讨论相关的问题，见孙晓忠：《有声的乡村——论赵树理的乡村文化实践》，载《文学评论》2011年第6期。

[3] Josephine A. Matthews, *Artistry and Authenticity: Zhao Shuli and His Fictional World*, a dissertation of the Ohio State University, 1991, pp. 229–270.

映批评中提出的概念"内在听众"(inscribed audience)反驳那些认为赵树理迁就读者便牺牲了艺术性的观点,强调赵树理小说独特的审美效应①。其后白春香在其2008年出版的博士论文《赵树理小说叙事研究》中,也借助西方叙事学理论及本雅明的故事理论,更好地发现了赵树理小说的隐含书场格局,并发现其小说叙述者是中国传统小说与"五四"小说叙述者的杂糅。②如果说白春香的研究有意忽略了马若芬的成果,蒋晖则无意地延续了马若芬以"内在听众"解释赵树理小说审美效应的研究,但强调类似《李有才板话》中的小福的表兄那样的人物,并不是"内在听众",而是"读者在场",并进而强调赵树理小说"不含有认知功能"。③当然,蒋晖的抱负远不止此,他在2008年完成的博士论文《从鲁迅到赵树理:中国文学现代性中的承认的政治,一种说书的谱系学》(*From Lu Xun to Zhao Shuli: The Politics of Recognition in Chinese Literary Modernity: A Genealogy of Storytelling*)中,借助本雅明的概念"说书人"(storyteller)和"游荡者"(flaneur)研究赵树理乡村说书的政治美学,从而达成对于中国作家20世纪早期在小说中再现的民族国家、群众及人民等社会幻象(social imaginaries about the nation, the masses and the people)的检视。④

---

① 马若芬:《意在故事构成之中,赵树理的明描隐示》,载中国赵树理研究会编《赵树理研究文集》下卷"外国学者论赵树理",北京:中国文联出版公司,1998年,第33—35页。
② 白春香:《赵树理小说叙事研究》,北京:中国社会科学出版社,2008年,第25—44页。
③ 蒋晖:《〈李有才板话〉的政治美学》,载《文艺理论与批评》2006年第6期。在行文中,蒋晖把"内在听众"翻译成"内嵌读者"。
④ Hui Jiang, *From Lu Xun to Zhao Shuli: The Politics of Recognition in Chinese Literary Modernity: A Genealogy of Storytelling*, a dissertation of New York University, 2008, pp. 1–8.

郭沫若1946年拎出的"文艺""意识""民族解放斗争"似乎作为一个整体在蒋晖的抱负中得到了回响，蒋晖所研究的可能已经不只是"现代性"问题，而是社会主义中国的问题。关于这一点，蔡翔2009年在他的赵树理研究中说得更为直接。他认为赵树理《地板》突出"劳力"的重要性，乃至神圣性，"超越了所谓'古代／现代'的范畴，而提供了一种极其伟大的乌托邦想象，并进而要求重新创造一个完全崭新的世界，包括国家政权，乃至一种完全崭新的文化形态，这也正是马克思主义，尤其是列宁主义最为重要的社会实践的意义所在"，[①]这就与他2010年出版的论著《革命／叙述：中国社会主义文学—文化想象（1949—1966）》讨论的"社会主义的危机以及克服危机的努力"主题[②]构建了本质上的联系。的确，直面赵树理小说与社会主义的内在关系，可能是讨论赵树理的文学政治的最有效的方式。

但是，正如倪文尖2009年重读赵树理时发现的那样："如何着手研读赵树理？拿'靠不住'的自己真实地面对'未完成'的赵树理，一句句、一篇篇，认真地、扎实地读；为什么研读出来的既是些'大问题'又是些'小碎片'？这是赵树理写法的问题？还是我们的读法的问题？答案，在继续不断地认真扎实地研读之中。"[③]研究者所有的只是"'靠不住'的自己"，研读出来的"既是些'大问题'又是些'小碎片'"，主客双方暂时都构建不出整体理解。也许，正是在这个意义上，2010年10月举行的赵树理学术研讨会的会议主题被设定为"重

[①] 蔡翔：《〈地板〉：政治辩论和法令的"情理"化——劳动或者劳动乌托邦的叙述（之一）》，载《文艺理论与批评》2009年第5期。

[②] 蔡翔：《革命／叙述：中国社会主义文学—文化想象（1949—1966）》，北京：北京大学出版社，2010年，第365—390页。

[③] 倪文尖：《如何着手研读赵树理——以〈邪不压正〉为例》，载《文学评论》2009年第5期。

读赵树理:问题与方法"①,研究者仍然还在集体摸索研究赵树理的"问题与方法"。

自从2006年起,赵树理研究或多或少呈现出一种热闹的局面,除了上述杨天舒、白春香、蒋晖等人的博士论文外,尚有王力《农民叙事的双重幻像——赵树理与四十年代农村小说研究》(2006)、乔亮《赵树理文学:轨迹与"方向"》(2009)、朱金余《从赵树理到赵本山——乡土民间文化的自我展现》(2011)等博士论文,以及郭文元《现代性视野中的赵树理小说》(2009)、陈为人《插错"搭子"的一张牌——重新解读赵树理》(2011)等学术性论著。其他直接以赵树理为对象的期刊文章和硕士论文甚夥,比较深地论涉赵树理的博士论文也为数不少,或讨论身体问题②,或讨论妇女问题③,或讨论暴力问题④,或讨论小说语言之得失⑤,要皆不出"现代性"研究之范畴,不便一一叙及。

---

① 该研讨会于2010年10月20—21日在上海大学新校区召开,主办单位为上海大学当代文学研究中心、纽约大学中国研究中心及《现代中文学刊》杂志社,与会者有黄子平、陈子善、蔡翔、张旭东、罗岗、吴晓东、董之林、王鸿生、倪文尖、姚丹、贺桂梅、孙晓忠、董丽敏、蒋晖、李海霞、张练红、吴舒洁等,具体论题有"劳动生产的变迁与农业社会主义问题"(罗岗)、"喜剧世界的冲突"(蒋晖)、"《三里湾》的空间叙事及其现代性想象"(贺桂梅)、"韧性坚守与'小调'介入"(董之林)、"激进政治的日常化"(张练红)、"作为生产者的作家"(孙晓忠)、"妇女、劳动与革命—社会主义"(董丽敏)、"四十年代赵树理写作的'民间性'"(吴舒洁)等。会议规格与论题分量都表明了学术界带着"问题与方法"的困惑重读赵树理的决心。
② 李蓉:《"小说身体"的另一种"现代":论赵树理小说的人物写法》,载《文学评论》2011年第3期。
③ 董丽敏:《"劳动":妇女解放及其限度——以赵树理小说为个案的考察》,载《中国现代文学研究丛刊》2010年第3期。
④ 黎保荣:《暴力与启蒙——晚清至20世纪40年代文学"暴力叙事"现象研究》,暨南大学博士学位论文,2009年。
⑤ 王彬彬:《赵树理语言追求之得失》,载《文学评论》2011年第4期。

二　农村认识与文学农村

在上述难免挂一漏万的对于研究现状的简单评介中，一个超越"现代性"范畴的将赵树理小说放到"应放的地方"的可能已被触碰到，即直面赵树理小说与社会主义的内在关系。如果这一可能值得信赖，那么接下来的问题就是，为何赵树理小说与社会主义具有内在关系？

就文本的实际看，赵树理小说很明显是"三农文学"，①叙及的都是农业、农村、农民问题，但这并不构成它与鲁迅、沈从文甚至丁玲、周立波、柳青、梁斌等人的相关小说的区别。它们的区别不在于写什么，在于怎么写。而怎么写，首先是一个思想问题，然后才是一个文学问题，也即有怎样的农村认识，才有怎样的文学农村。这是一个由思想而形式的过程。按照贺仲明的叙述，怎么写的问题就是新文学与农民关系的变迁史，"30 年代之前，新文学与农民基本上处于疏离状态，40 年代至 60 年代则是新文学与农民的'蜜月'期，相互之间存在着借重的关系，也产生了深刻的影响关系，80 年代后，二者的关系从整体上变得有所疏远，但内在中又存在着深入的自觉与深化，尤其是随着 90 年代后中国社会的经济和文化发生大的改变，二者的关

---

① 2006 年 5 月 13—16 日，中国现代文学研究会与长治学院共同举办了"纪念赵树理诞辰 100 周年学术研讨会"，会议主题为"赵树理与三农文学"。与会学者吴福辉、张中良均对"三农文学"概念的有效性有所讨论。见郭爱民、李拉利：《"赵树理与三农文学"：纪念赵树理诞辰 100 周年学术研讨会综述》，载《中国现代文学研究丛刊》2006 年第 4 期；吴福辉：《赵树理的文学影响力何在》，载《中国现代文学研究丛刊》2006 年第 4 期；戴光中：《赵树理给予"三农文学"的启示》，载《长治学院学报》2006 年第 6 期；秦弓：《从中国文学史的背景看赵树理的"三农"文学》，载《北京师范大学学报（社会科学版）》2008 年第 3 期。

系又进入到一个新的时期"。① 的确，虽然李大钊在1918年即认为农民不解放就是国民全体不解放，② 鲁迅通过《阿Q正传》等小说也表达了类似的观念，但本质上并没有意识到国民全体的解放来自农民自觉的自我解放，而表达出"哀其不幸，怒其不争"的精英立场。毛泽东1927年一定程度上深刻地超越了这样的观念和立场，他认为："中国历来只是地主有文化，农民没有文化。可是地主的文化是由农民造成的，因为造成地主文化的东西，不是别的，正是从农民身上掠取的血汗。中国有百分之九十未受文化教育的人民，这个里面，最大多数是农民。农村里地主势力一倒，农民的文化运动便开始了。"③ 毛泽东以此将革命、农民与文化三者联系在一起，确立农民文化的从无到有源自革命运动的成败；而农民文化运动是国民革命发展的内在逻辑结果。④ 但此时无论是写《论革命文学》的郭沫若、写《论无产阶级艺术》的茅盾、写《农民文艺的提倡》的郁达夫，还是主张普罗文学的蒋光慈、李初梨、钱杏邨，都并不能够真正理解"农村里地主势力一倒，农民的文化运动便开始了"的由政治而文化的逻辑的有效性。因此，除了类似于《田野的风》、《蚀》三部曲这样的革命加恋爱小说，便是茅盾《泥泞》式的对于农民革命的恐惧。

与此同时，一些认识到农村农民问题的重要性，但试图通过非

---

① 贺仲明：《一种文学与一个阶层——中国新文学与农民关系研究》，北京：人民出版社，2008年，第9页。
② 李大钊：《青年与农村》，载《李大钊全集》第3卷，石家庄：河北教育出版社，1999年，第180页。
③ 毛泽东：《湖南农民运动考察报告》，载《毛泽东选集》第1卷，北京：人民出版社，1991年，第39页。
④ 在国民革命的逻辑里谈论农民问题是大革命前后的主要思路。参见谭平山：《国民革命中的农民问题》，载《中国农民》第1卷第1期，1926年1月1日。

暴力革命的手段进行改变的思路出现了。1929年前后，梁漱溟认为，"今日中国问题在其千年相沿袭之社会组织构造既已崩溃，而新者未立，乡村建设运动，实为吾民族社会重建一新组织构造之运动"，"作乡村运动而不着眼整个中国问题，那便是于乡村问题亦没有看清楚，那种乡村工作亦不会有多大效用。须知今日整个中国社会日趋崩溃，向下沉沦，在此大势中，其问题明非一乡、一邑或某一方面（如教育一面、工业一面、都市一面、乡村一面等），所得单独解决。所以乡村建设，实非建设乡村，而意在整个中国社会之建设，或可云一种建国运动"。① 1934年，晏阳初也说："中国的农村运动的使命，到底是什么？据我们很清楚的看来，它耸着巨大的铁肩，担着'民族再造'的重大使命。……它对于民族的衰老，要培养它的新生命；对于民族的堕落，要振拔它的新人格；对于民族的涣散，要促成它的新团结新组织。"② 这种"建国运动"和"民族再造"的观念，与沈从文叙述湘西人事以重建民族德性的小说写作意图，可谓如出一辙。熊佛西从事的"农民戏剧"运动更不在话下，他本来就和晏阳初一起，在河北定县从事农民调查。相关的文化、文学思路，一直持续到1949年以后梁漱溟与毛泽东之间的分庭抗礼。

另外，1934年前后，从现代经济发展的角度理解农业、农民、农村问题的思路也逐步拓展并成熟。陈翰笙1933年底在上海发起成立"中国农村经济研究会"，次年出版机关刊物《中国农村》。③《中国

---

① 梁漱溟：《乡村建设理论》，重庆：乡村书店，1939年，第17页。
② 晏阳初：《农村运动的使命》，载《晏阳初全集》第1卷，长沙：湖南教育出版社，1989年，第294页。
③ 参见马世荣：《中国农村经济研究会研究》，河北大学硕士学位论文，2009年；汪效驷：《陈翰笙与"中国农村派"》，载《中国党史资料》2007年第2期。

农村》的发刊词开头写道:"在近代史上新工业和新都市的勃兴,没有一个地方不是农村劳动力被牺牲的代价。并且工业资本发展到金融资本独占的时期,尤其是目前的恐慌时期,不要说是资本主义的前途,就是资本本身的命运,也完全要靠殖民地的市场来延续。中国晚近所以急速地殖民地化,就是因为国际资本的竞争比欧战以前厉害得多。国际资本强烈地垄断了世界原料市场,商品市场,资本市场,殖民地或半殖民地就没有发展它们本身民族工业底希望;因此农村中破产的农民也就没有走向城市被工业吸收的可能。"①这种内含着马克思《资本论》资源的高屋建瓴的理论叙述,在继承中国社会性质大论战的成果的同时,对梁漱溟、晏阳初等人的思路形成了尖锐的批判,从而有效地支援了毛泽东"农村包围城市"的革命设想。中国农民既然无法被城市和工业吸收,革命的基础自然也就未必符合马列的经典论述。与此相关的是茅盾"农村三部曲"、叶圣陶《多收了三五斗》、叶紫《丰收》等小说关于农村丰收成灾及农村革命的叙述,都是在世界资本主义危机之下关于中国农村凋敝的叙述。

当然,从现代经济发展的角度理解农业、农民、农村问题的思路不一定都导向马克思主义与中国革命结合的结果。在"中国农村派"和"中国经济派"的论争之外,费孝通从田野调查的结果出发,在其师从马林诺夫斯基期间完成的博士论文 *Peasant Life in China: A Field Study of Country Life in the Yangtze Valley*② 中,虽然描述了与陈翰笙等人大致一样的中国社会图景,但强调的是地主与高利贷者并不邪恶,

---

① 《中国农村》创刊号,1934年10月10日。
② 该书中文译名《江村经济——中国农民的生活》,中文版由戴可景1985年译毕,费孝通自己做了"必要的修正"。参见费孝通:《江村经济——中国农民的生活》,北京:商务印书馆,2002年,"前言"第1—4页。

只要增加农民收入、发展乡村工业、改变土地制度,就能从根本上避免农民起义。① 费孝通1939年前得出的这番结论,虽然与"延安道路"②有众多互通款曲之处,但他终究不愿意做政治上的敌友判断,反而试图通过道德伦理上对地主和高利贷者的肯定,将中国农村问题的症结视为饥饿。因此,尽管具体的描述和意见相通,费孝通对民族国家主体和未来历史的想象在本质上是与毛泽东等人完全不一样的。而伦理上的是非态度,则与沈从文的湘西叙述更为相似;至于饥饿问题,则多多少少与张爱玲《秧歌》有些相近,虽然二者的政治选择是截然不同的。

但这些浮光掠影式的历史描述并不是强调一定的文学农村总是直接与一定的农村认识有关,而是试图突出一定的文学农村背后总是有具体的思想背景,也即有具体的农村认识。赵树理的文学农村同样建基于一定的农村认识,一种也许是他自己从未直接表达过的对于农村的认识。就赵树理小说文本的实际而言,虽然并没有丁玲、周立波、柳青、梁斌等人的小说那么明显,但仍然可以清楚地发现赵树理的叙

---

① Hsiao-tung Fei, *Peasant Life in China: A Field Study of Country Life in the Yangtze Valley*, London: Kegan Paul, Trench, Trübner & Co., 1939, pp. 282–286.

② 作为一个学术性的命题,"延安道路"最早由马克·塞尔登提出,"它首先特别表示在中国西北的黄土地区政治经济条件下,共产主义统治下出现的杰出的军事和政治风格及它的综合制度,它们最终构成了以延安为首府的陕甘宁边区",但它"是一个松散的概念,指的是使党、农民和地方精英形成新的关系的革命思想和实践","既指民族解放战争的道路,也指政治、经济和社会方面的变化。而这些变化并不是局限于战时根据地的暂时现象,而是涉及全世界边缘地区的发展和农业社会的转变等一系列问题",故"提出了中国以及大批后殖民农业国家面对发展的挑战适当开展战时团结的必要性","打破了把中国的共产主义看成是对苏联共产主义盲目仿效的观点;打破了把外部来源问题看成是社团组织和技术扩散的现代理论;还打破了把群众的民族主义与固有的社会问题相分离的观点。参见马克·塞尔登:《革命中的中国:延安道路》,魏晓明、冯崇义译,北京:社会科学文献出版社,2002年,第4—5、264—267页。

述与毛泽东所代表的农村认识之间的关联。毛泽东后来发展了1927年在国民革命的框架下对于农村的思考，进一步将农村问题与马列主义的中国化问题紧密联系在一起，进入对于新民主主义革命理论的建构。1939年，他以深有体会的方式写信给周扬说："就经济因素说，农村比都市为旧，就政治因素说，就反过来了，就文化说亦然。我同你谈过，鲁迅表现农民着重其黑暗面，封建主义的一面，忽略其英勇斗争、反抗地主，即民主主义的一面，这是因为他未曾经验过农民斗争之故。由此，可知不宜于把整个农村都看作是旧的。所谓民主主义的内容，在中国，基本上即是农民斗争，即过去亦如此，一切殖民地半殖民地亦如此。现在的反日斗争实质上即是农民斗争。农民，基本上是民主主义的，即是说，革命的，他们的经济形式、生活形式、某些观念形态、风俗习惯之带着浓厚的封建残余，只是农民的一面，所以不必说农村社会都是老中国。当前，新中国恰恰只剩下了农村。"①毛泽东虽然承认农民"带着浓厚的封建残余"，却强调"新中国恰恰只剩下了农村"，农村在政治和文化上都是比都市要新的，这便不仅在革命的敌友判断上确立了农民、农村的重要性，而且在文化上确立了农民、农村的方向性。在这个意义上，毛泽东所构建的新民主主义革命、社会主义革命和建设的合法性都与农民、农村的方向性紧密相关。甚至不妨说，社会主义问题就是农民、农村问题。他真正承认的只有农村经济"比都市为旧"。应当说，此时毛泽东已经远远超越了1927年的国民革命论，正在尝试构建一种全新的政治和文化。这种尝试的具体展开是他1940年发表的《新民主主义论》。在《新民主主义论》中，毛泽

---

① 毛泽东：《致周扬（一九三九年十一月七日）》，载中共中央文献研究室编《毛泽东文艺论集》，北京：中央文献出版社，2002年，第259—260页。

东说:"新民主主义的文化是大众的,因而即是民主的。它应为全民族中百分之九十以上的工农劳苦民众服务,并逐渐成为他们的文化。……革命文化,对于人民大众,是革命的有力武器。革命文化,在革命前,是革命的思想准备;在革命中,是革命总战线中的一条必要和重要的战线。"① 文化问题成为更内在于革命的一种实践行为。因此,毛泽东的《在延安文艺座谈会上的讲话》(以下简称《讲话》)所讨论的"普及与提高"的辩证法,"从工农兵的现有文化水平与萌芽状态的文艺的基础上去提高"②,其实就是构建新的文化、文学的辩证法,也即社会主义文化、文学的辩证法。③ 也只有在这个意义上理解,他在《讲话》中所叙述的自己情感转变的故事才不仅动人,而且深刻,富有远见。

相形之下,即使迟至1943年,赵树理对于农村的认识还停留在与五四启蒙知识分子博弈的层面上。针对当时一些知识分子对农民饮食、生活习惯的嘲笑,赵树理强调他们是"建设新中国的支柱",并说:"我们的工作越深入,所发现的愚昧和贫苦的现象,在一定时间内将越多(即久已存在而未被我们注意的事将要提到我们的注意范围内),

---

① 毛泽东:《新民主主义论》,载《毛泽东选集》第2卷,北京:人民出版社,1991年,第708页。
② 毛泽东:《在延安文艺座谈会上的讲话》,延安:解放社,1943年,第19页。
③ 当然,所谓普及和提高,另有一重含义,也是毛泽东自己说出来的。在1944年写给周扬的信中,毛泽东说:"第十页上'艺术应该将群众的感情、思想、意志联合起来',似乎不但是指创作时'集中'起来,而且是指拿这些创作到群众中去,使那些被经济的、政治的、地域的、民族的原因而分散了的(社会主义国家没有了政治原因,但其他原因仍在)'群众的感情、思想、意志',能借文艺的传播而'联合起来',或者列宁这话的主要意思是在这里,这就是普及工作。然后在这个基础上,'把他们提高起来'。"(毛泽东:《致周扬(一九四四年四月二日)》,载中共中央文献研究室编《毛泽东文艺论集》,北京:中央文献出版社,2002年,第280页。)这是一种非常典型的、自觉的以文艺为构建"想象的共同体"的手段的主张。在这个意义上,安德森对现代民族国家构建过程的考察无疑是相当准确的。参见本尼迪克特·安德森:《想象的共同体:民族主义的起源与散布》,吴叡人译,上海:上海人民出版社,2003年,第21—33页。

希望我们的同志,哀矜勿喜,诱导落后的人们走向文明,万勿从文明自傲,弄得稍不文明一点的人们坐也不是站也不是也!"① 除了认为农民正在为"建设新中国"而流汗流血,不能嘲笑,赵树理要求知识分子"哀矜勿喜","诱导落后的人们走向文明",与鲁迅五四时期对待农民的态度很难说有什么区别。"文明"与"落后"对应尤其说明赵树理承认农民"落后",而"文明"是为知识分子所掌握的。这种思路显然是毛泽东的文化、文学构想要从根本上取代和超越的一种思路;至少在延安时期是这样的。但是,值得注意的是赵树理的观念和意识的背后所流露出来的对于农民情感上的维护和认同,这与毛泽东在《讲话》中所叙述的情感转变故事有着内在的一致性。因此,尽管在观念和意识上,赵树理不如毛泽东深刻和富有远见,二者还是由于情感上的原因,对于社会主义文化、文学的想象有着极为重要的一致之处。而正是这一致之处,影响着赵树理的文学农村后来的发展路径,使其小说与社会主义发生内在的关联。托洛茨基说:"根据科学的纲领性目标对幼年起开始形成的情感世界进行改造,这是内心的一件最困难的工作。并非每个人都能这样做。因此,世界上就有不少这样的人,他们像革命者一样思考,感情上却像小市民。"② 赵树理在最困难的地方反而最容易,因此在感觉自己的写作被《讲话》批准的激动之情中,他虽未完全理解毛泽东的文化、文学设想,③ 但却开始借用毛泽东的观念和概念表述自己对文学农村的理解;甚至终其一生都未完全理解,也

---

① 赵树理:《平凡的残忍》,载《赵树理全集》第2卷,北京:大众文艺出版社,2006年,第209页。
② 托洛茨基:《文学与革命》,刘文飞、王景生、季耶译,北京:外国文学出版社,1992年,第132页。
③ 赵树理:《我的第二次检查》,载《赵树理全集》第6卷,第458页。

没妨碍他越来越深地借用。在1947年写作的《艺术与农村》一文中，赵树理说："广大的群众翻身以后，大家都有了土地，这土地不但能长庄稼，而且还能长艺术。"①这种表述内在地隐藏着新的艺术发胎于新的经济、政治事实的逻辑，与毛泽东所谓"萌芽状态的文艺"的确有异曲同工之妙，不能不说赵树理对于文学农村的理解已经开始越来越契合毛泽东关于社会主义文化、文学的建构逻辑。此后，赵树理在1958年9月一次曲艺座谈会上发言说："评书（以及曲艺中的其他曲种）直接和群众在一起，是和群众没有脱离关系的文学形式，我们小看它就会犯错误。"②小看评书这种"和群众没有脱离关系的文学形式""就会犯错误"，这与毛泽东"普及与提高"的辩证法简直如出一辙，即都是在一定的意识形态要求之下对于文化、文学构建的具体意见，也即都是社会主义文化、文学的建构问题。在这里，赵树理对于文学农村的认识已经基本上完全内在于毛泽东的逻辑之中了。当然，需要指出的是，情感、观念、意识与具体的小说文本之间，尚有一定的距离，赵树理对于文学农村的认识，并不能取代他的文学农村叙述。实际上，他的文学农村的叙述，尤其是他的小说与社会主义的关系，要远远复杂于他的情感、观念、意识与毛泽东的关系。因此，赵树理小说的形式与社会主义政治的关系，是一个更为重要、诱人的命题。

---

① 赵树理：《艺术与农村》，载《赵树理全集》第3卷，北京：大众文艺出版社，2006年，第229页。

② 赵树理：《从曲艺中吸取养料》，载《赵树理全集》第5卷，北京：大众文艺出版社，2006年，第262页。

三　农村小说形式的文学政治

毛泽东针对延安的文艺生产状况，分析文学艺术的源泉时指出：

> 文学艺术中对于死人和外国人的毫无批判的硬搬、模仿和替代，乃是最没有出息的最害人的文学教条主义与艺术教条主义，和军事上政治上哲学上经济学上的教条主义的性质是一样的。中国的革命的文学家艺术家，有出息的文学家艺术家，必须到群众去中，必须长期地无条件地全身心地到工农兵群众去中，到火热的斗争中去，到唯一的最广大最丰富的源泉中去，观察、体验、研究、分析一切人，一切阶级，一切群众，一切生动的生活形式和斗争形式，一切自然形态的文学和艺术，然后才有可能进入加工过程即创作过程，这样地把原料与生产，把研究过程与创作过程统一起来。否则你的劳动就没有对象，没有原料或半制品，你就无从加工，你就只能做鲁迅在他的遗嘱里所谆谆嘱咐他的儿子万不可做的那种空头文学家或空头艺术家。①

毛泽东的意见蕴含着中国共产党政治风格形成的深刻经验，与其1940年代构建完成的"新民主主义论"是高度一致的。反对硬搬和模仿，强调"必须到群众中去"，呼应的就是文艺的阶级性、时代性和民

---

① 毛泽东：《在延安文艺座谈会上的讲话》，第20—21页。

族性，为"普及与提高"的辩证法提供了理论和经验的基础。而强调"必须长期地无条件地全心全意地到工农兵群众去中"，则显示了政治风格、文艺风格形成的阶级性、过程性和长期性，没有什么是一蹴而就的。赵树理小说风格的形成同样如此，他正是"长期地无条件地全心全意地到工农兵群众去中"，经历了《白马的故事》《盘龙峪》、各类通俗故事的写作，及参加"通俗化"的讨论、与他人论辩等，才实现1940年代小说风格的成熟的。而赵树理置身其中的关于农村的小说叙述传统，也通过同一长期的过程在赵树理小说中实现了风格的成熟。茅盾说《李家庄的变迁》是"走向民族形式的一个里程碑"，陈荒煤提出"赵树理方向"，便是对于赵树理小说处于传统发展的一系列过程之中的一些具体描述和判断。但是，正如毛泽东强调革命的文学家艺术家"长期地无条件地全心全意地到工农兵群众去中"一样，1940年代赵树理小说的风格即使已经成熟，也是有待于进一步成熟的。同时，赵树理小说所隶属的关于农村的小说叙述传统，也仍然处于变化和发展的过程中，没有什么是一劳永逸的。或许是意识到了这些复杂的关系构架的状况，近些年来的左翼政治、文化、文学研究越来越强调打破文学与政治各有分区的研究思路。有的论者认为："革命不是单靠政治行动能够完成和巩固的，各种与之相呼应的社会、文化、道德运动构成它的重要组成部分。而且有许多政治革命意识不到或难以处理的问题常在文化、思想等领域凸现出来并首先得到处理，随后转化为革命汲取的资源。就此而言，文化、思想领域内的工作之于革命绝非单纯的配合关系，它们一直内在于中国革命的脉络。"① 更有论者提出

---

① 程凯：《寻找"革命文学"、"左翼文学"的历史规定性》，载《郑州大学学报》2006年第1期。

具体的结论性意见:"农民革命文学(特别是以赵树理为代表的)提供了一种从下往上观察社会的方式,也即是左翼的底层视角,同时还提供了一种从内向外肯定自我的逻辑,也即是左翼(仍然以赵树理为参照)的文化的偏保守的立场。"① 以此言之,研究赵树理小说,是发掘文学政治的可能性,尤其是左翼文学政治的极为有效的方式之一。但是,鉴于赵树理小说并不止步于 1940 年代,而是内在地随同社会主义革命及建设一起变化,发展,故而研究赵树理小说乃是发掘社会主义文学政治的有效方式之一。

所谓文学政治,按照雅克·朗西埃的解释,并不是作者的政治,不涉及作者对社会的、政治的问题和斗争的个人评论,也不涉及他们作品中再现政治事件或社会结构和斗争的模式。朗西埃说,文学政治意指文学将政治当成文学(literature "does" politics as literature),在政治运作方式与文学写作实践之间有着特殊的关联。他进一步解释道:文学政治就是文学,它展现文学性的力量(it displays the power of literariness),颠覆再现机制的等级和原则,在"无声的字母"(mute letter)中构建元政治;文学政治就是文学,还表现在"无声的字母"的文学性的政治和症候性阅读的政治之间的冲突上。朗西埃举萨特评价福楼拜的例子说明自己的观点。萨特认为福楼拜小说的冷静(petrification)写法是中产阶级反对民主的一种策略,朗西埃则指出福楼拜同时代人已注意到福楼拜小说的冷静的写法,且视为民主的症

---

① 蒋晖:《中国农民革命文学研究与左翼思想遗产的创造性转化》,载《文艺理论与批评》2004 年第 3 期。

候。① 这种对于同一作家作品截然相反的症候性阅读，在朗西埃看来，就是文学政治的表现。而以赵树理小说的研究来说，朗西埃对于文学政治的看法是值得借鉴的。赵树理小说采用评书的体式以及不同于五四新文学的叙述语言，的确在颠覆五四以来形成的再现机制的等级和原则，展示出文学性的力量。而且，赵树理小说的解读存在众多分歧，也表现出朗西埃理解的文学政治意味。不过，即使借用朗西埃的文学政治概念，在讨论赵树理小说的具体过程中，也不能排斥外在于赵树理小说的社会、政治问题及其在小说中的再现模式。毕竟，赵树理是一个写作目的性非常强的作家，其目的性与小说的文学性之间的关系如何，也是文学政治的重头好戏。因此，文学政治虽然不是作者的政治，但在分析赵树理小说的文学政治的具体过程中，讨论作者的政治是必要的。②

文学政治作为一个强调文学性的力量的概念，其出发点是文学的形式，中间的过程是政治，终点则重新回到文学的形式。这意味着研究特定作家作品的文学政治必须以形式为中介。值得注意的是，这里所谓的形式需要做特殊的理解。伊格尔顿说：

> 我想指出，形式通常至少是三种因素的复杂统一体：它部分地由一种"相对独立的"文学形式的历史所形成；它

---

① 参见 Jacques Rancière, "The Politics of Literature", *SubStance*, Vol. 33, No.1, 2004; Jacques Rancière, *The Politics of Literature*, trans. Julie Rose, Malden: Polity Press, 2011, pp.1–30。按：朗西埃所谓无声的字母，是指字母处于无声状态，字母组合（成文学）构成何种意义，有待于解密。

② 关于文学政治，还有许多其他看法。参见黄旭：《文学政治与二十世纪八十年代中国激进主义》，复旦大学博士学位论文，2008年。按：黄旭论文中使用的文学政治，英语作 literary politics，源自托克维尔的用法，第20—42页。

是某种占统治地位的意识形态结构的结晶……它体现了一系列作家和读者之间的特殊关系。马克思主义批评所要分析的正是这些因素之间的辩证统一关系。因而，在选取一种形式时，作家发现他的选择已经在意识形态上受到限制。他可以融合和改变文学传统中于他有用的形式，但是这些形式本身以及他对它们的改造是具有意识形态方面意义的。一个作家发现手边的语言和技巧已经浸透一定的意识形态感知方式，即一些既定的解释现实的方式；他能修改或翻新那些语言到什么程度，远非他的个人才能所能决定。这取决于在那个历史关头，"意识形态"是否使得那些语言必须改变而又能够改变。①

伊格尔顿对于形式的理解，基本上能够切合研究特定作家作品的文学政治的需要。正如1958年赵树理强调评书是和群众没有脱离关系的文学形式一样，形式也是发掘赵树理小说的文学政治不得不使用的中介。在赵树理的强调中，透露出形式是多重因素的复杂统一体。赵树理提出"评书"，即意味着"'相对独立的'文学形式的历史"，提出"群众"，即同时意味着"某种占统治地位的意识形态结构的结晶"和"一系列作家和读者之间的特殊关系"，因为"评书"虽为五四文化所冲击但仍在延续，而"群众"则不仅是其时占统治地位的毛泽东思想的结晶，而且蕴含着赵树理思考作家作品与读者关系的最重要的方式。在1949年写作的《也算经验》中，赵树理便意识到自己"不得不与农民说

---

① 特里·伊格尔顿：《马克思主义与文学批评》，文宝译，北京：人民文学出版社，1980年，第30—31页。

话",故"尽量照顾群众的习惯","以为只要能叫大多数人读,总不算赔钱买卖。至于会不会因此就降低了作品的艺术性,我以为那是另一问题"。① 这种谈文学之用("大多数人读")而弃文学之体("作品的艺术性")的思路,充满意识形态性,即"作家发现他的选择已经在意识形态上受到限制"。当然,在这里,正如伊格尔顿说的那样:"意识形态不是一套教义,而是指人们在阶级社会中完成自己的角色的方式,即把他们束缚在他们的社会职能上并因此阻碍他们真正地理解整个社会的那些价值、观念和形象。……一切艺术都产生于某种关于世界的意识形态观念。"② 赵树理创造的农村文学形式的意义,既源于"作家发现他的选择已经在意识形态上受到限制",一种形式层面的意识形态自觉,也源于作家对文学形式历史的把握及与读者关系的理解。而在三者构成的形式的复杂统一体中,意识形态是最重要的,因为"一切艺术都产生于某种关于世界的意识形态观念"。在这个意义上,赵树理小说形式的文学政治与社会主义的关系就被有效地建立起来了。

赵树理1930年代开始关注特定的形式问题,即通俗化,1943年写作《小二黑结婚》前并已进行大量通俗化实践,留下一些值得关注的作品,如《有个人》《盘龙峪》《变了》。这是周扬说他未创作前即已成熟的原因。但赵树理农村小说形式的真正图景,需要从《小二黑结婚》开始勾勒,因为从此赵树理小说的形式与社会主义政治之间的特殊关系才得以展开。

对于赵树理而言,小说作为形式,在他二十二年(1943—1964)的创作生涯中,发展出如下内涵:

---

① 赵树理:《也算经验》,载《赵树理全集》第3卷,第350—351页。
② 特里·伊格尔顿:《马克思主义与文学批评》,第20页。

1. 小说是一种具有生产性的实践形式，是用以解决农村工作中不能轻易解决的问题的有效工具。这主要表现在《小二黑结婚》《李有才板话》等小说上。但形式与社会主义政治实践之间必然存有很大的距离，作者的意图与形式传达出来的结果，也未必一致。因此，小说形式成为分析文学政治的必然部分。

2. 小说是一种具有生产性的认知形式，是用以辨清变动中的农村社会关系的有效手段。这主要表现在《李家庄的变迁》《地板》《传家宝》《邪不压正》等小说上。这意味着文学将政治当成了文学，小说形式本质上就是文学政治。

3. 小说是体会政治脉搏的形式，不再是解决问题的有效工具，而是想象问题解决的一种方式。这主要表现在《三里湾》《"锻炼锻炼"》《老定额》《套不住的手》等小说上。因此，小说形式在处理作者的政治、与主流意识形态博弈的同时，构成了形式实践对于政治运作的戏仿，使得小说再现的机制和原则发生了变化。

4. 小说失去体会政治脉搏的功能，变成一种较为纯粹的文学形式。这主要表现在《互作鉴定》《卖烟叶》等小说上。小说形式在绽露政治症候的同时，导向对写作本身的质疑，即小说形式应循何种再现机制和原则才能保证再现的真实性。从其对于现实政治的影响而言，小说形式的作用已经极度萎缩。而从其对于现实政治的症候性反应而言，小说形式此时表现为一种高度紧张的文学政治，值得深入分析。

这些内容大致以前后相继的方式出现在赵树理的小说创作中，是导致赵树理小说"不像小说"的具体原因。而从根本上说，则是因为赵树理小说与其关于农业、农村、农民问题的直接经验，尤其是琐碎的细部经验，有着深度的血脉联系。赵树理自述从不写真人真事，但又强调自己作品的任何一个部件都是真人真事，这种充分紧张的关系使其小说难以彻底小说化，于是只能"不像小说"。而"不像小说"，正是赵树理小说最有价值之处，也是最具文学性、政治性之处。因此，以形式为中介发掘赵树理小说的文学政治的确有相当的效果。

更进而言之，赵树理小说的形式，乃是释放构建社会新秩序的激情的一种方式，而且是一种集体事业，并非个人事业。赵树理不仅以此处理个人与政治之关系，而且试图唤醒所有农民，构建一种集体政治。这使他作品中的人物形象更多地不是以个人或个性的面目，而是以集体或集体的符号的面目出现，使其读者不仅能够寻找个人进入集体及新秩序的路径，而且能够产生构建社会新秩序的激情。于是，赵树理作为作者的政治，读者的症候性阅读的政治，赵树理作品本身文学性的力量，一起交缠在赵树理小说的形式上，构成丰富的文学政治内容。

作为作者，赵树理如何感知自己与现实政治之间的关系，并寻找到表述这种关系的手段以及检验表述是否有效与合法的程序，这是赵树理小说的文学政治的重要内容。在不同的历史时期（或即创作阶段），赵树理的核心思路是一致的，即做生活的主人，主动把握政治，而非变成现实政治政策的追赶者或阐释者。因此，政治的潮动就是其形式创生和变化的重要驱动力。这种驱动力不是外在的，而是内在于赵树理个人的、小说的。简言之，赵树理的小说及其创作实践就是文学政治及其实践。因为这样的原因，赵树理的小说世界不仅不同于沈从文，而且比鲁迅、茅盾有着更为明确的文学政治意味及开放性。赵树理的形式世界是始终向现实政治开放的。这种开放性导致其小说形式有着与众不同的特点：其一是文体的通俗性，倾向于适应农民的欣赏习惯，即所谓老百姓喜欢，政治上起作用。

其二是文体上的不完整性，或缺乏内在的统一逻辑，表现如经常性地在文本内呼唤读者的参与，任意地结束小说，随时改换文体叙述同样的故事；等等。其三是每一个文本往往都在多重主题的矛盾关系中生成，使其小说表现出违背其创作初衷的暧昧性。其四是文体风格上的不稳定性。这些特点既是体会政治脉搏的结果，又形成了与现实政治的博弈关系。这种博弈关系既包含有意为之的部分，也包含无意识或潜意识的部分。

就阶段性的状况而言，赵树理小说的形式与社会主义政治的关系表现出下列演变过程：

1949年前赵树理的小说创作实践具有行动性、创造性和天然的合法性，能够引领社会新秩序的构建。鲁迅农村小说中的哀矜之气、茅盾农村小说中的怖畏之情，不存于赵树理此时的小说中。

1950年至"大跃进"期间，赵树理一方面坚信赶任务之可以避免，另一方面则试图以助业作家的方式摆脱追赶现实政治政策的窘境，故其时赵树理的小说创作表现出极为明显的被动性。他努力体会政治政策的脉搏，事实上却慢慢变成图解者，甚至是落后者。当然，所谓图解和落后，乃是赵树理文学政治与家国大计之间的矛盾关系的一种反映。尽管赵树理的政治判断失去了与主流意识形态的一致或和谐，但其小说创作作为文学政治的一种形式，反而开始提供更为丰富的内容，其中就包括如何克服社会主义的内在危机问题。比如此时期集体化成为赵树理小说的一个关键词。赵树理试图以集体化作为克服危机的方案，但在形式中却展示了这一方案极为复杂微妙的处境。因此，其时的文学政治无疑在形式中达至更为丰富的内涵和可能。不过，一方面是形式的内涵和可能的丰富，另一方面则是创作主体赵树理在主体意识上的深度焦虑。

"大跃进"结束以后,他开始担心自己的作品能否为广大的农民朋友读到,即能否真正意义地"下乡"?他原来所自信的与农民心心相印的、具有某种天然性的关系,这时候无疑被极大地打破了。因此,加上对现实政治政策的不理解,他对自己的写作,尤其是小说写作的有效性发生了怀疑。表现在小说形式中,首先在于小说叙述形式的变化,即叙述态度离评书体有了较远的距离,写作时的拟想读者也有了变化,在故事与小说之间,也有一些把捉不住二者的界限。而最根本的是,他似乎开始以小说的方式探讨写作本身如何可能的问题,即写作能够真实地再现历史吗?写作能够准确地传达意图吗?写作的意图与读者的接受之间没有距离吗?小说形式或语言果真是透明的吗?从而果真能圆融无碍地成为文学政治的实践吗?在写作生涯的最后时间,赵树理的确还在探讨形式体会政治脉搏的可能,甚至不惜一切地改换文体和写作方式,以实现自己与政治脉搏的共振,也始终在介入社会主义危机如何克服的现实政治问题,但在另外的层面上,却不由自主地对文学政治本身产生了怀疑,对形式的生产性、实践性产生了根本的信任危机。而且,在新的文学政治崛起的面前,他终于痛感自己无法跟上新人新事,曾有的形式上的自信崩溃了。如果说他曾以不重复他人而自豪,最后则以未能重复自己作品曾有的文学政治而痛苦了。赵树理这一状况本身,作为文学政治的一种症候,是引人深思的。至少,它可以指向两个向度,一是现实政治政策缺乏有效地构建社会新秩序的能力,二是小说形式作为一种文学政治的有限性。形式并不能总是在具体的历史时空扮演合法的角色,化作构建社会新秩序的驱动力。

不管怎么说,赵树理的文学政治为后来的文学、历史研究提供了丰富的阐释空间,为后来的文学政治的进一步发展或重新发展提供了丰富的积淀。这可能是赵树理小说最为根本的意义所在。

四 研究思路及论述策略

在建立赵树理小说形式的文学政治与社会主义的有效关系之后，还是有必要再一次强调他与他所内在于其中的社会主义问题，尤其是与毛泽东及中国共产党的社会主义文化、文学构想之间的差别。例如与赵树理有关系的通俗化主张是这样的，即通俗化"应该是'文化'和'大众'中间的桥梁，是'文化大众化'的主要道路；从而也可以说是'新启蒙运动'一个组成部分——新启蒙运动，一方面应该首先从事拆除文学对大众的障碍；另一方面是改造群众的旧的意识，使他们能够接受新的世界观"①，这就是试图使文学、文化变成改造大众的实践行为，使大众革命化。当然，这里的区别也是存在的，即并不强调革命运动所造成的农民对于文化创造的内在需要，反而强调"群众的旧的意识"对农民革命化的障碍，从而表现出与五四新文化的农民想象的血脉联系，比如鲁迅式的"哀其不幸，怒其不争"。这或许可以解释为什么赵树理 1949 年 1 月 17 日写信给周扬时还感慨："封建思想之海的农村，近十余年来只是冲淡了一点，尚须花很大气力才能使它根本变转了颜色。"②而且，这也造成他的小说中多落后农民形象。因此，赵树理关于农民问题的思考，与毛泽东及中国共产党的社会主义构想既有内在关系，又有一些差别。

值得注意的差别是，农民问题在毛泽东的政治构想中，是隶属于国民革命、新民主主义革命或社会主义革命的一个部分，而赵树理

---

① 赵树理：《通俗化"引论"》，载《赵树理全集》第 2 卷，第 68 页。
② 赵树理：《致周扬》，载《赵树理全集》第 3 卷，第 328 页。

可能直接当作了问题本身。他在大约 1966 年末做的检查中说:"检查我自己这几年的世界观,就是小天小地钻在农村找一些问题唧唧喳喳以为是什么塌天大事。"① 虽然作为在特殊年代做出的自我批评,难免过甚其词,但的确道出了赵树理作为一个关于农民问题的思想者的本色,其深刻与肤浅皆在于是。孙犁说:"赵树理中后期的小说,读者一眼看出,渊源于宋人话本及后来的拟话本。作者对形式好像越来越执着,其表现特点为:故事行进缓慢,波澜激动幅度不广,且因过多罗列生活细节,有时近于卖弄生活知识。遂使整个故事铺摊琐碎,有刻而不深的感觉。"② 这是赵树理注重直接经验的思想在小说写法上的展现。赵树理注重自身农村生活的直接经验,使其有关农民问题的思考达到了惊人的深刻,但也造成了写作中无法抓住重大主题。因此,相比较而言,梁漱溟、晏阳初、费孝通等人关于乡村建设问题的思考,倒在具有大局观的意义上,与毛泽东的政治构想形成了更为确切的对应关系。他们因此与赵树理既传承五四新文化的启蒙精神,又内在地属于中国共产党社会主义构想的思考,有文化、文学政治上的差异。在这样的差异中,赵树理作为农民问题的思想者,其小说所表现出来的文学政治更为值得分析,即一个与农村、农民有着更为直接、深入联系的,同时与西方现代启蒙传统关系相对疏远的作家(尽管通过五四新文化与之发生一些联系),其小说的文学政治何以深刻地内在于中国共产党的社会主义构想?这当然首先是因为赵树理执着于自身直接的农村经验,每一个农民都是具体的,各有不同的喜怒哀乐,其次才是因为他在执着的过程中意识到,农民问题不只是文化、文学

---

① 赵树理:《回忆历史 认识自己》,载《赵树理全集》第 6 卷,第 474 页。
② 孙犁:《谈赵树理》,载《孙犁全集》第 5 卷,北京:人民文学出版社,2004 年,第 112—113 页。

或道德问题,而且还是经济、政治权利问题,必须以某种革命的方式才能真正得到理解和解决。

因此,除了在一般意义上讨论新启蒙问题和革命问题,赵树理主要思考的是农民的情感、语言、娱乐以及权利、欲望、性格,并希望通过创造一些农民能够接受的新形式来唤醒农民自我表述的能力和行为,以内在的、而非外在的逻辑构建社会新秩序,在经济、政治、文化、文学、道德伦理诸层面自我树立。赵树理小说的文学政治的可能性集中体现为"农民说理的世界"。他通过小说创作体会农民"说"的欲望,教会农民"说"的能力,最终把住"理",主动地建设"理"的"世界"。赵树理小说中重复出现最频繁的主题是"理"与"势"的关系以及如何"说理"的问题。"势"指现实的权力关系及历史发展的趋势,即权力关系在空间、时间两个维度的状况;它构成赵树理小说文本内部的背景。"理"在"势"所构成的背景上运行,"理"是什么,或者是否有"理","把得住理",合"理",则是赵树理小说情节的落脚点。在合不合"理"的关节处,小说出现情节的停顿、延宕、逆转和最后的完结。"理"构成了赵树理小说的叙述节奏。农民被历史发展的"势"头推动着参加革命、参加合作化,被经济窘困的形"势"逼得离家出走或参加革命,被权力阶层中的坏分子的"势"力压迫急了终于说话,都为的是合"理",有"理",说"理"。这也就意味着,不管历史如何发展,阶级如何更替,生产制度如何构建,赵树理笔下的农民始终寻求的是一个"理"字,是农村秩序的平衡;"好""坏"的伦理与政治的"是""非"因此成为潜在的一组矛盾。而"说"既是作家赵树理如何进行小说叙述及让小说教会读者"说"的问题,也是小说人物在一定的"势"下,能不能"说",如何"说"以及"说"了又如何的问题。"说"是本能、欲望,也是权力关系的一种表现方式。"说"构成了赵树理小说情节发展的基本过程。因此,"说""理""势"等词语出现的地方,是把握赵树理构建小说的形式感的关键,而"农民"的形象和"世界"的意义也在"说""理"的过程中逐渐清晰。在这里,关于赵树理农村小说形式的文学政治的四个关键词已经浮现,即"农民""说""理"和"世界"。

雷蒙·威廉斯曾以一系列关键词进行他的文化与社会研究,并在说明与词典之学的区别时说:"我称这些词为关键词,有两种相关的意涵:一方面,在某些情境及诠释里,它们是重要且相关的词。另一方面,在某些思想领域,它们是意味深长且具指示性的词。"[①]"农民""说""理"和"世界"四个关键词,也同样表现类似的两种相关的意涵,即它们在赵树理小说文本中是值得进行文本挖掘(Text Mining)[②]的"重要且相关的词",共同构成了赵树理小说文本的叙述情境和诠释空间,同时在社会主义构想及社会主义危机克服的意义上,表现出"意味深长且具指示性"的内涵。因此,围绕"农民""说""理""世界"四个关键词展开赵树理小说的文学政治的讨论,

---

① 雷蒙·威廉斯:《关键词:文化与社会的词汇》,刘建基译,北京:生活·读书·新知三联书店,2005年,第7页。
② 文本挖掘(Text Mining)也称为文本知识发现(Knowledge Discovery in Text),是一个以半结构(如Web网页)或无结构(如纯文本)的自然语言文本为对象的数据挖掘,是从大规模文本数据集中发现隐藏的、重要的、新颖的、潜在有用的规律的过程。它的基本思想是:首先利用文本切分技术,抽取文本特征,将文本数据转化为能描述文本内容的结构化数据,然后利用聚类、分类技术和关联分析等数据挖掘技术,形成结构化文本,并根据该结构发现新的概念和获取相应的关系。文本挖掘是一个边缘学科,由机器学习、数理统计、自然语言处理等多种学科交叉形成,在智能商务(Business Intelligence)、信息检索(Information Retrieval)、生物信息处理(Bioinformatics)等方面都有广泛的应用,如客户关系管理(Customer Relationship Management)、互联网搜索(Web Search)等。有关文本挖掘的介绍,可参考程显毅、朱倩编著的《文本挖掘原理》(北京:科学出版社,2010年)一书。

不失为值得尝试的论述策略。当然，对于这些关键词的分析，不仅将以赵树理小说文本的叙述情境和诠释空间为基础，而且将以它为边界，目的是通过分析这些关键词，厘清它们在赵树理小说文本中的含义，构建赵树理小说的形式与社会主义政治的具体关联。那么，对这些关键词进行分析，一方面是在话语分析的层面上进行的，另一方面则通往关于赵树理小说的形式分析。这些关键词不仅具有小说话语的意义，而且承担着赵树理小说的形式构成的功能。简单来说，"农民"不仅关乎赵树理小说文本中的主体形象问题，也牵涉赵树理小说的预设读者问题，"说"不仅是赵树理小说文本中的"农民"如何表达及能不能表达权利、意识、情感、欲望的问题，也是赵树理小说如何叙事、如何接受的问题，"理"不仅是赵树理小说文本中的"世界"的规定性如何及"农民"的价值、情感、欲望的秩序如何的问题，也是赵树理小说的叙述节奏、叙事者的价值认同的问题，"世界"不仅是对于赵树理小说文本内部的"农民"具有重要意义和功能的词汇，也是赵树理小说在叙述上的纽结，形式上的症候。因此，必须强调，对于这些关键词的分析，即使是话语分析，也是通往形式分析的话语分析；仅仅厘清这些关键词的含义是不够的，还要更进一步，寻找这些关键词背后的形式线索。在具体的分析过程中，呈现赵树理小说文本的编织状况，勾连小说的文学政治与作者的政治的关系，都是必要的。

因此，本书参用雷蒙·威廉斯研究关键词的思路，并通过简单的文本挖掘，以下述逻辑来具体展开赵树理小说的文学政治的讨论：

第一，分析"世界"的意义和功能，并进一步分析"世界"的叙述情境和诠释空间，在小说再现的层面上说明赵树理小说文本的编织状况。

第二，分析"理""势""情"在赵树理小说文本中的结构关系，说明这些结构关系对小说形式的影响。

第三，分析"说"在赵树理小说文本中的基本状况，并勾连"说"与小说形式的关系。

第四，分析"农民"的主体性问题，厘清"农民"的主体形象，并通过分析从作者的政治及症候性阅读的政治入手展开的对赵树理小说中的"农民"主体问题的阐释，寻找文学政治展现文学性力量的缝隙。

第五，在上述分析的基础上，检讨赵树理小说创作的困境，集中讨论赵树理小说的形式与社会主义政治的关联。

第六，以较为简单的方式检讨全文的研究范式、研究结论，说明本研究的限度和可能。

第一章 "世界"及其再现

自从《小二黑结婚》问世之后,赵树理有 8 篇小说使用了"世界"一词(详见表 2),其中《李家庄的变迁》更是使用 27 次(详见表 1),频率相当高。而更为关键的是,细察"世界"在赵树理小说文本中的位置,就会注意到,它总是出现在小说叙事的关键之处,或标示着小说叙事线索的变化,或隐藏着作者的叙事意图和小说的主旨,或代表着小说内部的价值认同标准,的确非常值得进行深度的文本分析。同时,"世界"又总是与"说""理"发生关联,隐藏着赵树理小说中一系列重要的问题,如小说远景、文学政治、小说形式与社会主义政治的关系等。因此,厘清"世界"在赵树理小说中的意义和功能,分析赵树理小说再现"世界"的结构,对于解读赵树理小说的形式与社会主义政治的关系是非常必要的。

就赵树理小说提供的文本事实而论,"世界"一词不仅指向一定的地理空间,而且指向一定的地理空间中的政治统治秩序和伦理秩序,故而在文本中发挥着世界观、价值观、意识形态、社会政治理想等功能。在一些特殊的语境下,"世界"还是一个心灵慰藉的符码,唤醒农民的革命激情,对农民进行革命教育;等等。因此,在赵树理小说中,"世界"绝不是单纯的地理学名词,它有着形而上的意义和价值。①有鉴于此,追索"世界"一词何以具有如此重要的意义和功能,就是非常重要的问题。从赵树理小说文本的编织脉络来看,"世界"一词所以具有如此重要的意义和功能,是因为它处于编织小说文本的阶级结构、政权结构和情感结构的核心,文本内部的各类意义线索都要与"世界"发生关系。因此,分析再现"世界"的阶级结构、政权结构和情感结构,不仅能更准确地把握"世界"意义与功能的生成机制,而且能够构建一系列理解赵树理小说的范畴,理解农民自觉、村政民主与社会主义政治的关系,把握赵树理作者的政治与赵树理小说的文学政治之间的一些复杂状况。

一 "世界"的意义与功能

在赵树理小说文本中,"世界"除了泛指所有地方或具体村落之外的地方,还意味着政治统治秩序和伦理秩序,并承担着重要的功能。首先,"世界"一词的出现提示着叙事流向的转变或终结。其次,"世界"还发挥着世界观、价值观、意识形态、社会政治理想等功能。再

---

① 刘禾判断说:"'世界'与英文词'world'的等同过程,乃以日语 sekai 为中介,而且重要的是,'世界'一词的这一世界化过程,成功地取代了早期汉语对于时空界限的概念性命名过程,如 tianxia '天下'。"刘禾:《跨语际实践:文学、民族文化与被译介的现代性(中国,1900—1937)》,宋伟杰等译,北京:生活·读书·新知三联书店,2002年,第430页。

次,"世界"唤醒了农民的革命激情。最后,"世界"还因其意义可以不断复制,承担了革命教育功能。关于"世界"的这些功能,本节主要以《李家庄的变迁》为文本分析的基础。另外,本节还注意到"世界"与"世道""年头"不同,"世道""年头"的变迁不一定能够解决"世界"的问题。这意味着在赵树理小说的文学政治中,时间和空间不能互换,赵树理小说关于现代中国农村的叙述主要是一个空间意义上的叙述。

(一) 泛指所有地方

在赵树理小说中,"世界"最简单的含义是泛指所有地方。《福贵》《刘二和与王继圣》和《登记》都有用例。福贵家道败落,脸面丢尽,又遇到日本侵略,这时村里有人劝福贵的妻子银花改嫁,银花不肯,有人说:"世界上再没有人了,你一定要守个忘八贼汉赌博光棍啦?"[①]"世界"在此当然包括福贵、银花生活的村庄,也泛指所有可能的地方,即虽然不一定是地球上每一个角落,但可以是。当王光祖在饭桌上物色人选陪自己的儿子出村上高小时,李恒盛说:"世界上什么也没有念书好。"[②]李恒盛所谓"世界"也是泛泛而谈,无具体指向。因为与张木匠结婚前曾与保安有恋爱关系,小飞蛾落得被婆婆嫌,丈夫打,娘家遗弃,更不能见保安,"全世界上再没有一个人跟小飞蛾是一势了";[③]张家庄的民事主任评价女人的好坏,认为"世界上的女人

[①] 赵树理:《福贵》,载《赵树理全集》第3卷,北京:大众文艺出版社,2006年。

[②] 赵树理:《刘二和与王继圣》,载《赵树理全集》第3卷,第193页。

[③] 赵树理:《登记》,载《赵树理全集》第4卷,第8页。

接近男人就是坏透了的行为"。① 所谓"世界"自然泛指所有地方，尤其是"全世界"，其泛指的语义是相当明显的。不过，这个泛指不仅不排除张家庄，相反，大部分含义可能都要落实到张家庄上。也就是说，叙事者眼中的"全世界"及民事主任眼中的"世界"，主要都是张家庄，赵树理以此凸显张家庄人眼界的狭小，尤其是凸显民事主任思想的封建性质。因此，即使是泛指所有地方时，"世界"一词还是别有含义，带有一种价值评判的意味。

（二）具体村落之外的地方

相对而言，当"世界"指具体村落之外的地方时，其意义要较为复杂一些。在《邪不压正》中，聚财劝说软英嫁给刘忠时说："男人大个十四五岁吧，也是世界有的事。"软英反驳："做小老婆当使女都是世界有的事，听高工作员说自己找男人越发是世界上有的事！难道世界上有的如意事没有我，倒霉事就都该我做一遍？"② 在这里，"世界"泛指下河村以外的地方。不过，虽然是泛指，聚财、软英父女俩所理解的"世界"具体所指并不一致。相同的地方在于，"世界"从父女俩嘴里说出来，都不是地理名词，而是文化修辞，用以应对、解决双方面临的困境。聚财试图以"世界"为说辞，劝使女儿嫁给刘忠，软英则通过呈现"世界"的复杂性来拆解父亲的修辞意图，从而为自己争取自由婚嫁的权利。而且，聚财所谓"世界"，或多或少倾向于对下河村现状的无奈认同，而软英所谓"世界"，则无疑倾向于对现状的改

---

① 赵树理：《登记》，载《赵树理全集》第4卷，第23页。
② 赵树理：《邪不压正》，载《赵树理全集》第3卷，第299页。

变。当然，所谓改变现状，软英的出发点是改变自身命运。

在《三里湾》中有类似的用例。画家老梁请大家对自己画的三里湾提意见，玉生问现在还没有的东西能不能画，老梁说："你说的是三里湾没有呀，还是世界上没有？"①这段问答颇有深意，但"世界"一词的含义相对简单，即指三里湾以外的地方。当然，它不包括所有三里湾以外的地方，而主要指实现了一定程度的机械化生产的苏联集体农庄，这在《三里湾》的上下文中是很明显的。这也就意味着，相对于《邪不压正》而言，赵树理在《三里湾》中赋予了"世界"更为确切的内容。这一变化值得推究，因其内含作家思想变迁的线索。一般地说，以1949年为界，此前赵树理的农村理解较为含混、模糊，此后则较为具体、清晰。

(三) 政治统治秩序

当"世界"指政治统治秩序时，其含义有着相当的复杂性和重要性。它首先意味着阶级对立与更替，其次则意味着本质上的混沌不明，最后还意味着使用"世界"一词之人的愿望、欲望及处境、能力。

赵树理1943年创作了剧本《两个世界》，其题目就暗示着"世界"不是一个普通的词汇。该剧写以金虎、银虎兄弟为首的抗日军民与石甫、接旺代表的敌伪之间的斗争，剧中村副听说了边区政府派军粮的情形之后说："你们那里可真是另一个世界！"②而当金虎他们铲除了村里的敌伪政权之后，村民说："这又成咱们的世界了！"③很明显，"两

---

① 赵树理：《三里湾》，载《赵树理全集》第4卷，第261页。
② 赵树理：《两个世界》，载《赵树理全集》第2卷，第337页。
③ 同上书，第344页。

个世界"意味着两种不同的政治统治秩序,意味着阶级对立以及一个阶级取代另一个阶级。就剧本本身而言,"两个世界"还意味着民族对立嫁接为国内的阶级对立,"世界"因为外部因素(民族对立)的激发而从内部分化为"两个世界"(阶级对立)。而且,民族对立的因素与阶级对立的因素相互掺杂在一起,严重地影响着"世界"的意义,使"世界"指向政治统治秩序时,不仅意味着阶级政治与民族国家建构的关联,而且意味着世界政治与民族国家建构的关联,从而至少在两个向度上展开了"世界"的复杂性。不过,正像在《两个世界》中将民族对立嫁接为国内的阶级对立一样,赵树理很少在小说中直接处理民族对立的话题。即使是在《李家庄的变迁》这样一部篇幅比较长的小说中,故事发生的年代是抗战前到抗战胜利结束,作家对于民族对立问题也只是一笔带过。这就意味着,民族对立问题只能构成"世界"意义的背景,虽然不可能不发生作用,但主要应该考虑的是,当"世界"指政治统治秩序时,赵树理在借助小说表达他对阶级对立与更替的关心及理解。

而且,这种关心和理解,透露出的是作家及其笔下的人物对于未来社会图景的一种乐观想象。在《李有才板话》中,老杨同志调查阎家山的村政之后提出要让阎恒元彻底倒台,小明认为"能弄成那样,那可真是又一番世界"。[①]"又一番世界"首先意味着阶级更替,农民取代地主,成为政治统治秩序的掌控者,其次则意味着对于农民取代地主之后的社会图景的乐观想象。不过,这一乐观并不是盲目的,而是内含着对于更替过程之残酷及未来建设之艰辛的思考的。在《李家庄的变迁》中,当小常来到李家庄组织革命之时,春喜发现:"现在多少

---

① 赵树理:《李有才板话》,载《赵树理全集》第2卷,第293页。

跟从前有点不同,不完全是咱的世界了——自那姓常的来了,似乎把铁锁他们那伙土包子们怂恿起来了,你从前那满脑一把抓的办法恐怕不能用了。"①"不完全是咱的世界"意味着阶级更替不是一瞬间发生的,而是有一个敌我双方力量进行犬牙交错的较量的过程。在这一过程中,"世界"将会失去其完整性,分裂为不同的力量板块。当不同的板块相互撞击时,必然是暴力、血腥及大量的人的死亡,例如小常被活埋了,李如珍被活撕了,这种残酷性是"世界"重归完整的应有之义。

阶级的对立和更替意味着"世界"经常缀在不同的所有格后面,本质上处于有待于定义的混沌不明状态。这也就是说,"世界"到底是什么,"世界"像不像个"世界",须由修饰它的所有格来确定。"不完全是咱的世界"即是一例,"世界"的本质由"咱的"来规定,只有"咱的"这个所有格确定了,"世界"才是确定的,其社会政治秩序和伦理秩序才是确定的。否则,"世界"就混沌不明,人也就处于无法思考"世界"的状态。因此,在《李家庄的变迁》中,铁锁第一次与小常交流之后的晚上进行的关于"世界"的思考非常有意义。小说中写铁锁"也觉着不把这些不说理人一同打倒另换一批说理的人,总不成世界,只是怎样能打倒他还想不通,只好等第二天再问小常。这天晚上是他近几年来最满意的一天,他觉着世界上有小常这样一个人,总还算像个世界"。②很明显,离开了人,也即离开了修饰"世界"的所有格,铁锁无法思考什么是"世界"。甚至与其说铁锁是在思考"世界"是什么,怎么才能"成世界""像个世界",不如说铁锁在期待什么样的人主宰"世界"才能让自己以及像自己一样的被压迫者过上如意的生活。

---

① 赵树理:《李家庄的变迁》,载《赵树理全集》第 3 卷,第 77 页。
② 同上书,第 35 页。

不过，需要辨明的是，也正因为"世界"混沌不明，原无常主，所以才能发生阶级的对立和更替，才有关于"世界"的一系列理解和想象。与此同时，一旦使用"世界"一词，人的愿望、欲望以及能力、处境，才会表露无遗。铁锁的思考表明，作为一个被压迫者，他希望"世界"能够得到改变，他希望"世界"能满足自己生存的欲求，他虽然不知道如何使用自己的力量，但他感觉到自己有能力改变世界，他眼下的弱势处境是会发生变化的。类似铁锁思考"世界"或使用"世界"一词的情形，在赵树理小说中经常出现，具有重要的意义。简单地说，当"世界"处于某种亟待改变或正在改变的状态时，可能发生地位变化的人群，总是会说出"世界"一词，并且随之吐露他们对于"世界"的政治诉求或伦理诉求。

（四）伦理秩序

当用"世界"一词表达一种伦理诉求时，它就有了伦理秩序的含义。在《孟祥英翻身》中，孟祥英的婆婆无法理解妇女何以要求解放，发了一段复杂的感想："这不反了？媳妇家，婆婆不许打，丈夫不许打，该叫谁来打？难道就能不打吗？二媳妇（就是指孟祥英，她的大孩子跟大媳妇在襄垣种地）两只脚，打着骂着还缠不小，怎么还敢再放？女人们要打起柴来担起水来还像个什么女人？不识字还管不住啦，识了字越要上天啦！……这还成个什么世界？"[①]孟祥英的婆婆抱怨的核心内容是，媳妇的家庭位置发生了变化，变得难以理解了。家庭位置的变化，虽然也跟政治、经济形势的变动相关，但主要表现形

---

① 赵树理：《孟祥英翻身》，载《赵树理全集》第2卷，第384页。

式是夫妇关系、婆媳关系的变化，因此直观上是伦理秩序的变化。孟祥英的婆婆质疑"这还成个什么世界"，主要便是从伦理秩序的意义上对"世界"的变化表示不可理解，且难以接受。

在更普泛一些的意义上，"世界"的意义指向人性或人道主义，即一种更为普遍的伦理秩序问题。例如在《陪黑鬼打牌记》中，一个赌博光棍告诉"我"汉奸来顺欺男霸女的故事后，感慨道："先生呀！你看这是什么世界？我赶紧跑出来，不知这会闹得怎么样了。"① "你看这是什么世界"透露的信息包括民族的灾难、不平等和战争的血腥，但主要的则是关于人性的呼唤，或者对于道德底线的质询。这一点在《李家庄的变迁》中有更为突出的表现。二妞向战火中重逢的冷元等人讲述小喜血洗李家庄的行为时说："不讲了！没世界了！捉了一百多人，说都是共产党，剁手的剁手，剜眼的剜眼，要钱的要钱……龙王庙院里满地血，走路也在血里走。"② 二妞的目的当然在于叙述反革命行为的极端恐怖，但叙述的手段则是凸显白色恐怖的完全缺乏人道主义关怀，灭绝人性。在这里，"世界"本身变成了人性的法则和意义，变成了伦理道德的底线。"世界"可以风云变幻，你方唱罢我登场，但如果"没世界了"的话，则一切推倒重来的革命之必要也就不言而喻了。因此，"世界"的伦理指向更为严肃、深刻地触及了中国现代社会的问题，即政治统治秩序的更替不过是社会病症的临床表现，真正的病灶在文明或文化的某些肌理深处。这里使用疾病隐喻式的推演，除了是一种表达上的借力，也因为赵树理小说普遍地利用疾病来隐喻中国现代社会政治与人生之间纠缠不清的关系，在最高的程度上甚至达

---

① 赵树理：《陪黑鬼打牌记》，载《赵树理全集》第1卷，第314页。
② 赵树理：《李家庄的变迁》，载《赵树理全集》第3卷，第103页。

到了某种疾病的政治学的意味。

尚需进一步指出的是,"世界"的伦理指向与政治指向、地方指向互相混杂在一起,共同构成了"世界"复杂的意义。即使是最简单的一些用例,如前引《三里湾》"你说的是三里湾没有呀,还是世界上没有",在简单之中仍然有值得进一步追问的内容,其所谓"世界"是指中国、苏联还是地球,便不太简单。当然,"世界"的复杂意义不是每一次都源于赵树理或赵树理小说中的人物的自觉行为,只是不自觉的那些地方,也许潜藏了更为值得分析的无意识内容。那么,适度的分析和有力的批判,是烛照幽隐,发掘赵树理小说中"世界"的意义的可能及可行的路径之一。因此,除了注意到"世界"的多层含义之外,还必须探究,"世界"在赵树理整个小说脉络及一些具体篇目中处何等位置,又起何种作用,是否构成了某种机制性的东西。

(五)"世界"的功能

由于"世界"具有上述四个层面的含义,且四层含义相互混杂在一起,故在赵树理小说中扮演了极为有意味的角色,或者说发挥着重要的功能作用。首先,不同"世界"之间的对立或相互转换,构成了赵树理大部分小说的基本线索,"世界"一词往往出现在小说情节的转折之处,成为连接不同叙述内容的枢纽和桥梁。或者说,"世界"一词的出现提示着叙事流向的转变或终结。以《李家庄的变迁》言之,该小说情节每告一段落,"世界"一词就及时出现。《李家庄的变迁》中总共出现了27次"世界",它们与小说情节变化的关系如表1所示。表1情节栏中的11个情节基本上能串起《李家庄的变迁》所有大大小小的情节,并且起承转合,构成了小说的叙事主线。而在起承转

表1 《李家庄的变迁》各情节与含"世界"的句子的对应

情节	"世界"
春喜借"说理"讹诈铁锁，铁锁有理变无理。铁锁家道从此中落。	・铁锁想："打了我老婆，还要来教训我，这成什么世界？"（8）
铁锁太原打工遇小常，起念革命。	・"如今的世界就是这样，一点也不奇怪！"（34） ・"世界要就是这样，像我们这些正经老受苦人活着还有什么盼头？"（34） ・"自然不能一直让它这样，总得把这伙仗势力不说理的家伙们一齐打倒，由我们正正派派的老百姓出来当家，世界才能有真理。"（34） ・他也觉着不把这些不说理人一同打倒另换一批说理的人，总不成世界……他觉着世界上有小常这样一个人，总还算像个世界。（35） ・他才觉着世界上只小常是第一个好人，可是只认识了一天就又不在了。（35—36） ・从这天晚上起，他觉着活在这种世界上实在没意思……（36）
铁锁家道没落，在村里宣传小常的事迹，革命意念越发明显。村民开始相信共产党。	・每遇上看不过眼的事，就想起小常向他说的话："总得把这伙仗势力不说理的家伙们一齐打倒，由我们正正派派的老百姓出来当家，世界才能有真理。"（47） ・大家成天听小喜说共产党见人就杀，见房就烧，早就有些不大信，以为太不近情理，以为世界上那有这专图杀人的人，现在听铁锁这样一说，才更证明了小喜他们是在那里造谣。（48） ・"他们自然要防共，因为共产党不来是他们的世界，来了他们就再不得逞威风了，他们怎么能不反对啦？"（49）

（续表）

情节	"世界"
铁锁出狱后再遇小常，加入牺盟会，开始组织李家庄农民革命。	·觉着世界变了样子。(51) ·他连连点头暗道："这就又像个世界了！"(52) ·你不是说过"非把这些坏家伙们打倒，世界不能有真理"吗？你不是说过"有个办法能叫大家齐心"吗？(53) ·他……有时仰天大叫道："这就又像个世界了！"(54) ·可是说了之后，反叫全村人都知道世界上有小常这样一个好人了。(54) ·最后铁锁又告她说世界变了……(55)
冷元、白狗等村民也加入牺盟会，开始革命。	·冷元说："……我看这世界已经变了些了，要不小常这些人怎么能大摇大摆来组织咱们来？"(65)
乡村商人王安福也准备参加革命，开始信任共产党。	·当时是反共时期，他不敢公开赞成，只是暗暗称赞，因为他也早觉着"非把那些仗势欺人的坏家伙一齐打倒，世界不会有公理"，只是听说小常是共产党，这点他不满意。(70)
牺盟会减租减息，李如珍等人搞破坏。	·"现在多少跟从前不同，不完全是咱的世界了……"(77)
日军侵略，汉奸当政，八路军反击。	·"村里又成了人家李如珍和小毛的世界了！"(88) ·"村里成了维持会的世界了，李如珍的会长，小毛是狗腿……"(89)
小喜等卷土重来，小常被活埋，李家庄被血洗。村民流散。	·二妞摆摆手道："不讲了！没世界了！"(103) ·"一旦世界再有点变动我还要回去！"(107)
八路军收复李家庄，全村公审李如珍等汉奸。	·"他要没有真心改过，咱的江山咱的世界，几时还杀不了个他？"(120)
日本投降，李家庄开群众庆祝大会。	·"打总说一句：这里的世界不是他们的世界了！这里的世界完全成了我们的了！"(127)

注：本表引文不求周详，但以说明问题为要；每段引文后面的数字为《赵树理全集》第3卷（大众文艺出版社，2006年）的页码。

合之间，是"世界"一词的频繁出现。尤其越是在关键性的情节转变处，"世界"一词出现的频率越高。铁锁遇见小常无疑是小说最关键的情节，铁锁个人的成长，小说叙事线索的变化，都与这一情节密切相关。表1清楚地表明，围绕这一情节，"世界"一词总共出现了17次，而且尤以铁锁第一次遇见小常出现的次数多，共8次。几乎所有与"世界"的意义有关的话题，都可以围绕铁锁与小常的相遇展开。事实上，就小说文本而言，李家庄变迁的关键也在于铁锁与小常的相遇。如果不遇到小常，铁锁及李家庄的村民可能永远不知道依靠自己的力量建立一个不同的世界，而只会寄希望于李如珍们的上层官僚能够垂怜下情，稍微地说一说理。由此可见，"世界"一词凝结了极其重要的叙事意义和功能，既是纽结，也是桥梁。

其次，"世界"不仅有着桥梁、纽结的功能，还发挥着世界观、价值观、意识形态、社会政治理想等功能。且以铁锁初遇小常的8次"世界"用例来进行分析：当小常说"如今的世界就是这样"，而铁锁觉得"活在这种世界上实在没意思"，其中的"世界"即意味着对社会生活及精神的总体判断及根本理解；虽然它不包括对自然、宇宙的理解，但也远比社会历史观、人生观、价值观复杂，因此发挥着近乎世界观的功能。当然，严格地从哲学意义询问世界观的内容，这里的"世界"缺乏足够的承受能力。毕竟，它只是作家赵树理赋予他笔下的人物言说社会人生时的一个语码，最多也只能转化成一个有其象征含义的符码，不能转化为哲学思辨的表达和理解。而当小常说："自然不能一直让它这样，总得把这伙仗势力不说理的家伙们一齐打倒，由我们正正派派的老百姓出来当家，世界才能有真理。""世界"在此所承担的便主要是意识形态功能，不过小常有意避免使用地主阶级、农民阶级、无产阶级等意识形态话语，另以"世界"为重编意识形态话语的符码，实现了"世界"的意识形态功能。同样地，铁锁所谓"世界上有小常这样一个人，总还算像个世界"也有着明确的意识形态功能，"世界"被推向某种具有本源意义的政治统治秩序，"世界"本来应当是某个样子，因为小常的存在，总还算像它本来应当是的那个样子了。第一个"世界"是铁锁认为没意思的"这种世界"，是"不说理的家伙们"统治的，第二个"世界"则是本源意义上的世界，有合理的政治统治秩序。不过，铁锁的第二个"世界"不仅是意识形态的符码，而且是他人生观、社会政治理想（如果承认初遇小常之时铁锁已有某种朦胧的社会与政治理想的话）的折射。铁锁不是通过"世界"来理解人，而是通过具体的个人小常来理解"世界"，因此其所谓"世界"首先是一种人生观，然后才是意识形态和朦胧的社会政治理想。铁锁能做出清晰、确切的判断的是小常这个具体个人，并据此对"世界"做出笼统的理解和判断，表现出明显的伦理性。这也就是"世界"一词能够指向伦理秩序的原因。在这个意义上，"世界"也就发挥着价值观的功能。二妞说"没世界了"，其所承担的价值观功能尤为明确。而一旦"世界"由意识形态功能的承担者转化为价值观功能的承担者，它就变成一个心灵慰藉的符码，发挥意识形态和伦理安抚作用。这也便是铁锁每遇不过眼之事，就想起小常的"世界"叙述的原因。同样地，冷元、王安福进一步追问小常所叙述的"世界"图景，也是在寻求心灵慰藉，寻求意识形态及伦理的安抚。当然，他们的追问中也一样投射着各自的人生观及社会政治理想。

再次，更为重要的是，"世界"唤醒了李家庄农民的革命激情。从开始铁锁说："打了我老婆，还来教训我，这成什么世界？"到村长说："打总说一句：这里的世界不是他们的世界了！这里的世界完全成了我们的了！""世界"的内容迁徙流转，含义也由混沌变得清晰，分步骤地承担了下列任务：最初是让铁锁意识到"世界"的不平等、无理可说，接着是发现别一个"世界"的存在及更替这一个"世界"的可能，而打倒这一个"世界"的方法随之出现，农民的革命激情被唤醒，自觉参加有组织的革命活动，于是"世界"终于"完全成了我们的了"，"世界"变得真实可信，而且有具体践行的步骤。《李家庄的变迁》通过"世界"的变更，成功地叙述了李家庄农民的革命成长史。就赵树理的写作目的而言，它既有可能配合上具体的政治任务，也有可能解决具体的问题，叙述了一种农民集体走上革命道路的方式。而且，这一方式是可以效法、能够重复的。

最后，"世界"因其可重复性，而实现了革命教育功能。同样以《李家庄的变迁》为例，铁锁对于"世界"的认识在小常那里得到了回响，而小常对于"世界"的叙述又在冷元、王安福等人那里引起了共鸣，"世界"的意义不断复制。小常恰逢其会地添加了打倒一个"世界"另建一个"世界"的内容，使"世界"的意义在不断复制的过程中逐步向他的意识形态图景倾斜，从而实现了"世界"内涵的改写，并进一步实现了革命教育功能。

（六）"世界"与"世道""年头"

"世界"的意义虽然已经相当复杂，但仍与"世道""年头"有本质性的区别。赵树理通过"世界"主要传达的是一种空间问题，而不是时间问题。这也就是说，阶级更替、伦理变迁只是"世界"内部秩序的一种调整，并不一定与时间发生关联。虽然赵树理也使用"进步""落后"等词汇表达对时间、时代问题的理解，但他的核心关注点并不在时代的变化，而在于时代变化中的日常生活及时代变化后"世界"秩序的稳定或均衡。《刘二和与王继圣》中关于"世界"和"年头"的用例很好地说明了这些问题：

> 他（按：指聚宝）越嚷越起劲："只叫你们活吧！东西楼上、拜亭上、台上、台下，满庙里都成了你们的世界，那还有别人活的地方？"①

> 王光祖说："顶死你活该！这年头那里是你的衙门？"……"对着啦！这年头谁的是谁的？"……"人家骂得对！这年头么？"
> ……小胖停住了摊麦，两只眼盯住了王光祖说："老汉，这年头怎么样？"②

很显然，聚宝所谓的"世界"指向阶级结构，是对同一个空间内部秩序的规划有不同要求，而王光祖、小胖争论的"年头"指向时代，是对一个时代的接受、理解和拒绝。当然，"年头"里面有"世界"问题，"世界"里面也有"年头"问题，但二者的侧重点是不一样的。赵树理擅用"世界"而少用"年头"，正透露其对于时代风云的浮皮潦草的态度，却斤斤计较于一个"世界"内部的秩序安排。

同样的，赵树理小说中也只有《传家宝》出现了"世道"一词，是在小娥的丈夫为了帮金桂，劝慰岳母李成娘时用的。他说："老人家！如今世道变了，变得不用吃糠了！"③李成娘质疑的是空间秩序，

---

① 赵树理：《刘二和与王继圣》，载《赵树理全集》第3卷，第199页。
② 同上书，第215页。
③ 赵树理：《传家宝》，载《赵树理全集》第3卷，第341页。

即婆媳关系，小娥的丈夫提供的则是时间轴线，于是"世界"的问题便以"世道"的方式解决了，空间转换为时间，规避了"世界"的内部矛盾。但小说文本提供的事实是，李成娘失去了"世界"中的位置，既没有了领导权，也改变了自己的生活方式，"世界"问题只是被暂时替换了，并未得到解决。换言之，赵树理可能并不相信，"世道"的变迁就一定能够解决"世界"的问题。至少在小说文本中，他无法提供能够自我信服的叙述。

因此，注意到"世界"与"世道""年头"的区别是非常重要的。这意味着注意到了赵树理的政治无意识层面，即拒绝时间和空间的互换，而悉心于在空间的意义上分析和叙述现代中国农村，并寻找解决一系列具体问题的可能。

二　再现的阶级结构和政权结构

为了实现"世界"的意义，赵树理在小说中主要使用了下列再现结构。其一是农民与地主之间的阶级结构，其二是国家与村级政权之间的政权结构，其三是政治与疾病之间的情感结构。这三种结构分别通向赵树理对"世界"的阶级对立与更替、政治秩序的重建、伦理秩序的绵延与构想等问题的思考。当然，赵树理的思考是以小说的方式进行的。本节分析阶级结构和政权结构，情感结构留待下一节"政治情感的疾病隐喻"集中处理。

阶级结构指的是农民与地主之间两个"世界"的对立。赵树理将

"世界"一词植入农民与地主的二元结构，首先考虑的是地主控制的政治统治秩序内在的崩坏，然后才是农民与地主之间矛盾的激化状态。"世界"崩坏的第一动因不是来自被统治阶级农民，而是来自统治阶级地主。当"世界"出现危机，农民的第一反应是维系既有"世界"的存在，只有在"世界"无可救药时，农民才发生革命的自觉。在"世界"再现的阶级结构中，赵树理当作根本问题来关心的显然不是阶级更替，而是农民自觉。政权结构指的是国家与村级政权之间的结构关系。这是赵树理小说再现"世界"更为恒定的方式，赵树理试图从中寻找农民自主、自治与自觉的可能。

（一）阶级结构

农民与地主的关系是赵树理小说很重要的主题；更确切地说，这一主题是农民推翻地主的统治，翻身做主人。通过叙述农民与地主之间的矛盾，作家将"世界"区分为两个不同的部分，并且确立了不同部分之间相互对立与更替的关系。尽管"世界"有混沌不明、原无常主的含义，赵树理大多数时候是在农民与地主的二元关系中展开"世界"叙述的。如同其话剧《两个世界》所明示的那样，"世界"首先被再现为"两个世界"，然后才是一个"世界"替代另一个"世界"。因此，"世界"的再现结构首先是农民与地主之间的二元对立。当然，这种二元对立并不凝固，而是随着赵树理体会政治脉搏的过程发生衍变。

"世界"一词的出现及其频率，与赵树理小说是否处理农民与地主的矛盾，有一定的关系。赵树理小说"世界"一词使用情况如表2。在成名作《小二黑结婚》中，赵树理并未直接触及农民与地主的矛盾，《李有才板话》虽有所涉及，但主要叙述的是阎家山农民如何建设村政权的问题，正面且主要叙述农民与地主矛盾的是《李家庄的变迁》，而比较多地涉及了农民与地主关系的是《刘二和与王继圣》《邪不压正》。《小二黑结婚》未使用"世界"一词，表2显示《李有才板话》《李家庄的变迁》《刘二和与王继圣》《邪不压正》分别使用了"世界"一词的次数是1、27、2、5，这看起来有些偶然，似乎越是直接、主要地叙述农民与地主的矛盾，赵树理越是频繁地使用"世界"一词。另外，表2还表明，赵树理1949年以后的小说只有《登记》和《三里湾》分别使用了2次和1次"世界"，"世界"从小说文本的字面上消失。这也是值得注意的，本书第五章第二节将对此有所分析。

表2 赵树理8篇小说中"世界"一词的使用次数统计

使用了"世界"的作品	使用次数
李有才板话	1
孟祥英翻身	1
李家庄的变迁	27
福贵	1
刘二和与王继圣	2
邪不压正	5
登记	2
三里湾	1

注：本书仅讨论《小二黑结婚》及其后的小说，故本表未统计此前"世界"一词的使用情况。

赵树理将"世界"一词植入农民与地主的二元结构，首先考虑的是地主控制的政治统治秩序内在的崩坏，然后才是农民与地主之间矛盾的激化状态。当然，矛盾激化状态是赵树理小说主要的叙述内容，但这种与时代关系更为紧密的叙述内容，也许遮蔽了赵树理小说隐秘而复杂的匠心，因此必须对赵树理小说叙述地主统治内在崩坏的过程

做出细致的分析。《李家庄的变迁》以春喜"说理"开端,详细介绍了李家庄"说理"的惯例:

> 从前没有村公所的时候,村里人有了事是请社首说理。说的时候不论是社首、原被事主、证人、庙管、帮忙,每人吃一斤面烙饼,赶到说完了,原被事主,有理的摊四成,没理的摊六成。民国以来,又成立了村公所;后来阎锡山巧立名目,又成立了息讼会,不论怎样改,在李家庄只是旧规添上新规,在说理方面,只是烙饼增加了几份——除社首、事主、证人、帮忙以外,再加上村长副、闾邻长、调解员等每人一份。①

这是一个不尽合理的惯例,颇有些"衙门八字开,有理无钱莫进来"及"吃了被告吃原告"的意味。但就是这样一个惯例,春喜他们也没有遵守。"村长下了断语:茅厕是春喜的,铁锁砍了桑树包出二百块现洋来,吃烙饼和开会的费用都由铁锁担任,叫铁锁讨保出庙。"②春喜他们不仅硬生生地欺负了铁锁,讹财讹物,而且要铁锁承担原来四六开的说理费用,破坏了说理的惯例,撕破了说理的伪装。地主已经无视他们自己制定的"世界"规范,从内部破坏了他们自己的"世界",但却自以为得计,进一步巩固了他们的政治统治秩序。铁锁在说理的过程中开始质疑"世界",备受欺辱之后计划"到县里再跟他滚一场"③。这说明农民开始并未对"世界"绝望,通过将"世

---

① 赵树理:《李家庄的变迁》,载《赵树理全集》第3卷,第2—3页。
② 同上书,第9页。
③ 同上书,第11页。

界"分割为村政权（李家庄）与国家（县里），试图在地主的政治统治秩序内部挽回"世界"。不过，春喜他们为了维护自己的脸面，阻止铁锁上告到县里，再次恫吓铁锁他们，强调他们崖头砸死春喜的设想是响马举动。小喜动用保卫团丁捆走了铁锁、二妞和冷元，铁锁不得不以钱了事，从此家道中落。地主再一次从内部破坏"世界"，但铁锁他们似乎还是在努力相信"世界"。铁锁在太原修工时偶遇小喜，小喜请他吸烟，"他觉着'受宠若惊'，恭恭敬敬接住"，小喜问长问短，得知他暂时没有工作，让他给自己当勤务兵，他便认为小喜"说得很自己，也愿意受他的照顾"。① 此时，铁锁并没有意识到，"世界"已经彻底崩坏了，还试图从内部寻找"世界"的根据。但此后当勤务兵的经历使他亲眼见到了太原统治阶层的腐败和混乱，才真正发生了对于"世界"的质疑。铁锁已经察觉到"世界"的不可救药，只是还不敢相信而已；而小常的点拨让他确信，农民在地主的"世界"里已经没有什么盼头了。这意味着，农民起初有着比地主更为真诚、坚韧的耐性相信"世界"，并维护"世界"，只是"世界"已经内在地分崩离析，无从挽救而已。当然，对这种耐性背后的意识形态内容，还需要更为深入的分析。正如马克思和恩格斯讨论德意志意识形态时发现的那样："统治阶级的思想在每一个时代都是占统治地位的思想。这就是说，一个阶级是社会上占统治地位的物质力量，同时也是社会上占统治地位的精神力量。支配着物质生产资料的阶级，同时也支配着精神生产的资料，因此，那些没有精神生产资料的人的思想，一般地是受统治阶级支配的。"② 铁锁作为没有精神

---

① 赵树理：《李家庄的变迁》，载《赵树理全集》第 2 卷，第 22—23 页。按：此句引述文字有异文，本处所引为《赵树理全集》脚注注引的《李家庄的变迁》原版文字。
② 马克思、恩格斯：《马克思恩格斯全集》第 3 卷，北京：人民出版社，1960 年，第 52 页。

生产资料的人，一开始受地主阶级思想的支配，分享其关于"世界"的想象，并在"世界"出现危机之时，循既有思想之惯性以维系"世界"的持续存在。但是，一旦他接触到小常这样的新的思想来源，则很快以自身经验为基础，努力冲破地主阶级思想的支配，构建符合自身需要的思想并努力实践之。赵树理在《李家庄的变迁》中的叙述表明，既有"世界"的崩毁，第一动因并不源于被统治阶级，而是源于统治阶级；而且，当"世界"败象初现时，不敢相信并努力遵守既有秩序的不是统治阶级，而是被统治阶级。只有当矛盾激化以后，被统治阶级才会主动寻找新的意识形态资源，重建关于"世界"的想象。因此，当"世界"在农民与地主构成的阶级关系中得以再现时，赵树理首先注意到了农民与既有"世界"之间无法轻易剥离的、深刻的主奴关系。而且，他意识到，除非创深痛极，农民是不可能主动从这种主奴关系中自觉挣脱出来的。

在《邪不压正》中，赵树理进行了更为深刻、细致的叙述。《邪不压正》表面上是软英的婚姻故事，实际上则是王聚财如何从主奴关系中挣扎出来的故事。王聚财深受刘锡元、小旦欺负，内心并不情愿将女儿软英嫁给刘锡元的儿子刘忠，但屈从于刘的势力，只好应婚。其后八路军解放下河村，刘家被清算，刘锡元也已经死去，但王聚财却并不打算放弃婚事，要等等看，看时势如何变化。后来土改时，农会主席小昌仗势欺人，不仅将聚财划成封建尾巴，而且要替儿子强娶软英，聚财害怕报复，再次选择忍气吞声。直到土地法大纲颁布后，工作团来到下河村，原来只会听天由命的安发，这时做了贫农组组长，聚财却还是"不想太得罪人"，① 不过是见小旦也老实了之后，说了两

---

① 赵树理：《邪不压正》，载《赵树理全集》第3卷，第310页。

句淡话，就觉得自己再没什么不舒服了。从王聚财整个心理变化过程来看，他习惯了自己在地主"世界"中的奴从位置，即使社会已发生根本性的变迁，他也始终无法挣脱自己对于权势的恐惧，从而惯性地选择"不想太得罪人"，认低服小，等待着"世界"为他而降临。他从未想过主动地争取"世界"的改变，也未试图改变自己的思想和行为。"世界"变了，他却还在他固有的轨道上生活。这就是说，虽然"邪不压正"，但王聚财在主奴关系的挣扎中，只是希望有某种较为理想的状态出现，并没有颠覆或废止主奴关系的自觉。赵树理曾在《对改革农村戏剧几点建议》一文中沉痛地指出："旧艺人个人方面，由于旧社会不给他们以平等地位，造成他们对自己人格的不重视，苟且求得一点小便宜就算，根本不想争取在社会上做人。"[①] 王聚财的表现正是"根本不想争取在社会上做人"，缺乏挣脱主奴关系的愿望与能力。或者说，赵树理意识到，尽管有孟祥英、李有才、铁锁等主动求变的农民形象，也有一部分农民是沉沦在主奴关系之中；借用胡风的概念来说，即为"精神奴役的创伤"所困。胡风在《论现实主义的路》中说："反帝反封建的斗争，没有对于解放要求的热切的感受，固然不可能，但没有对于精神奴役的创伤的痛切的感受，也同样是不可能的；任何一面都是以另一面为基础，但在实际的过程里面，倒反而大多数是在对于精神奴役的火一样的仇恨这个要求里面开始的。"[②] 胡风与赵树理同时期做出来的理论思考，的确与赵树理小说形成了极为相关的对应关系。虽然不能说二者之间存有影响关系，如同胡风与路翎之间的关系那样，但可以肯定的是，赵树理和胡风分别以小说和理论的形式

---

① 赵树理：《对改革农村戏剧几点建议》，载《赵树理全集》第3卷，第320页。
② 胡风：《论现实主义的路》，载《胡风全集》第3卷，武汉：湖北人民出版社，1999年，第554—555页。

发展了鲁迅"立人"的思想命题。赵树理在阶级结构的变迁中，洞察到了政治统治秩序变更难以触及的心灵角落，从而使其小说不仅成为一种政治形式，而且成为心灵形式，同时承担了胡风所谓感受"解放要求"和"精神奴役的创伤"的任务，有效地提升了其小说品格或文学性。而这些应当是赵树理的思想意识在小说形式上的具体反映。在1949年写给周扬的信当中，他感慨道："封建思想之海的农村，近十余年来只是冲淡了一点，尚须花很大气力才能使它根本变转了颜色。"①在"世界"再现的阶级结构中，赵树理当作根本问题来关心的显然不是阶级更替，而是农民自觉。

1949年以后，随着新中国政权在全国范围内的建立，赵树理认为阶级矛盾不再是主要矛盾，"不是去宣传无产阶级在国家生活中的领导作用，而是故意把阶级面貌模糊起来，甚而迁就了非无产阶级观点"，②自觉放弃了当时成为主流再现方式的阶级结构。赵树理有意模糊阶级面貌，与孙犁、梁斌、柳青等人的小说拉开距离，不仅意味着他当时"小天小地钻在农村找一些问题唧唧喳喳以为是什么塌天大事"③，而且意味着他不大从阶级观点理解农村和农民，也是与当时的主流意识形态存在博弈关系的。正如他在"文化大革命"初期做的第二次检查中所自省的那样，"在思想意识上是把农民也当作封建代表者反在内的"，④赵树理关心的问题仍然与五四启蒙思想一脉相承。

---

① 赵树理：《致周扬》，载《赵树理全集》第3卷，第328页。
② 赵树理：《我与〈说说唱唱〉》，载《赵树理全集》第4卷，第113页。
③ 赵树理：《回忆历史 认识自己》，载《赵树理全集》第6卷，第474页。
④ 赵树理：《我的第二次检查》，载《赵树理全集》第6卷，第459页。

(二) 政权结构

相比较而言，国家与村级政权之间的结构关系是赵树理小说再现"世界"更为恒定的方式。从《小二黑结婚》始至《卖烟叶》终，赵树理小说贯穿性地处理了一个问题，即如何在国家与村级政权的二元关系中寻找农民自主、自治与自觉的可能。

问题始源于赵树理对民族战争造成的权力真空的察觉。早在1941年写作的章回小说《再生录》中，赵树理即发现："自从敌人攻打平汉，县政府、联保主任、保长们都各个逃生，一任土匪溃兵汉奸们到处横行。游击队来到这里，地方上的负责行政人员一个也找不见，因此就动员当地民众，就地选举村级负责人，另外派人代理县政府行政人员。"[①] 他还在小说中写了一个急公好义的老汉王魁，主动出来承担村级负责人的工作。其后，在1943年创作的剧本《两个世界》中，赵树理更借银虎之口道出村级政权建设的重要意义："今年秋天——就是前一个多月——八路军来了，把敌人打跑了。把维持会吓得跑的跑了，散的散了，捉的捉了，我们就建立了抗日新政权。这样我们老百姓本来应该能活啦，可是专署、县、区都有了政权了，村政权还没有建立起来，弄得村里有许多要紧事不能办，所以还活不下去。"[②] 赵树理提出问题的结构是别有深意的。这一结构首先将村级政权与其所有上级政权区分开来，其次强调老百姓生活与村级政权的紧密关联，最后还强调村级政权的在地性，即所谓动员民众就地选举。村级以上政权作为国家的代表，因为缺乏在地性，与老百姓生活相对疏远，从

---

① 赵树理:《再生录》,载《赵树理全集》第1卷,第376页。
② 赵树理:《两个世界》,载《赵树理全集》第2卷,第341页。

而与村级政权形成复杂的结构关系。

尽管对具有在地性质的村级政权更为重视,赵树理首先是从批判村级政权并同时肯定国家的角度进入"世界"的再现的。在《小二黑结婚》中,赵树理塑造了金旺、兴旺两个混入村级政权的流氓形象。小说叙述两人所以能混入村级政权,是因为"大家也巴不得有人愿干"①,缺乏最基本的政治判断能力和参与热情。后来,区政府代表国家调查两人的犯罪事实,开群众大会,村民还心存畏惧,不敢说话。群众大会之后,金旺、兴旺都获刑十五年。于是,"村里人也都敢出头了。不久,村干部又都经过大改选,村里人再也不敢乱投坏人的票了"②。据董均伦解释,《小二黑结婚》之所以由区长、村长支持着弄了个大团圆,是因为革命初期群众性胜利的事例不多,"除了到上级去解决,赵树理没有想到其他的办法"。③但与其强调赵树理没有想到"其他的办法",不如强调赵树理对村级政权建设的艰辛有深刻体会,所以才没有使用"其他的办法"。"村里人再也不敢乱投坏人的票了"意味着村里人在国家的控制之下,按照国家的意愿投票,所以"不敢乱投坏人"。"不敢"二字用得可谓别有深心,说明投票与村里人的愿望无直接关联,只是他们对时势的一种判断。在如此情形之下,赵树理显然无法对群众性的胜利所构成的"其他的办法"有什么信心,从而选择了批判村级政权并肯定区政府自上而下清理村级政权污迹的叙事导向。

不过,赵树理并不满足于叙述农民自觉意识的匮乏,而是试图在国家与村级政权的二元结构关系中寻找农民自觉的可能。这一点首先表现在《李有才板话》中。在这篇稍后于《小二黑结婚》创作的小说

---

① 赵树理:《小二黑结婚》,载《赵树理全集》第 2 卷,第 218 页。
② 同上书,第 234 页。
③ 董均伦:《赵树理怎样处理〈小二黑结婚〉的材料》,载《文艺报》1949 年第 10 期。

中，赵树理集中精力叙述了阎家山村级政权自我更新的全过程。抗日战争前，阎恒元年年连任村长，抗战以来，阎喜富"趁着兵荒马乱抢了个村长"[①]，但离不开阎恒元背后撑腰。后来，阎喜富被上级撤职，阎恒元又在背后操纵选举，让干儿子刘广聚当上了村长。不过，此时李有才、小元、小保、小福、马凤鸣等人已经觉醒，联合起来参加上级派出的章工作员主持的选举，其中小元、马凤鸣顺利进入村政权，分享阎恒元的统治权力。但他们很快就被阎恒元团弄住了，小元"自己架起胳膊当主任"[②]，各项村政工作都向阎恒元他们倾斜。县农会主席老杨同志来了以后，一改章工作员的方法，对村级政权中各干部不予理睬，直接与老秦、小顺、李有才等人联系，经过深入调查，发现阎家山实际上还是控制在阎恒元等人手里，于是组织农救会，让小顺写板话动员大家起来斗争，最终彻底推翻了阎恒元的统治，小保当上了村长。在这里，赵树理不仅叙述了村级政权的权力真空问题（阎喜富"趁着兵荒马乱抢了个村长"），而且通过阎恒元这一角色说明，地主是填补权力真空的顽固对手。因此，村级政权建设的第一步就是从地主手里夺权。夺权也不是简单的，需要进行长期、曲折的斗争。而且，斗争不仅是政治的，也是思想的。赵树理通过小元的变化和老秦的保守，深刻地表达了村级政权建设也是思想建设这一命题。小元被腐化，说明封建思想对新兴农民依然具有不可小看的诱惑性和腐蚀性；老秦保守，不敢越雷池一步，却又崇拜权力，视老杨同志等人为救命恩人，说明封建思想顽固地盘踞在一部分农民的意识中。这些都说明农民尚未从主奴关系中挣脱出来，需要自上而下的引导。因此，

---

① 赵树理：《李有才板话》，载《赵树理全集》第 2 卷，第 256 页。
② 同上书，第 278 页。

一方面相对于《小二黑结婚》而言，赵树理着意发掘农民自觉的意识和能力，叙述李有才、小保、小元、小福、小顺等人主动联合起来反对阎恒元，并参加村级政权，另一方面，赵树理又始终别有担心，极力批判农民之难以从主奴关系中挣脱出来。

村级政权建设的第二步是夺权之后政权的巩固和发展。就此问题，赵树理在《李家庄的变迁》中做出了极为深刻的叙述。简单地说，《李家庄的变迁》叙述的也是村级政权自我更新的过程，只不过比《李有才板话》更为深广罢了。同样是在国家与村级政权所构成的二元关系中再现"世界"，《李家庄的变迁》从农村本身发现了建构村级政权的真切的力量。它首先明确地刻画了农民所以维护地主统治的"世界"，乃是因为没有对国家失去信心。铁锁面对李如珍、春喜赤裸裸的压迫，开始并无阶级斗争之念，而是试图到县上去告状。这意味着他虽然否定村级政权，却信任国家，认为国家是他与李如珍共享的，不至于偏袒一方。据仝志辉的研究，社会主义中国农民的国家观念第一个鲜明特点是"国家（中央政府）与基层政府的分立"，[①] 铁锁作为虚构中的民国农民，其国家观念也是相似的。不过，赵树理显然有意打破铁锁等人关于国家的幻象，叙述铁锁太原之行观察山西上层社会军事、政治、伦理等诸方面的腐朽没落，使他意识到村级政权的腐朽不是个别问题，而是国家总体腐朽的一般表现。因此，"世界"要成个"世界"，也有待于总体性的变革。铁锁的国家观念由此从二元转换为一元，并积极主动地寻求新的意识形态资源，即主动找小常谈"世界"问题。而且，当李家庄的村级政权经过反复拉锯之后终于掌握在铁锁

[①] 仝志辉：《农民国家观念形成机制的求解——以江西游村为个案》，载黄宗智主编《中国乡村研究》第4辑，北京：社会科学文献出版社，2006年，第192页。

等人手里时，中央军和阎锡山军进攻解放区的消息传来，他们没有裹足不前，而是马上出村参战。他们已然明白，李家庄内在于解放区这个总体，只有总体存在，李家庄才是他们的"世界"。

当然，这种一元论的温馨，或多或少是赵树理触摸现实政治的需要所造成的假象。他曾经说过《李家庄的变迁》"是揭露旧社会地主集团对贫下中农种种剥削压迫的，是为了动员人民参加上党战役的（这一任务没有赶上）"①，这有力地说明小说为什么以抗战为背景却并未重点叙述民族矛盾，反而重点叙述阶级矛盾。更为重要的是，《李家庄的变迁》如果以村长关于李家庄变迁的总成绩的概括和村民的自由讲话为结尾，本来就起讫完整，是典型的赵树理式的大团圆，但却赘上铁锁带来坏消息、村民踊跃参军等简短的内容，则完全是因为赵树理创作的初衷是赶任务，"动员人民参加上党战役"。因此，铁锁他们是否拥有了一元论的国家观念，并不能够完全就小说文本本身做出判断。考虑到赵树理此后三年创作的《邪不压正》再次以村级干部的腐化需要国家清理为叙述内容，不能不说，赵树理始终是在国家与村级政权的二元论结构中进行严肃思考的。同时，他叙述的人物也始终未能在一元论的"世界"里安息。

另外，赵树理在赘加的段落里，叙述了二姐、巧巧、王安福递补村干部参战后留下的权力空间，透露出其对于如何建设村级政权的一些新思考，即农民自主、自觉、自治的可能。它们在赵树理1949年以后的小说中得到进一步发展，尤其是在《三里湾》和《"锻炼锻炼"》中。前者写于1955年，时届"社会主义高潮"，后者写于1958年，时届"大跃进"。对于农村而言，这两个时期有共同的政策性要求，即

---

① 赵树理：《回忆历史 认识自己》，载《赵树理全集》第6卷，第466页。

毛泽东 1955 年 7 月 31 日做的报告《关于农业合作化问题》。毛在报告中开宗明义地批评："在全国农村中，新的社会主义群众运动的高潮就要到来。我们的某些同志却像一个小脚女人，东摇西摆地在那里走路，老是埋怨旁人说：走快了，走快了。过多的评头品足，不适当的埋怨，无穷的忧虑，数不尽的清规和戒律，以为这是指导农村中社会主义群众运动的正确方针。"① 不难发现，毛泽东对农村工作干部的批评以及对农村社会主义群众运动的想象，是《三里湾》中的范登高被负面叙述的政策性原因。范登高搞个人商业经营，千方百计阻挠修渠，坚持自愿入社，无疑是毛泽东所谓"像一个小脚女人"的小说化；王聚海在《"锻炼锻炼"》中寻摸群众性格、到处做老好人的表现，也可以算作"像一个小脚女人"的小说化。不过，即使是在如此贴近一时之政策，或如此意识形态化的瞬间，赵树理也在继续展开关于村级政权建设的新思考。在《三里湾》中，赵树理尚未摆脱对于国家与村级政权二元结构的依赖，叙述范登高从资本主义道路上回头重新跟着群众走社会主义道路，让县委承担了非常关键的推动作用。但是，赵树理花费了更多的篇幅来叙述王金生、张乐意、张永清对范登高的监督和劝阻，而且增加了范登高女儿范灵芝与马有翼之间的治病比赛，试图以村政民主及群众监督的方式改变村长范登高的执念。其中，赵树理还特别叙述了村里的舆论对于王金生等人执意劝转范登高的影响。而在治病比赛中，范灵芝、马有翼作为农村新一代的代表逐渐成长起来。这样，赵树理就构建了一个村政民主、农民自觉、新人成长的村级政权建设环境。在此环境中，建设中出现的问题便主要以

---

① 毛泽东：《关于农业合作化问题》，载《毛泽东文集》第 6 卷，北京：人民出版社，1999 年，第 418 页。

自主、自治的方式解决，国家只是在宏观的意义上起作用了。而在《"锻炼锻炼"》中，"争先农业社"一直解决不了的问题，是在支书王镇海、主任王聚海外出时由副主任杨小四领导解决的。杨小四和高秀兰一样，是村里选举出来的干部，是村政民主的成果，他们顺利解决"小腿疼"和"吃不饱"的问题，意味着村级政权建设是连续的，而且完全可以在自觉、自主、自治的层面上进行。国家在此退隐到了更为深刻的背景上去了，赵树理似乎将再现"世界"的天平严重倾斜向了村级政权一方。

  不过，不妨重新看待陈思和提出的问题。他认为赵树理在《"锻炼锻炼"》中"正话反说，反话正说，明眼人都能看出，他揭露的仍然是农村基层干部中的'坏人'"，"那些为了强化集体劳动和割资本主义尾巴的基层干部，不但作风粗暴专横，无视法律与人权，而且为了整人不惜诱民入罪，把普通的农村妇女当作劳改犯来对待"。① 杨小四、高秀兰设置陷阱让"小腿疼""吃不饱"去偷棉花的行为，的确谈不上光明磊落，但很难说赵树理是正话反说，反话正说，将他们拴在了"坏人"的链条上。无论如何，杨小四、高秀兰并非如金旺、兴旺、小元、小昌等人一般假公济私，而"小腿疼""吃不饱"的偷窃行为早在杨、高设伏之前即已多次发生，并非无中生有，纯属罗织。因此，更稳妥的说法或许是，在特殊的经济生产条件下，杨、高无力也不可能展开集体主义、社会主义可能有的意识形态魅力，只能诉诸权力的欺骗与恫吓，而以动机和目的的纯洁、正义规避手段的丑陋。赵树理恐怕并无陈思和所谓站在"民间"，就全力反抗主流意识形态的用心；他

---

① 陈思和：《民间的浮沉——对抗战到文革文学史的一个尝试性解释》，载《上海文学》1994年第1期。

当然不一定完全赞同杨、高的行为，但他可能更多的只是忧心如何才能催生集体主义、社会主义的活力，规避社会主义的危机。因此，赵树理就更深广地思考了国家与村级政权一元所带来的问题。杨、高是在与国家高度同构的情形下实现"争先农业社"自主、自治的，"世界"被国家化了，农村干部尤其是普通农民将何以自处？这的确是赵树理1958年以后思考的问题，不过他是以表述国家与集体的矛盾来进行的。在1959年写给陈伯达的信中，他说："农业合作化以来，国家工作人员（区、乡干部）对农村工作逐渐深入是好事，但管得过多过死也是工作中的毛病——会使直接生产者感到处处有人掣肘，无法充分发挥其集体生产力。……计划得不恰当了，它是不服从规定的。什么也规定，好像是都纳入国家规范了，就是产量偏不就范。"① 赵树理与国家自上而下制订计划并要求实施计划的思路截然相反，是从"直接生产者"开始自下而上思考问题的。他希望国家不要过于深入，村级政权自主自治，乃是为了构建国家与"直接生产者"之间的缓冲地带，在维护"直接生产者"利益的基础上维护国家利益。所谓"直接生产者"，毫无疑问，更多地应当是指向每一个具体的农民个体。赵树理以小说《老定额》对上述议题进行了形式化处理。老定额是星火大队的大队长林忠的外号，因为他合作化以后恪守国家计划，认为"定额是管理生产的大关"②，把大部分精力消耗在随时修改定额上。小说叙述的则是定额无法应对的意外，一是李大亨借定额牟私利，一是突然的雷雨让麦收无法按计划进行，林忠只好放弃定额。在这里，赵树理似乎放逐了国家，但其实却是在另一层面上回到了国家。林忠重

---

① 赵树理：《致陈伯达（二封）》，载《赵树理全集》第5卷，第341页。
② 赵树理：《老定额》，载《赵树理全集》第5卷，第354页。

视定额的行为在小说中被指向自私自利。当林忠说突击抢收不在乎定额工分时,村民说:"这话真不像你这'老定额'说的呀?你一家出动着四个劳动力,难道不嫌吃亏吗?"①支书李占奎重提革命往事,林忠才意识到自己久已缺乏革命时有过的"革命精神",决定重新拾起。这就是说,一个具有"革命精神"的个体,本质上就是与国家、与社会主义建设同构的,故而无须介意程式上是否制定额,论工分,恪守国家计划。在国家与村级政权难以两全之时,赵树理诉诸"革命精神"以规避困境。当然,这一点可能比有限的制度建设更为繁难。

三 政治情感的疾病隐喻

所谓"革命精神",实质上是对于"世界"的情感认同与自我牺牲。赵树理诉诸"革命精神"以规避困境,便在个人的情感意义上再现了"世界"的日常(政治)层次。这一再现也是从一开始就隐藏在赵树理不同时期的小说叙述中的,且主要以政治与疾病为两极形成"世界"再现的情感结构。需要先说明的是,此处的政治是一个较为宽泛的概念,可以指向文化政治,也可以专门指向具体政策或政权代表,其内涵随赵树理小说触摸的具体政治内容的变化而有所规定。

---

① 赵树理:《老定额》,载《赵树理全集》第5卷,第366页。

（一）三仙姑的转变问题

首当其冲的是《小二黑结婚》叙述三仙姑装病。① 三仙姑历来是一个存在认识分歧的人物形象，最近有研究者从民间巫文化的角度出发，认为小说中三仙姑病症并不明显，只是"将其情绪的焦灼采取'称病'这一发泄的途径来表现"。② 的确，赵树理有意识地在小说中以疾病来表征人物情感比较极端的状态，而非单纯视疾病为生理问题。《小二黑结婚》开其端绪，而《李家庄的变迁》《刘二和与王继圣》《小经理》《邪不压正》《三里湾》《"锻炼锻炼"》《互作鉴定》《卖烟叶》等扬其波流，形成了赵树理小说极为丰富的情感结构态势。就《小二黑结婚》文本本身而言，三仙姑病的原因很简单，即婚姻不幸。但赵树理将三仙姑的病叙述为装病，"她也哼哼唧唧自称吾神长吾神短"，③ 却有更重要的文化政治原因。有论者比较曹七巧和三仙姑，认为赵树理对三仙姑缺乏同情和理解，将她处理成扁平性格，不仅降低了人物的文学意义，而且影响了作品的主旨。④ 这种意见不无道理，但未对赵树理叙述的文化政治关怀给予足够重视。贝尔登曾经记录成名不久的赵树理的一些言论，其中有这样的内容："从我为农民写作以来，我写小说，写剧本。过去，我使用的语言和现在不一样，我的东西只有少数知识分子看。后来我想到，农民能看的书尽是些极端反动的书，这些书向农民宣扬崇拜偶像，敬鬼神，宣扬迷信，使农民听凭巫婆的摆

---

① 《小二黑结婚》还有小二黑真病被诬的情节，与本书论题关系较远，故不论列。
② 焦晓君：《"巫"者的悲哀——〈小二黑结婚〉中三仙姑的重新解读》，载《洛阳师范学院学报》2010年第1期。
③ 赵树理：《小二黑结婚》，载《赵树理全集》第2卷，第213页。
④ 陈兴：《三仙姑与曹七巧人物形象辨析》，载《山西师大学报（社会科学版）》1994年第2期。

弄。我想，我应该向农民灌输新知识，同时又使他们有所娱乐，于是我就开始用农民的语言写作。"①由此可见，当时赵树理为农民写作的首要目的是"向农民灌输新知识"，使农民不再听凭巫婆的摆弄。这就决定他也许理解但却必然不能同情具有巫婆身份的三仙姑。又因为他"用农民的语言写作"，"使他们有所娱乐"，自觉疏离"少数知识分子"读者，势必不能展开三仙姑感觉婚姻不幸时的心理内容，而以叙述其装病的方式暗示出来。赵树理曾多次举歌剧《白毛女》中喜儿的唱词"昨晚爹爹转回家，心中有事不说话"，说明他想象中的农民的兴趣在此，而不在丰富、细致的心理描写。②因此，赵树理只能以疾病隐喻的方式一笔带过三仙姑这一人物所可能蕴含的丰富性，将三仙姑的情感作为一种疾病状态编织进更为宏大的情感结构中去。这一更为宏大的情感结构是在"灌输新知识"的导向下构建起来的，致使三仙姑漫画化，成为病态情感的符码，不但以装神弄鬼的方式逼迫女儿小芹嫁给退职军官吴先生，而且嫉妒女儿比自己更能够吸引青年。但赵树理并未恶之欲其死，而是在小芹、小二黑"以生理上的爱慕为基础"③的情感关系得到制度化的承诺、确认和保护之后，叙述了三仙姑放弃巫婆身份，完成对她的去符码化，从而使其得以健康的心灵融入宏大的未来情感结构中。

通过叙述人物的改变、而非通过叙述人物的死亡来确保"世界"情感的健康，正是赵树理的特出之处。赵树理当然是在解放区婚姻法的要求下将三仙姑处理成一种疾病隐喻的，但其叙述改变而非死亡的方式，则充分表明了疏离具体政治政策要求的个人文化政治诉求。据

---

① 杰克·贝尔登：《中国震撼世界》，邱应觉等译，北京：北京出版社，1980年，第116页。
② 赵树理：《"起码"与"高深"》，载《赵树理全集》第6卷，第218页。
③ 赵树理：《我的第二次检查》，载《赵树理全集》第6卷，第458页。

徐懋庸的回忆，赵树理创作《小二黑结婚》前后，八路军一二九师政治部和中共太北区党委联合邀请太行区文化界四百余人开座谈会，指出当时太行山的主要问题是封建会道门的猖獗，认为文艺作品应反映对封建会道门的斗争。① 这可以说是对毛泽东在《新民主主义论》中提出的"民族的科学的大众的文化，就是人民大众反帝反封建的文化，就是新民主主义的文化，就是中华民族的新文化"②的具体诠解和地方实践。赵树理当时积极参与了诠解和实践，创作了《万象楼》《假关公》《告区长》《小二黑结婚》等反迷信思想的文本，无论从主观上看，还是从客观上看，都是具体政治政策的直接触须。尤其剧本《万象楼》中组织古佛道的何有德，赵树理设置了他被农民抓获送到部队的下场，可以说是一种从思想到肉体的消灭。同样在《新民主主义论》中，毛泽东说"清理古代文化的发展过程，剔除其封建性的糟粕，吸收其民主性的精华，是发展民族新文化提高民族自信心的必要条件"，③ 赵树理对何有德便采取了刚硬的"剔除"态度。但对三仙姑这样一个同样愚弄农民，甚至不惜葬送自己女儿的人物，赵树理却并未以"剔除"的方式叙述三仙姑之死，反而叙述三仙姑之变，这不能不说作家从阶级政治走向了阶级伦理，视三仙姑为被压迫者，从伦理的意义上叙述三仙姑的转变，使其进入健康的情感"世界"，从而展现出对她更为深刻的理解和同情。显然，将一个普通的妇女封锁在"没有光的所在"④，

---

① 徐懋庸：《徐懋庸回忆录》，北京：人民文学出版社，1982年，第144—145页。
② 毛泽东：《新民主主义论》，载《毛泽东选集》第2卷，北京：人民出版社，1991年，第708—709页。
③ 同上书，第707—708页。
④ 张爱玲：《金锁记》，载《倾城之恋》，北京：北京十月文艺出版社，2006年，第173页。

或者叙述其无法得到理解和原谅①，或直接"剔除"，并不是赵树理个人的文化政治诉求，因而也就不可能构成赵树理小说叙述的基本因素和动力。三仙姑在成为夸饰的嘲讽对象之后，很快便随着健康的情感"世界"的确立而转变成心理正常的普通妇女，而赵树理小说的喜剧性和方向性也随之生成，虽深刻而轻松，实现了"灌输新知识"的同时让农民"有所娱乐"的基本创作理想。

赵树理这种伦理化的文化政治诉求在《孟祥英翻身》中有更为精彩的体现。在小说中，孟祥英的婆婆等人始终是以反面形象出现的，但在结尾设置的答读者问却写道：

> 有人问：你对牛差差和孟祥英的婆婆、丈夫，都写得好像有点不恭敬，难道不许人家以后再转变吗？
>
> 答：孟祥英今年才二十三岁，以后每年开劳动英雄会都要续写一回，谁变好谁变坏，你怕明年续写不上去吗？②

表面上，赵树理似乎不太确信这些反面人物能否转变，事实上却是坚信他们能够通过自我转变的方式融入新的"世界"，不仅是在政治意义上，而且是在情感意义上，认同新的"世界"。如果说这一结论还存有揣测的成分，《李家庄的变迁》便直接证实了它。在"咱的世界"建立之后，如何处理狗腿子小毛，白狗说："只要他还有一点改过的心，咱们何必要多杀他这一个人啦？他要没有真心改过，咱的江山咱

---

① 《我在霞村的时候》便着力强调贞贞成为全村的敌人，这或许是丁玲本人伦理假想敌的肉身化。

② 赵树理：《孟祥英翻身》，载《赵树理全集》第2卷，第390页。

的世界，几时还杀不了个他？"① 在这里，赵树理的叙述融合着人性本善的伦理判断与中国革命必胜并必然稳定发展的政治信心，二者互为因果，很难说孰轻孰重，但共同指向了"岂在多杀伤"及人人平等的伦理"世界"。康濯曾经颇为动情地回忆赵树理对农业合作化时期一位老农打算退社而最终未退的品评：

> 农村有句话，叫"泡一泡，就好了"，那老汉就这么回事。许是他碰到了什么不痛快，呕了气，要拿退社出出气吧！过几天，气消了，还不就没事儿了！农民是不会不信党和社会主义，不会轻易退社的。……不过农民也并不是共产主义者。将来他们会是，现在还不是。现在的农民总是农民，总是中国农民。②

赵树理不仅对党和社会主义有着坚定的信心和理解，对中国农民也总是保持乐观的理解，而且肯定地认为二者之间是相辅相成的关系，农民对党和社会主义的信任，不单纯是意识形态的召唤，因为他们自己将来就会是共产主义者。不过，在乐观的理解和想象当中，包孕的是赵树理对中国农民的特殊同情，他相信"泡一泡，就好了"，但也知道"现在的农民总是农民，总是中国农民"，不能因为对党和社会主义的信任，就操之过急。这也就是说，赵树理期待人人平等的伦理"世界"的实现，并相信其最终将成为现实，但决不主张为此付出"多杀伤"的代价，以反伦理的方式实现伦理。在《三里湾》中，通过

---

① 赵树理：《李家庄的变迁》，载《赵树理全集》第3卷，第120页。
② 康濯：《写在前面》，载董大中编录《赵树理文集续编》，北京：工人出版社，1984年。

对副支书张永清"炮轰"王申的批评,赵树理将上述观念写入了小说中。张永清说:"组织起来走社会主义道路是毛主席的号召。要是不响应这个号召,就是想走蒋介石路线。"王申说:"我报名是我的自愿,你们可不要以为我的思想是张永清给打通了的!全社的人要都是他的话,我死也不入!我就要看他怎么把我和蒋介石那个忘八蛋拉在一起!"① 王申有自愿走社会主义道路的觉悟,但并不认同张永清"你死我活"式的阶级政治思维。这意味着在赵树理看来,自愿是阶级政治的基础和根本,否则就是自绝于农民。因此,自愿、自主成为赵树理再现"世界"的情感结构的基本维度。

(二) 疾病的政治疗愈

相对于白描式地叙述三仙姑疾病治愈的过程,赵树理对铁锁疾病治愈的过程是充分展开的。在《李家庄的变迁》中,作家首先细致地展开了铁锁得病的政治原因,即被春喜等人讹夺田产和房产,然后写他住在喂过牲口的房子里,"每天起来看看对面的新漆大门和金字牌匾,如何能不气?不几天他便得了病,一病几个月,吃药也无效","心病还须心药医",后来听说小喜、春喜、三爷都被叫到省城关起来了,"心里觉着痛快了一下,病也就慢慢好起来了"。② 但实际上心病难了,直到李家庄变迁之后,成了"咱的江山咱的世界"了,铁锁的疾病才真正痊愈。在此意义上,《李家庄的变迁》是关于铁锁得病及病愈的政治隐喻文本。当然,尽管赵树理详细地叙述了铁锁得病的缘

---

① 赵树理:《三里湾》,载《赵树理全集》第4卷,第336页。
② 赵树理:《李家庄的变迁》,载《赵树理全集》第3卷,第20—21页。

由及病愈的过程，还是没有对病中铁锁的心理内容做任何展开，只是通过铁锁与小常在满洲坟的对话做了有限的暗示。这是与叙述三仙姑类同的地方，但赵树理明确地将铁锁的病指为心病，则意味着不同的内容。三仙姑得病是讽刺性的，而铁锁得病则是严肃的政治现实，这意味着赵树理需要通过叙述铁锁得病来喻指地主统治秩序的不健康状态，说明地主的"世界"中政治与情感的严重冲突，政治只是试图慑服情感，已然无法赢得情感的认同了。而这一结构失衡的状态，在赵树理看来，只有通过阶级更替的方式才能解救。因此，他无意详述铁锁病中的心理活动，反而一再描写铁锁与小常对话后冲动、喜悦的心理状态，都是为了求得治愈铁锁心病的心药。这一心药，就是新的统治秩序的建立。由此可见，赵树理将政治归政治，情感归情感，并未从铁锁个人性格、经验的层次上向内追索其疾病治愈的可能，而是从阶级、政治的层次上向外追索农民疾病被普遍治愈的可能，即从"世界"的结构关系入手，而非孤立地看待农民个体。正因为如此，赵树理才能将铁锁心病得到疗救的过程，叙述为冷元、白狗、王安福等人集体觉醒的过程，个体不是单独得救，而是在集体的成长中得救。也正因为如此，铁锁在《李家庄的变迁》后半部分泯然众人，不再以所谓圆型人物的面目出现。福斯特说，"一部内容复杂的小说，往往既需要圆型人物，也需要扁型人物"，又说，"我们必须承认，就塑造人物的成就来说，扁型人物本身并不和圆型人物一样地巨大。而且我们也得承认，扁型人物被塑造成为喜剧性角色的时候最为出色"。① 这对现代中国的小说研究影响至深，但用来评价赵树理小说的人物塑造，

---

① 参见福斯特：《小说面面观》，朱乃长译，北京：中国对外翻译出版公司，2001年，第185—191页。

却是错位,正如不便用以评价卡夫卡小说的人物塑造一样。竹内好注意到,赵树理小说的新颖之处即在于通过叙述"小常和铁锁是在完成典型的同时,与整体溶合在一起的人物","既包含了现代文学,同时又超越了现代文学"。① 这种对于赵树理的肯定虽然是日本思想界为对抗虚无主义、存在主义而做出的有意探寻,但也不能不说更直接地贴近了赵树理小说提供的文本现实。赵树理的确无意于沈从文式的心理描写,从而通过疾病隐喻构建起政治秩序与情感认同之间的坚实关系。

而且,对于政治秩序与情感认同之间的关系,赵树理也非止于一端地进行构建。他注意到,有铁锁式的主动,也有聚财式的等待,更有范登高式的抗拒。相较于铁锁式的主动,赵树理更关心的是聚财式的等待,因为他理解"现在的农民总是农民,总是中国的农民",需要"泡一泡"才能好。在《邪不压正》中,赵树理叙述道:

> 聚财本来从刘家强要娶软英那一年就气下了病,三天两天不断肚疼,被斗以后这年把工夫,因为又生了点气,伙食也不好,犯的次数更多一点,到了这年(一九四七)十一月,政府公布了土地法,村里来了工作团,他摸不着底,只说是又要斗争他,就又加了病——除肚疼以外,常半夜半夜睡不着觉,十来天就没有起床,赶到划阶级,把他划成中农,整党时候干部们又明明白白说是斗错了他,他的病又一天一天好起来。赶到腊月实行抽补时候又赔补了他十亩好地,他就又好得和平常差不多了。②

---

① 竹内好:《新颖的赵树理文学》,载黄修己编《赵树理研究资料》,太原:北岳文艺出版社,1985年,第486、488—489页。
② 赵树理:《邪不压正》,载《赵树理全集》第3卷,第310页。

王聚财的病就像政治晴雨表一样标识着自身政治处境。更为关键的是，这段叙述暴露出王聚财的基本处世哲学，就是在腹诽中等待。通过王聚财的等待，赵树理别有意味地呈现了不同的政治秩序致病的同一原理，即权力的奴役和神秘。王聚财"摸不着底"既说明普通农民无法知悉权力的秘密，无从分享权力，也说明掌权者有意无意将权力变成了奴役他人的工具。而当"干部们又明明白白说是斗错了他"，祛除权力的神秘性，并"又赔补了他十亩好地"，使权力得以尽可能公平地分享时，"他就又好得和平常差不多了"。这就是说，政治是致病之由，也是疗病之方，必须从政治上着手，落实权力和利益的合理分配，才能使王聚财从等待的腹诽中觉醒过来，形成对新的政治秩序的情感认同。《李家庄的变迁》中小常提出的命题"没有权，看见国家大事不是自己的事"①由此进一步被赵树理通过小说形式提供了解题的可能和不解题的窘困。在赵树理看来，一个缺乏足够和有效的情感认同的政治秩序，显然是合法性不足的，因此1949年以后，他花了更多精力叙述一些范登高式的人物如何从抗拒的疾病中痊愈过来，对新的政治形成情感认同。

《三里湾》是疾病及其治疗的大全手册，主要事件是范登高装病、常有理讹称马有翼生病及众人给范登高治病。其中尤以范登高装病和给他治病为要，广泛地涉及了各个方面如何对新的政治秩序形成情感认同的问题。首先是范登高自己，作为一个老革命，在革命胜利以后，成了一个失去革命精神的人。一方面，他雇佣王小聚赶骡子做生意；另一方面，他千方百计阻挠王金生等人主持的扩社工作，以自愿入社为名，不但自己不积极入社，而且暗地里支持马多寿一家不

---

① 赵树理：《李家庄的变迁》，载《赵树理全集》第3卷，第61页。

入社。总之，他消极抗拒农业合作化运动的进行，在三里湾造成了非常不好的影响。有些群众因为范登高是老资格的党员，就提出"买上两头骡子雇上一个赶骡子的，是不是社会主义道路"，"共产党的规定，是不是小党员走社会主义道路，大党员走资本主义道路"①等问题。金生组织党支部会议对范登高进行批评，范登高将此理解为金生个人的行为，是利用权力捏弄自己。于是又一次开会的时候，他故意装出少气无力的样子对叫他参加会议的玉梅说："叔叔昨天夜里回来伤风了，头痛得抬不起来。"②范登高以装病的方式拒绝对农业合作化表达政治认同。此后经过多次支部会议，县委出面，老党员压台，群众批评，"范登高在马虎不过的情况下，表示了以后愿意继续检查自己的思想"。③赵树理关于范登高的正面叙述到此结束，意味着范登高最后认同农业合作化虽然不是不可能，但在思想情感上还有漫长的路要走。因此，政治异见成为范登高难以去除的病灶，而赵树理治病乏术，只能选择让范登高表达继续自我检查的意愿。与此相关的是，在《"锻炼锻炼"》中，赵树理写"小腿疼""吃不饱"害怕被送交法院，屈服于权力而认错，更进一步地表明他无法叙述意识形态的魅力，而只是叙述了意识形态借助政权表现出来的威力。这便是赵树理再现"世界"的情感结构的最大失衡之一。当然，不妨认为，这是赵树理有意为之，因为他相信农民是需要"泡一泡"的。

不过，相对于表现范登高、"小腿疼"等老一辈人物输出情感认同的艰难，赵树理写范灵芝、马有翼、王兰等新一代人物，就干脆利落多了。对于范登高的抗拒，范灵芝从一开始就知道这是一种病，而且

---

① 赵树理：《三里湾》，载《赵树理全集》第4卷，第284页。
② 同上书，第272页。
③ 同上书，第306—309页。

必须治病救人:

> 范登高老婆说:"你爹供你念书可供得不上算——要不你还不会挑他的眼!"灵芝说:"妈!这不叫挑眼!这叫治病!我爹供得我会给他治病了,还不上算吗?"①

灵芝使用的疾病隐喻,毫无疑问源自延安整风运动时期的毛泽东。其时,毛泽东说整风运动的宗旨是"惩前毖后,治病救人",十多年之后,赵树理将它化入小说叙述,构成《三里湾》的基本情节和叙述动力。范灵芝不仅使用了疾病隐喻,而且对父亲产生了伦理上的逆转。在母亲看来,女儿批评父亲走资本主义道路是挑眼,是一种伦理危机,"不上算",而范灵芝则视为"上算",是拯救父亲,是维系伦理。当她发现自己无力治父亲的病时,决定"把这病公开摆出来,让党给他治"②,意味着范灵芝将家庭伦理让渡给了意识形态。但她并未放弃家庭,只是试图通过意识形态重建家庭伦理。后来,范登高有所转变,"在灵芝认为不顺眼的事都消灭了",灵芝很想对他说:"这不是就像个爹了吗?"③这意味着范灵芝将情感认同输出给意识形态之后,并没有放弃基本伦理的打算,只是希望通过意识形态的洗礼,家庭伦理以新的面貌出现。小说最后写范灵芝和王玉生结婚以后,没有另立户门,而是吃在食堂,穿在裁缝铺,唯独晚上住在一块,建立了一种新的婚姻生活模式。不能不说,这是农村进行社会主义劳动分工之后,赵树理设想的一种崭新的伦理生活。赵树理不仅叙述范灵芝对社

---

① 赵树理:《三里湾》,载《赵树理全集》第 4 卷,第 207 页。
② 同上书,第 284 页。
③ 同上书,第 314 页。

会主义逐步付出了全部的认同,而且在认同的基础上建立了一种崭新的伦理生活,从而再现了"世界"情感结构的未来可能的走向。当然,赵树理并不以此为唯一走向,他还同时叙述马有翼和王玉梅结婚之后,作为革命夫妻,依然照顾着老人,与马多寿夫妇生活在一起,共同组建家庭生活。赵树理并未要求情感认同呈现齐头并进的态势,对情感结构进行一刀切。从这里出发,赵树理叙述王金生、张永清等人代表党对范登高的病的态度时,不免有一些微讽的意思。尤其是张永清,正如他炮轰王申一样,他热衷的是呈现或拥抱意识形态的威力,对于集体生产是否优于个体生产,可以说他毫无理解,因此也无力表述农业合作化的魅力。

  总之,通过以政治与疾病为两极再现"世界"的情感结构,赵树理通过小说形式提出了一些政治导致和治愈疾病的可能,希望构建某种适应意识形态变化的新的伦理生活。尽管他的设想未必能够解决政治致病又治病的危机,但他总算以小说形式进行了实践。

第二章 "理"的辩证法

在进入"世界"的具体认识、想象和建构时，赵树理在小说叙述中创造了"理"的辩证法。"理"字在赵树理小说文本中出现的频率远远高于"世界"一词。从字面上来看，"理"通常构成"老直理""真理""道理""情理""说理""说理不走理""势力就是理""各有各的道理""人情是人情，道理是道理"等词语和句子，也构成了远远比"世界"复杂的意义体系。而与此同时，"理"字与"世界"一词一样，往往处于赵树理小说叙事的关节点，有着重要的叙事意义和功能，这意味着"理"的意义和功能，也有与"世界"相类之处。由于对"世界"的意义和功能已有较详细的分析，故而对于"理"的意义和功能，可以存而不论那些与"世界"相近的地方。同样的逻辑也适用于"说"，故"说"的意义和功能，与"世界"相近之处，也存而不论。本章集中讨论赵树理小说中"理"的辩证法，以"老直理""真理""势力就是理""各有各的道理"和"人情是人情，道理是道理"为核心，说明"理"与民意的关系，分析"理"与"势"的结构性存在，讨论在"世界"秩序的变动中"理"的分裂，最终解释赵树理在小说文本中提供的救赎"理"的暴力的方案，构建"理"所无法规定的"世界"的情感与欲望问题。在具体的分析过程中，形式与社会主义政治的关系是本章必须时时注意的。当然，本章涉及的主要是形式作为意识形态结构的结晶这一内涵，要说明的是阶级革命、共产党、群众、社会主义等语汇及语汇背后的相关意识形态问题以何种方式编织进赵树理小说文本，从而对赵树理小说的文学政治有所发掘。

就小说的发表顺序来看，赵树理首先叙述了"老直理"与"真理"的某种存在状态或应然状态。而在农民与现状的紧张关系中，他叙述"势力就是理"以取替"老直理"和"真理"，进入"理"的辩证法的第二个层面，并顺势带出对第三个层面的叙述，即"各有各的道理"。最后，针对"理"中可能附着的各类暴力因素，赵树理叙述了一种救赎的方案，即"人情是人情，道理是道理"。这种耦合现代中国社会、政治、情感问题的顺序，具有内在的逻辑性，故本章即以此为思路，分析赵树理小说中的"理"的辩证法。

一 "老直理"与"真理"：民意及其变异

在赵树理小说中，民意的表现形式是"老直理"，它是真实的事理，是统治者与被统治者之间话语交锋的结果。因此，赵树理小说叙述的三个相关问题就是："世界"何以逆"老直理"而行？如何使"世界"循"老直理"而行？"世界"本有"老直理"否？但《李家庄的变迁》《邪不压正》等都表明，"老直理"不能完全释放被统治者久被压制的欲望和愤怒，不能使"世界"的状况明朗化，从欲望和暴力的劫持中得到解救。因此，为了将"世界"从不明朗的状况中解救出来，赵树理动用了阶级色彩更为明显的"真理"一词。民意由此发生变异，与阶级政治、革命政权发生关联。铁锁、王安福的经历表明"真理"是民意与革命联系的中介,孟祥英的经历表明在"理"的两端,普通农民与革命政权是相互平等、互相救援的关系。民意一旦认同"真理",就发现"老直理""太不文明了",从而进入一种文明话语所规定的"世界"。赵树理在此展示了朴素的人道主义思想,并与中国共产党认为自身领导的革命比欧美资产阶级革命高明的自我定位发生关联。

(一)"老直理"

在赵树理小说中,"老直理"一词最早见于《李家庄的变迁》。李家庄村民要求把汉奸小喜、春喜霸占他人的产业发还原主,铁锁把意见上报到区,区报到县,最后阎锡山回电并派员调查。派来的经济委员在调查会上"给小喜春喜两个人扯谎",引起白狗、冷元的讥嘲,群众纷纷离会。委员指责李家庄的工作"真是一塌糊涂","老百姓连个开会的规矩都不懂",铁锁回敬道:"山野地方的老百姓,说话都是这直来直去的,只会说个老直理,委员还得包涵着些!"① 与经济委员(统治者)别有用心的谎言相对,老百姓(被统治者)说的是"直来直去的""老直理"②,这意味着"老直理"首先不是谎言,而是真实的

---

① 赵树理:《李家庄的变迁》,载《赵树理全集》第3卷,北京:大众文艺出版社,2006年,第95—96页。
② 查阅《太原方言词典》《长治方言志》《沁源县志》等文献时,未见"老直理"一词;"世界""真理""说理"等词也未及见。有关长治方言的论文,也未曾涉及上述词汇。因此,尽管上述词汇基本上完全出现在赵树理小说的人物对话及自由间接引语中,只在极个别的情况下出现在叙事者的叙述语言中,还是难以断定上述词汇是否就是方言学意义上的"老百姓的话"。因此,本书第三章讨论"官腔"与"老百姓的话"的结构关系时,并没有从方言学的意义上着手分析的可能,而主要立足于赵树理小说文本提供的具体语境。

事理，其次则是统治者与被统治者话语交锋的结果。阎锡山的统治需要以曲折的谎言来维持，而其治下的老百姓则以"老直理"戳穿了其假面。赵树理借铁锁之口说"老直理"属于"山野地方的老百姓"，是"直来直去的"，将老百姓朴素的求真实的意识悄悄地转化为基本的阶级意识和农民立场。"山野地方的老百姓"不仅指向官民的对立，而且指向文野的对立。老百姓处山野之间，"连个开会的规矩都不懂"（没有文化），却不像懂规矩（有文化）的委员扯谎，反而能"说个老直理"，说明在赵树理看来，有些所谓的规矩（文化）不过是实现"世界"之"理"的障碍。

赵树理通过《刘二和与王继圣》及《邪不压正》两篇小说进一步丰富了"老直理"的内涵。在《刘二和与王继圣》这篇未完成的小说中，赵树理是用"老直理"来说明聚宝的性格特点的：

> 这聚宝原来是个破磨子的石匠，可是很懂戏——也会看也会唱。他破起磨来也是手里破着嘴里唱着，锤就是他的梆子，破得慢了唱流水，破得快了唱垛板。附近几个戏班子里都有他的熟人，那一班唱什么戏得手他也都知道，因此本村每逢唱戏，大家都愿意请他来挑。他拨戏台上的大油灯拨得很有把握，因此社里每年总是派他管老灯。不过他有一股别扭劲，只会说一股老直理，人送外号"破磨锤"，理说顺了怎么说怎样应，要是惹起他的脾气来，什么难听他就说什么。这一回他才去点灯就弄了个别扭：王海喊叫他点灯，他正提了个油罐上到台上，先生又叫他点戏。先生见他上了台，就挤到台跟前仰起脸向他说："聚宝！你给咱点戏吧！"他说："可以！等我点上灯着！"先生站在台下等，等了一会，见他

才点着了一盏，就催他说："就且点着一盏吧，村长说叫你去点戏啦！"先生就只多说了个"村长说"就惹起他的脾气来了。他说："我不管！点灯能派差，点戏可不能派差！"台下另有人劝他说："去吧聚宝！这不是派你的差，是我们大家请你去！请你给大家点几出好戏看看！"他说："你叫先生说清楚，看究竟是大家请我去呀还是村长派我去？"说罢仍然点他的灯。先生知道他素日的脾气，因为怕耽误时间，也只好说："去吧去吧，是大家请你，不是村长派你！"他也没有再说什么，仍然是先把灯点好，才跟先生去点戏。不大一会，戏点出来了，戏牌挂在台口柱子上，正本戏是《天河配》，搭戏是《铡美》、《下南唐》、《杀狗》，大家都很满意。①

在这里，作者叙述了聚宝把握"老直理"的多个层次，即民意与权力、事实与说法、本质与现象等。"只会说一股老直理"的聚宝并不一般地抗拒权力，他服从社里的安排，每逢唱戏就接受派差去点灯，但却拒绝接受"村长说叫你去点戏啦"的说法，表现出对权力的否定。这种否定是对权力僭越民意的否定，因为聚宝认为点戏是"大家都愿意请他来挑"，是民意及民意对他的尊重和认可；而他点戏也是为了"大家都很满意"，既非为了一己之私，更非为了权力之令。这意味着"老直理"首先是民意的归宿。而聚宝"理说顺了怎么说怎么应"则意味着事实与说法之间，必须有一种正确的关联，说法本身是"老直理"能否得以彰显的关节之一。先生试图通过说法挽救权力的颜面，改口"村长说"为"大家请"，却只换来聚宝的"仍然是先把灯点好，才跟先

---

① 赵树理：《刘二和与王继圣》，载《赵树理全集》第3卷，第194—195页。

生去点戏"。可见，聚宝深知先生是借用民意来达到权力的目的，表面上是顺从民意，实际上不过是通过另一种说法来维护权力。因此，"老直理"的关节点之一固然是说法，即"说顺了"，真正的关键之处则是事实与民意。当然，聚宝最后还是去点戏了，这似乎是对权力低头，但实际上是为了"大家都满意"，是对民意的遵从。这也就是说，聚宝并不因为对于说法的较真而惑于说法，他要求先生"说清楚"，本质上也还是"老直理"反抗权力的一种表现。后来"圣人"马先生不顾民意，认为《天河配》是"老俗戏""单边戏"，将它半路停住，改点昆曲《游湖》，更反衬出聚宝点戏是出诸符合民意的"老直理"，而"圣人"照顾的只是一己之私。由此可见，所谓"说顺了"的"老直理"，就是事情本有的、符合民意的"理"及其说法。

但是，"圣人"马先生在王光祖的支持下成功实现了私意对民意的僭越，"老直理"并非"世界"运转的唯一之"理"。聚宝起来反抗，要求"圣人"自家雇戏班子唱昆曲，拒绝满庙都成为王光祖的"世界"，却落得十来年背井离乡。赵树理似乎想借此说明"世界"不但并不以"老直理"为唯一之"理"，且"世界"的运转往往悖逆"老直理"。那么，赵树理小说要叙述的三个相关问题就是：一、"世界"何以逆"老直理"而行？二、如何使"世界"循"老直理"而行？三、"世界"本有"老直理"否？

当"老直理"一词第三次出现在小说中时，赵树理就上述问题给出了一定的回应。这是在《邪不压正》中，是减租清债之后金生向二姨转述的元孩质问刘锡元的话：

> 刘锡元那老家伙，谁也说不过他，有五六个先发言的，都叫他说得没有话说。后来元孩急了，就说："说我的吧？"

刘锡元说:"说你的就说你的,我只凭良心说话!你是我二十年的老伙计,你使钱我让利,你借粮我让价,年年的工钱只有长支没有短欠!翻开账叫大家看,看看是谁沾谁的光?我跟你有什么问题?……"元孩说:"我不懂良心,我也认不得账本,我是个雇汉,只会说个老直理:这二十年我没有下过工,我每天做是甚?你每天做是甚?我吃是甚?你吃是甚?我落了些甚?你落些甚?我给你打下粮食叫你吃,叫你吃上算我的账,年年把我算光!这就是我沾你的光!凭你的良心!我给你当这二十年老牛,就该落一笔祖祖辈辈还不起的账?呸!把你的良心收起!照你那样说我还得补你……"他这么一说,才给大家点开路,这个说"……反正年年打下粮食给你送",那个说"……反正我的产业后来归了你"……那老家伙发了急,说"不凭账本就是不说理!"一个"不说理"把大家顶火了,不知道谁说了声打,大家一轰就把老家伙拖倒。①

元孩与聚宝一样,"只会说个老直理",并以此反击刘锡元提出的"良心"和"账本"。"良心"是刘锡元诉诸道德层面的理由,"账本"则是诉诸制度层面的理由,二者协力构成对元孩通过"老直理"发现的对雇农基本生存状况的遮蔽和否定,从而导致"世界"逆"老直理"而行,循"良心"和"账本"而动。在道德与制度的双重威力之下,刘锡元成为一个"谁也说不过"的人,牢牢占据了"世界"的主动。一旦进入"良心"和"账本"的逻辑,"世界"就只能依其而行,无从出脱。因

---

① 赵树理:《邪不压正》,载《赵树理全集》第3卷,第291—292页。

此，要使"世界"循"老直理"运转，必须像元孩一样，"我不懂良心，我也认不得账本"，从根本上否认刘锡元所依凭的道德和制度的合法性。"老直理"与"良心""账本"之间形成尖锐对立，以致刘锡元发了急，认为"不凭账本就是不说理"，而大家则直接使用了暴力。这说明要使"世界"循"老直理"而行，必然发生暴力。至少就赵树理的小说叙述而言，启用暴力是"世界"转向，由逆而顺"老直理"而行的最为有效的方式。当然，赵树理并没有直接认可暴力的有效性，他对暴力的态度是极为复杂的。而且，大家集体使用暴力的行为，意味着元孩顺从着民意发表的一通符合"老直理"的言论，不但无法从逻辑上说服刘锡元，本身也未能完全释放雇农群体久被压制的欲望和愤怒，只是通向某个地方的门阀。因此，即使"世界"依循"老直理"运转，"世界"的状况也还是不明朗的，还是处在某种欲望和暴力的劫持之中。

(二)"真理"

为了将"世界"从这种不明朗状况中解救出来，赵树理小说动用了比"老直理"一词阶级色彩更为明显的"真理"一词。在《李家庄的变迁》中，"真理"一词出现了多次。小说开头写铁锁与春喜之间的一场官司，李如珍凭契说谎，维护春喜的非法利益，王安福等人欲为铁锁谋公正而不得。王安福试图说服小毛等辈："说真理，他们卖给人家就是这个厕所呀！人家用的那一个，真是他爹老张木匠在世时候打得的。我想这你也应该记得！"[①] 但结果是铁锁不仅丢了自己的产业，还要赔钱给春喜。在这里，与"老直理"一样，"真理"是对基本事实

---

① 赵树理：《李家庄的变迁》，载《赵树理全集》第3卷，第9页。

的认定，其对立面是谎言。同时，李如珍、春喜凭契说谎，讹诈占有铁锁产业的行为表明，契约与"真理"也已处于对立状态。如果要使契约合"理"，就必须重建新的契约。铁锁计划上告到县里，恢复"真理"，却遭到不愿被铁锁这样的"草灰"告状伤及自己脸面的李如珍和小喜的阻拦，并被他们叫来的军警抓起来，结果为保身家性命，铁锁损失了更多的房产和地产，只能外出到太原做工谋生了。

在太原，铁锁遇到了"认理很真"的三晋高中生小常，将自己破产的遭遇和在太原的所见所闻一一倾诉于他，并发出一系列疑问：

> 小常笑嘻嘻走到他身边，在他肩上一拍道："朋友！你真把他们看透了！如今的世界就是这样，一点也不奇怪！"铁锁道："难道上边人也不说理吗？"小常道："对对对！要没有上边人给他们作主，他们怎么敢那样不说理？"铁锁道："自然不能一直让它是这样，总得把这伙仗势力不说理的家伙们一齐打倒，由我们正正派派的老百姓们出来当家，世界才能有真理。"铁锁道："谁能打倒人家？"小常道："只要大家齐心，他们这伙不说理人还是少数。"铁锁："大家怎么就齐心了？"小常道："有个办法。今天太晚了，明天我细细给你讲。"①

《李家庄的变迁》后半部叙述的就是铁锁他们以小常的办法"把这伙仗势力不说理的家伙们一齐打倒"的过程。在这里，"认理很真"的小常不仅将铁锁对自身遭遇的不公指向社会全体的一种整体的"不说

---

① 赵树理:《李家庄的变迁》，载《赵树理全集》第3卷，第34页。

理",而且指出只有"把这伙仗势力不说理的家伙们一齐打倒,由我们正正派派的老百姓们出来当家,世界才能有真理"。这就是说,小常引导铁锁认识的"真理",是有通盘考虑的、革命性的探求,是一个阶级推翻另一个阶级的统治的"真理",而不是王安福式的枝枝节节的对于一些零碎的基本事实的认定。通过小常,赵树理将"真理"从类似于"老直理"的对一些亲身经历的枝节事实的认识提升为对整个社会统治的认识,并引申出暴力的必要和合"理"等问题。既然"世界"只有在"不说理的家伙们"被一齐打倒之后"才能有真理","打倒"总不可能是口头"说理"所能完成的,就必然允许并使用一定形式的暴力。小常的话里还隐藏有更深的意义,即其所谓"真理"乃是为了多数人的正义,是合乎民意的。"世界"之不必然依循"真理"而行是肯定的,只有占多数的"正正派派的老百姓们出来当家","世界才能有真理",可见"世界"在为多数人拥有时才依循"真理";而"真理"的合法性也源于多数,或即民意。这在《李家庄的变迁》随后的叙述中有明确表现。小常到李家庄宣传牺盟会的主张,村民听了,"彼此都说'人家认理就是很真','就是跟从前衙门派出那些人来说话不同'"①。小说以叙述村民反响的方式再一次确认了小常所谓"真理"是顺乎民意的"理"。

"真理"作为合乎民意的"理",同时也就是具有强大的吸引力的"理"。它不仅吸引了铁锁的注意,引领铁锁走上了革命道路,而且还影响了小说开头试图替铁锁谋得公正的王安福。在枝节事实上讲求"真理"的王安福,虽然也暗自称赞小常的"真理",但并不满意小常的共产党身份,因为王安福的"真理"通向的是"公理",即他觉着

---

① 赵树理:《李家庄的变迁》,载《赵树理全集》第3卷,第62页。

"非把那些仗势欺人的坏家伙一起打倒,世界不会有公理"①。王安福不相信共产党杀人放火,但"以为共产党一来,产业就不分你的我的,一齐成了大家的","大家都想坐着吃,谁还来生产"?②他无法想象小常"认理很真"的能力与共产党员的身份有着不可分割的关系。这种深刻的成见在听了小常的演讲,尤其是在与小常深谈之后,得到化解。小常告诉王安福,"共产也不是共现在这几亩地几间房子,非到了一切生产都使用机器的时候不能实行共产主义","共产主义是共产党最后才要建设的社会制度",苏联社会的工人要比当掌柜的王安福舒服得多③,王安福听闻之下,翕然影从,加入牺盟会。④其后王安福全力支持和配合牺盟会的一切工作,甚至不惜付出自己的生命,几乎完全放弃了自己认定的"公理",而投向了小常讲述的"真理"。在这里,"真理"不仅表现出强大的吸引力,而且与共产党主张的阶级革命发生了切实的关联。这从侧面说明,小常所说的"真理"所以能超卓于对一般事实的认定,就在于共产党对中国社会现实的把握;而共产党对中国社会现实的把握所以能够表现出强大的吸引力,不仅由于其超卓的抽象概括,更在于其本质上是一种顺乎民意的"真理"。因此,"真理"是勾连农民为亲身经历寻求"理"与共产党主张阶级革命之间关系的有力且有效的中介。

而因为"真理"是勾连关系之有力且有效的中介,赵树理关于孟祥英翻身的叙述便显得更为深刻动人。据《孟祥英翻身》叙述,婆婆

---

① 赵树理:《李家庄的变迁》,载《赵树理全集》第3卷,第70页。
② 同上书,第70—71页。
③ 佛克马以此为例说明赵树理文学是民间文学形式与苏联模式的理想结合。见佛克马:《中国文学与苏联影响:1956—1960》,季进、聂友军译,北京:北京大学出版社,2011年,第28页。
④ 赵树理:《李家庄的变迁》,载《赵树理全集》第3卷,第72—73页。

认为孟祥英该打骂的条件有五，其中最后一条是"从小当过家，遇了事好说理，不愿意马马虎虎吃婆婆的亏"①。但是，当第五专署的工作员来到西峧口协助工作，要选个妇救会主任时，这最后一条恰是村里人提出孟祥英能当的原因："人家能说话！说话把得住理。"② 同样是因为"说理"，孟祥英在婆婆代表的"老规矩"之下饱受打骂，且求生不得，求死不能，而在专署工作员代表的革命文化之下则不仅赢得了自我的新生，且成为生产渡荒英雄。"理"因此不仅成为孟祥英与革命政权之间的有力且有效的中介，而且成为革命政权发动群众对抗、遏抑甚至消灭"老规矩"的一种方式。更为重要的是，孟祥英在"老规矩"下暧昧不明的，或者说缺乏合法性的身份和地位，也因"理"作为中介通向的革命政权而得到改变。需要特别注意的是，赵树理无意将这一改变叙述为普通农民被动性地获得革命政权的拯救，而是将孟祥英翻身的过程叙述为她寻求"理"与革命政权建设相辅相成的过程。在"理"的两端，普通农民与革命政权是相互平等，且相互援救的。革命政权需要就地选拔农村干部，而普通农民也迫切需要进入政权结构中改变自身的身份和地位，二者可谓一拍即合。这种一拍即合的关系，使革命政权与普通农民之间一旦发生龃龉，也可以通过"理"的中介而重新疏通关系，甚至变得比龃龉发生之前更为畅通。至少就"拥军爱民故事"《来来往往》中的叙述来看，赵树理有意识地确认了"理"作为中介疏通革命政权与普通农民关系是有效的。《来来往往》写农救会主席十二三岁的小孩王金山发现豆秧被八路军的勤务员张世英踢断了（后来知道不是故意为之），要求他"把理说清"，八路军的指导员

---

① 赵树理：《孟祥英翻身》，载《赵树理全集》第2卷，第376页。
② 同上书，第382页。

认为王金山"认理很真",① 双方就一"理"字上着眼看问题,都设身处地替对方设想,最终达成互相的谅解和同情。小说虽然没有叙述此后二者关系更融洽了,但其未尽之意是相当明显的。

(三)"太不文明了"

"真理"所以能够超越"老直理"将"世界"从欲望和暴力的劫持中解救出来,是因为"真理"与一种文明话语相关。在《李家庄的变迁》中,全村公审汉奸李如珍时,县长本来希望按"老根据地对付坏人是只要能改过就不杀"的原则进行处理,遭到了群众的拒绝。当县长说自己的枪没有子弹,他们就将李如珍拖倒在地,活活撕死了。县长说"这样不好这样不好",受过小常的"真理"熏陶的铁锁、冷元也如是说。事后——

> 县长道:"你们再不要亲自动手了!本来这两个人都够判死罪了,你们许他们悔过,才能叫他们悔;实在要要求枪毙,我也只好执行,大家千万不要亲自动手。现在的法律,再大的罪也只是个枪决;那样活活打死,就太,太不文明了。"王安福:"县长!他们当日在庙里杀人时候,比这残忍得多——有剜眼的,有剁手的,有剥皮的……我都差一点叫人家这样杀了!"县长道:"那是他们,我们不学他们那样子!……"②

---

① 赵树理:《来来往往》,载《赵树理全集》第2卷,第349页。
② 赵树理:《李家庄的变迁》,载《赵树理全集》第3卷,第120页。

群众嗜血的仇杀行为被县长评为"太不文明了",而王安福却不以为然,充分说明了"真理"与"老直理"性质上的不同。"老直理"为欲望和暴力赋予了合法性,而"真理"试图祛除欲望和暴力的魅惑,建立"文明"的社会制度。受"真理"熏染深的铁锁、冷元与县长站在同一立场上,而与"真理"关系相对疏远的王安福则肯定以暴易暴的合法性,更深刻地表现了"真理"与"文明"的密切关系。在这里,赵树理作为一个作家,不仅否定了嗜血的仇杀,而且展示了一种朴素的人道主义思想,即重视生命的肉身,即使毁灭,也不容许残忍地毁灭。县长所谓"那是他们,我们不学他们那样子"的意识,更说明以"真理"为目的的"世界",是人类社会的健康发展,而非以暴易暴的历史循环。赵树理在小说中所展现的这种朴素的"世界"图景,任弼时1948年1月12日在西北野战军前线委员会扩大会议上的讲话中做了一个政策性的表述。虽然与赵树理的小说写作相隔两年多,但也不妨拿来比照。任弼时说:

> 共产党是坚决反对乱打乱杀与对犯罪者采用肉刑的。乱打乱杀与使用肉刑,是封建社会的产物。封建主对待农奴,军阀对待士兵,才是乱打乱杀使用肉刑的。一百多年以前欧美资产阶级举行革命的时候,他们就提出保障人权,废除肉刑的口号。资产阶级尚且提出这种口号,我们是共产主义者,是新民主主义者,我们领导的革命比资产阶级领导的革命不知要高明多少倍,我们当然应当反对乱打乱杀,反对肉刑。为什么把打人杀人的问题当作严重的问题提出来呢?就是因为在土改运动中,发生有不少打人和逼死人的事实,更由于党内不纯,地主富农投机分子和流氓分子利用机会搞

乱，就造成了乱打人，打死人，逼死人的现象。有些罪不该死的人，被打死杀死了。这值得引起我们的严重注意。

我们反对乱杀人，并不是说一个人也不能杀。那些真正罪大恶极的大反革命分子，大恶霸分子，国人皆曰可杀的这类分子，经过人民法庭判处死刑，并经过一定政府机关（县级或分区一级或更高的政府所组织的委员会）批准，执行枪决，并公布其罪状（杀人必须公布罪状，不得秘密杀人），那是完全必要的，不如此不能建立革命秩序。①

这里谈的是土改时出现打人杀人使用肉刑的现象，任弼时强调它们是"封建社会的产物"，欧美资产阶级已经"提出保障人权，废除肉刑的口号"，"我们是共产主义者，是新民主主义者，我们领导的革命比资产阶级领导的革命不知要高明多少倍，我们当然应当反对乱打乱杀，反对肉刑"。这与《李家庄的变迁》中县长的态度是一致的，而且更清晰地将类似虐杀李如珍的行为定义为"封建社会的产物"，将共产党、共产主义、新民主主义、革命政权等定位在比欧美资产阶级革命"不知要高明多少倍"的历史制高点上。那么，毫无疑问，与共产党、共产主义、新民主主义、革命政权相关联的"真理"，必然先天地不允许被欲望和暴力所劫持。任弼时又强调，通过一定的政治和法律程序杀人并公布其罪状，"那是完全必要的，不如此不能建立革命秩序"。这意味着"真理"并不拒绝欲望和暴力，只是要将欲望和暴力规训在其治下，以使其导向革命秩序的建立。也许正因为如此，作为革命秩

---

① 任弼时：《土地改革中的几个问题》，载中央档案馆编《解放战争时期土地改革文件选编（1945—1949年）》，北京：中共中央党校出版社，1981年，第123页。

序中的一员,赵树理并未顺着朴素的人道主义走向反战和完全反对暴力的立场。在《李家庄的变迁》中,虐杀李如珍的群众除了得到"太不文明了"的批评之外,并未受到任何惩罚。而"现在的法律",在要求依法杀人之外,也没有对群众不依法杀人的问题做出相应规定。即使在任弼时的政策性表述之后,类似虐杀李如珍的事件也还是持续出现在中国历史和小说文本当中。"真理"在将"世界"从欲望和暴力的劫持中解救出来之后,并未构成有效的制度性建设,这的确是历史无法擦除的阴影。

在与任弼时的讲话同一年发表的《邪不压正》中,赵树理也叙述了土改中打人及死人事件。刘锡元认为元孩不凭账本就是不说理,群众暴怒,"不知谁说了声打,大家一轰就把老家伙拖倒","小昌给他抹了一嘴屎",此后第三天刘锡元就死了。① 在小说中,作者不但未明确交代刘锡元的死因,而且叙述安发、二姨等人关心的只是账怎么算,大家的火性小了,并无"太不文明了"的问题。在这里,赵树理是不是有什么微言大义呢? 据倪文尖的研读:

> 起码有三点值得注意。一是,《邪不压正》虽不讳言暴力,但与《暴风骤雨》的正面描写不同,赵树理是有意无意地在众人"话"来"话"去之间涉及的,而党的领导"不叫打"、"不让打",是小昌这样的人"给他抹了一嘴屎",况且最关键的,刘锡元怎么死的? 众说纷纭,却肯定不是直接被打死。第二,逼着大家卖房卖孩子的刘锡元死了,"再不得厉害了!"让安分守己的老实人重复着、兴奋着,这表明,

---

① 赵树理:《邪不压正》,载《赵树理全集》第3卷,第292页。

即使有暴力，也是"以革命的暴力对抗反革命的暴力"，暴力的正当性很有铺垫、无可置疑。第三，即使有暴力，暴力也不是革命的主角，刘锡元恰恰因为一句"不说理"才招致了暴力，那是咎由自取，由此也足以表明，土改整个还是一"说理"的事：首先要有"理"，关键还得"说"。①

准此，则在《邪不压正》中，赵树理已从《李家庄的变迁》中"太不文明了"的观念中走到了为革命的暴力叙述合法性的立场。倪文尖将打刘锡元的责任专门归责于"小昌这样的人"，与任弼时将土改中出现的乱打乱杀现象归责于"党内不纯，地主富农投机分子和流氓分子利用机会捣乱"，思路几乎完全一致。这种历史重演式的解读，虽然很切近赵树理小说文本提供的部分事实，但一方面意味着对伴生于"真理"和革命的暴力难以构建更为丰富的理解，另一方面则是对群众性的欲望和暴力欠缺体察。赵树理在小说中借安发之口说刘锡元一死，"大家的火性就没有那么大，算起来就有好多让步"②，打人的不只有小昌，而大家也都有火性，有复仇的欲望，不过并未都转化为暴力，在得到刘锡元一死的牺牲后才松弛下来。在小说文本中，聚财最后说"这真是个说理的地方"③，可谓对整个土改落定之后给出最终历史评价，聚财起着文本中的史官作用。安发是思想意识和行动能力上离聚财最近的一位，他们共同左右着《邪不压正》文本最终的价值判断。因此，安发说刘锡元一死换得大家火性的减弱，虽然透露着对革命不

---

① 倪文尖：《如何着手研读赵树理——以〈邪不压正〉为例》，载《文学批评》2009年第5期。
② 赵树理：《邪不压正》，载《赵树理全集》第3卷，第292页。
③ 同上书，第317页。

彻底的不满，也还是指向对暴力的警惕和谨慎。尤其当暴力造成人肉体的消亡时，朴素的人道主义意识还是上升，或多或少缓冲着集体的欲望和暴力。赵树理当然会同意任弼时对封建社会和欧美资产阶级的评论，并叙述共产党及其革命"文明"的面相，但也显然会比任弼时对暴力造成的生命消亡给予更多的关注。这是作家和政治家应有的区分，也是赵树理文学政治的坚实之处。

当然，赵树理也许清楚，"真理"即使与文明联姻，也还是处于无法澄明的状态。在他提供的几乎所有小说文本中，还有更值得分析的一个"真理"，即"势力就是理"。

二 "势力就是理"："理"与"势"的结构关系

如果说"老直理"和"真理"意味着农民对于"世界"之"理"的寻求及重建"世界"的动力和信心，"势力就是理"则是农民审时度势之后对于"世界"现状的一种认知。当然，赵树理并非要叙述对这一认知的屈从，只是从最开始的时候，"势力就是理"表现为"世界"中的弱势群体对于现状的无奈。"势力就是理"实际上并不具有"真理"的性质，但却是"老直理"及"真理"在"世界"通行必然面对的一个重大课题。因此，从对于"势力就是理"的质疑开始，赵树理小说叙述了关于这一课题的极为丰富的内容。

(一)"势"与"理"的对立

早在《小二黑结婚》当中,赵树理的小说叙述即已进入"势力就是理"这一课题。《小二黑结婚》叙述金旺、兴旺趁乱掌握了刘家峧的村政权之后,以权谋私,金旺因为得不到小芹而报复性地组织两个斗争会,一个是武委会斗争小二黑,一个是妇救会斗争小芹。不过,在村长的干涉下,金旺没有得逞,小二黑和小芹都被放了。小芹拉着妇救会主席找村长说:"村长!捉贼要赃,捉奸要双,当了妇救会主席就不说理了?"① 在小芹的质疑声中,"势"与"理"的对立状态被揭示出来。不过,《小二黑结婚》的主要叙事目的在于说明婚姻法颁布之后农村婚姻实践应该有的形式,故而并未就"势"与"理"的对立进行深入叙述。深入的叙述要到《李家庄的变迁》中才全面展开。在小说开头叙述的春喜、铁锁"说理"事件中,赵树理较为详细地呈现了"势"与"理"的对立。春喜作为得"势"的一方,在李如珍、小喜、小毛的撑腰和帮衬之下,不仅故意曲解铁锁父亲买春喜家的产业时立下的契,而且威逼看庙的老宋,防止他给铁锁做证。于是,契任由春喜解释,证人任由春喜等人选择,"窗外边的人见势头不对,跑进去把二妞拉出来了",铁锁只能感到"势头不对,说不得理,也只好不作声",老宋只能说"咱从小是个穷人,一天只顾弄着吃,什么闲事也不留心",小毛说"我也惹不起人家呀"。② 总之,在"势"的威力之下,"理"几乎无声无息,只能转化为铁锁的心理内容和王安福的悄悄言语,二者呈截然对立的状态。此后,当铁锁在太原遇到小常时,小

---

① 赵树理:《小二黑结婚》,载《赵树理全集》第 2 卷,第 223 页。
② 赵树理:《李家庄的变迁》,载《赵树理全集》第 3 卷,第 7—9 页。

常教育他:"总得把这伙仗势力不说理的家伙们一齐打倒,由我们正正派派的老百姓们出来当家,世界才能有真理。"老百姓当家,就能让"世界"有"真理",这说明"理"与"势"存有不对立的可能,但"仗势力不说理"的判断还是指向二者之间的对立。因此,小常给铁锁的教育,其实更深刻地说明了"势"与"理"在本质上的区别,即"势"与"理"是互不相属的两个方面,否则不能既出现"仗势力不说理"又出现得"势"才能有"真理"的情况。而这两种情况同时出现,表明即使在不同的"世界"中,"理"相对于"势"也是处于弱势而非均势的位置。这一点非常重要,只有通过它才能解释何以赵树理再现的"世界"中,不论何者得"势"都不能免除暴力而只能赋予暴力合"理"或不合"理"的属性。

如果说在"势"与"理"的对立中,处于弱势的铁锁"说不得理",最终不得不外出太原谋生,并寻求到得"势"行"理"的途径的话,《刘二和与王继圣》中的老刘就是另外一种情形了。老刘一家是外来户,租种王光祖的土地,住用王光祖家的房舍,老刘、大和给王光祖种地,二和给王光祖放牛。有一次王继圣与刘二和等放牛孩子一起玩,被除了刘二和之外的放牛孩子欺负。王继圣怕事情外泄,丢了面子,就诬陷刘二和,使得他无辜接连挨老领和王光祖的打。二和试图辩白"说理"却毫无用处,下决心顶王光祖道:"伙计、伙计不说理,东家、东家不说理,我任凭再跟我爹去讨饭也不敢给你放牛了!我还怕你们打死我啦!"①刘二和口头的一时之快在父亲看来是深重的灾难,"闯下乱子了":"说什么理?咱没有找人家说理人家就找咱算账

---

① 赵树理:《刘二和与王继圣》,载《赵树理全集》第3卷,第187页。

啦！有理没理且不论，这账怎么敢跟人家算呀？"① 从一开始，老刘就认"势"不认"理"，根本无暇考虑有没有可能以"理"行事。事实上，当黄沙沟农民翻身以后，王光祖已经被斗了，老刘似乎开始以"理"行事了，如对于斗王光祖之事他便认为："你们如今说那理我就听不过去！人家就只有那么多的问题，也不能给人家没有窟窿去钻眼呀！咱一辈子虽说穷可穷得干净，不会说那些讹人话。"② 但后来打麦场上的纠纷再一次暴露了老刘是认"势"不认"理"的，或者至少是内心认"理"而行动上只认"势"的。对于打麦场上的纠纷，"他越想越觉着自己理短，实在不能赞成小胖的意见，可是小胖是武委会主任，又不好直接说不赞成，因此一时没有话说"③。最后，纠纷是按小胖的意见处理了。老刘虽然在闲谈之中表露出对于"如今说那理"的不同意见，但一到关键时候，还是与"世界"变化之前一样，选择了认"势"不认"理"。由此可见，在一个通过"势"获得"理"的践行的"世界"中，"势"始终是农民判断认"理"与否的最核心最重要的参数。铁锁式的借"势"行"理"，并非"世界"运转的必然。因此，有"势"无"理"或有"理"无"势"才是正解，"势"本质上就有吞噬"理"的倾向。

赵树理有可能自觉到"势"吞噬"理"的本质在任何"世界"都是一样的，因此在《李家庄的变迁》中叙述了"太不文明了"的问题，试图将"理"从群众之"势"搭救出来，使"理"成为"世界"运行的有效规则。但是，正如上文已经分析过的那样，对于"太不文明了"的行为，赵树理并未叙述任何惩处性的措施或制度性的保障，只是以白狗式的话语收场："就叫县长把他带走吧！只要他还有一点改过的

---

① 赵树理：《刘二和与王继圣》，载《赵树理全集》第 3 卷，第 189 页。
② 同上书，第 203 页。
③ 同上书，第 218 页。

心，咱们何必要多杀他这一个人啦？他要没有真心改过，咱的江山咱的世界，几时还杀不了个他？"①在这里，白狗自信的并不是"世界"之"理"，而是"世界"之"势"。他不确信"咱的世界"能否以"理"服人，使小毛真心改过，确信的是"咱的江山咱的世界，几时还杀不了个他"，是"势"的强大和稳固。那么，可以想象的是，即使赵树理设想以"文明"救"势"，设想的结果却是以"势"救"理"。而这种思维实质就是以"势"来维持"世界"的有效运行。虽然，就历史的发展而言，赵树理的小说叙述了历史暴力的必然性与"理"所可能出现的相生相克关系，并尽可能地搭救了"理"在"世界"中的作用。但必须强调的是，尽管在不同的小说文本所构成的复杂语境中，赵树理小说可能出乎赵树理意料地祛除了"势力就是理"的"真理"性质，还是应该确认，就《李家庄的变迁》而言，作家倾向于确认"势力就是理"的"真理"性质。而且，在1949年后的一些小说中，赵树理表现出对这一理解的再次认同。例如在《灵泉洞（上部）》中，他便借小说人物铁栓之口叙述道："如今最大的毛病是咱们的势力还小，等咱们的势力长大了，把他们的老根刨了，他们就不厉害了！"②这指的是金虎、银虎代表的农民与刘承业、刘接旺代表的地主之间的"势"的消长，重点也在"势"不在"理"。

当然，作为一定时代的历史认知，赵树理并未就"势"与"理"做出足够明确的区分，并非什么重大失误。不仅在政治家的智慧中，现代中国所践行的是毛泽东的"枪杆子里面出政权"，而且在文学家的思考中，深具影响力的也是鲁迅所谓"一首诗吓不走孙传芳，一炮就

---

① 赵树理：《李家庄的变迁》，载《赵树理全集》第3卷，第120页。
② 赵树理：《灵泉洞（上部）》，载《赵树理全集》第5卷，第115页。

把孙传芳轰走了"。而且，在有限的范围内，赵树理还以《地板》《三里湾》《互作鉴定》等小说叙述了以"理"来实现"世界"运转的一些可能。在《地板》中，当地主王老四视减租的法令为"势"，认为于"理"不通时，小学教员王老三现身说法，以亲身经历详细地讲述了"粮食确确实实是劳力换的"[①]的道理，从而为减租法令提供了合"理"性。蔡翔认为《地板》"提供了一种极其伟大的乌托邦想象，并进而要求重新创造一个完全崭新的世界，包括国家政权，乃至一种完全崭新的文化形态"[②]，就叙述"理"而非"势"的力量或有效性而言，赵树理的确有所超拔地区分清楚了"势"和"理"，并意识到"世界"的根本在于"理"，而非"势"。因此，更为审慎的结论也许是，赵树理在直面"势力就是理"的现状的同时，已经触及"世界"的根本在于"理"这一更为深刻的命题。

（二）以"理"之名

从上述审慎的结论出发，或许能更好地解释赵树理小说世界中的人物何以都试图通过"说理"的方式侵占他人利益或维护自我利益。如《李家庄的变迁》中的春喜，他虽然是借助李家庄传统的"说理"来夺取铁锁的家产，表现为一种对"理"的亵渎，但他终究还是以"理"之名进行侵夺，并未诉诸赤裸裸的掠夺，故而并非肆无忌惮的不顾"理"的"仗势力不说理"的行为。当然，这并非借此宽宥春喜及与其相关的李如珍、小喜、小毛等人，而是要强调，在赵树理小说再现

[①] 赵树理：《地板》，载《赵树理全集》第2卷，第412页。
[②] 蔡翔：《革命／叙述：中国社会主义文学—文化想象（1949—1966）》，北京：北京大学出版社，2010，第229页。

的"世界"中,"理"有着举足轻重的重要性,"理"构成了"世界"的根本。也正因为如此,以暴易暴才没有成为赵树理小说的基本叙事线索。相反,赵树理倾向于叙述"老直理"及"真理"原本存在,只是一度为"势"所掩,必须借"势"来重新恢复"世界"的"老直理"及"真理"。这也就是说,"势"只是赵树理再现"世界"的变数,"理"才是"世界"的常数。因此,对于不同的以"理"之名进行的行为,赵树理都努力在小说叙述中勘破其背后"势"的因素。

在向农村介绍《中国土地法大纲》应当如何执行的时候,赵树理曾说道:

> 地主和旧富农,是剥削咱们的人;土地法就是为了取消这种剥削制度才定出来的,在执行的时候,地主和富农一定要使些阴谋来破坏什么的。同样的一句话,我们说出来为的是把事情办好,地主富农说出来,就是别有用心。比方某人多占了果实,某干部应该撤换,我们提出来是民主,应该称赞;地主富农提出来就是挑拨,应送人民法院受审。因为果实分得公不公,干部合适不合适,都是我们大多数被剥削的群众的事,与地主富农一字无干,他要来管,就是说的事实,也是挑拨、捣乱!这一点我们要认识得清清楚楚。①

在如此强势和坚硬的阶级逻辑下,透露的是作家对于"理"的滥用的警惕和朴素立场。而且,有意思的是,这样强势和坚硬的阶级逻辑虽然出诸赵树理的文章,并未见于其小说,相反倒见于柳青的《创

---

① 赵树理:《我们执行土地法,不许地主富农管》,载《赵树理全集》第3卷,第233页。

业史》。柳青在小说中毫不客气地写了一个总是在处心积虑破坏新的社会秩序的富农姚士杰。土改中的姚士杰对高增福说:"哥受不了孤立。哥喜愿进步。天下农民一家人嘛!全渠岸一家人,哥独独另一家人,哥受不了。……"又说:"把哥的成分下成中农。只要你兄弟和咱渠岸的贫雇们说咱是中农,他工作组走群众的路线!……"① 无论是谈"天下农民一家人",还是"工作组走群众的路线",姚士杰都被叙述为别有用心,都是以"理"之名,谋取私利。同样是土地问题,赵树理在《邪不压正》中将叙事的焦点指向了小昌那样的腐化干部和进入了基层政权的小旦那样的流氓分子,而不是地主和旧富农。相对而言,柳青可能注重的是按照阶级斗争的观念先在地确定富农的人格和性质,而赵树理注重的是阶级划分和土改实践中,具体的行为所可能产生的问题,尤其是权力运作过程中可能出现的偏差。在这样的关注中,赵树理表现出对于最大多数人的民主和平等的特别关怀。面对《中国土地法大纲》实践中出现的滥用权力的老干部老党员,赵树理写道:

> 不为人民服务,叫人民为他服务,人人有眼,早就看出他捣的是什么鬼,只是惹不起他,现在一执行土地法,我们群众从下边起来了,就要审查审查这些说理不走理的人。②

赵树理将滥用权力的老党员老干部定义为"说理不走理的人",准确地说明了以"理"之名谋取私利的特征。而且,相对于从阶级身

---

① 柳青:《创业史(第一部)》,北京:人民文学出版社,2005年,第149页。
② 赵树理:《谁也不能有特权》,载《赵树理全集》第3卷,第245页。

份出发谈土地法实践中的具体问题,赵树理更加真实地切近了权力运行过程中必然出现的腐败现象,并且提出了一定的解决方案,即"群众从下边起来了","人人有眼",监督权力的运行,以保证大多数人的利益,也即以保障"世界"依"理"而动。

《邪不压正》是赵树理上述设想的小说形态,并且比上述设想更加细致地体察了权力以"理"之名运行过程中未能直接掌控权力者的性格和心态,为《中国土地法大纲》的实践留下了重要的历史印痕。小昌在刘锡元家住过长工,后来在打倒刘锡元的运动中起了很大作用,当上了农会主任。之后,他借填平补齐、割封建尾巴的时机谋取私利,一边将聚财家算作封建尾巴,一边又委托小旦去聚财家为儿子小贵说媒,并顺便斗争软英的恋爱对象小宝。据安发转述,小旦的说辞是:"他说要是愿意的话,还能要求回几亩好地来;要不愿意的话,他捉着咱从前给刘家开那礼物单,就要说咱受过刘家的真金镯子,叫群众跟咱要……"[①] 小昌盗用的"理"是填平补齐、割封建尾巴的政策,滥用的是基层农会权力,谋取的则是夺人妻、女的私利。聚财、软英得罪不起有"势"的小昌和附"势"的小旦,聚财毫无办法,唯有生病,软英则委曲求全,将计就计,利用晋冀鲁豫边区当时男人十七岁以上才能订婚的规定,权且应下婚事,能拖一时是一时。软英还交代恋人小宝:"你到外面,要故意骂我丧良心才好!"[②] 在小昌、小旦以"理"之名进行的"仗势力不说理"的欺压之下,聚财、软英、小宝的人性和心态都发生了病变或极其微妙的扭曲,使人不能不生出对于以"理"之名滥用权力的警觉与厌恶。小说虽以"邪不压正"为结

---

① 赵树理:《邪不压正》,载《赵树理全集》第3卷,第307—308页。
② 同上书,第309页。

局,但仍然留下巨大的思考空间。结尾部分工作团的组长讲话时针对小旦说:"土改以后,群众起来了!再不能叫你像以前那样张牙舞爪了……"①但是,"群众起来了"是随着工作团的到来起来的,相关的监督机制并未随之建立,一旦工作团走了,"群众"很可能就再次下去。在这里,赵树理表现出对"群众"监督的过度相信,却似乎未曾意识到"群众"并未真正起来,小昌、小旦的问题是自上而下偶然解决的。作家在小说最后写:"散会以后,二姨挤到工作团的组长跟前说:'组长!我是上河村人!你们这工作团不能请到外面上河工作工作?'组长说:'明年正月就要去!'"②很显然,曲终奏雅的作者相信工作团能在上河村(甚至整个中国)复制下河村的成功,实现"群众起来了"监督权力以"理"之名的健康运行。因此,尽管赵树理在一定程度上勘破了以"理"之名背后"势"的因素,还是未曾在小说叙事的意义上找到真正有效的保障"世界"依"理"而行的途径。

在1949年之后的小说中,赵树理塑造了一些更具有戏剧性的角色来进一步在小说的意义上探索以"理"之名的问题,例如《三里湾》中的常有理和范登高,《灵泉洞(上部)》中的土匪兵王天庆。常有理是抓"理"说事的好手,因怨三媳妇菊英把丈夫放去当志愿兵了,一直对她相当冷落,甚至饭也不打算让她吃饱。有一次菊英在干活,送来的饭是面条,但几乎只剩面汤了,便告到村政权。常有理对此事"说得端端有理":"孩子都是我的孩子,媳妇也自然都是我的儿媳,哪一根指头也是自己的骨肉,我也犯不上偏谁为谁!可是咱们这庄户人家,不到过年过节,每天也不过吃一些家常便饭,我吃了这么大也

---

① 赵树理:《邪不压正》,载《赵树理全集》第3卷,第318页。
② 同上。

没有敢嫌坏。……人和人的心事不投了，想找碴儿什么时候都找得出来！像这样扭扭别别过日子怎么过得下去呀？我也不会说什么，请你们大家评一评吧！"①常有理的确"说得端端有理"，既说明了庄户人家饮食生活的实情，又照顾到两个媳妇之间的公平，于情于理都是牢不可破的。那么问题出在哪里呢？出在"人和人的心事不投了"，是菊英不愿意在一起过大家庭生活。常有理何以能如此"说得端端有理"呢？原来在马家院里掌权的就是常有理夫妇，常有理不过是以"理"之名来打压菊英，进一步巩固自己在马家院的"势"罢了。当然，由于马有翼的证词，常有理由"有理"变成无"理"，无奈谢幕了。范登高虽然是村长，但在村政权中处于孤立地位。王金生、张永清等人都要求发展社会主义，实行办社，范登高则一心只想紧紧抓好自己的资本主义生产。但范登高并不直说，而是以"理"之名维护自己的利益、观点和立场。关于菊英分家的事，他反驳张永清的做法："作为一个党员，我要向支委会提意见：第一，党不应该替人家分家。第二，提出这个问题，马多寿一定会说共产党为了谋取他的一块地才挑唆菊英和他分家。这对党的影响多么坏！"②但实际情形是他担心菊英分家得地之后，合作社遇到的困难迎刃而解，马多寿也可能入社，自己不再有理由不入社，不得不放弃资本主义生产了。他进一步指责菊英："我算不会和青年人共事！话要往理上说！说话抓不住理了，别人实在不容易给她圆场！"③实际上则是菊英主动表示要分家，使得范登高向支委会提出的两条意见站不住脚了，他无法给自己的"理"圆场，只好指责菊英"说话抓不住理"。作为一个处于孤立地位的努力维护一

---

① 赵树理：《三里湾》，载《赵树理全集》第4卷，第254—255页。
② 同上书，第275页。
③ 同上书，第280页。

己之"势"的人,范登高时刻不忘抓住"理",但却始终抓无可抓,无法让"理"为自己的"势"服务。可见,在没有"势"的情况下,"理"虽然只能停留为一种名义,但却具有至关重要的意义。

而王天庆的行为证明,即使在有"势"的情况下,"理"也是必须窃取或占据的名义;一旦被勘破"仗势力不说理"的本质,就要面临灭顶之灾。王天庆和朱来宝是土匪部队抢占了刘承业家的窖藏粮食后被一起留下来守地窖的士兵,金虎恰好带领村民找刘承业借粮,朱有意帮忙,王不答应。其中有个老头说:"好老总!我们借在前,你们借在后;你们多吃些,我们少吃些还不行?"王说:"老家伙!你还要跟我们说理是不是?"老头一语错乱,道出实情:"好老总!我知道你不说理,不过……"王立即要打老头,被金虎抓住,就说:"你妈的,我要问他谁不说理?"① 结局是王天庆被朱来宝错手一刀背打顶门上,死了。王天庆虽然"仗势力不说理",却不许他人发现"不说理"的秘密,并坚持维护自己其实"说理"的假面。这深刻地说明了,一切"势"都必然自封为有"理"。只是当"势""不说理"的秘密被识破之后,"势"也很快就崩塌,与"理"彻底无干。因此,"势"只是寄生在"理"中的一种现实或历史的情状,并非真的"势力就是理"。

(三) 救"势"之道

在小说中,赵树理并未以"理"否定一切"势",例如共产党和群众,就是他叙述为说"老直理"及"真理"的"势"。共产党和群众何以是"世界"中合"理"的"势"?赵树理在小说中提供了何种救"势"之

---

① 赵树理:《灵泉洞(上部)》,载《赵树理全集》第 5 卷,第 213—214 页。

道？如果将"势力就是理"作为一个积极的命题来看待，如何以"理"救"势"，就是一个必须进行严肃分析的侧面了。而且，对于赵树理而言，这也是一个很重要的问题，因为它制约着他的小说的结尾及远景的呈现。

表3　对赵树理部分小说结尾处情节的统计

序号	篇目	结尾或临近结尾的部分
1	小二黑结婚	斗争金旺、兴旺兄弟的群众大会
2	李有才板话	斗争阎恒元及选举村干部的群众大会
3	孟祥英翻身	孟祥英参加劳动英雄大会
4	李家庄的变迁	庆祝抗日胜利的群众大会
5	福贵	福贵控诉老家长老万的群众会议
6	邪不压正	针对小昌的整党会
7	登记	宣传模范婚姻的群众会
8	"锻炼锻炼"	处理偷花问题的社员大会
9	老定额	食堂会餐
10	套不住的手	陈秉正出席劳模大会
11	互作鉴定	青年思想问题会

如表3所示，从《小二黑结婚》算起，赵树理写作的所有小说中有11篇（部）的结尾或临近结尾的部分叙述的都是共产党组织的会议，而且几乎都是群众性会议或大会。其他未统计在表3中的小说，也有一些与共产党组织的群众性会议相关，如《三里湾》就频繁叙及会议，临近结尾的部分也是金生他们分组开会，以安排好办社工作，迎接国庆。这说明就文本事实而言，共产党组织群众大会在赵树理小说结尾中是普遍出现的。这样的文本事实恰好与赵树理并未在小说中以"理"否定一切"势"的态度契合，因此对其作出分析和解释，不仅是必要的，而且也是讨论赵树理小说中的救"势"之道的文本基础。另外，虽然在丁玲、周立波、欧阳山、孙犁、柳青、梁斌等作家的小

说中也往往叙及共产党组织的群众性会议，但因较少出现在结尾，且叙事声音多落脚在主人公身上而非在普通的甚或不具名的群众身上，更进一步证明，分析和解释赵树理小说中的救"势"之道有特殊的文本基础，且别有其意义和价值。

"共产党"一词作为一个明确的叙事代码，在赵树理的小说中并不多见。除了三部篇幅较长的小说《李家庄的变迁》《三里湾》和《灵泉洞（上部）》之外，几乎没有了。而且，即使在此三部小说中，"共产党"一词也未频繁出现，迥异于《创业史》之类的小说。当然，与这一词汇相关的东西其实无处不在。相反的是，"群众"一词却以叙事代码的身份，大量地散见于赵树理的各类小说文本当中。而且，由于叙事者对"群众"表露出极为复杂的叙事态度，给人一种赵树理在不断地为"群众"编码—解码—再编码[①]的印象。"群众"一词在《小二黑结婚》中出现时，是与"大会"组成词组编织在小说的脉络中。赵树理在小说结尾叙述刘家峧"开一个群众大会"调查金旺、兴旺的罪恶，起先大家不敢说话，甚至强调"忍事者安然"，而"经过这次大会

---

① 詹明信将德勒兹和瓜塔里《反俄狄浦斯》采用的历史模式概括为由"规范形成"时期（coding）至"过量规范形成"时期（overcoding）至"规范解体"时期（decoding）至"规范重建"时期（recoding）而进入精神分裂症时期，并且认为"规范解体的时代是现实主义；规范重建（或者各种规范重建）的时代是现代主义；而患精神分裂症要求回归到原始流时代的理想正恰如其分地代表了后现代主义一切新的特点"。（参见詹明信：《现实主义、现代主义、后现代主义》，行远译，载深圳大学比较文学研究所编《比较文学讲演录》，西安：陕西师范大学出版社，1987年，第32—35页。）德勒兹和瓜塔里的本意是以"规范形成"时期对应原始的地域性的机器（the savage territorial machine），"过量规范形成"时期对应野蛮的专制的机器（the barbarian machine），"规范解体"时期对应文明的资本主义机器（the civilized capitalism machine）。参见 Gilles Deleuze and Felix Guatarri, *Anti-Oedipus: Capitalism and Schizophrenia*, Minneaplis: University of Minnesota Press, 1983, pp.261–262。

之后，村里人也都敢出头了"，①"群众"的性质经过一次"大会"发生了变化。叙事者通过"大会"将"村里人"编码为"群众"，并在接下来的小说《李有才板话》中继续将农民编码为"群众"。这一次因为老杨同志事先做好了组织和发动农民的工作，所以"群众大会开了，恒元的违法事实，大家一天也没有提完"②，没有犹豫和害怕了。同时，更为重要的是，大家在"群众大会"后唱起了"干梆戏"，发挥了"理"的历史认定的作用。老杨同志问老百姓如何看斗争阎恒元，小顺回答大家唱"干梆戏"即表示高兴，认为斗争有"理"。③通过《李有才板话》，赵树理将农民编码为"群众"，并与"理"建立了紧密关系，从而第一次从正面以"理"救"势"。其后，在《李家庄的变迁》中，赵树理开始比较多地使用"群众"一词，并且在临近结尾的部分，通过叙述"群众""太不文明了"的行为，开始了对"群众"的解码。当"群众"爆发出集体性的暴力行为，赵树理显然否认其与"理"具有一致性，并不惜将铁锁、冷元甚至白狗从"群众"中重新超拔出来，作为"真理"的表率。

但是，作者显然无意全面、彻底地否定"群众"，只是要通过解码的方式剔除"群众"中的不良因素，更深刻地建立"群众"与"理"的一致性。惟其如此，才能解释随后的小说《小经理》中"群众"所占据的位置。下列两处叙述是值得特别注意的：

"众人是圣人"。三喜自参加了这次斗争，共产党看起

---

① 赵树理：《小二黑结婚》，载《赵树理全集》第2卷，第232—234页。
② 同上书，第298页。
③ 同上书，第301页。

他来了，群众也看起他来了。①

大家选起他来以后，他去向支部提出困难，支部说："群众既要你当，你就该克服困难，起模范作用。"他说："我干不了。"支部说："你看谁比你强些？"他想想，没有。②

三喜斗争张太的事，由"共产党"和"群众"做评价。圣人是传统社会礼制的制定者，而"众人是圣人"，意味着"群众"取代圣人，成为"理"的代言者。因此，"群众"选三喜当合作社经理，必然拒绝不得。而且"群众"的眼光是不会错的，三喜想想，确实只有自己能当经理。通过《小经理》叙述"群众"的圣人性质，赵树理结结实实地建立了"群众"与"理"的关系，从而在小说的意义上实现了救"势"之道。另外，小说以并置的方式叙述道，"共产党看起他来了，群众也看起他来了"，明确标识着"共产党"与"群众"之间的亲缘关系。事实上正是如此，在大多数时候，赵树理小说都将"共产党"叙述为"群众"的启蒙者，如老杨同志之于阎家山村民，小常之于李家庄村民。二者启蒙与被启蒙关系的建立，当然并不完全在于，甚至不在于"共产党"占有"理"的优势，而更多地在于甚或仅在于农民发现"共产党"与自己一样，都是"说真理"的。至少在赵树理的小说叙述中是如此，虽然可以借用"启蒙"这样的字眼，但"共产党"与"群众"之间的关系并不简单的是启蒙与被启蒙的关系。赵树理叙述铁锁的心理活

---

① 赵树理：《小经理》，载《赵树理全集》第3卷，第224页。
② 同上书，第225页。

动,"至于小常说的道理,他也完全懂得"。①小常只是说出了与铁锁理解"世界"一样的"理",并非交给了铁锁一套闻所未闻的"理"。那么,就"理"的层面而言,"共产党"与"群众"是相互认识并相互肯定的关系。而这一关系促使赵树理小说能够通过叙述"共产党"组织农民革命的方式来不断地对"群众"进行编码—解码—再编码活动,并同时保持农民一定程度上的独立性。以《李有才板话》为例,则是老杨同志作为"共产党"组织的"群众"大会,有效与否,盖棺论定者是阎家山村民。"干梆戏"喻情,板人做总结喻"理","共产党"不能直接给自己做出历史评价。

赵树理并未因此在1949年以后的小说中固定地将"群众"叙述为"理"的代言者,而是进行了新一轮的编码—解码—再编码活动。在《登记》中,除了针对行政系统的官僚化,还把叙述的意图指向了"群众"。小说的结尾出现了相互矛盾的叙述:

> 群众说你们声名不正,那是他们头脑里还有些封建思想,以后要大家慢慢去掉。……群众也要把咱们骂死了!

> 散会以后,大家都说这种婚姻结得很好,都说:"两个人以后一定很和气,总不会像小飞蛾那时候叫张木匠打得个半死!"连一向说人家声名不正的老头子老太太,也有说好的了。②

---

① 赵树理:《李家庄的变迁》,载《赵树理全集》第3卷,第34—45页。
② 赵树理:《登记》,载《赵树理全集》第4卷,第30页。

一边叙述"群众""头脑里还有些封建思想",一边仍然以"大家都说这种婚姻结得很好"来进行"理"的认定。虽然后文还叙述"一向说人家声名不正的老头子老太太""也有说好的了",将不赞同"这种婚姻"的老头子老太太从"大家"中剔除了出去,但仍然让人觉得赵树理的叙事意图在于:"严重的问题是教育农民。"当然,需要辩驳的是,赵树理是在一家人不说两家话的意义上叙述这一问题,正如他1957年在《"才"和"用"》一文中的态度一样。他批判道:"在旧社会,剥削阶级常以为一切劳动者都是天生就的碌碌庸才,只能'吃苦',而知识分子自然就都是'指手划脚'的'高等'人物。"① 显然,赵树理无意自高于"群众",从而造成他的叙述存在既要批评"群众"的封建思想、又要"群众"进行"理"的认定这样的裂缝。

不过,自此以后,"群众"又基本上再编码为一个完整的"理"的代言者,一个绝对符码化的词汇。《三里湾》叙述范登高思想转变的过程时,频繁启用了"群众"一词,如批评范登高做检讨的态度"还是站在群众的头上当老爷",提醒范登高"学步能不能学好""还要靠群众监督","群众的思想水平"比他高。② "群众"在这里意味着绝对的"势"与"理",不但是不能欺辱的,而且必须接受其监督和领导。在《"锻炼锻炼"》《卖烟叶》等小说中,赵树理进行了类似的再编码活动,此处不赘。总之,通过对"群众"不断地进行编码—解码—再编码,赵树理小说成功地实践了以"理"救"势"的救"势"之道。而正是因此,赵树理多以"群众大会"结束小说,并由此展开了"农民说理的世界"这一别开生面的小说远景。虽然就赵树理小说文本本身而言,其

---

① 赵树理:《"才"和"用"》,载《赵树理全集》第5卷,第66页。
② 赵树理:《三里湾》,载《赵树理全集》第4卷,第307—308页。

所叙及的一切已构成一个"农民"正在"说理"的"世界",但"农民说理的世界"作为小说指向的远景,依然有更为动人的魅力。

三 "理"的分裂:人文地理、家庭伦理及个人心理

在讨论"老直理""真理"和"势力就是理"等问题时,一个引而未发的相关问题是"各有各的道理"。"世界"出现在赵树理小说的叙事脉络中时,已然隐指社会秩序的动荡,因此在"世界"中,"各有各的道理"自是题中应有之义。虽然赵树理作为叙事者的意图偏重于"老直理""真理"和"势力就是理",但其小说文本中广泛存在的"各有各的道理"的事实,从侧面丰富了叙事者偏重的几个命题,因而也有分析的必要。而且,分析的结果将证明,赵树理对于"理"也并未取单一的态度,他可能希望"世界"依"理"运行之时,仍保有"理"所无法界定的部分。

(一)人文地理问题

赵树理从《小二黑结婚》起就在叙述"各有各的道理",但局限在较为微观的家庭伦理层面。而宏观的人文地理问题,是从《李有才板话》开始的。在这篇小说中,赵树理这样描写阎家山的人文地理:

阎家山这地方有点古怪:村西头是砖楼房,中间是平

房，东头的老槐树下是一排二三十孔土窑，地势看来也还平，可是从房顶上看起从西到东却是一道斜坡。西头住的都是姓阎的；中间也有姓阎的也有杂姓，不过都是些在地户；只有东头特别，外来的开荒的占一半，日子过倒霉了的本村的杂姓，也差不多占一半，姓阎的只有三家，也是破了产卖了房子才搬来的。①

眼光锐利的周扬一下子就发现了其中的一些奥秘："这里，风景画是没有的，然而从西到东一道斜坡不正是农村中阶级的明显的区分吗？"②不过，与其落实赵树理叙述的阶级性，不如分析其中蕴含的人文地理问题。法国学者德芒戎将人文地理学定义为"研究人类集团和地理环境的关系的科学"，强调："人文地理学所研究的，是作为集体和集团的人；是作为社会的人的作用。我们应当不从个人而从集体出发来进行研究。"③很显然，《李有才板话》采用的是集体型叙述声音模式④，赵树理不是从个人出发描写阎家山。而且，这里叙及的虽然只是

---

① 赵树理：《李有才板话》，载《赵树理全集》第 2 卷，第 249 页。
② 周扬：《论赵树理的创作》，载《论赵树理的创作》，沈阳：东北书店，1949 年，第 15 页。
③ 阿·德芒戎：《人文地理学问题》，葛以德译，北京：商务印书馆，2007 年，第 6 页。
④ 苏珊·S. 兰瑟将叙述声音分为作者的（authorial）、个人的（personal）和集体的（communal）三种模式，其中作者型声音（authorail voice）"表示一种'异故事的'（heterodiegetic）、集体的并具有潜在自我指称意义的叙事状态"，个人型声音（personal voice）"表示那些有意讲述自己的故事的叙述者"，集体型叙述声音（communal voice）"或者表达了一种群体的共同声音，或者表达了各种声音的集合"，"指这样一种叙述行为，在其叙述的过程中某个具有一定规模的群体被赋予叙事权威；这种权威通过多方位、交互赋权的叙述声音，也通过某个获得群体明显授权的个人的声音在文本中以文字的形式固定下来"。兰瑟强调："与作者型声音和个人型声音不同，集体型叙述看来基本上是边缘群体和受压制的群体的叙述现象。"[参见苏珊·S. 兰瑟：《虚构的权威：女性作家与叙述声音》，黄必康译，北京：北京大学出版（转下页）

住房问题,但正如德芒戎所言,"和地面上人类许多其它建筑物一样,房屋是地理环境的表现。不过,应当把这个环境理解为自然和人文影响的整体,它能决定农民采用这种或那种住房",①阎家山住房的分布特点也是阎家山"自然和人文影响的整体"所决定的。在地户阎姓聚居村西头,在地户杂姓聚居中间,外来开荒户及落魄的本村杂姓聚居东头,表现出较为典型的宗族社会特征。阎姓的阎恒元一直控制着村政,即使章工作员组织了选举,当选的也是阎恒元的干儿子刘广聚。后来老杨同志组织老槐树底下的人斗争阎恒元,小明的直接反应是:"能弄成那样,那可真是又一番世界,可惜没有阎家——如今就想不出这么个可出头的人来。"②可见尽管在经济生活和住房分布上,阎家山有明确的阶层区分度,在思想意识上还是比较一致的。章工作员、老杨同志的工作,就是打破这种一致,助推李有才、马凤鸣等外来户对阎姓在地户的不满,使他们意识到"各有各的道理"。此后,阎家山的人文地理发生了极大的改变。从前是李有才的板话不用一天就能传遍村东头,但很难传到西头,因为西头的人"没事总不到老槐树底来闲坐",小孩偶尔去玩了,大人知道往往骂:"下流东西!明天就要叫你到老槐树底去住啦!"③在外来开荒户支持下进入村政权的陈小元,很快被阎恒元糊弄住,可以说也是思想意识上以老槐树底为下流、以

(接上页)社,2002年,第17—23页。] 兰瑟提出集体型叙述声音的目的是分析在声音的战场上,作为边缘群体的女性所受的压制。赵树理小说的叙述声音是作为"农民"群体的共同声音存在的,其中杂合着知识分子话语和无产阶级革命的意识形态话语,叙述的是"边缘群体和受压制的群体""农民"(尤其是妇女)的觉醒并获得经济、政治甚或文化、文学权利的过程,因此不妨借用兰瑟的概念,定义为一种集体型叙述声音。
① 阿·德芒戎:《人文地理学问题》,第217页。
② 赵树理:《李有才板话》,载《赵树理全集》第2卷,第293页。
③ 同上书,第253页。

西头为上流造成的。但老杨同志"碰了广聚一顿"并"取消张得贵的农会主席"之后,"端着碗来老槐树底的特别多",① 阎家山村西头和东头的关系就颠倒过来了,村长成了老槐树底的小保,小元也被批评为忘本,需要在群众的监督下自我改造。但就住房分布而言,由于赵树理后文并无阎家山"老""小"字辈翻身后的叙述,它所表征的依然是宗族社会的人文地理;至少表面上是这样的。

此后,借助本地户与外来户之间的矛盾,也即宗族社会内部矛盾的一种,赵树理在《李家庄的变迁》中再一次叙述了宗族社会内部"各有各的道理"萌发的过程。本地户春喜利用"说理"惯例讹诈铁锁,外来户铁锁也只是觉得李如珍、春喜等人是"仗势力不说理",并没有觉得另有他"理"可据。甚至在太原遇到小喜对自己表示好意之时,"铁锁见他说得很自己,也愿意受他的照顾",② 表现出明显的宗族社会中的熟人情感状态③。直到小常这个陌生人出现之后,铁锁才意识到另有"理"可据。铁锁的朋友议论道,"小常跟他们说是两股理"④。此后,小说叙述的就是"两股理"此消彼长的过程。小常到李家庄组织牺盟会之后,人文地理也发生了变化。此前只有"公所重地,闲人免进"⑤的龙王庙是李家庄的政治权力中心,此后则增加了小常、铁锁他们办公

---

① 赵树理:《李有才板话》,载《赵树理全集》第 2 卷,第 295 页。
② 赵树理:《李家庄的变迁》,重庆:新知书店,1946 年,第 23 页。
③ 费孝通在 1948 年发表的著作《乡土中国》中将中国乡村社会视为一个"熟悉"的社会,没有陌生人的社会。这个社会靠礼俗而非法律得以维系,但"在我们社会的激速变迁中,从乡土社会进入现代社会的过程中,我们在乡土社会中所养成的生活方式处处发生了流弊。陌生人所组成的现代社会是无法用乡土社会的习俗应付的"。参见费孝通:《乡土中国》,上海:观察社,1948 年,第 5—7 页。
④ 赵树理:《李家庄的变迁》,载《赵树理全集》第 3 卷,第 35 页。
⑤ 同上书,第 7 页。

的公房，分庭抗礼，在人文地理的意义上显示"各有各的道理"的状态。因此，"各有各的道理"的萌发就是宗族社会政治走向末路的开始。在《地板》和《福贵》中，赵树理不再借助本地户与外来户之间的矛盾叙述"各有各的道理"，而是直接叙述宗族社会内部同一宗族经济情况不同的人之间的矛盾，在展现"各有各的道理"的同时，试图釜底抽薪式地瓦解宗族社会。

当然，就人文地理问题而言，更为典型的是赵树理在《三里湾》当中所描写的人文地理。小说开头写道：

> 三里湾的村东南角上，有前后相连的两院房子，叫"旗杆院"。
>
> "旗杆"这东西现在已经不多了，有些地方的年轻人，恐怕就没有赶上见过。这东西，说起来也简单——用四个石墩子，每两个中间夹着一根高杆，竖在大门外的左右两边，名字虽说叫"旗杆"，实际上并不挂旗，不过在封建制度下壮一壮地主阶级的威风罢了。可是在那时候，这东西也不是哪家地主想竖就可以竖的，只有功名等级在"举人"以上的才可以竖。①

这是一个与《李家庄的变迁》类似的开头，即从一个村政治权力中心所在的建筑写起。不同之处在于，如果说在《李有才板话》《李家庄的变迁》的人文地理描写中，需要批评家锐利的眼睛才能发现描写的阶级性，在这里完全用不着了，叙事者直接交代了人文地理的阶级

---

① 赵树理：《三里湾》，载《赵树理全集》第4卷，第164页。

性质。赵树理似乎已经完全不必在意人文地理的宗族特征，而直接以"地主阶级"进行命名了。的确，小说文本虽然也提到范登高的行为有可能成为地主刘老五的历史重演，但叙述的核心线索已经变成社会主义与资本主义之间"各有各的道理"的博弈。同时，由于双方并无势均力敌之态，更不可能像《李家庄的变迁》那样，铁锁与李如珍之间发生长时间的拉锯战，赵树理将"旗杆院"写成了社会主义政治权力中心的所在地，而仅以叙述前身、提示历史的方式暗示，曾经有被社会主义取代的"理"在"旗杆院"。但是，重要的是"旗杆院"已经完全被改造了。

但是，小说叙述起来容易，社会的变迁却可能复杂得多。在《三里湾》之后的小说中，赵树理仍然不得不叙述与宗族社会密切相关的内容，例如《"锻炼锻炼"》中"小腿疼"仗着自己是王聚海的本家嫂子而敢于藐视杨小四。甚至王聚海与杨小四、高秀兰之间的矛盾，都不无宗族社会不同宗族之间矛盾的遗留。这应该是个值得深长思之的问题。

（二）家庭伦理分歧

相比于人文地理上的"各有各的道理"，家庭伦理上的分歧虽然显得微观，但问题却更为复杂；赵树理显然也花了更多的心思和精力在小说中处理家庭伦理上的"各有各的道理"。从《小二黑结婚》始到《卖烟叶》终，赵树理一直不间断地关注在"世界"变迁中家庭伦理的重建。他还一度要写取名《户》的小说："巴金写了一本家，为了表现农村生活，我们也可以写本《户》。户是农村的生活单位，生产队就是以户为单位。……在养老没有社会化以前，户还不能撤了，这对社主义生产还是有利的。"①出发点虽指向"社会主义生产",但赵树理的目的是家庭伦理问题。不过,在小说中,作家并未面面俱到地叙述家庭伦理的分歧,而主要是以婚恋问题来呈现家庭内部"各有各的道理"的情形的。

赵树理通过《小二黑结婚》传达的是同一阶级、家庭的内部,因为思想意识和心理需求的差别,便有不同的"理"。小芹与小二黑自由恋爱,并打算结婚之时,她的母亲三仙姑横加阻拦,将她许配给一个退职军官,并且装神弄鬼,唱些什么"前世姻缘由天定,不顺天意活不成"。"小芹听了这话,知道跟这个装神弄鬼的娘说不出什么道理来,干脆躲了出去,让她娘一个人胡说。"②母女同处一个家庭、一个阶级,但却因为思想意识和心理需求的冲突,互相否定对方认定的道理。③不过,小芹并不是一开始就明白跟自己的娘"说不出什么道理来",而是经历过金旺的两个斗争会闹剧之后,才知道自己跟小二黑恋爱是"合理合法"的。小说叙述道:"两个斗争会开过以后,事情包也包不住了,小二黑也知道这事是合理合法的了,索性就跟小芹公开商量起来。"④与小芹一样,小二黑也是经历过斗争会之后才明白的。这也就是说,小二黑虽然不愿意二诸葛包办的童养媳,却找不到与父亲分庭抗

---

① 赵树理:《文艺与生活》,载《赵树理全集》第6卷,第64页。
② 赵树理:《小二黑结婚》,载《赵树理全集》第2卷,第224页。
③ 以代际冲突的方式叙述家庭伦理的破碎,叙述新文化冲破旧文化的桎梏,可以说是中国新文学习见的叙事套路。赵树理与此有极大的亲缘性,但因其小说几乎都以大团圆结尾,与传统的才子佳人故事(例如《西厢记》)反而距离更近一些。不过,赵树理还是有不同于二者的着意,即其小说大团圆的结局不是类似张生、崔莺莺的儿女辈向父母辈的价值观屈服,而是父母辈向儿女辈的价值取向表达认同,如三仙姑和二诸葛的改变。
④ 赵树理:《小二黑结婚》,载《赵树理全集》第2卷,第223页。

礼的"理"。同样的，如果不是知道自由恋爱的"合理合法"，小芹也不能"理"直气壮地拒绝三仙姑安排的婚事。而这种"各有各的道理"的局面所以出现，用二诸葛的话来说，"不过是官家规定"①造成的，二诸葛最终并未放弃自己的"理"，仅仅是"不好意思再到别人跟前卖弄他那一套了"②。当然，小二黑、小芹更不可能放弃自己的"理"。于是，"各有各的道理"的局面便在"世界"的家庭伦理中持续下来了。赵树理在小说结尾有所偏袒地叙述小二黑、小芹结婚之后："小两口都十分得意，邻居们都说是村里第一对好夫妻。"③但是，多年以后，在《邪不压正》和《三里湾》中，作家都叙述的是"各有各的道理"的故事，"世界"并不因赵树理一时的偏袒就马上发生真正的改变。

在《邪不压正》中，赵树理继续以代际冲突为主线叙述软英与小宝的恋爱故事。作家面对批评时曾言"这个故事是套进去的，但并不是一种穿插，而是把它当作一条绳子来用——把我要说明的事情都挂在它身上，可又不把它当成主要部分"，试图突出《邪不压正》的土改内容。④不管他的主观叙事意图是什么，软英与小宝的恋爱故事还是值得分析，尤其当故事是在软英与聚财父女之间的冲突中展开，更凸显了"世界"变迁中家庭伦理的分歧。虽然是被迫嫁女儿给刘锡元的儿子刘忠，聚财一直不太照顾女儿的意愿，嫌小宝穷，倾向于将女儿嫁给刘忠，只是因为战乱频仍，时局多变，软英多次躲过了嫁给刘忠的命运。关于嫁给刘忠的事，聚财的考虑是："年轻人光看得见眼睫毛上那点事！一来就不容易弄断，二来弄断了还不知道是福是

---

① 赵树理：《小二黑结婚》，载《赵树理全集》第 2 卷，第 230 页。
② 同上书，第 235 页。
③ 同上。
④ 赵树理：《关于〈邪不压正〉》，载《赵树理全集》第 3 卷，第 371—372 页。

害！""要跟上小宝，那如得还嫁给人家刘忠！你不要看人家挨了斗争！在本村说起来还仍然是个小财主！"①软英的对策是："我爹就是那样'前怕狼后怕虎'！""他财主不财主，我又不是缺个爹！"②二姨听了之后觉得都有道理，于是叙事者叙述道："两个人各有各的道理，两套道理放到一处是对头。"③但是，关键之处不在于"两套道理""是对头"，而在于父亲的"理"是经济生活与"世界"变动时的生存问题，女儿的"理"是个人情感的"理"。而且，父亲的"理"透露出对"世界"变迁的惊慌失措，女儿的"理"则意味着对"世界"变迁的乐观接受。这样的"两套道理"出现在一个家庭内部，说明随着"世界"的变迁，家庭伦理的分歧已经到达某个极限，迫切需要重建。此后刘忠被再次斗争之后，又出现了小昌逼婚事件。当然，出于美好的愿望，或者对未来"世界"秩序的信心，赵树理依然叙述了一个皆大欢喜的结局。聚财没有真正迫使女儿嫁给谁，选择了一等再等，软英没有离家出走，也选择了一等再等，双方终于等到了"说理的地方"历史地实现。聚财发现"孩子们都比咱们强"④，再找不到"理"阻止软英嫁给小宝；而区长则在软英的质询下说："我代表政权答复你：你跟小宝的关系是合法的。你们什么时候想定婚，到区上登记一下就对了，别人都干涉不着。"⑤

但是，软英和小宝的关系最终需要政权认定其"合法"，暗示着"说理的地方"并非只有一种"理"在通行。就《邪不压正》小说的文本

---

① 赵树理：《邪不压正》，载《赵树理全集》第3卷，第298页。
② 同上书，第299页。
③ 同上书，第300页。
④ 同上书，第312页。
⑤ 同上书，第318页。

事实来看，赵树理只是叙述聚财承认"孩子们都比咱们强"，并没有叙述他对软英、小宝自由恋爱的"理"有什么认识。因此，虽然不能说聚财还是反对软英嫁给小宝，但聚财的"理"与软英的"理"是不同的：前者是服"势"，后者是徇"情"。这也就构成了《登记》这篇宣传社会主义中国第一部婚姻法的小说艺术上真实感的历史和现实来源，而不沦为单纯的宣传品。《登记》中的父母虽然由于感同身受的经历而理解并支持女儿自由恋爱，但整个村都认为艾艾、燕燕是两个名声不好的姑娘，村主任甚至拒绝给她们开登记用的介绍信。张木匠同意女儿的选择，但也害怕村里人说闲话。为了使艾艾的婚姻更加顺利，赵树理有意设置了艾艾出生在一个有历史伤痕的家庭里，但这恰好从反面证明"世界"依然在变中，家庭伦理还是在"各有各的道理"的意义上发生分歧。这一点在《三里湾》仍然没有改变，"各有各的道理"的困境甚至深入到小说人物的心理活动当中。赵树理将代际冲突主要设置在马有翼与父母之间展开。马有翼打算在范灵芝、王玉梅之中选一个作为自己的妻子，但却遭到母亲常有理的阻挠。常有理认为她们思想上与马家不是一样的，自作主张，与妹妹攀亲，要马有翼娶袁小俊。

当然，《三里湾》涉及的家庭伦理分歧远不止于马有翼与父母在恋爱婚姻上的不同意见，更有以下两项：一是进步与落后的冲突，如陈菊英觉得马多寿夫妇"恨的是我不够落后"[1]，范灵芝反对范登高摆零货摊子，雇王小聚赶骡，而恨自己不是生在玉生他们家[2]；二是夫妻对于家庭安排的冲突，如小俊觉得丈夫玉生"连家里穿衣吃饭的事都不管，却能管人家别人的扯淡事"[3]，袁天成觉得自己成了妻子能不够的"老长

---

[1] 赵树理：《三里湾》，载《赵树理全集》第4卷，第242页。
[2] 同上书，第282页。
[3] 同上书，第186页。

工"①。虽然小说最终的叙述结果是花好月圆,但这些分歧的解决并不都是因为"理"的逐渐统一,而是因为"势"易"理"空,有的人只好放弃自己的"理"。最能说明这一点的是能不够与袁天成的关系。当袁天成起来"革命",决定要跟能不够离婚时,抓住的正好是能不够离婚后无法独立维生的弱点:

> 袁天成说:"你要是什么洋理也不要抓,老老实实检讨你的错误,咱们就谈,再要胡扯,咱们就散!"能不够怕的就是这个"散"字。天成提到这个字,她就又老实了一点。②

能不够并不是无"理"可抓,只是无"势"可依,只好放弃自己的"什么洋理","老老实实"检讨自己的错误。那么,可以想象的是,即使是在家庭内部,总有一些"理"是被叙事者扬弃的。而在这扬弃的过程中,赵树理的叙述始终能够维系家庭的存在,而不是在"各有各的道理"的交战中,将家庭无形消解,不能不说是别有救赎之道的。

(三) 心理的分裂

赵树理的小说绝少心理描写,因此颇受诟病。关于这一点,日本学者洲之内彻有一段话说得很有意思:

> 赵树理的小说中没有人物分析。既是现代小说创作的

---

① 赵树理:《三里湾》,载《赵树理全集》第4卷,第330页。
② 同上书,第333页。

基本方法，同时又是消弱现代小说的致命伤的所谓心理主义，和赵树理文学是无缘的。心理主义可以说是自动地把现代小说逼进了死胡同。即使这样，无论如何它对确立现代化自我也是不可缺少的，或者说是不可避免的，也可以说是现代化命运的归宿。受到这种宿命影响的读者，对赵树理的文学恐怕还是不满意的吧。或许是赵树理证明了中国还缺少现代的个人主义等等。对于这类有碍于革命的东西不能不有所打击。而所谓新文学的文学概念之所以暧昧，其原因就在于此。即：一方面想从封建制度下追求人的解放，同时另一方面又企图否定个人主义。如此而已，岂有他哉！①

洲之内彻说这番话是在1953年，其时赵树理的《三里湾》《互作鉴定》《卖烟叶》等有较为复杂的心理描写的作品尚未写出来。如果接触到这些作品，他可能会修正自己的说法。不过，这不重要，重要的是洲之内彻对赵树理小说的评价虽然未见得准确，却道出了赵树理被误读或无法被读的根本原因，即现代小说本有走向心理主义死胡同的宿命，而读者受此宿命影响，自然对和这一宿命无缘的赵树理文学无法感到满意。在这里，洲之内彻使用了一种简单的二元对立逻辑，近似于李泽厚所谓启蒙与革命的对立②。但洲之内彻犹有可贵之处，即在于他虽然视心理主义为确立现代自我的必由之路，但并不否认心理主义同时是现代小说的致命伤。因此，在或一程度上，他尚有肯定赵

---

① 洲之内彻：《赵树理文学的特色》，载黄修己编《赵树理研究资料》，太原：北岳文艺出版社，1985年，第462页。
② 参见李泽厚：《启蒙与救亡的双重变奏》，载《中国现代思想史论》，北京：东方出版社，1987年，第7—49页。

树理文学的意思。不过，与其理解这种暧昧的肯定之情，不如径直指出，洲之内彻其实沉溺在所谓"现代化命运的归宿"中，根本上缺乏理解赵树理文学的可能。这也就是说，倘若在心理主义、现代小说、现代化自我、现代化命运的归宿之间建立等价的或一一映射的关系，便是以一种单一性的思维拒绝了赵树理文学的可能。当然，正如贺桂梅说的那样："在反省并辨析我们关于赵树理文学的评价体系之后，更值得讨论的是赵树理小说自身隐含的新的阐释的可能性。"① 如果正视《三里湾》《互作鉴定》《卖烟叶》等小说中的心理描写，甚至联系起赵树理1929年写的脱身之作《白马的故事》，就会意识到，赵树理文学并非与心理主义无缘，只是赵树理没有将心理主义视为归宿罢了。也许对于有些论者而言，赵树理的所有作品与作为概念的"赵树理文学"并不完全一致，那么，通过赵树理的所有作品清理"赵树理文学"的概念就是必要之事。在这个意义上，作家1962年的一段发言便值得深入分析：

> 有的同志问："你在作品中如何作人物的心理描写？"其实，我过去所写的小说如《小二黑结婚》、《李有才板话》、《李家庄的变迁》等里面，不仅没有单独的心理描写，连单独的一般描写也没有。这也是为了照顾农民读者。因为农民读者不习惯单独的描写文字，你要是写几页风景，他们怕你在写什么地理书哩！今年四月份《人民文学》登了我的小说《互作鉴定》，是反映知识青年参加农业生产的，例外地对主

---

① 贺桂梅：《赵树理文学的现代性问题》，载唐小兵编《再解读：大众文艺与意识形态》（增订版），北京：北京大学出版社，2007年，第90—91页。

人公刘正作了一些单独的心理描写。这是因为近年来接触到不少有关知识青年参加农业生产的问题，见得多了，想写这么一篇激励激励青年，起一点作用；既然写给青年学生看，单独的心理描写，用用也无妨。何况，作品要反映的是他在参加农业生产过程中的思想斗争，刻划他的心理状况，也是必要的和很自然的。①

这段话表明，赵树理在写作中使用心理描写与否，全视读者而定。读者对象是农民，就不用单独的心理描写，读者对象是青年学生，就使用单独的心理描写；在作家看来，两者都是"必要的和很自然的"。这也就是说，赵树理作为作家的写作立场和姿态并没有改变，依然是为了"起一点作用"，并没有发生写作主体的危机。随着青年学生参加农业生产问题的出现，赵树理很自然地就写起了有单独的心理描写的小说。赵树理对于文学之用的朴素理解和坚持，规范着他的文学创作的方向，而关于文学本质如何的问题，虽然会在他具体的文学作品中形成，但既未规约他对文学的理解，也难以规约他具体的文学创作。在这个意义上，郭沫若对《李家庄的变迁》的评价是值得重提的："这是一株在原野里成长起来的大树子，它根扎得很深，抽长得那么条畅，吐纳着大气和养料，那么不动声色地自然自在。"② 有论者即认为："同为作家，心有灵犀，再加上是五四新文化运动一员主将，郭沫若比一般人更敏锐地发现了赵树理这位'文摊'作家对新文

---

① 赵树理：《做生活的主人——在广西壮族自治区文艺创作座谈会上的发言》，载《赵树理全集》第6卷，第142页。
② 郭沫若：《关于〈李家庄的变迁〉》，载《论赵树理的创作》，沈阳：东北书店，1949年，第18页。

学的意义。"① 在"原野"中"自然自在"的状态，的确是对赵树理及其文学最真切的描述。而赵树理小说的心理描写，也正是在"自然自在"的状态下发生的。赵树理说："既然写给青年学生看，单独的心理描写，用用也无妨。何况，作品要反映的是他在参加农业生产过程中的思想斗争，刻划他的心理状况，也是必要的和很自然的。"这种举重若轻的口气，便是"自然自在"的具体表现。其中所谓"思想斗争"的问题，便是"各有各的道理"深入到小说人物的心理活动当中的"自然自在"的入口。虽然如此，心理主义并非讨论赵树理文学的最有价值的论题，赵树理实在并无关于心理主义方面的焦虑。因此，赵树理将"各有各的道理"的问题从宗族社会、阶级政治、家庭伦理等层面延伸到了个人心理的深处，乃是因为伴随着对农村知识青年问题的观察和思考，对农村的理解和把握发生了很大的变化。虽然这必然影响赵树理文学的面貌，但这种影响并非本质性的，赵树理对文学的理解和把握并无根本性的变化。

就文本实际而言，《三里湾》是赵树理第一部明确写出人物心理分裂的小说。此前铁锁、福贵、小飞蛾甚至三仙姑等人物，虽或多或少都有心理之波动，但赵树理并未着力于此。但到了《三里湾》时，尤其是描写范灵芝，作家颇花费了一些笔墨叙述人物心理的分裂状态。范灵芝的爱情或婚姻选择一直在摇摆不定，未接触玉生以前，不能确定马有翼是佳偶是怨偶，接触玉生之后，则陷入了更加难以抉择的心理困境。虽然她最终义无反顾地选择了玉生，但做出选择之前的心理状态无疑是分裂的——

---

① 郭文元：《现代性视野中的赵树理小说》，兰州：甘肃人民出版社，2009年，第9页。

她对有翼固然没有承担什么义务，不过历史上的关系总还有一些，在感情上也难免有一点负担。她把刚才剥落在桌上的玉蜀黍子儿抓了一把，用另一只手拈着，暗自定下个条件：黄的代表玉生，黑的代表有翼，闭上眼睛只拈一颗，拈住谁是谁。第一次拈了个黑的，她想再拈一次；第二次又拈了个黑的，她还想再拈一次；第三次才伸手去拈，她忽然停住说："这不是无聊吗？这么大的事能开着玩笑决定吗？要真愿意选有翼的话，为什么前两次拈的都不愿算数呢？决定选玉生！不要学'小反倒'！"①

情感上的一点负担让范灵芝颇为踌躇，难以取舍之时甚至选择以拈阄儿的方式决定自己的情感。虽然叙事者让她最终毅然选择了玉生，但读者仍有理由认为，她将依然在情感上对马有翼难以忘怀。叙事者接下来叙述范灵芝做出决定之后寻找理由，找到的是玉生的家庭比有翼的家庭进步这样的附带条件，可见叙事者无法从情感上为范灵芝的选择找到坚实的理由。因此，一方面是玉生的动手能力、奉献精神和所处的进步的家庭环境却没有"文化"，另一方面是有翼有"文化"，跟自己有"历史上的关系"（实即未曾言明的恋爱关系），却不够进步且所处家庭环境也不进步，范灵芝的心理在两者间徘徊。叙事者虽然明言她对于"文化"的看法一向就不正确，并让她在心理上产生对于"文化"的新理解，但无法否认的是她心理上觉得"各有各的道理"，感情上的一点负担不是能够轻易摆脱的。当然，就赵树理的叙事意图而言，范灵芝的选择是新的"文化"战胜旧的"文化"的问题，

---

① 赵树理：《三里湾》，载《赵树理全集》第4卷，第317页。

他叙述范灵芝对玉生动情的基础是"玉生时时刻刻注意的是建设社会主义社会,有翼时时刻刻注意的是服从封建主义的妈妈"①。社会主义将个体从家庭中解放出来,其所可能获得的相对于家庭及传统而言的个体自由,当然能构成现代爱情的起点。但就玉生而言,范灵芝需要通过自我超越来为他搭建爱情的"文化"平台,然后爱上他,故而心理上的分裂是在所难免的。玉生也的确缺乏思考爱情的"文化",与袁小俊的结合是因为她"长得还好看"②,答应灵芝也是因为:"团支委、初中毕业生、合作社会计、聪明、能干、漂亮,还有挑剔的吗?"③前后并无大的区别。因此,范灵芝将依然发生心理上的分裂,觉得玉生和有翼"各有各的道理"。在此,赵树理的叙述是不圆满的。当年即有读者质疑《三里湾》是"没有爱情的爱情描写",赵树理给出的解释是农村还不能像城市那么开放。④这样的解释虽然有一定道理,但未免避重就轻,以城乡差别来开脱范灵芝作为一个农村知识青年心理上的内在分裂。

从某种程度上来说,赵树理是无法理解像范灵芝那样的农村知识青年的,尽管在小说中他还是叙述了他们心理上的内在分裂。这一点在《互作鉴定》和《卖烟叶》中是更加明显的。《互作鉴定》是作家自觉进行单独的心理描写的文本,但试图完成的是对知识青年进行心理治疗的过程。主人公刘正在给县委李书记的求救信中写道:

> 李书记!你看这样的环境能活人吗?周围的人都像黄蜂一样,千方百计地创造着刺人的方法来刺伤我的心灵,怎

---

① 赵树理:《三里湾》,载《赵树理全集》第 4 卷,第 316 页。
② 同上书,第 181 页。
③ 同上书,第 318 页。
④ 赵树理:《关于〈三里湾〉的爱情描写》,载《赵树理全集》第 4 卷,第 489 页。

么能叫我忍受得下去呢?

　　李书记！我用几乎绝望的声息向你呼吁，要求你救我脱离这黄蜂窝。我情愿到县里去扫马路、送灰渣……作一切最吃苦的事。我什么报酬也不要，只要你能把我调离这个地方，就是救了我。①

　　通过让刘正写信自我暴露的形式，赵树理将农村知识青年的"心灵"从一开始就放在等待解码的位置。在接下来的小说叙述中，赵树理以县委王书记下乡调查的方式展开了解码过程，最终发现刘正徒有歌颂"我们英雄的人民"之诗意，并无践行其具体行为的心，且不安于农村劳动，想去城市生活，而所谓的"心灵"问题，也只是自设的幻境，刘正信中所写的事情都不是事实。于是，刘正信中所反映出来的农村知识青年心理分裂的真实，就被置换为城乡差别及对农村劳动的歧视。叙事者对刘正心理分裂的真实毫无同情，就完成了抽丝剥茧般的解码过程。作家的意图由此显现，他不是要叙述刘正对于农村劳动的浪漫想象与现实之间的矛盾以及由此引起的心理上的分裂，而是要叙述如何治愈刘正的心理分裂。因此，刘正被叙述成了"无理取闹"②的知识青年。

　　在《卖烟叶》中，叙事者通过小说人物曲折地传达了对于农村知识青年的不理解："周天霞从来没有想到贾鸿年这样个青年小伙子，思想会这样复杂。"③但叙事者自身对于贾鸿年的判断是斩钉截铁的：

---

① 赵树理：《互作鉴定》，载《赵树理全集》第6卷，第105—106页。
② 同上书，第107页。
③ 赵树理：《卖烟叶》，载《赵树理全集》第6卷，第247页。

难道贾鸿年受了多年学校教育，思想上就没有点变化吗？有是有来，只是还远远没有达到脱胎换骨的程度。一个人的思想改造，有个决定性的界限，那就是有没有决心做个合乎社会主义公民标准的新人。谁要是没有过了这一关，他的基本行为就仍是旧思想指导着，学得的一些新词汇、新道理，恰好能给自己的旧思想、坏打算做个伪装、打个掩护，让别人一时摸不透他的底。贾鸿年正是这一种人。①

既然有思想过关的问题，就必然有心理上的分裂，这本是个充满张力的地方。但《卖烟叶》几乎没有叙述任何贾鸿年在"新道理"与"旧思想"之间摇摆的心理活动，而是直接认定贾鸿年是那种以"新词汇、新道理"掩护"自己的旧思想、坏打算"的人。相对于此，叙事者将心理分裂的内容设置在了王兰身上。很显然，王兰"有决心做个合乎社会主义公民标准的新人"，故而经常检讨自己的思想。在与贾鸿年的关系中，她发现："按着我原来的前途打算，我是一个顶天立地的社会主义建设者，会和大家一起把我们的山区改变得更加美好；自和贾鸿年认识之后，我逐渐变成了个个人主义的依附者，要不立刻割断关系，不久就更会变成他一个私人秘书……"②这种自省引起周天霞的困惑："是不是一个人爱好了文学就会变成个人主义者？"但王兰立刻引证李光华老师的话为她释疑："各行各业都一样，抱着个人目的做什么事也是为名为利，抱着人人为我、我为人人的共产主义目的做什么事也是为共产主义。"③一个王兰在心理上经历了长时间挣扎的

---

① 赵树理：《卖烟叶》，载《赵树理全集》第6卷，第239页。
② 同上书，第248页。
③ 同上书，第249页。

问题，借助长辈的经验被轻轻化解了，这不能不说赵树理有意逃避问题，并表现出对于农村知识青年心理的不理解。当然，不管怎么说，赵树理毕竟以自己的方式对农村知识青年心理分裂的问题做出了反应，不仅以小说的方式，也以参与公共讨论的理论文章的方式。这些文章包括写给女儿赵广建的《愿你决心做一个劳动者》、回复青年来信的《青年与创作——答为夏可为鸣不平者》《"才"和"用"》《复"常爱农"同学》《不应该从"差别"中寻找个人名利——与杨一明同志谈理想和志愿》等，构成了讨论当年的知识青年问题的重要材料和论题。

四 救赎"理"的暴力：事理、情理及私情

家庭伦理的分歧已臻极限，而家庭仍得保留；阶级矛盾已然激化，而生命仍得存在；个人的心理已经分裂，而完整的意识仍然可能：这些便是赵树理希望"世界"依"理"运行之时，仍保有的"理"所无法界定的部分。虽然"农民说理的世界"构成充满魅惑力的小说远景，但赵树理并不愿意走向以"理"行暴的极端。至少在某一些特殊的历史时段，他在小说文本中提供了救赎的可能。

（一）事情与道理

赵树理曾以"文明"为辞，表示对阶级革命中无视生命的肉身存在的农民暴力的批判。而且，在《李家庄的变迁》的小说叙述中，"文

明"批判起到了实际的作用。复仇心切的李家庄村民虐杀了李如珍之后,激烈的情绪稍霁,故而在县长、铁锁、白狗的"文明"规训下,对于摇尾乞怜的小毛,放弃了肉体消灭的复仇打算。但是,这一放弃是暂时的,"文明"的规训并无真正的约束力,李家庄村民不过是坚信白狗说的"咱的江山咱的世界,几时还杀不了个他",有绝对的暴力复仇的把握。而且,"文明"的规训并不完全杜绝暴力,只是通过法律来以新的技术手段(枪决)执行暴力。实际上,正如有的研究者指出的那样,"文明"本身即是一种暴力:

> 1986年李泽厚提出所谓的"救亡压倒启蒙"说是大可商榷的,因为他没有认识到中国现代知识分子是在救亡(包括革命等)中启蒙,不存在谁压倒谁的问题,启蒙本身就是一种救亡、革命的力量,也没认识到现代中国的启蒙不仅是人文启蒙,更主要是政治启蒙;中国式的启蒙是与革命、救亡、翻身等"暴力"关系密切甚至几乎一体化,启蒙可能引发暴力,而推行暴力进行思想启蒙就更与暴力相通。换言之,启蒙与暴力的关系是启蒙引发暴力,以及启蒙运用暴力,"暴力"是手段,"启蒙"(尤其政治启蒙)是目的。①

赵树理所启用的"文明",正如任弼时的讲话中所表述的那样,既是比资产阶级高明的"人文启蒙",也是建立革命秩序的"政治启蒙",虽然反对虐杀,但并不反对杀。因此,暴力成为"文明"实现的

---

① 黎保荣:《暴力与启蒙——晚清至20世纪40年代文学"暴力叙事"现象研究》,暨南大学博士学位论文,2009年,第6—7页。

手段,如影随形地附着在"文明"之上,使"文明"无法完成对于暴力的救赎。在这个意义上,沈从文1940年代的小说《传奇不奇》表现出救赎暴力的某种可能性。《传奇不奇》是与沈从文的其他三篇小说《赤魇》《雪晴》《巧秀和冬生》有前后关系的一篇,主要的故事是穿插在巧秀与中砦人的爱情之间的满家与田家的宗族仇杀,结果是田家人被杀光。小说结尾写道:"满家庄子在新年里,村子中有人牵羊担酒送匾,把大门原有的那块'乐善好施'移入二门,新换上的是'安良除暴'。这一天,满老太太却借故吃斋,和巧秀守在碾坊里碾米。"①满老太太借故吃斋而躲到碾坊,即是对"安良除暴"的拒绝。其中"吃斋"意味着满老太太信仰佛教的"不杀生","安良除暴"意味着现代文明的以暴易暴,而"在碾坊里碾米"则意味着虽然要拒绝现代文明,却又只能避其锋芒,无力从正面反抗。不过,沈从文将这一避其锋芒的拒绝现代文明暴力的形象设置在小说的结尾,则意味着对满老太太的立场的坚守。而满老太太的立场多少有点民间传统的意思,因此,沈从文表达了以民间传统的某些资源来救赎暴力的愿望,并相信救赎最终实现的可能。

赵树理别有救赎之道。在《李家庄的变迁》中,他也曾叙述李家庄村民以民间传统的某些资源为据,从李如珍的刀头救下了年老的王安福:

> 铁锁见二妞念的那些名字里边没有王安福,就问起王安福的下落。二妞道:"他们把人家老汉捉到庙里,硬叫人家老汉说自己办过些什么坏事。老汉说:'你们既然会杀,

---

① 沈从文:《传奇不奇》,载《沈从文全集》第10卷,太原:北岳文艺出版社,2009年,第453页。

干脆把我杀了就算了!我办过什么坏事?我不该救济穷人!我不该不当汉奸!别的我想不起来!你们说有什么罪就算有什么罪吧!'李如珍又回来当了村长,小毛成了村副,依他们的意思是非杀不行,后来还是他们李家户下几个老长辈跪在他们面前说:'求你们少作些孽吧!人家是六十多岁的人了!'后来叫人家花五百块现洋,才算留了个活命。"①

李家户下几个老长辈下跪求情,希望少作孽,便能救王安福一命,说明在一些特殊的情形下("人家是六十多岁的人了!"),儒家尊老的道德和佛教关于"孽"的思想,还是能够起到制止具体的暴力行为的作用的。但是,这种"小补之哉"的局面无法以偶然的合"理"掩盖必然的不合"理",二妞直言:"没世界了!"因此,李家户下几个老长辈类似于满老太太的行为,无疑不是赵树理期许的救赎暴力之道。他期许的应当是"世界"变迁之后,以"情"与"理"的一致来救赎暴力。这一点首先反映在《地板》这篇小说中。村长对地主王老四说:"法令是按情理规定的。咱们不只要执行法令,还要打通思想!"得到的回答是:"按法令减租,我没有什么话说;要我说理,我是不赞成你们说那理的。他拿劳力换,叫他把我的地板缴回来,他们到空中生产去!你们是提倡思想自由的,我这么想是我的自由,一千年也不能跟你们思想打通!"②此后是从地主中落为小学教师的王老三现身说法,证明法令确实是按情理规定的。但王老三说的事情,并非感情,因此他的现身说法或许能够让王老四赞成减租的"理",却未必会认

---

① 赵树理:《李家庄的变迁》,载《赵树理全集》第3卷,第103页。
② 赵树理:《地板》,载《赵树理全集》第2卷,第407页。

为减租"法令是按情理规定的"。"情理"者，人情与道理也；虽然就法律意义上言之，亦指事情与道理，但在被迫接受减租的事实的语境下，王老四不能不在按法令减租的同时，于人情上在意自己的得失、公平或"理"的问题。那么，即使王老三的现身说法就事情与道理上证明了"法令是按情理规定的"，也不能阻止王老四在人情上无法接受"法令是按情理规定的"说法。当然，这种细微的差别，赵树理也许未曾注意到。他也许认为将事情与道理的一致性叙述清楚了，就足以劝使像王老四那样的地主"思想打通"，认可"法令是按情理规定的"。《地板》在王老三的现身说法之后再无余辞，或许也表明作家认为情理已经叙述清楚，王老四理当无词可应了。因此，至少就赵树理的叙述意图而言，他认为自己已经以"情"与"理"的一致救赎了暴力，使地主王老四及类似的人不会再感到是被迫减租了。

如果在《地板》中，赵树理是在寻找救赎阶级斗争之"理"可能造成的暴力，那么，在《传家宝》当中，赵树理则试图通过构建事情与道理的一致来救赎新的"世界"秩序可能造成的家庭破裂的暴力。小说叙述李成娘和媳妇金桂互相都无法认同对方的生活方式，经常发生争吵，"李成娘对金桂的意见差不多见面就有"，金桂则"只是按原来的计划做自己的事，虽然有时顶一两句嘴，也不很认真"。①李成娘因此"恨金桂不该替她作了当家人，弄得她失掉了领导权"②，与金桂简直势同水火。但在金桂一五一十向她摆事实讲道理之后，她"赌气认了输"③。小说最终在小娥的丈夫关于解放妇女的训诫中结束，与《地板》类似，被认为不懂情理的一方失去话语权。因此，也与《地板》类似，

---

① 赵树理：《传家宝》，载《赵树理全集》第3卷，第333页。
② 同上书，第341页。
③ 同上书，第343页。

赵树理可能认为只要叙述清楚了事情和道理，就不用管李成娘是不是"赌气认了输"，以"情"与"理"的一致救赎家庭暴力已然完成。

（二）人情与道理

一旦"情理"变成人情与道理，赵树理实际上是很清楚二者没有一致的可能的。而且，在小说叙述中，他往往利用"情"与"理"的不一致来救赎"理"可能会产生的暴力。例如在《邪不压正》中，当叙及聚财与软英父女俩因为"各有各的道理"成为对头却并未出现离家出走或者以死相逼之类的关节，且都选择了"看看再说"之时，就是人情在起作用。软英觉得"爹总是爹，我也不愿意叫他再生气"，聚财老婆因此放了心，"觉着闺女很懂事，知道顾惜她爹"。① 虽然"理"相悖，但是"情"相通。后面叙述软英佯应小昌儿子的婚事一节，更是出奇的一笔，软英忖度时势，做出不惜自我牺牲而顾全家庭的徇"情"背"理"之举，极大地跃出了以"情"赎"理"的范畴。但是，赵树理通过时势的迅速改变，免除了软英可能自我牺牲成真的暴力，叙述了大团圆的结局。因此，"理"的残酷敌不过"情"的温暖，赵树理通过"情"使"理"可能发生的暴力一再延宕，终于在小说的意义上完成了以"情"赎"理"的暴力的可能。

其后，在电影故事《表明态度》中，赵树理借人物李五之口道出"人情是人情，道理是道理"，叙述了更为确切的以"情"赎"理"的方式。王永富夫妇不愿意参加互助组，但儿子儿媳妇小春和腊梅非参加互助组不可，一家人"各有各的道理"，闹得不可开交。于是，小春夫

---

① 赵树理：《邪不压正》，载《赵树理全集》第 3 卷，第 300 页。

妇住到了腊梅父亲李五家里，王永富则在家庭破碎、组织批判、邻居嘲讽的情况下一病多日。这时，有人把永福病得起不来的消息传给大家，大家都表示叫他回到互助组，并建议小春夫妇"你两个也该回去看看老人家"：

> 李五说："光看看行了吗？他真要是成了病，就得回去伺候他一个时候！"又有个人说："他爹的病就是因为他们两个人走开了才得的，依我说让他们两个人干脆也出了组回到他们自己地里做活，他爹的病就会好了！"李五说："那可不对！人情是人情，道理是道理。只能叫前进的带着落后的前进，不能叫落后的拖着前进的落后。叫孩子们回去伺候他是人情，可是等他好了以后，还是得争取他进步！"①

李五的意见非常明确，即是"人情是人情，道理是道理"，不能因为人情而不顾道理，也不能因为道理不顾人情，更不能因为人情而迁就人情，放弃道理。一般看来是情理两难全的局面，李五却条分缕析，既让小春夫妇尽了人情，也让他们坚守道理，"等到好了以后，还是得争取他进步"。故事的结局是王永富在温暖的人情下一心悔改，"表明态度"，重回互助组。由此可见，赵树理不仅试图分清楚人情和道理，而且试图以这种"人情是人情，道理是道理"的方式在维持人情温暖的同时获得道理的通行，从而救赎"理"的暴力问题。同样的桥段，赵树理在《三里湾》中重演了一遍。马有翼革命之后，如意地与玉梅订婚了，而马多寿一家也入了社。这时，金生"怕伤了老一代

---

① 赵树理：《表明态度》，载《赵树理全集》第4卷，第104页。

人的心",希望玉梅不要分家。玉梅的回答是:"这个很不成问题!谁也舍不得把他的爹妈扔了!就像马家,只要分开了,有翼和我两个劳动力,完全养活他们老两口子都可以。只要他们老两口子愿意跟我们过,管保能比他们现在吃的好、穿的好!"金生媳妇认为和不分一样,玉梅说:"那可不一样:我们又不是怕他们穿衣吃饭,只是不愿意让他们管制。那样一来,他们便管制不着我们,我们让他们痛快一点还能争取他们进步。"①玉梅也以"人情是人情,道理是道理"的方式,既保证了不伤老一代人的心,又保证自己的进步,甚至还保有了"争取他们进步"的可能。因此,赵树理又一次在小说的意义上实践了以"情"赎"理"的可能。《三里湾》发表六年后,在1961年的一次讲话中,赵树理非常动情地说道:

> 我认为农村现在急需要一种伦理性的法律,对一个家的生产、生活诸种方面都作出规定。如男女成丁,原则就分家;分家不一定完全另过,只是另外分一户,对外出面;当然可以在一起起灶。子女对父母的供养也有规定。成丁的男女自立户口,结婚后就可以合并户口。首先从经济上明确,这对老人也有好处;婆婆也不会有意见,因为这是国家法律。灶可以在一起,但可以计算钱。这样一处理,关系会好很多。②

"伦理性的法律"本身是一个人情和道理兼顾的提法,而赵树理

---

① 赵树理:《三里湾》,载《赵树理全集》第4卷,第345—346页。
② 赵树理:《在长春电影制片厂电影剧作讲习班的讲话》,载《赵树理全集》第6卷,第38页。

的具体设想更是体现了"人情是人情，道理是道理"的以"情"赎"理"的方式。在人情上，法律规定成丁的子女供养父母的义务，在道理上，法律规定明确的经济分配方式，从而在人情和道理两方面确保既不以"情"害"理"，也不以"理"抑"情"，使家庭伦理得以保全，而成丁儿女的自由也得到保证。尤其"成丁的男女自立户口"一项，更是真知灼见，极有可能实现"人情是人情，道理是道理"对"理"的暴力的救赎，且同时保证"情"不害"理"。《三里湾》叙述马有翼、王玉梅分开另过，但又保证马多寿夫妇的经济生活，可谓赵树理在小说中着其先鞭，叙述了"伦理性法律"实践的具体形式。当然，此事非易，赵树理并没有那么天真，在他的"伦理性法律"设想提出不久，就写作了小说《杨老太爷》，叙述一个财迷父亲如何试图留住自己在外任职的儿子，并要求儿子以自己的观念对待家庭和生活。赵树理将这样的父亲叙述为"思想很落后"[①]，但是，与其说这样的父亲"思想很落后"是个问题，不如说赵树理本人的"伦理性法律"设想过于理想化，缺乏实践的思想上和制度上的可能。当然，这并不构成否定一个作家的理想的逻辑合法性。事实上，如果联系起赵树理谈论"户"的时候坚持的"在养老没有社会化以前，户还不能撤了"，就不得不承认，赵树理具有伟大的人文关怀及实践其人文关怀的具体设想。

如果承认赵树理具有伟大的人文关怀，再回过头来分析他在《三里湾》当中叙述王申老汉报名入社的细节，就会发现，在如何做到"人情是人情，道理是道理"的问题上，尚有大小之辨的关节值得提出。赵树理叙述道：

> 有个晚上，王申老汉说他不愿意和大家搅在一起做活，

[①] 赵树理：《杨老太爷》，载《赵树理全集》第6卷，第57页。

张永清说:"组织起来走社会主义道路是毛主席的号召。要是不响应这个号召,就是想走蒋介石路线。"到了报名的时候,王申老汉还是报了,不过报过以后又向别人说:"我报名是我的自愿,你们可不要以为我的思想是张永清打通了的!全社的人要都是他的话,我死也不入!我就要看他怎么把我和蒋介石那个忘八蛋拉在一起!"①

就人情上而言,王申老汉固然不愿意与张永清共社,但就道理上而言,他还是自愿报名入社了。这意味着,王老汉虽然不满张永清扣在自己头上的大帽子,但以个人情感为小,以组织起来走社会主义道路的道理为大,大小之间拿捏得很清楚。同时,在拿捏住了大小之后,王老汉并不放弃对于张永清的批评,而是强调在同样的道理下,人与人的情感要是全不相投,也就只有各走各的路。在这里,王老汉对于"理"的认知充满了伦理化的意味,也即充满了人情味。而赵树理的叙述并不就此停止,他让张永清在组织的教育下自我检讨,向王申赔礼道歉,进一步展现了赵树理希望政治伦理化的意图。或许正是在这样的思考下,赵树理在《"锻炼锻炼"》中一面叙述杨小四坚决想办法给小腿疼、吃不饱"动手术"②,一面又叙述他接受一个老汉的提议,"看到孩子的面上还让她交代"③。虽然在这样的人情味下,法院和制度成为某种儿戏的、威吓性的存在,但"理"的暴力终究得到了一定程度的救赎。因此,必须注意到,在情理的取予之间,赵树理守住了以"情"赎"理"的人文底线。

---

① 赵树理:《三里湾》,载《赵树理全集》第4卷,第336页。
② 赵树理:《"锻炼锻炼"》,载《赵树理全集》第5卷,第233页。
③ 同上书,第239页。

(三) 人情与私情

在确保"情"不害"理"的问题上,赵树理尚有更为细致的思考。1948年,针对农村组织互助组工作时出现的一些偏差,他强调"自愿"不是"自流":

> 互助组以自愿为原则,是说"谁的思想打不通,不愿意参加,可以不参加",不是说自愿就不要领导。最近有些地方,干部和群众都把自愿解释错了,劳力强的只愿意跟强的碰组,有牲口的也只愿意跟劳力强的碰组,把几分劳力或者半劳力的人都推出来,人家情愿按把式定分,等价交换也不要。全村只组织了几个好汉组,这些好汉组,不只编不成对,连个小组长联席会也开不成,生产委员也管不了,一管就说干涉了"自愿"。因此定什么计划也是空的,什么数目字也只能到事后来计算,虽然有委员、有小组,事实上对生产毫无帮助,有没有都一样。
>
> 像这样想组就组,不想组就罢;想要就要,不想要就不要,叫做"自流"。"自流"就是没人管,弄成啥算啥。这完全不合乎上级提倡互助的精神。借着"自愿"的名,弄成了"自流",实在不成话。①

将"想组就组,不想组就罢;想要就要,不想要就不要"称为没有互助精神的"自流",说明赵树理并不认为一切人情都是合乎道理

---

① 赵树理:《"自愿"不是"自流"》,载《赵树理全集》第3卷,第268页。

的。那么，合乎道理的人情是什么呢？赵树理提出了"领导"，这意味着"自愿"是在一定的"组织"和"计划"之下的"自愿"。因此，所谓"自愿"就是在一定的政治政策要求下发生的，也即须具有上级提倡的"互助的精神"。否则，"自愿"就有名无实，变成"自流"。同时，赵树理认为错解"自愿"的表现是"劳力强的只愿意跟强的碰组，有牲口的也只愿意跟劳力强的碰组，把几分劳力或半劳力的人都推出来，人家情愿按把式定分，等价交换也不要"，表达了一种帮扶弱者的伦理性要求，且将错解"自愿"之下的实践行为与不顾人情联系在了一起。"几分劳力或者半劳力的人""情愿按把式定分"，却仍然得不到接纳，说明"自流"是并不顾及人情的。这里引申出一个新的范畴，即具有伦理性的人情考虑和只顾一己之私的人情考虑，前者不妨继续以人情概之，后者另以私情概之。赵树理肯定前者的意义和价值，极力反对后者，并在《三里湾》将后者与资本主义思想建立了关联。

在《三里湾》中，范登高拒绝入社的理由是："不要用大帽子扣人！我没有反对过社会主义！当私有制度还存在的时候，你们就不能反对我个人生产；一旦到了社会主义时期，我可以把我的财产缴出来！"并进一步强调："中央说过要以自愿为原则，你们不能强迫我！"但得到的回答是："自愿的原则是说明'要等待群众的觉悟'。你究竟是个党员呀还是个不觉悟的群众？要是你情愿去当个不觉悟的群众，党可以等待你，不过这个党员的招牌可不能再让你挂！"[①]范登高将"自愿"理解为中央对于个人私情的照顾，且利用这一点为自己的个人生产辩护，的确不合乎一个党员应当有的组织性和纪律性。但是，答话以共产党员必须自愿入社为由驳斥范登高，在强调组织性、纪律性

---

① 赵树理：《三里湾》，载《赵树理全集》第 4 卷，第 295—296 页。

的同时，也说明对于党员而言，人情上的自愿不自愿的问题并不存在，存在的只是服从不服从的问题。循此逻辑而论，范登高为了自己的个人生产而强调"自愿"，出诸私情而非出诸人情，也就难以避免"反对社会主义"的资本主义思想之讥了。因此，赵树理一方面是在叙述党员的组织性、纪律性问题，另一方面还是在叙述人情与私情的分际，并顺便将私情与资本主义思想勾连在了一起。这也就意味着，赵树理用以赎"理"之"情"并非资本主义之私情，乃社会主义之人情。也正因此，同样在《三里湾》中，当马有翼迟疑不决，不知该因循私情掩护母亲，还是该道出事实替嫂子辩白时，灵芝板着面孔冷冰冰地和他说："团支委会派我通知你：党支委秦小凤把今天下午在调解委员会上那种混账的、没有一点人气的表现，反映到团支部来，团支委会决定要你先写一个检讨，再决定怎样处理！去吧！"①尽管马有翼最终并没有因循私情，范灵芝还是以组织的传声筒的方式给出了极为苛刻的批评。而所谓"没有一点人气"，是将对于马有翼的批评上升到了"人"的高度的。这也就是说，在人情和私情上进退失据，将会失去在社会主义"世界"做"人"的资格。当然，这是一个二重循环论证的问题，即在社会主义"世界"之下对于"人"的判断，溯源于政权的道德律令，指导人情、私情的分际或"人情是人情，道理是道理"的拿捏；与此同时，人情、私情的分际或"人情是人情，道理是道理"的拿捏又是判断"人"的事实依据和标准。因此，当范灵芝以组织的传声筒的身份对马有翼进行"没有一点人气"的宣判之时，她是站在何处发出声音的，并不容易识别。那么，要判断赵树理作为叙事者此时如何发声，自然更为困难。要之，所谓人情是社会主义或集体主义询唤的

---

① 赵树理：《三里湾》，载《赵树理全集》第4卷，第266页。

情感与个人的情感诉求两者的混合,而私情则只是个人的情感诉求,联系的是个人的名利、欲望和心灵。于是,在同样的意义上,《互作鉴定》中刘正的"心灵"问题在小说的叙述过程被证实为一种自设的心灵幻象,而《卖烟叶》中贾鸿年就成为经不住社会洪炉熔炼的复杂人格。

当然,更为关键的是《卖烟叶》结尾李光华老师对贾鸿年的训词:

> 哭有什么用?早早地摔一跤对你有好处!你要想重新做人,就得先在群众面前把你自己的底子交代透!千万不要以为在群众中只有你自己聪明!做一件事有一件事的结果。群众是要把你所作的事的一切结果综合到一处来给你作评价的!你哄得了谁?回去向群众交底去!你才二十来岁,跌倒了爬起来重新做人有的是前途;不过要继续做"鬼"的话,那就没有人再挽救得了你了!①

一个因循私情的青年在社会主义"世界"中,被叙述进了"鬼"道,与人殊途,的确是一种非常严苛的道德律令。这未必是赵树理本人的立场,但可以推知的是,在1964年,反资本主义的要求中,非社会主义的"人"即资本主义或封建主义的"鬼"的黑白分明的道德判断已经相当流行,一个中学老师已经不惜对自己的学生痛下严苛的训词。而"群众"作为一个抽象的符码,在这里又一次扮演了道德律令的最高监督者的角色。那么,所谓"人"以及人情,自然也是一种抽象的原则,一个抽象的符码。像贾鸿年那样的"鬼"只有"向群众

---

① 赵树理:《卖烟叶》,载《赵树理全集》第6卷,第262页。

交底去"才能彻底洗刷身上的"鬼"性，并在最高监督者的审判下得救，"重新做人"。因此，所谓人情，一旦涉及社会主义、资本主义的分野，就成为一种与个人情感丝毫无关的抽象原则。不过，值得分辨的是，所谓个人情感，从社会主义"世界"对"人"的要求来看，正是个人主义或资产阶级思想规训下的产物，并不具有先天的合法性。准此，赵树理小说叙述中使用的严苛的道德律令，与其说是对私情的无视，不如说是以社会主义之"理"重造人情，继而重造私情。也许唯有如此，方能真正情而理，理而情。

第三章 "说"的欲望、能力及形式

既然"世界"存在"理"的辩证法，如何"说"也就成为重大问题。就字面上来看，在赵树理小说中，"说"构成的具有关键性意义的短语和句子包括"说理""为什么不敢说""怎么说""能说话"等，而相关的一些语汇是"官话"、"老百姓的话"、民主、权力、情感、欲望等。所有这些短语、句子和语汇，以"说"为中心，形成了"说"的欲望和能力的问题网络。而"说"的欲望和能力，不仅是赵树理小说人物面对的问题，也是其小说叙述本身必须面对的。就小说人物"说"的欲望和能力而言，主要命题是寻找"能说话"的人，并使（"能说话"的）人（重新）学会"说"。就小说叙述必须面对的"说"的欲望与能力问题而言，主要命题是在分辨"官腔"与"老百姓的话"的同时，构建"说"的乌托邦，试图仅仅在"说"的层面完成对于"理"的辩证法的实践，以使"世界"完满。在二者构成的意义空隙间，赵树理小说创作的困境以叙事者身份模糊不定的状态出现了。为了兼顾赵树理小说人物和小说叙述的"说"的欲望和能力，本章在论述策略上又有所变化，即一方面分析赵树理小说中"说"的欲望和能力问题，另一方面则力图从小说形式中清理出赵树理乌托邦思想的线索，指明赵树理小说形式的特殊性及其与赵树理政治、社会、文化思想的关联。第一方面主要论涉两个问题,一是"能说话"的人如何成为"农民说理的世界"的有机组成因素,二是学会"说"的一些路径和条件,包括漫游与教育、民主,以及在"革命的第二天"重新学会"说"等议题。第二个方面也主要论涉两个问题,一是赵树理小说作为"可说性文本"是如何构成的,包括"官腔""老百姓的话"以及叙事者身份的模糊等议题,二是赵树理小说构建的"说"的乌托邦,包括群众的"说"、把"理""说"清,及泛"说"论等内容。本章也论涉赵树理小说的形式与社会主义政治之关系,分析的落脚点有两个,一是意识形态结构的结晶在小说形式中的表现,二是赵树理的小说形式与文学形式的历史的具体关联。

一 寻找"能说话"的人

赵树理小说首先提供的文本事实是"农民"不敢"说"的状况。"为什么不敢说"不仅是"势"的问题,更是传统的宗族文化问题。必须从根本上摧破传统的宗族文化,才能真正解决"为什么不敢说"的困境。而一旦"说"的欲望被发现和释放,接踵而来的问题就是"人家要说理咱怎么办"。能不能"说",该怎么"说",成为"革命的第二天"的重大问题。于是,"能说话"的人在赵树理笔下的"农民说理的世界"中就扮演了举足轻重的角色。

（一）"为什么不敢说"

首要的问题，无论就逻辑而言，还是就赵树理写作的历史顺序而言，都是发现并释放被压抑的"说"的欲望。在《小二黑结婚》中，当区上派员到刘家峧组织召开斗争金旺、兴旺的群众大会时：

> 起先大家还怕搬不倒人家，人家再返回来报仇，老大一会没有说话，有几个胆子太小的人，还悄悄劝大家说："忍事者安然。"有个被他两人作践垮了的年轻人说："我从前没有忍过？越忍越不得安然！你们不说我说！"……他一说开了头，许多受过害的人也都抢着说起来……①

大家都有"说"的欲望，只是"怕搬不倒人家"，被金旺、兴旺的"势"压着而已。一旦有人开头"说"了，大家"也都抢着说起来"，争先恐后释放自己"说"的欲望。这说明在"势"的威压之下，每个人"说"的欲望都被压抑，都存反抗之心，只是需要一个释放欲望的突破口罢了。这个突破口源于革命政权的积极诱导，因为群众大会是区上派员组织召开的。但更重要的是，小说叙述最先发言的人是"被他两人作践垮了的"，意味着"说"的欲望必须是在被压抑到极限之时才会一遇到突破口就迸发出来。换言之，《李家庄的变迁》中二妞质疑"为什么不敢说"②，乃是"说"的欲望被压抑到极限时的爆发。否则，"忍事者安然"就是"农民"最高的处世哲学。而一旦这种"说"的欲望的

---

① 赵树理：《小二黑结婚》，载《赵树理全集》第 2 卷，北京：大众文艺出版社，2006 年，第 233—234 页。
② 赵树理：《李家庄的变迁》，载《赵树理全集》第 3 卷，第 5 页。

释放与革命紧密结合在一起,"越穷越革命"的革命谣谚的合法性也就构建出来了。《小二黑结婚》中这短短的一段叙述,后来成为赵树理小说叙述翻身故事的主要套路;无论是《李有才板话》关于"阎家山,翻天地"的叙述,还是《李家庄的变迁》关于铁锁、冷元、二妞等人积极参加革命使李家庄发生变迁的叙述,都是从被"势"作践垮了的人物开始小说的叙述的。

在《李有才板话》中,赵树理将李有才的身份设定为"没有地,给村里人放牛","没有家眷"的雇农,但又说他爹留给他一孔土窑三亩地,只是"后来把地押给阎恒元",①暗示李有才的雇农身份与阎恒元的"势"有关。这个生活在阎家山最底层的人,也许是最能"说"、敢"说"的一个人;至少在老槐树底,他是最能"说"、敢"说"的。相比较之下,薄有土地、拥有妻儿的老秦就显得是个自觉的哑巴了。阎恒元料定他在陌生人面前不敢"说",年轻人说他几句,他也"就不说话"了。老杨同志来到阎家山工作时住在他家,他害怕官官相卫,不但希望自己的老婆不说话,还打了自己五岁的小女孩一掌,因为念了小顺编的快板,还告诉老杨同志是小顺编的。老秦骂道:"可哑不了你!"②为"势"所迫的老秦不仅是个自觉的哑巴,而且希望一家人都成为哑巴,压抑"说"的欲望。这意味着未到"置之死地而后生"的时候,老秦是"不敢说"的。而李有才无所牵挂,作为一个纯粹出卖劳动力为生的雇农,几乎就是农村的无产阶级,因此敢"说"。再加上他的能"说",李有才既是阎家山农民心声的代言人和引导者,也是革命政权建立乡村秩序的最有效的合作者。当然,这里还有一个需要先分

---

① 赵树理:《李有才板话》,载《赵树理全集》第2卷,第249页。
② 同上书,第286页。

析的细节是老秦强制妻儿变成哑巴。老秦在自己的家庭中所以具有这样的能力，肇因于传统的宗族文化，也就是《李家庄的变迁》中李如珍认为二妞能"说"就是"无法无天"的宗族文化。在铁锁家与春喜家的官司中，事主分别是双方的妻子，但"说理"时却不允许她们在场，理由是小毛解释为什么不叫二妞时说的："家有千口，主事一人。有你男人在场，叫你做什么？"① 在"势"之威压下不敢"说"的老秦，因为可以将"说"的欲望释放在妻儿身上，从而逃避了"为什么不敢说"的命题。同样的情形，赵树理在《刘二和与王继圣》及《邪不压正》中又叙述了。《刘二和与王继圣》中的老刘因为租种王光祖的土地，租住王光祖的房舍，对于王光祖不"说理"的言行一再忍让，什么都不敢"说"，却制止儿子刘二和的敢"说"。而《邪不压正》中的王聚财在刘锡元、小旦甚且小昌的"势"下，敢怒而不敢"说"，却反对女儿软英不忍气吞声、一定要嫁给小宝，认为她只看得见眼毛底下的事情。这便意味着，"为什么不敢说"不仅是"势"的问题，更是传统的宗族文化问题。必须从根本上摧破传统的宗族文化，才能真正解决"为什么不敢说"的困境。也正因为如此，近似于农村的无产阶级的雇农李有才，被赵树理叙述为阎家山老槐树底人心声的代言者，以及"阎家山，翻天地"的总结者。同样地，聚宝在《刘二和与王继圣》中扮演了类似李有才的角色。赵树理似乎也一度打算让老拐在《邪不压正》中演出同样的戏份，但可能因在小说叙事上另有讲究，仅于开头和临近结尾时灵光乍现。正所谓"无产者在这个革命中失去的只是锁链。他们获得的将是整个世界"，李有才、聚宝已经没有什么担心失去了，因此，"为什么不敢说"呢？在赵树理的小说叙述中，他们成了最早的敢

---

① 赵树理：《李家庄的变迁》，载《赵树理全集》第3卷，第6页。

"说"、能"说"的一群,代表了农村社会中"说"的欲望的集中表现。

但是,赵树理并未在小说中将李有才、聚宝等人物的意义绝对化,而是塑造了个别与之映照的人物,如《刘二和与王继圣》中的"老领"李安生及《邪不压正》中的小旦。李安生是王光祖家的长工,与聚宝一样没有财产、没有儿女,但却绝对维护王光祖家的利益;小旦在土改的历次运动中,回回是窟窿,但却始终不像老拐那样守着穷人的正义,而是趋炎附势,私心自用。因此,就赵树理的小说叙述而言,"越穷越革命"并不是绝对的,穷而"说理",像李有才、聚宝一样,才能与革命建立积极的关联。

而且,赵树理并不单纯是叙述穷人的革命。应当说,他叙述的主要是"农民"的革命。因此,他的小说以更多的篇幅来叙述有一定产业的"农民""为什么不敢说"的困境以及走出困境的路。《李家庄的变迁》是个最有力的例证,小说前半部分集中笔墨叙述铁锁一家经济上的衰落及铁锁的太原之行,后半部分叙述冷元、王安福、白狗等所有人的觉醒,通篇小说未曾叙及哪怕一个雇农。可见李家庄变迁的关键并不在于"农民"内部的阶层划分,而在于整个"农民"作为一个阶级对李家庄"世界"之"理"的掌控。这也就是说,像铁锁这样的"农民""为什么不敢说"以及如何变得敢"说",可能才是赵树理小说叙述最重要的命题。《邪不压正》同样证明了这一点。王聚财是一个有产的"农民",他在小说结尾所做出的"这真是个说理的地方"的判断,作为整个小说叙事上的意义制高点,意味着叙事者对于其判断的认同。因此,赵树理以《邪不压正》再次表明,"农民""为什么不敢说"以及如何变得敢"说"是最重要的命题。

（二）"人家要说理咱怎么办"

一旦"说"的欲望被发现和释放，接踵而来的问题就是"人家要说理咱怎么办"。《李有才板话》叙述老杨同志来到阎家山之后，通过深入民情，了解到农会把持在阎恒元手上，根本没有可能服务于老槐树底"老""小"字辈的利益，于是着手重新组织农救会。在准备的过程中，积极分子小明表示没有阎家的话难以成事，没有"干得了说话的"，老杨同志认为"老槐树底的能人也不少，只要大家抬举，到个大场面上，可真能说他几句"，另一个积极分子小保就问："人家要说理咱怎么办？人家要翻了脸咱怎么办？"① 小保提出了一个非常重要的问题，就是在"说"的欲望被革命释放出来之后，"农民"并不知道该如何"说"，"农民"也不知道该"说"到怎么的程度才算合"理"。这也就意味着，当"说"的欲望刚刚被释放出来之时，不管"农民"是否具有"说"的能力，都不清楚"说"的性质和目的是什么。小保甚至担心"人家要翻了脸咱怎么办"，那么，很显然，他并不理解老杨同志带来的革命是一个阶级推翻另一个阶级统治的暴烈的行动，还纠缠在农村日常人际关系的细节中。毛泽东1927年所谓的"革命不是请客吃饭，不是做文章，不是绘画绣花，不能那样雅致，那样从容不迫，文质彬彬，那样温良恭俭让"②，尚非"农民说理的世界"中的流行法则。事实上，在赵树理笔下的"农民说理的世界"中，"农民"总是存留着对于"温良恭俭让"的革命的设想。

在《刘二和与王继圣》中，赵树理通过流落他乡多年的聚宝的视

---

① 赵树理：《李有才板话》，载《赵树理全集》第2卷，第293页。
② 毛泽东：《湖南农民运动考察报告》，载《毛泽东选集》第1卷，北京：人民出版社，1991年，第17页。

角发现黄沙沟"农民"翻身非常不彻底,就询问原因:

> 小胖说:"为什么?"又指着老刘、大和、二和、铁则、鱼则说:"这几个人?算了吧!教着曲也唱不响!背地里不论给他们打多少气,一上了正场就都成了闷葫芦了。自己不想翻,别人有什么法?"
>
> 大和向聚宝说:"老叔你不摸内情:人不能跟人比,一个人有一个人的本事。小胖人家是武委会主任,嘴一份手一份,能说能打;像我们这些人,平常只在黑处钻着,上了大场面能说个啥?谁知道什么该说什么不该说?说出去谁知道是啦不是啦?"①

大和向聚宝和盘托出了"像我们这些人"的"说"的困境,因为没有小胖那样的权力,"平常只在黑处钻着",权力对于他们而言是神秘的,所以即使释放"说"的欲望的场合出现了,也不知道"上了大场面能说个啥",更不知道"什么该说什么不该说","说出去"之后会有怎样的结果。对于大和这些人而言,关于"说"的一切都是未能预判和不可控制的,因此,不管能不能"说",都选择了不"说"。这个不"说"与屈于势的不敢"说"有联系,也有区别。联系之处在于,大和的不"说"与其父老刘一样,是为"势"所屈,或深或浅地失去了"说"的能力;区别之处在于,为"势"所屈的不敢"说",更多是因为不敢,不是不能或不会,而有了"说"的场合却不"说",则主要还是因为不能或不会。虽然不能或不会的背后有作为历史原因的不敢,但二者之

---

① 赵树理:《刘二和与王继圣》,载《赵树理全集》第3卷,第202页。

间的分际还是存在的。这一点在《邪不压正》中有进一步的表现,其中小说人物安发就被叙述为一个"只会说几句庄稼话"①因此应酬不了小旦的老实人。

更精彩的细节是安发、二姨和金生对于群众大会上斗争刘锡元的对话:

> 安发说:"那老家伙真有两下子!要不是元孩跟小昌,我看谁也说不住他。"二姨问:"元孩还有那本事?"金生说:"你把元孩看错了,一两千人的大会,人家元孩是主席。刘锡元那老家伙,谁也说不过他,有五六个先发言的,都叫他说得没有话说。"②

虽然在"势"上刘锡元已经失败,成了群众大会上的阶下囚,但在"说"的方面依然占据上风,"五六个先发言的,都叫他说得没有话说",可见"说"的能力之强。这也便反证,"农民"作为刘锡元的对手,虽然在"势"上已经反败为胜,但并未同时获得"说"的能力。能不能"说",该怎么"说",成为"革命的第二天"③的重大问题。虽然在小说中刘锡元莫名其妙地死了,但赵树理显然无意于以"势"凌人,在小说叙述中将他暴力处死,而是试图构建"说理"的逻辑,使刘锡

---

① 赵树理:《邪不压正》,载《赵树理全集》第 3 卷,第 285 页。
② 同上书,第 291 页。
③ 丹尼尔·贝尔说:"革命的设想依然使某些人为之迷醉,但真正的问题都出现在'革命的第二天'。那时,世俗世界将重新侵犯人的意识。人们将发现道德理想无法革除倔强的物质欲望和特权的遗传。人们将发现革命的社会本身日趋官僚化,或被不断革命的动乱搅得一塌糊涂。"丹尼尔·贝尔:《资本主义文化矛盾》,赵一凡、蒲隆、任晓晋译,北京:生活·读书·新知三联书店,1989 年,第 75 页。

元在"理"的意义上认识自己。这也就是说,能不能"说",该怎么"说"的问题,乃是与革命行动密切相关的革命伦理与革命文化的问题。必须在"说"的层面上"说"过了刘锡元,安发他们所参与的革命行动的合法性才能真正确立。

但是,"农民"并不知道"人家要说理咱怎么办"的答案。老杨同志表示"用农救会出名跟他们说理"①,虽然解决了"说"的名义问题,但并未从思想上提高小明他们的认识,而只是从组织上给予了小明他们支持。这种支持,毫无疑问主要是一种"势";尽管"势"的背后隐藏着了"理"的逻辑。正因为如此,在阎家山欢天喜地的干梆戏声中,是老秦将老杨同志当成救命恩人来跪谢。老杨同志不得不教育老秦说:"大家是你的恩人,你也是大家的恩人……"但老秦似乎并未因此觉悟,小说接下来叙述的是:"老秦还要让他们到家里吃饭,他们推推让让走开。"②感恩,甚至跪谢救命之恩,很大意义上正是"农民"对革命最主要的感受。③虽然感恩也是革命发生之后一种正常的感情指向,但值得注意的是老秦式的感恩背后是主体意识的沉埋。老秦显然并不理解老杨同志所说的"大家是你的恩人,你也是大家的恩人",而只能眼见为实,视老杨同志为恩人。这样一来,一旦"说"的欲望需要释放,类似老秦的"农民"就会将这一欲望转嫁他处,自身则始终缺乏"说"的能力。在这个意义上,《小二黑结婚》中的小二黑与小

---

① 赵树理:《李有才板话》,载《赵树理全集》第2卷,第294页。
② 同上书,第302页。
③ 当然,需要分辨的是,所谓感恩,也是一种塑造。比如《东方红》,原来是陕西葭县移民队移民延安时编唱的《移民歌》,后来经各种渠道进入延安文艺工作的视野,变成可供演唱的歌曲《东方红》。参见公木:《谈谈〈东方红〉这支歌》,载《文化月刊》1998年第8期。

芹和二诸葛老婆没有什么区别。小二黑与小芹都不情愿父母包办各自的婚事，但不知怎么"说"服父母。后来小二黑知道"说"了："我打听过区上的同志，人家说只要男女本人愿意，就能到区上登记，别人谁也作不了主……"①"理"是"人家说"的，虽然切合小二黑的意愿，但小二黑借来"说"父母时，其力量便主要是因为"区上"作为"势"的存在。小二黑的"说"本身是无力的，二诸葛便不以为然，甚至到了"区上"也公然说出"那不过是官家规定"这样的话。因此，除了找"区上"，小二黑实际上并不知道二诸葛要"说理"时该怎么"说"回去。二诸葛老婆也如此，当三仙姑来势汹汹地兴师问罪时，除了"咱两人就也到区上说说理"②，的确难以有别的抵挡进攻的台词。类似的细节普遍地出现在赵树理小说当中，如《来来往往》中金山"说"不过张世英就要"叫你指导员说说"，③《李家庄的变迁》中铁锁"说"不过李如珍，修福老汉就建议铁锁"上告他"，④《三里湾》中袁小俊"说"不过玉生时，能不够教唆女儿"去找干部评评理去"，而小俊说"他已经先去了"，⑤李林虎、赵正有、袁丁未在驴的问题"说"到词穷时也提出"到区上和他讲讲理""跟你到区上说说理"，⑥等等，不一而足。总之，"说"的能力始终是赵树理小说中一个重要的问题。

---

① 赵树理：《小二黑结婚》，载《赵树理全集》第 2 卷，第 224 页。
② 同上书，第 229 页。
③ 赵树理：《来来往往》，载《赵树理全集》第 2 卷，第 348 页。
④ 赵树理：《李家庄的变迁》，载《赵树理全集》第 3 卷，第 10 页。
⑤ 赵树理：《三里湾》，载《赵树理全集》第 4 卷，第 197 页。
⑥ 同上书，第 352—353 页。

(三)"能说话"的人

于是,"能说话"的人在赵树理笔下的"农民说理的世界"中就扮演了举足轻重的角色。这也在《小二黑结婚》中就开始了,斗争金旺、兴旺的群众大会能顺利进行,端赖那被作践垮了的年轻人敢于第一个开口"说"。而在《李有才板话》中,"能说话"的李有才,其重要性更是毋庸讳言;就是继承了李有才"说"的能力的小顺,也成为老杨同志在阎家山展开动员工作和组织工作的得力助手。"能说话"的李有才的"能"主要表现在编快板,通过快板揭露阎家山政治现实的真相。阎恒元对李有才"说"的能力深感恐惧,便诬蔑他"造谣生事"、"简直像汉奸",将他驱逐出阎家山,① 这从反面充分说明一个"能说话"的人在乡村社会秩序当中据有多么重要的位置。小顺把李有才的板话念给老杨同志听,"老杨同志越听越觉着有意思,比自己一件一件打听出来的事情又重要又细致",想亲自访问李有才。② 其后,在组织农救会时,老杨同志请李有才编了一个入会歌,村民"听了这入会歌,马上就有二三十个入会的",③ 效果相当惊人。而当张得贵散布谣言说农救会不长久,老村长永远不离阎家山时,又是李有才编了快板,"这样才算把得贵的谣言压住"④。最后,阎恒元在阎家山的统治被顺利终结了,老杨同志又请李有才"编个纪念歌",并在他编出后说"这就算这场事情的一个总结吧"。⑤ 这一切都从正面表明了"能说话"的人在认

---

① 赵树理:《李有才板话》,载《赵树理全集》第 2 卷,第 276—277 页。
② 同上书,第 288 页。
③ 同上书,第 296 页。
④ 同上书,第 298 页。
⑤ 同上书,第 303—304 页。

识和改造乡村社会秩序上的重要性。甚至可以说，李有才是阎家山的史诗作者。他不仅代表阎家山人对于阎家山的认知和理解，而且引导外来者认识和理解阎家山的历史和现状，他编的快板发挥了阎家山地方社会史的功用。同时，更为重要的是，在"阎家山，翻天地"的过程中，李有才编的快板起了社会动员作用和最终的价值评判作用，从而具有了史诗的功能。而从老杨同志的角度言之，他在阎家山社会动员和组织工作的成功，是与李有才的"能说话"离不开的。这也就意味着，革命在乡村社会中的发生和成功，首先必须与"能说话"的人结合，然后才有可能更为顺利地实现革命的目标，建立革命的秩序。准此，在《孟祥英翻身》中，去西峧口协助工作的第五专署工作员所以要亲自去找孟祥英的婆婆商量，让孟祥英当妇救会主任，就是革命工作在乡村展开的必由之路。虽然孟祥英的婆婆一个"干不了"顶到底，但工作员鉴于孟祥英"能说话"且"说话把得住理"，[①]始终没有放弃。据小说的叙述，孟祥英当了妇救会主任以后，果然成了生产渡荒的英雄，影响了西峧口甚至西峧口所属的整个区的许多妇女。在《小经理》中，三喜被群众选为村里合作社的经理，"能说话"也是重要的理由之一。他"说个话，编个歌，都是出口成章，非常得劲"，[②]不仅开斗争会时发挥了大作用，而且当上了经理，对"革命的第二天"的建设也同样起作用。赵树理延续这一叙述路数，在《三里湾》中专门叙述了金生他们是如何"说"服范登高放弃资本主义个人生产的道路并加入社会主义合作化运动的。其中有一个细节是范灵芝在旗杆院东房制分配总表，同时北房在开支部大会，做范登高的思想工作。范灵芝

[①] 赵树理:《孟祥英翻身》，载《赵树理全集》第 2 卷，第 382 页。
[②] 赵树理:《小经理》，载《赵树理全集》第 3 卷，第 223 页。

无心听到一些对话，范登高强调私有制度存在时不能反对个人生产，不知如何辩驳，却听张永清、王金生他们驳的很好，知道范登高被整住，"暗自佩服这些人的本领"。① 这充分说明，即使是在社会主义建设时期，"能说话"也是相当重要的。同样的情况在《"锻炼锻炼"》也有表现，主任王聚海瞧不起妇女，认为高秀兰"连'锻炼'也没法'锻炼'"，但在她的一张批评他"太主观"的大字报贴出来之后，就说："没想到秀兰这孩子还是个有出息的，以后好好'锻炼锻炼'还许能给社里办点事。"② 没有"说"的能力，就是要在社会主义建设中发挥作用也是不可能的。因此，无论就革命还是就建设而言，在赵树理笔下的"农民说理的世界"中，"能说话"的人都是相当重要的。

而且，"能说话"的人的重要性还表现在赵树理的小说叙事上。《地板》中的小学教员王老三也是个"能说话"的人。就赵树理的叙述意图而言，是要破除"出租土地也不纯是剥削"的农村习惯上的误会，③ 但就小说的叙述脉络而言，是要以一个有比地主王老四更强的"说"的能力的人，在"情理"上"打通思想"。"能说话"的人对于赵树理小说叙述的意义由此可见一斑。如果说《地板》的整个结构都依赖小学教员王老三"说"的能力的话，《福贵》的结尾则需要福贵能"说"清楚自身所背负的道德污蔑的根源，小说人物"说"的能力是赵树理结构小说的重要因素。那么，在《李家庄的变迁》中，小常来到李家庄进行牺盟会的组织工作，发现冷元"说"的能力强，"暗暗佩服这个人的说话本领"，④ 这里也应当透露出赵树理在小说叙述上的用心。自

---

① 赵树理：《三里湾》，载《赵树理全集》第 4 卷，第 295—296 页。
② 赵树理：《"锻炼锻炼"》，载《赵树理全集》第 5 卷，第 226—227 页。
③ 赵树理：《也算经验》，载《赵树理全集》第 3 卷，第 350 页。
④ 赵树理：《李家庄的变迁》，载《赵树理全集》第 3 卷，第 58 页。

从冷元"说"的能力被小常发现之后,铁锁在整个小说叙述中就迅速背景化了。而在《刘二和与王继圣》中,赵树理再一次叙述了一个"能说话"的人,就是聚宝。小说写王光祖、王继圣都对聚宝回到黄沙沟感到不安,试图笼络他,但聚宝不仅丝毫不为所动,而且谋算着:"不说是不说,说就得给他个厉害叫他怕。"[1] 不过,由于《刘二和与王继圣》并未完成,在聚宝感叹"照你们这样,一千年也翻不了身"[2] 之后,小说叙述将发生怎样的峰回路转,聚宝怎样能"说",大和、宿根、铁则、鱼则等人是否由"不说话"变得能"说",是不便猜测的。据《邪不压正》叙述安发由"只会说几句庄稼话"到成为贫农组长,或许可以逆推赵树理小说叙述的线索可能是大和他们终于能"说"了。因此,在赵树理的小说中,"能说话"的人不仅与革命有着密切的关系,而且与关于革命的小说叙述有着密切的关系。当然,所谓赵树理在小说叙述上的用心,未必是自觉的。他毕竟主要不是一个在小说叙述上用心的作家,尽管他后来的小说创作难免拘泥于小说叙述之讥。

当然,作为"理"上和小说叙事上的平衡,赵树理在小说中设置了另外一种类型的"能说话"的人,他们就是李如珍、小毛、小旦、刘锡元、常有理、小腿疼、贾鸿年等人物形象。这些人虽然千差万别,但都是能说会道的,也都是小说中的反面人物形象。[3] 赵树理通

---

[1] 赵树理:《刘二和与王继圣》,载《赵树理全集》第3卷,第216页。
[2] 同上书,第219页。
[3] 就人物形象的分类而言,黄修己分出二诸葛系列、三仙姑系列、孟祥英系列、小字辈系列、翻得高系列、万宝全系列、农村知识青年系列等七种,又指出马多寿、福贵是孤立的形象,无疑更加细腻。他进而以《小二黑结婚》为赵树理小说创作的主系统,以《李有才板话》为副系统,认为"从《小二黑结婚》开始,便有了一个稳定的构成体系,这种稳定性是作家生活基础牢固的表现,也是成熟的表现"。这种以人物形象的归纳来推演赵树理小说创作状况的意见,也别有深刻之处。参见黄修己:《赵树理研究》,太原:山西人民出版社,1985年,第93—104页。

过他们的存在明确其小说的叙事指向,即"能说话"的人必须在符合革命和社会主义建设要求的条件下,才是"农民说理的世界"中的有机组成因素。否则,"说"的能力越强越危险。但是,无论如何,赵树理叙述的革命以及革命叙述的重要任务都是寻找"能说话"的人。只有找到"能说话"的人,革命才能更为有效地楔入乡村社会秩序的重建;只有依赖"能说话"的人,革命叙述才能更直接地在"理"上有所表现,从而更好地构造"农民说理的世界"。

二 学会"说"

如果说找到"能说话"的人就找到了引导"农民"开始"说"的向导的话,那么,赵树理小说叙述接下来的任务就是让这些接受引导的"农民"学会"说"。而这可能是更为重要的任务。另外,一部分"能说话"的人甚至被叙述为需要重新学会"说"的人,这无疑也是很重要的。就文本及其所处的历史次序而言,首先是让接受引导的"农民"学会说,然后是让"能说话"的人重新学会说。而且,前者主要出现在赵树理1949年前提供的小说文本中,后者则主要出现在1949年之后。

(一)漫游与教育

"农民"接受引导是有条件的。按照《李家庄的变迁》所叙述的铁锁成长史来看,接受引导前,"农民"必须面临极端的处境,濒临破产,才有可能出现学会"说"的契机。小说开头叙述铁锁在李如珍、春喜、小喜、小毛赤裸裸的欺侮之下,明知他们在说理会上不"说理",却不敢"说",连老婆二妞的勇气都没有。此后家道中落,只能去太原领工。在太原偶遇小喜,半推半就地做了他的勤务。小喜所在部队的参谋长说:"这孩子倒还精干,只是好像没有胆,见人不敢说响话。"① 可见只是在太原领工的话,铁锁依然缺乏"说"的能力;或者,"说"的能力始终潜隐在内心,无法解放出来。自从当了小喜的勤务之后,因为替小喜干活,逐渐熟悉太原社会统治阶层的秘密。尤其是去五爷公馆那一趟,铁锁发现整个太原的统治阶层与李家庄的李如珍他们一样,都是"仗势力不说理的家伙",因此发生对于既有秩序的根本性怀疑。铁锁带着怀疑,主动求证于共产党员中学生小常。铁锁在漫游到太原并熟悉了太原统治阶层的基本秘密之后,主动产生了接受教育的愿望和行动。而且,在与小常交谈之后,铁锁发现"小常说的道理,他也完全懂得"。这就是说,铁锁心知其"理",只是一时尚未学会"说"而已。此时,赵树理在小说叙述中进一步使用了延宕的手法,并没有让铁锁从此走上革命的康庄大道,从此就能"说"了,而是让铁锁漫游回家,进一步熟悉既有社会的秘密,随行小喜见识统治阶层的各种怪现状。而更值得分析的一笔是,赵树理让从太原回到李家庄之后的铁锁担任了闾长。这就意味着,铁锁不仅可以观察既有秩序的"仗势力不说理",而且可以亲身体验既有秩序的具体运作过程,从运作过程中认知既有秩序的秘密,从而更深刻地理解小常给予他的教育。这时,小说叙述道:"铁锁自从当了一次闾长以后,日子过得更不如从前了,三四年工夫,竟落得家无隔宿之粮,衣服也都是

---

① 赵树理:《李家庄的变迁》,载《赵树理全集》第3卷,第23页。

千补万衲,穿着单衣过冬。"① 铁锁不难由此意识到,在既有秩序中,即使进入统治阶层的末端,也无法实现"农民说理的世界",甚至连自身的生存也无法保证。铁锁又一次外出领工,因无盘缠去不了太原,只到了县城。此时社会秩序紊乱,县长"跟疯了一样,撒出防共保卫团和警察到处捉人",② 人人自危。冷元问铁锁:"小喜成天给咱们讲,说共产党杀人如割草,可是谁也没有真正见过。你是登过大码头走过太原的,你是不是见过啦?""这一问,勾起铁锁的话来了",③ 可见"走过太原"的漫游经历不仅是铁锁自我成熟的一个重要条件,也是李家庄村民判断铁锁的标准之一,而铁锁也果然因为被问及自己的漫游经历而变得能"说"了。小说叙述道:

> 铁锁一纵身蹲在椅子上,又自己斟得喝了一盅酒,把腰一挺头一扬,说起他在太原时代的事情来。铁锁活了二十七岁,从来也没有这天晚上高兴,说的话也干脆有趣,听的人虽然也听过好多先生们演说,都以为谁也不如铁锁,他把他在太原见的那些文武官员,如参谋长、小喜、河南客、尖嘴猴、鸭脖子、塌眼窝、胖子、柱子等那些人物、故事,跟说评书一样,枝枝叶叶说了个详细;说到满洲坟遇小常,把小常这个人和他讲的话说得更细致,叫听的人听了就跟见了小常一样;说到小常被人家捉去,他自己掉下泪来,听的人也个个掉泪。最后他才说出"听一个老木匠说小常是共产党"。④

---

① 赵树理:《李家庄的变迁》,载《赵树理全集》第 3 卷,第 45 页。
② 同上。
③ 同上书,第 47 页。
④ 同上书,第 48 页。

经历过太原的漫游和小常的教育之后,铁锁不仅深刻地认识了既有秩序的秘密,而且养成了"说"的自信和能力。纵身,喝酒,挺腰,扬头,而且说者动情,听者落泪,铁锁就像一个振臂一呼应者云集的英雄,不仅能"说",更且展现出一种"说"出来的强大的主体意识。可以说,这是赵树理小说中叙述出来的最具有英雄主体意识的场面。而且,这并不是一个个人英雄一枝独秀的场景,铁锁的听众主要并不是输出对于英雄的崇拜和皈依,而是满意于铁锁说出来的故事和道理,输出情感和认知上的共鸣。正如铁锁与小常的关系一样,铁锁与小常的区别主要在于小常比铁锁能"说",听众与铁锁的区别也是铁锁比听众能"说",他们心同一"理",故而是英雄群像的崛起,而铁锁不过是暂时从英雄群像的背景中凸显出来而已。实际上也正是这样的,当冷元、白狗等人也能"说"以后,或者说小常佩服的"能说话"的冷元重新学会"说"之后,赵树理将铁锁迅速植入了背景当中,不再凸显出来。因此,赵树理叙述铁锁经过漫游与教育学会"说",目的不仅在于叙述铁锁作为一个个体的成长,而在于叙述铁锁所处的群体的共同成长的可能。也就是说,赵树理不仅要叙述一个可以无限复制的学会"说"的个体成长过程,而且要将这一个体成长叙述为集体成长自身。

另外,由于铁锁的漫游与教育无论在铁锁的个体成长上还是在李家庄"农民"的集体成长上都具有举足轻重的作用,看似与李家庄的变迁关联不大,甚至完全溢出李家庄范围的铁锁的太原之行,其实恰好是《李家庄的变迁》不可或缺的小说叙述组成。缺少了铁锁的漫游与教育,学会"说"就是为学而学的逻辑教条和小说叙述的误区;而有了铁锁的漫游与教育,学会"说"就是赵树理笔下"农民说理的世界"的必要的骨骼和丰满的血肉。同时,小常来到李家庄之后所谈论的民主权利与国家大事的话题,也只有有了关于铁锁的漫游与教育的叙述之后,才显得其来有自。如果没有铁锁的漫游与教育,对于李家庄的"农民"而言,"国家"可能完全是一个虚幻不实的词语。而一旦有了铁锁的漫游与教育,"国家"就是一种切近李家庄"农民"生存的实体。这就是为什么小常对李家庄"农民"演讲时,总是要以铁锁为例。小常说:"没有权,看见国家大事不是自己的事,那里还有心思救国?我对别人不熟悉,还说铁锁吧:他因为说了几句闲话,公家就关起他来做了一年多的苦工。这个国家对他是这样,怎么能叫他爱这个国家呢?"① 虽然就概念而言,小常混淆了国家与政府的区别,但却成功地唤起李家庄"农民"对于国家产生一种直观、实在的理解,从而接受自己属于一国之民的观念。否则,从一村之民到一国之民,其鸿沟并不是那么容易逾越的。

铁锁的漫游与教育,如果更朴素地说成铁锁离开李家庄之后重回李家庄,就会发现,赵树理在很多小说中都动用了类似的叙述方法。例如《李有才板话》中李有才被阎恒元逼走、被老杨同志召回,《刘二和与王继圣》中聚宝被王光祖逼走、在土改后回来,《福贵》中福贵被王老万逼走、被工作组带回,《灵泉洞(上部)》中金虎被军队抓差抓走、在兵荒马乱中回来,等等,都是类似的。其中福贵重新回来之后,敢于向王老万兴师问罪,"说"起来滔滔不绝,金虎本来是"傻子",回来后成为反抗刘石甫的首领,更表现出和铁锁的漫游与教育的亲缘性质。柯鲁克夫妇在《十里店(一)》中记录妇女协会主席王雪德经历过颠沛流离的生活、家庭经济的殷实和败落、地主的剥削、后婆母的压迫,因此"成为十里店拥护共产党最早和最强烈的人

---

① 赵树理:《李家庄的变迁》,载《赵树理全集》第 3 卷,第 61 页。

员之一"，后来积极参加学习班，以一个"全新的妇女"形象回到了十里店。①王雪德与铁锁的高度相似，除证明了赵树理小说的"真实"品质，更证明铁锁具有学会"说"的典型性，亦即可复制性。

（二）民主与"说"

如果说像铁锁这样的本来不敢"说"的"农民"经历了漫游与教育之后，就变得能"说"了，那么，像安发那样的"只会说几句庄稼话"的"农民"虽然没有漫游与教育的经历，最后却仍然变得能"说"，就说明学会"说"并非只有一条道路。在相似的意义上，小常佩服的"能说话"的冷元，真正学会"说"也并非由于漫游与教育，而是在听了小常谈论的民主问题之后。小常介绍牺盟会的主张时说："想叫大家都有权，就要取消少数人的特别权力，保障人民自由，实行民主。"②此后当修福老汉提醒"要看势"时，冷元就说："不怕！你不听小常说以后大家都要有权啦吗？只要说到理上，他能把咱们怎么样？我看这世界已经变了些了，要不小常这些怎么能大摇大摆来组织咱们来？"③冷元的话中当然透露着对于随"势"变迁的"世界"的理解和相信，但可能更加重要的是冷元认为"只要说到理上"，就能无所畏惧。冷元对"说"的理解，将"说"与"理""世界"联系在一起，充分表现出在民主视野的期待下，不仅敢"说"，而且能"说"的特点。因此，民主，甚至仅仅是民主作为期待视野存在着，"农民"就能学会"说"。如果

---

① 伊莎白·柯鲁克、大卫·柯鲁克：《十里店（一）：中国一个村庄的革命》，龚厚军译，上海：上海人民出版社，2007年，第54—57页。
② 赵树理：《李家庄的变迁》，载《赵树理全集》第3卷，第62页。
③ 同上书，第64—65页。

仅就《李家庄的变迁》来判断，这一点还不够明确的话，加上《邪不压正》作为例证，就能构成一个清晰的命题了。安发最初出现在《邪不压正》的小说叙述中时，是一个"只会说几句庄稼话"的"农民"，但当贫农组织在下河村建立起来之后，当了贫农组组长的他，就成为一个非常能"说"的"农民"了。安发本来应酬不了小旦，但贫农小组成立后，面对小旦的质问，就应付裕如了。小旦想充贫农加入贫农组，觊觎更多的浮财，安发说：

> 咱也不想发那洋财。那天开群众大会你没有听工作团的组长讲，"平又不是说一针一线都要平，只是叫大家都能生产都能过日子就行了。"我看把土地抽补了把房子调剂了，还不能过日子的就是那些扫地出门的户，农会存的东西补了人家也就正对，咱又不是真不能过日子的家，以后慢慢生产着过吧！①

小旦听了之后就放弃入组的打算了。的确，安发这短短的一段话里，既有对现行政策的理解和把握，又有对下河村现状的判断和对策，既有对自我立场的坚持，又有对小旦"真不能过日子"的暗讽，真的是滴水不漏，也难怪小旦只好打退堂鼓了。由此可见，贫农组织作为安发这样的"农民"的民主权利的保证，使得他无须漫游与教育的经历，即变得能"说"了。这也就是意味着，在赵树理的小说中，能不能"说"固然是一个教育与学习的问题，也是一个无师自通的学习问题。

---

① 赵树理：《邪不压正》，载《赵树理全集》第3卷，第313页。

需要稍作分辨的是，贫农组织与民主在何种意义上相关联。在稍早于《邪不压正》的快板《为啥要组贫农团》中，赵树理写道：

> 地主富农捣啥鬼，穷人早就看得见；只要有了贫农团，管保不受他的骗。中农也吃封建亏，一时不想破情面；只要有了贫农团，他们就能跟着干。一个人，两只眼，他看你来你看俺。只要组成贫农团，谁想贪污也不敢。有些人，得了权，好打自己小算盘，只要组成贫农团，没有空子叫他钻。贫农团，贫农团，穷人靠你把身翻！平分土地这件事，带头任务你承担。①

贫农团既是阶级斗争的组织，防止地主富农捣鬼，引导中农战斗，又是监督权力运作的组织，防止贪污和擅权，从而保证穷人翻身和平分土地。那么，毫无疑问，贫农团是一种存有现代民主设想的农村政治组织。因此，安发之学会"说"，是与民主密不可分的。

但是，制度与实践往往是两回事。当民主的制度并不能保证民主的实践之时，民主与"说"之间出现相反的关联，即在民主的制度下，"农民"即使敢"说"、能"说"也不"说"。同样是在《邪不压正》中，当小昌主持群众大会挤封建和填平补齐时，"村里群众早有经验，知道已经是布置好了的，来大会上提出不过是个样子，因此都等着积极分子提，自己都不说话"。②当民主的制度被当权者滥用时，"农民"就选择了"都不说话"。在这种情形下，与其强调民主使"农民"学会了

---

① 赵树理：《为啥要组贫农团》，载《赵树理全集》第 3 卷，第 235—236 页。
② 赵树理：《邪不压正》，载《赵树理全集》第 3 卷，第 305 页。

"说",不如强调被滥用的民主使"农民"学会了不"说"。当然,小昌当政时的下河村,可以被认为徒有民主的虚名。但是,就算是虚名,在虚名的笼罩下,也很容易出现一种怪异的判断,即认为"都不说话"的"农民"不懂民主,因此进一步否认"农民"能"说",在民主的名义下瓦解对于"农民""说"的能力的信任。在这一意义上,赵树理的小说叙述却与刘少奇在1945年做出的农村群众构成状况的政策性分析并不一致。刘少奇说:

> 在一切群众运动中,在最初时期,通常都有比较积极的部分及中间状态与落后状态的部分,而积极分子总是比较占少数,中间与落后状态的人总是组成为广大的群众。按照群众路线,必须照顾多数,即是必须照顾中间状态与落后状态的群众,否则先进部分就会孤立起来,什么事情也办不好。①

刘少奇将占少数的积极分子视为先进部分,而赵树理小说中的积极分子却是小昌擅权的应声虫。就《邪不压正》而言,"积极分子"显然不是一个积极的评价,而"都不说话"的群众才意味着积极评价;前者不是先进的,后者才是先进的。于是,积极分子的能"说"适足以说明他们是在乱"说"。这从刘少奇的逻辑来看,是没有"照顾多数";而从赵树理小说叙述的逻辑来看,是不愿"照顾多数",而只看得见利益,只愿意满足自己的私欲。

当然,大多数时候,赵树理的小说并不与刘少奇政策性分析中

---

① 刘少奇:《关于修改党章的报告》,北平:新民主出版社,1949年,第64页。

所使用的逻辑相悖。无论是最开始的《小二黑结婚》,还是最终的《卖烟叶》,赵树理都叙述了占多数的落后人物形象如何在少数积极分子的引导、批评之下学会"说""理"。但是,正如"群众"以"众人是圣人"的面貌与共产党发生关联一样,赵树理并没有以少数积极分子作为"理"的代表。或者说,赵树理并不简单地以少数积极分子"说理"为"世界"的理想状态,在叙述"群众"作为制衡性力量的存在的同时,将是否"说理"的判别权赋予了圣人化的"群众"。或许正因如此,赵树理在小说中塑造了一批天生能"说""老直理"及"真理"的人物形象,以抗拒少数积极分子被权力腐化之后发生的"农民说理的世界"的危机。在此意义上言之,学会"说"并不是最重要的,因为"农民"本来就能"说"。赵树理由此在小说中表现出复杂的本位主义的立场。

(三) 重新学会"说"

所谓抗拒少数积极分子被权力腐化之后发生的"农民说理的世界"的危机,就"说"的层面而言,即让本来"能说话"的人重新学会"说"。在《小二黑结婚》中,赵树理叙述金旺老婆在斗争金旺、兴旺的群众大会之后"变了口吻"说"以后我也要进步了",[①]首次表露出让"能说话"的人重新学会"说"的叙事信息。金旺老婆原来是妇救会主席,"能说话"是应当的。群众大会之后,她需要"变了口吻",也即意味着原来的积极分子在"革命的第二天"需要重新学会"说"。在这样的线索上,赵树理在《李有才板话》中叙述了陈小元被腐化的过程及最后被批评的局面,在《邪不压正》中叙述了小昌变得自私擅权的

---

① 赵树理:《小二黑结婚》,载《赵树理全集》第 2 卷,第 234 页。

过程及最后被党组织勒令反省的状况。在"革命的第二天",他们显然都亟须"变了口吻",重新学会"说"。当然,这些文本中的"革命的第二天"还只是暂时的、局部的,赵树理并未叙述陈小元、小昌等人如何重新学会"说"的过程。而 1949 年以后的文本中的"革命的第二天"则是整体的局面,赵树理以极大的耐心叙述了一些积极分子重新学会"说"的艰难过程。需要预先说明的是,尽管赵树理付出了极大的耐心,他对于重新学会"说"的叙述也未见多么成功,"变了口吻"的理由叙述得并不充分。

在 1955 年发表的《三里湾》中,赵树理叙述了两个革命时期的"能说话"的人需要重新学会"说"。一个范登高,曾经是三里湾革命的领导,在"革命的第二天"合作办社浪潮中成了紧抓资本主义个人生产的典型,不管怎么能"说"大家都不感兴趣了。一个袁天成,曾经是三里湾革命的重要角色,在"革命的第二天"成了被无限同情的对象。范登高千方百计要挽回自己的听众,但仿佛经历了一场痛苦的病变之后,依然未能重新学会"说"。赵树理在叙述完张永清讲话时的热烈场景之后,接着叙述道:"范登高在减租减息的时候,讲起话来要比张永清还受人欢迎,可是近几年来,一上台大家就不感兴趣,因为他已经变得只会说一些口不照心教训别人的话。"① 在党组织的压力和引导下,范登高由抵触渐渐转变为主动检讨,然而一登台说的却是:"我这几年有个大错误,向你们大家谈谈!"听众的反应是:"听! 又摆开教训人的架子了!"② 范登高尚未能祛除旧的"能说话"的口吻,甚至毋宁说还留恋着旧的"能说话"的口吻,却又要重新学会"说"。因此,他虽然"说"的是自我检讨,言辞之间却让听众觉得"又

---

① 赵树理:《三里湾》,载《赵树理全集》第 4 卷,第 306 页。
② 同上书,第 306—307 页。

摆开教训人的架子了"。重新学会"说"对于范登高来说，的确不仅是自我生理及心理出现病态并被治疗而痊愈的过程，而且是欲"说"不能的困境。小说接下来叙述大家给范登高提各种各样的意见，"范登高在马虎不过的情况下，表示了以后愿意继续检查自己的思想"①。有意思的是，赵树理此后并未叙述范登高如何继续检查自己的思想，作为小说人物，范登高在《三里湾》中也从此无声无息，只在范灵芝的意识中乍一现身："这不是就像个爹了吗？"②也许是无意，也许是无力，赵树理放弃了叙述范登高重新学会"说"之后，"变了口吻"变成怎样了。因此，这不禁令人猜想，对于范登高而言，重新学会"说"是欲"说"不能的困境，对于赵树理而言，重新学会"说"是无从进行小说叙述的困境。

袁天成在党组织的督促下，当老婆能不够又一次挑衅时，决心不再"甘心接受老婆的落后领导"③，要跟她离婚，"也革了命了"④。能不够缺乏自立的经济基础和能力，不敢答应离婚，愿意拉倒，天成便给她定下了规矩："哪一条不答应，都得趁早散伙！"能不够想："咦！这老头儿真的是当过老干部的，说出来的话一点空儿也不露！我操典了他多半辈子，想不到今天他会反扑我这么一下！"⑤"也革了命了"的天成虽然"说出来的话一点空儿也不露"，但并非因为重新学会了"说"，而是因为"真的是当过老干部的"，本来就能"说"。这就带来一个新的问题，即在"革命的第二天"，重新学会"说"是否必要？至少就袁

---

① 赵树理：《三里湾》，载《赵树理全集》第 4 卷，第 308—309 页。
② 同上书，第 314 页。
③ 同上书，第 309 页。
④ 同上书，第 330 页。
⑤ 同上书，第 334 页。

天成与能不够的夫妻关系来看，赵树理并未叙述重新学会"说"的必要。当然，袁天成与能不够之间的问题，不构成宏大的走资本主义道路还是走社会主义道路的问题，因此袁天成的困境也就远远小于范登高。但赵树理在小说叙述中以极其锐利的方式解决了袁天成的困境，即让袁天成直接逼能不够离婚，却在范登高的问题上逡巡不前，将结局以旁敲侧击的方式由范灵芝内心独白而出，则可见赵树理的小说确实陷入了无从叙述重新学会"说"的困境。由此反观《登记》，就会发现赵树理对于重新学会"说"，即使是在相对微观的婚姻伦理问题上，也有着极为复杂的立场。《登记》的主旨是叙述婚姻须以恋爱为基础且婚姻自由，但对于张木匠和小飞蛾的婚姻状况，虽然从小飞蛾的视点出发揭露其封建性，却并未叙述小飞蛾对自己婚姻的现状有任何不满。这就是说，《登记》在提供一套关于婚姻的新的"理"的同时，本身却容忍旧的婚姻观念所造成的既成事实。因此，赵树理关于重新学会"说"的小说叙述是缺乏一致性的，被碎割在不同的具体事实上，难以通往逻辑的深处。而背后是"各有各的道理"在起作用，赵树理并未在小说中让"世界"只循一"理"而行。同样的，《孟祥英翻身》关于孟祥英与梅妮婚姻的叙述，虽然可以归因于赵树理拘泥孟祥英的传记事实，但也可归因于他对"说"与"理"本无一致性的思考。因此，甚至可以说，无从叙述重新学会"说"的困境，或许并不是困境，而是赵树理小说思维直接反映真实的自觉，即事实如此，作家不愿意过多地越出事实，构建纯粹的再现"世界"。

在《三里湾》以后的小说中，赵树理继续叙及重新学会"说"的问题，如《锻炼锻炼》关于王聚海最终自承"太主观"[①]的叙述，《老定

---

① 赵树理：《"锻炼锻炼"》，载《赵树理全集》第5卷，第239页。

额》关于林忠重拾革命精神的叙述,都是曾经的积极分子在"革命的第二天"如何自我蜕变的故事。但是,与关于范登高的叙述一样,赵树理只是叙述了他们蜕变前的状态和蜕变的发生与完成,并未叙述蜕变之后他们的"变了口吻"到底变成什么样了。作为一个无从叙述的命题,重新学会"说"始终以不圆满的状态存在于赵树理小说中。甚至赵树理最后写作的关于青年学生改造的小说《互作鉴定》和《卖烟叶》,也是在详细展开刘正、贾鸿年本来的"说"的面貌之后,即以批评性的叙述作结,并未叙述他们能否重新学会"说"。因此,谨慎一点地说,赵树理小说叙述了必须重新学会"说"的原因,却无从展开重新学会"说"之后的远景。

三 "官腔"与"老百姓的话"

赵树理小说无从展开重新学会"说"的远景,缺乏一致性,这是赵树理小说再现"世界"的内在困境在更微细层面的反映。对于赵树理的小说语言,周扬曾认定:"他在他的作品中那么熟练地丰富地运用了群众的语言,显示了他的口语化的卓越的能力;不但在人物对话上,而且在一般叙述的描写上都是口语化。"[1]后来有的研究者更进一步认为,"对可'说'性文本的追求是赵树理小说创作自觉的理性意识"[2]。还有的研究者甚至认为:"很明显,赵树理试图建立的跨越'声

---

[1] 周扬:《论赵树理的创作》,载《论赵树理的创作》,沈阳:东北书店,1949年,第14页。
[2] 白春香:《赵树理小说叙事研究》,北京:中国社会科学出版社,2008年,第24页。

音场'和'文字场'之间的过渡性文本——'可说性文本',本身已经溢出了现代小说的阐释框架,在民间说书艺术语言进入现代小说并进行自身的现代转化的同时,保持现代小说语言的洁净、简单和阅读快感,这种双重文本的魅力,在现代小说立场上的简单批判显然不能解决问题。"① 这些意见都是正确且富有启发性的,引人思考一些与赵树理再现"世界"的内在困境有关的问题,即赵树理的"可说性文本"到底是如何构成的?

(一)"官腔"

在《李有才板话》中,张得贵秉命通知阎家山村民第二天到庙里选村长:"明天选村长啦,凡年满十八岁者都去!"又放低嗓子说:"老村长的意思叫选广聚!"小保评价:"他也学会打官腔了:'凡年满十八岁者'……"小顺道:"还有'老村长的意思'。"② 老槐树底下的人对于张得贵"学会打官腔"非常敏感,从语言上将张得贵划到了另一阶层。这是"官腔"一词唯一一次在赵树理小说中出现,它作为一个符号,起着区分人物属性的作用。而所谓"官腔",从李有才编排张得贵的快板来看,含有重复他人的语言,毫无意义及价值的意味:

> 张得贵,真好汉,
> 跟着恒元舌头转;
> 恒元说个"长",

---

① 杨天舒:《赵树理小说创作与民间文艺资源》,北京大学博士学位论文,2006年,第95页。
② 赵树理:《李有才板话》,载《赵树理全集》第2卷,第258页。

得贵说"不短"；

恒元说个"方"，

得贵说"不圆"；

恒元说"砂锅能捣蒜"，

得贵就说"打不烂"；

恒元说"公鸡能下蛋"，

得贵就说"亲眼见"。

要干啥，就能干，

只要恒元嘴动弹！①

张得贵的"官腔"是学来的，而且基本上是阎恒元语言的重复，因此更加没有意义和价值。当然，就张得贵本人来说，其要害不在于"官腔"，而在于是阎恒元的应声虫。但当他"学会打官腔"之后，老槐树底人对他的恶感就更甚了。"官腔"甚至起着决定性质的作用。不会"官腔"的张得贵也许不过是一时的走狗，而"学会打官腔"之后的张得贵可能就是一世的走狗了。有人希望张得贵的儿子小旦劝劝张得贵以后不要当恒元的尾巴，小旦抢着说："那天不劝他？可是他不听有什么法？为这事不知生过多少气？有时候他在老恒元那里拿一根葱、几头蒜，我娘也不吃他的，我也不吃他的，就那他也不改？"②赵树理最终未在《李有才板话》中叙述张得贵有没有悔改，但在《李家庄的变迁》中叙述李家庄人允许类似的人物小毛改过自新，在其他小说中继续叙述类似人物的存在，或许无意将张得贵式的人物在小说叙述

---

① 赵树理：《李有才板话》，载《赵树理全集》第2卷，第255页。
② 同上书，第272—273页。

的意义上赶上绝路。① 不过，无论如何，赵树理在小说的意义上表达了对于"官腔"的否定。这一点通过李有才对章工作员的评价来看将更加清楚。选举会开始前，李有才放出牛来预备往山坡上送，小顺怕他误了选举，拦住他，他强调误不了，因为在他看来，负责主持选举的章工作员"不论什么会，他在开头总要讲几句'重要性'啦，'什么的意义及其价值'啦"，光讲完这些自己就回来了。② 李有才虽然没有直接说章工作员"打官腔"，但也是在讽喻他关于"重要性""意义及其价值"的讲话恰好是不重要的、缺乏意义和价值的话，也就是一种"官腔"。由此可见，不管是张得贵，还是章工作员，只要他们"说"的是"官腔"，老槐树底下的人们就要视其为对立面的。老杨同志是一个与章工作员工作方法不同的农救会官员，他按照制度深入群众，住在老秦家，做宣传也与章工作员不一样。章工作员"开头总要讲几句'重要性'啦，'什么的意义及其价值'啦"，老杨同志则先听了李有才编的快板，听大家"说"，然后"借着评论得贵，顺路给大家讲了讲'农救会是干什么的'"，于是"大家听得很起劲"。③ 老杨同志先听后"说"，而且"顺路给大家讲了讲"农救会，就摆脱了打"官腔"的危险。换言之，章工作员试图将"重要性""意义及其价值"灌输给阎家山村民，于是成了"官腔"，而老杨同志则先听后"说"，通过交谈将"重要性""意义及其价值"分享给了阎家山村民，因此免于成为"官腔"并被村民拒绝的危险。

---

① 相对于赵树理的犹豫，梁斌在《红旗谱》中是毫不犹豫地将类似的人物李德才钉上了革命、历史和道德的耻辱柱，在虚构的意义上实施了全面的放逐。
② 赵树理：《李有才板话》，载《赵树理全集》第2卷，第260页。
③ 同上书，第290页。

在《登记》中,赵树理再次嘲笑了"官腔"毫无意义及价值。艾艾和小晚、燕燕和小进,两对恋爱中的青年男女为他们的自由结婚奋斗,但处处受阻,直到婚姻法公布、区政府干涉之后,才顺利结婚。在模范结婚会上,艾艾说:"大家讲起官话来,都会说'男女婚姻要自主',你们说:咱们村里谁自主过?说老实话,有没有一个不是父母主婚?"①艾艾说"大家讲起官话来",其义与小保说张得贵"打官腔"是一样的,即都指重复他人语言之毫无意义、毫无价值。在这个意义上,小晚对王助理员的批评也是对"官腔"的嘲笑。他认为王助理员光听来登记的人说个"自愿",问自愿的理由更问得没道理:"他既然要这样问,人家就跟背书一样给他背一句'因为他能劳动'。哪个庄稼人不能劳动?这也算个理由吗?"②这里还涉及更重要的问题,即问答之间,都是"官腔"。以"官腔"对"官腔",这一方面暗示着"农民"应对"官腔"的生存智慧,一面便将问题推向了更加无意义、无价值的深渊。当然,小晚一语戳穿"因为他能劳动"的"官腔"性质,意味着赵树理无意将"官腔"问题处理为无可挽救的"世界"病症。这与张爱玲的态度是不一样的。在《秧歌》中,张爱玲也描写了一个结婚登记的细节,干部问结婚理由,新郎新娘回答的都是因为对方能劳动。③张爱玲认为现状不可改变。而在赵树理,无论就其创作初衷还是就《登记》的文本实际而言,其主旨都是认为"世界"是可以改变的。

赵树理最后一次正面叙述"官腔"问题是在《灵泉洞(上部)》中。小说介绍刘石甫:"他原名刘承基,在省城作'官'的时候,见人家那

---

① 赵树理:《登记》,载《赵树理全集》第4卷,第29页。
② 同上。
③ 张爱玲:《秧歌》,台北:皇冠出版社,1989年,第14页。

些作官的彼此都称呼'字',他便也请人起了个'字'叫'石甫'——这个字在省城虽然连他那位秘书同学也没有称呼过他,可是回到灵泉沟以后用得呼呼响。"①但事实上刘石甫并没有做成"官",因此"官腔"也没有学会打。但回灵泉沟后偏偏好打"官腔",小说对此有辛辣的讽刺:

> 灵泉沟人们的土话把门窗的"门"念成煤炭的"煤",刘石甫不知要把"门"字改正过来,而且要把烧火的"煤"也说成"门"。他说省城里是那么说,别人没有到过省城,无法和他分辩,也只好让他烧"门"算了。②

叙事者对于不会打"官腔"却偏偏好打"官腔"的刘石甫,表现出一种强烈的语言上的洁癖,而"官腔"的无意义、无价值在此更表现出负面效果,即"官腔"不仅无意义、无价值而已,更戕害人性,使丑恶者更丑恶。小说还接着叙述刘石甫"说话好用最时髦的字眼,不论用的是不是地方,用上去说得通说不通,总是想起来就用"③,进一步将"官腔"无意义、无价值的假面撕开,充分喜剧化了。④

一言以蔽之,远离事实和"说"者的身份的"说",便是"官腔"。这也就是无法与真实建立有效的关联,对于以文学反映双重真实的作家赵树理而言,自然是必须撕碎并喜剧化的东西。因此,在小说中,

---

① 赵树理:《灵泉洞(上部)》,载《赵树理全集》第5卷,第117页。
② 同上书,第118页。
③ 同上。
④ 赵树理这样的小说叙述总让人感觉另有所指,似乎在借叙述者之口影射同时期小说创作无限拔高小说人物,在人物的对白中填满新生的意识形态词汇。当然,这未必是作家的自觉,未便径下论断。

他不仅嘲笑了张得贵、刘石甫这些反面人物的"官腔",而且对章工作员、王助理员之类的非反面人物,也绝不姑息其"官腔",从而表现出一种语言上的洁癖。

(二)"老百姓的话"

从"官腔"联想到"民腔"或"老百姓的话"是容易的,二者是直接对立的"说"。但赵树理在"官腔"上表现出来的语言洁癖,似乎并不径直转为对于"老百姓的话"的认同。同样是在《灵泉洞(上部)》中,叙事者一方面让刘石甫烧"门"算了,辛辣地讽刺"官腔",另一方面对满口方言的吴参谋,也并未稍让词锋。叙事者不仅叙述除了勤务兵无人能懂吴参谋的方言,而且音、字并叙,说明吴参谋口中的"汉菜"是"现在","斗西豪西林!麻子斗不登!贵迷斗西极让加入升斗,日本杂木冷狗不大吴蒙老"是"都是活死人!什么都不懂!国民都是这样的教育程度,日本怎么能够不打我们呢","把贼妖精的歹狗忠良拉哈老"是"把最要紧的代购军粮忘了"。① 如此直露地在小说中叙述方言的难于形成交流,虽然是安置在一个国民党反动军官头目身上,也不能不让人意识到,赵树理以"老百姓的话"指代的绝不完全是老百姓口头的日常语言。在最早的创作谈中,赵树理说:

> 我既是个农民出身而又上过学校的人,自然是既不得不与农民说话,又不得不与知识分子说话。有时候从学校回到家乡,向乡间父老兄弟们谈起话来,一不留心,也往往带一点学生腔,可是一带出那等腔调,立时就要遭到他们的议论,

---

① 赵树理:《灵泉洞(上部)》,载《赵树理全集》第5卷,第119—120页。

> 碰惯了钉子就学了点乖,以后即使向他们介绍知识分子的话,
> 也要设法把知识分子的话翻译成他们的话来说,时候久了就
> 变成了习惯。说话如此,写起文章来便也在这方面留神……①

这段通常被用来说明赵树理如何以农民的语言来进行小说叙述的话,拟想的读者对象恰恰不是农民,而是知识分子。赵树理很清楚地将农民称为"他们",那么"我们"是谁?赵树理虽然没有明说,但这也很清楚,"我们"便是知识分子。只有这样解释,才能与赵树理日后自省自己"究竟还不是农业生产者而是知识分子"的话建立起准确的联系。但赵树理没有明说,也自然有其道理,就是不打算将自己直接归类为知识分子,试图取得一种调和二者关系的立场,进行"翻译"工作。他说了"把知识分子的话翻译成他们的话来说",他做的却不止于此,他还把"他们的话"翻译成"知识分子的话"来说,至少是翻译成知识分子能懂的话来说。上述对于吴参谋方言的直露描写,便是把"他们的话"翻译成知识分子(能懂)的话的一个反面佐证。赵树理通过讽刺吴参谋的方言,一方面影射那些刻意使用方言土语的小说,另一方面则证明他自己的小说"口语化",不仅是知识分子的话被翻译成了农民的话,而且农民的话也被翻译成了知识分子(能懂)的话,因而讨论赵树理小说的语言,不仅是"可说性"的问题,也是"可读性"的问题。②

---

① 赵树理:《也算经验》,载《赵树理全集》第3卷,第350页。
② 1951年6月6日《人民日报》即发表了毛泽东修改过的社论《正确地使用祖国的语言 为语言的纯洁和健康而斗争》,1955年10月25—31日中国科学院在北京召开了现代汉语规范问题学术会议,1956年2月6日,国务院发布了《关于推广普通话的指示》,在全国范围内推广普通话。这是赵树理《灵泉洞(上部)》对吴参谋方言进行戏剧化描写的重要背景。

蒋晖曾经通过分析《李有才板话》发现："赵树理的困境是，他不可能不通过写作而超越写作，即不可能不通过创作小说而完成对五四小说的批判，不可能不通过文字而寻找声音并从中确立文学的本真观念。"①所谓"不可能不通过写作而超越写作"，转化成"可说性"与"可读性"的问题，也就是指赵树理不可能不通过小说的"可读性"来超越"可读性"，实现小说的"可说性"。他在1964年发表的《卖烟叶》开头交代说："我写的东西，一向虽被列在小说里，但在我写的时候却有个想叫读者当作故事说的意图。"②这意味着他的主观意图只能通过写来传达，但得到的读者接受反应却是"可读性"的小说，而非"可说性"的故事。那么，不管他怎么呼吁"要把书本上的语言改成人话，改成口语"③，都无法越过"可读性"来实现"可说性"。这一点甚至在他的小说叙述上就有深刻的体现。杨天舒指出："《卖烟叶》的失误就在于它试图僭越'脚本'而成为真正的'口头创作'，可作为纸质文本的创作思维又决定了那又是不可能的，因此它成了一个奇怪的'拟口头文学'，而不仅仅是从前的那些可供讲述的双重文本。"④当然，正如有的研究者认为的那样："赵树理的小说在叙述格局上借鉴了拟书场的表现形式，但在其大部分作品中却基本上抛弃了由于说书人叙述者的显在存在而必然形成的各种繁复臃肿的程式化叙述，从而创造出一种有别于拟书场格局的隐含书场格局。"⑤赵树理大多数时候总是注意到了"可读性"与"可说性"的分歧，而倾力于保证小说的"可读性"。

---

① 蒋晖：《〈李有才板话〉的政治美学》，载《文艺理论与批评》2006年第6期。
② 赵树理：《卖烟叶》，载《赵树理全集》第6卷，第221页。
③ 赵树理：《文艺面向农村问题》，载《赵树理全集》第6卷，第209页。
④ 杨天舒：《赵树理小说创作与民间文艺资源》，第107页。
⑤ 白春香：《赵树理小说叙事研究》，第35—36页。

然而，正是在保证小说的"可读性"之时，赵树理不得不将对于农民而言"可说"的话翻译为对于知识分子而言"可读"的话。在《李有才板话》中，叙事者介绍李有才"有个特别本领是编歌子"，接下来解释："这种歌，在阎家山一带叫'圪溜嘴'，官话叫'快板'。"① 这个解释非常值得分析：这种歌在阎家山叫"圪溜嘴"，说明"圪溜嘴"是"老百姓的话"，"快板"则明确标识是官话，属于"官腔"系统，而"歌子"介于二者之间，是什么话呢？只能说是对"圪溜嘴"的翻译。在赵树理看来，"圪溜嘴"太"老百姓的话"，"快板"太"官腔"，因此另外造了"歌子"一词，算是对二者的同时翻译。但是，除了"圪溜嘴"只出现在解释性的叙述中，且仅出现一次外，歌子和快板都分别承担了相应的叙事功能。小说第一节"书名的来历"明显是为了保证小说的"可读性"，故而解释完歌子就是官话的快板之后，在叙述中就一直使用快板一词，甚至还生造出"板人"和"板话"两个词。而小说最终乃以"李有才板话"命篇，最后一节以"'板人'作总结"命节，更说明赵树理为了保证"可读性"而在有意地远离"老百姓的话"的同时向"官腔"靠拢。这也就是说，无论是"可说性"还是隐含书场格局的判断，对于《李有才板话》都不是充分有效的。赵树理解释书名的来历时，将"板话"与诗人的"诗话"勾连，② 而非与《大唐三藏取经诗话》这样的说唱艺术建立关系，更说明赵树理的深意在"可读性"而非"可说性"。因此，虽然小说第二节开始只在叙述中使用了一次"快板"一词，此外无论在人物对白和叙事者的叙述中都只用的是"歌"或"歌子"，但都必须承认，《李有才板话》首先是面对知识分子的具有"可

---

① 赵树理：《李有才板话》，载《赵树理全集》第2卷，第250页。
② 同上书，第253页。

读性"的小说,然后才是面对农民的具有"可说性"的故事。赵树理并未从对于"官腔"的语言洁癖径直转向"老百姓的话",尤其是他的小说叙述语言并未如此,这点是很明显的。

而且,《李家庄的变迁》中的两个细节甚至可以进一步说明,赵树理有意识地在小说中祛除"老百姓的话"。弃"圪溜嘴"而取"歌子"已说明这一点,而《李家庄的变迁》叙述小常在李家庄做动员工作:

> ……就本着牺盟会行动纲领的精神,用老百姓的话演义了一番,说得全村男男女女都知道牺盟会是干甚的了。①

小常到底是怎样"用老百姓的话演义了一番","老百姓的话"是怎样的,没有答案,这便更进一步说明赵树理有意识地不让小说中出现"老百姓的话"。另外,《李家庄的变迁》叙述"这里的世界完全成了我们的了"之时,除了让村长讲了总成绩,就是让铁锁报告了坏消息,至于最热闹的自由讲话,则没有一句李家庄人说的话出现在小说叙述中,②这也说明赵树理有意祛除"老百姓的话"。在小说中一一呈现自由讲话说了什么,当然并不妥帖,但这恰好反证,一旦进入小说的逻辑,赵树理无法真正使用"老百姓的话",而只能是使用一种翻译性的语言。因此,如果一定要将赵树理"口语化"的小说写作与"老百姓的话"建立关联,就必须强调,所谓"老百姓的话"绝不是农民口头的方言土语,如"圪溜嘴"之类的话,而是经作家翻译之后,在作家的拟想中,既能为知识分子提供"可读性"又能为农民提供"可说性"的一种

---

① 赵树理:《李家庄的变迁》,载《赵树理全集》第3卷,第68页。
② 同上书,第127页。

语言。这也就是说，即使在最保守的立场上来看，"老百姓的话"作为"官腔"的对立存在，同时是赵树理小说语言的一种想象性的标的物。

（三）语言与文字

从"可说性"方面引申，赵树理通过小说叙述构建了一种"说"的乌托邦。但从"可读性"方面引申，他又通过小说叙述设立了语言与文字之间的等级关系。这一点最早反映在《孟祥英翻身》中。孟祥英的婆婆听说妇女要上冬学，感慨万千："不识字还管不住啦，识了字越要上天啦！"① 可见婆婆对"识了字"的孟祥英更为忌惮。《小经理》通篇叙述的是"能说话"的三喜"说"不过王忠，但"识了字"的三喜就将王忠收拾得服服帖帖了。三喜因为家里穷，从小没有念过书，通过东问西问认识了好几百字，但还阅读不了书，"这是他最不满意的一件事"②。三喜当上经理后，王忠抓住他识字太少这一点跟他捣蛋，故意事事让他出主意。无奈之下，三喜决定"翻开账本偷偷地学"，"起先只是认字和了解账理，后来又慢慢学着写——把账本上的字写到水牌上，写满了就擦，擦了又写，常是半夜半夜不睡觉"。③ 小说叙述到了这里，已经颇有能"说"不如能"写"的意味了。接下来赵树理更深入一笔，写三喜老婆不明就里，晚上跑到合作社要求三喜回家。三喜为了练习写"酱"字，不愿回家，他老婆赌气不走，当晚就住在合作社。"他没法，只好关住门；可是'酱'字还没学好，又坐上写起

---

① 赵树理：《孟祥英翻身》，载《赵树理全集》第 2 卷，第 384 页。
② 赵树理：《小经理》，载《赵树理全集》第 3 卷，第 223 页。
③ 同上书，第 226 页。

来，直写到和王忠写的差不多才睡。"①就像是为了完成一个盛大的仪式，三喜对于识字、写字到了绝对心无旁骛的境界，既能废寝忘食，又能不顾年轻的妻子独守空房。通过这样的小说叙述，赵树理的确将文字提到了远比语言重要的程度。因此，必须先讨论清楚在赵树理的小说叙述中，语言与文字的等级关系到底是怎样一种存在，然后才能进入他的小说叙述所构建的"说"的乌托邦的分析。

在《三里湾》中，赵树理一开头就叙述了马有翼教王玉梅写字的细节，并暗示将来他们会结为夫妇。两人经过一系列波折之后，终于要走到一起了。马有翼失去了与范灵芝在一起的机会，决定不能再错过王玉梅，而王玉梅虽然不愿意嫁进马家院变成"常没理"，不愿意"从社会主义道路上返到资本主义道路上去"，但最终还是选择了与马有翼在一起。她选择的根本原因是："你这位到外边学过艺的先生，宝葫芦里自然有宝，不过我还要看看你能不能用你的宝来变化一下我所不赞成的事实！"②由此可见，虽然有家庭关系上的担忧和意识形态选择上的焦虑，但王玉梅更在意的还是马有翼"到外边学过艺"，即马有翼的文字能力。这就意味着，文字具有比语言更高一级的地位。而且，王玉梅期待马有翼"用你的宝来变化一下我所不赞成的事实"，更意味着文字具有特殊的改造"世界"的能力；至少在王玉梅的期待里是这样的。赵树理通过叙述王玉生和范灵芝的结合进一步确认了文字与语言的等级关系。从范灵芝的角度来看，她放弃马有翼选择王玉生，是放弃马有翼的文化选择王玉生的实践能力。而从王玉生的角度来看，他与袁小俊离婚与范灵芝结婚，则是放弃了袁小俊在能不够教唆下学会的"说"，选择了范灵芝的文化能力，即放弃了语言，选择了

---

① 赵树理：《小经理》，载《赵树理全集》第3卷，第227页。
② 赵树理：《三里湾》，载《赵树理全集》第4卷，第325页。

文字。范灵芝向王玉生示爱时，玉生说："我的老师！只要你不嫌我没有文化，我还有什么考虑的呢？"① 面对文字，王玉生简直不假思索就答应了下来。因此，虽然从总体上看，赵树理在《三里湾》中的小说叙述是围绕着资本主义与社会主义两条道路之争的轴心转动的，但也必须承认，赵树理绝无以意识形态否定文字之意。相反，他试图通过小说叙述将文字收纳进意识形态需要的包裹当中。

当然，收纳工作是困难的。在此后的小说叙述中，赵树理倾力叙述的是文字之害。虽然在《灵泉洞（上部）》和《杨老太爷》中，作家也叙述上过学的银虎和铁蛋走上了革命的道路和社会主义建设的工作岗位，但在《互作鉴定》和《卖烟叶》当中，则是全面叙述文字之害。《互作鉴定》和《卖烟叶》的主题当然有所差别，但主角都是青年中学生，一个是耽于写诗不安心劳动的刘正，一个是耽于写小说不愿意劳动的贾鸿年。这两篇小说都强调文字的腐蚀性和欺骗性。《互作鉴定》以刘正写给县委书记的一封信开头，接下来小说叙述县委王书记下乡调查刘正信中反映的情况，发现他所写的与刘正的同学陈封等人所说的完全不一样，而且是刘正以文字掩盖了实情。因此，"说"完全解构了"写"，语言全面压倒了文字。刘正在诗中写："我们英雄的人民才是万物之主，古往今来创造出奇迹无数。小小河流啊，我们一定要把你征服！"② 但据陈封他们说，刘正不但没有征服河流的实际行为，而且彻彻底底被文字征服，徒作大言。面对刘正关于"伟大的理想"的疑问，王书记最后说："要是连水也不想下，连大锯也不想拉，连砂锅也不想烧，认为那都只有'没出息'的人才肯干，而自己则是这帮'没出息

---

① 赵树理：《三里湾》，载《赵树理全集》第4卷，第319页。
② 赵树理：《互作鉴定》，载《赵树理全集》第6卷，第121页。

人'的天然指挥者,那便是抱着个站在别人头上的理想,去占你所谓'没出息'的人们——其实也就是你的诗里所说的'英雄人民'的劳动成果了。要知道那不叫什么'伟大的理想',而应该说是'不可告人的野心'!"① 将刘正所"写"与刘正所"说"、所行对照,王书记揭下了刘正"写""英雄人民"的假面,说明刘正为文字"英雄人民"所欺骗,不懂得"英雄人民"就是"没出息"的人。如此一来,一个为文字所腐蚀因而不能理解现实的人物形象就被塑造出来了。而通过这一人物形象的塑造,赵树理也深刻地表达了颠倒语言与文字之间的等级关系的意图。此后,在《卖烟叶》中,赵树理继续贯彻这一意图,叙述爱好文学、热衷写小说的贾鸿年如何本质上是一个自私自利的个人主义者,叙述王兰如何差一点被贾鸿年的文学才华和书信欺骗,再一次说明文字的腐蚀性和欺骗性。当然,赵树理的意图是勘破文字的腐蚀性和欺骗性,因此在《卖烟叶》中,王兰最后从贾鸿年来信的字里行间读出了贾鸿年是个人主义者的秘密,并发现他的思想渊源有自,即出身于习惯投机倒把的家庭。王兰同时还发现了祛除文字的欺骗性和腐蚀性的方法,即坚持参加生产,坚持以人人为我、我为人人的社会主义精神指导自我的行为。赵树理由此再一次表现出将文字收纳到意识形态的包裹中的用心。但是,必须强调,这次收纳是力不从心的。王兰放弃贾鸿年的故事背后是一个反叙述,即贾鸿年始乱终弃,这意味着表面是意识形态战胜了文字,背后很可能是文字战胜了意识形态,二者之间,胜负难料。因此,在语言与文字之间,尽管赵树理始终努力想构建"说"的乌托邦,建立语言高于文字的等级关系,还是无法完全在小说中保证这一点。正如他的小说叙述必须付诸文字一样,他在小

---

① 赵树理:《互作鉴定》,载《赵树理全集》第 6 卷,第 123 页。

说叙述中也不得不叙述出文字比语言更高的等级关系。

当然,赵树理颠倒语言与文字的关系的努力是始终值得珍惜的,并且也是更加值得分析和讨论的,这便是他在小说中构建的"说"的乌托邦,以及他试图将"说"的乌托邦延伸到整个社会主义中国的文化生活远景的努力。

四 "说"的乌托邦

在赵树理小说构建的"说"的乌托邦中,首先出现的是群众觉醒之后的"齐声"与"乱喊",其次是把"理""说"清的叙事意图,最后是将"说"延伸至整个社会主义中国的文化生活远景的泛"说"论。

(一) 群众的"齐声"与"乱喊"

群众最初在赵树理小说当中出现,是一个正由迷误走向觉醒的集体群像,这便是《小二黑结婚》当中描写的不敢参与基层政权工作、在大会上主张"忍事者安然"的群像逐渐被小二黑、小芹以及一个被金旺、兴旺作践垮了的年轻人所修改的群像。这一群像在《李有才板话》中表现为由忍气吞声到自动组织起来对抗阎恒元,在《孟祥英翻身》中表现为由"老百姓的心,大部分还是跟着牛差差那伙人们的舌头转"[①]到人心大变,在《李家庄的变迁》中表现为二妞、铁锁、冷元、

---

① 赵树理:《孟祥英翻身》,载《赵树理全集》第2卷,第382页。

白狗等人的渐次觉醒，在《刘二和与王继圣》中表现为大和、铁则、鱼则等人的温和与小胖、聚宝等人的厉害，在《邪不压正》中表现为只会说几句庄稼话的安发当了贫农组组长，在《登记》中表现为对自由恋爱结婚由鄙视到赞赏的转变。此后，群众一旦"齐声""说"，就意味着"说"出"真理"。

在赵树理的小说中，觉醒后的群众第一次"齐声""说"出现在《李有才板话》第三节。该节叙及阎恒元、老槐树底人各自准备好应对换届选举的策略后，马凤鸣揭露现任村长阎喜富压迫外姓人的事实，章工作员吃惊地问："真有这事？""除了姓阎的，别人差不多齐声答道：'有！'"①"齐声""说"出的是一个无可置疑的事实，阎喜富因此被抓起来了。第二次还是在《李有才板话》中，第八节叙述老杨同志向老槐树底人介绍组织农会的办法，保证"一来没有恒元那一派的人，二来入会以后都知道会是做什么的"，"大家齐声道：'这样好，这样好！'"②"齐声""说"出的是对一种政治主张及其实践的肯定，斗争最后取得了大胜利。这两处都表明，"齐声""说"的一定是正确的，即合乎"理"的，无论"说"的是事实，还是对政治的认定。当然，这里的"齐声"都发生在特别细节化的文本语境中，表现出一种偶然性，未必是赵树理对于"齐声""说"有着如何特殊的叙事意图。不过这一点在《李家庄的变迁》中有所改变。首先，它表达了对于"齐声"的肯定；其次，它从"齐声"中叙述出来"乱喊"。先说对于"齐声"的肯定。小说第10节叙述日本侵占县城之后，村长逃跑，村副李如珍不孚众望，王区长组织重建李家庄村政，冷元提议铁锁当村长。"大家

---

① 赵树理：《李有才板话》，载《赵树理全集》第2卷，第261页。
② 同上书，第294页。

不等主席说表决，都一致喊道：'赞成！'后来王区长又叫举了一下手，仍然是全体通过铁锁当村长。村副虽然不缺，可是大家都说李如珍包庇小喜，不叫他再当村副，非改选不行，结果改选了王安福。"①

大家"一致喊""都说"，可以"不等主席说表决"，超越正常的行政程序，而行政程序最终确认大家"一致喊""都说"合乎行政程序运作的结果，除了在直观的层面上说明众意难违之外，便是说明群众的"齐声"经得起现代政治机器运算的检验，具有不证自明的合"理"性。甚至可以说，群众的"齐声"是验证现代政治运作是否合"理"的重要参数，这在赵树理后来的小说如《登记》《三里湾》《邪不压正》中有具体的表现。但在《李家庄的变迁》中，赵树理似乎还无意于将群众的"齐声"在小说叙述上提到如此的高度，反而着意于从群众的"齐声"中分辨"乱喊"的危险，这是值得重点分析的第二点。李家庄变迁之后，县长主持全村公审李如珍、小毛：

> 审完以后，全村人要求马上枪毙，可是这位县长不想那么办。县长是在老根据地作政权工作的。老根据地对付坏人是只要能改过就不杀。他按这个道理向大家道："按他们的罪行，早够枪毙的资格了……"群众中有人喊道："够了就毙，再没有别的话说！"县长道："不过只要他能悔过……"群众乱喊起来："可不要再说那个！他悔过也不止一次了！""再不毙他我就不活了！""马上毙！""立刻毙！"县长道："那也不能那样急呀？马上就连个枪也没有！"又有人喊："就用县长腰里那支手枪！"县长说没有子弹，又有人

---

① 赵树理：《李有才板话》，载《赵树理全集》第2卷，第86页。

喊:"只要说他该死不该,该死没有枪还弄不死他?"县长道:"该死吧是早就该着了……"还没有等县长往下说,有人喊:"该死拖下来打不死他?"大家喊:"拖下来!"说着一轰上去把李如珍拖下当院里来。①

在这段汇聚着文明与野蛮、制度性暴力与群众性暴力、"理"与"势"、欲望与理想、"说"与听等众多矛盾的小说叙述中,赵树理充分分辨出群众"齐声"中"乱喊"的紊乱态势。县长的"说"不仅毫无效力,而且无法完成。群众等不及县长"说"出一整句话就"乱喊"起来,在群众的"齐声"面前,县长一个人的"说"变得无足轻重。但叙事者的意图却在于说明县长的"说"合"理",而群众的"齐声"不合"理",这便意味着,赵树理清醒地意识到在特殊的历史语境和现场,"说"以量胜,不管是否合"理",只要群众"齐声""乱喊",就能突破"理"的限制,满足嗜血的欲望。那么,一旦与"理"无关,群众的"齐声"也就变成无意义的"说"。群众"齐声""乱喊",不断截断县长的"说",还意味着群众"齐声"本身是对"说"的否定,既不愿意听县长"说",也不愿以"说"的方式表达欲望和存在。同时,群众"乱喊"的话语次序从"可不要再说那个!他悔过也不止一次了!"到"立刻毙!",语句越来越短,语气越来越短促,而且从分析道理转向表达要求,也表明群众"齐声"的极限就要被冲破,就要将"说"彻底丢弃而付诸行动。因此,从积极的意义上看,群众的"齐声""乱喊"意味着一切"理"都已"说"尽,已无可再"说"之"理",此时众怒难犯,众意已决,仁至义尽,多"说"无益,徒添扰攘;从消极的意义上看,

---

① 赵树理:《李家庄的变迁》,载《赵树理全集》第3卷,第119页。

群众的"齐声""乱喊"意味着野蛮与暴力,"理"被欲望淹没,群众缺乏"说理"的素质和能力。从《李家庄的变迁》接下来的叙述判断,赵树理将群众的暴力叙为"太不文明了",意味着他是从消极的意义上叙述群众的"齐声""乱喊"的。至少在《李家庄的变迁》这篇小说中,赵树理是充分意识到群众"齐声"的结果可能会是"乱喊",是悖逆"理"的、不愿意"说理"的"说"。当嗜血报复的欲望得到满足以后,小说叙述李家庄的群众接受县长等人的训导,放弃诛杀小毛,重新以"说"的方式对待小毛。这又转而说明,群众"齐声""乱喊"并非茫无目的,欲望也并非毫无止境。因此,尽管从"齐声"中分辨出了"乱喊",赵树理的小说叙述还是未曾割断群众与"理"的天然联系。这也就是说,赵树理小说中构造出来的"农民说理的世界",乃是以大部分人的意志为基础;或者至少应该说,赵树理小说叙述并召唤着公共的"理"或具有普遍意义的"理",而这样的"理"符合大多数人的意愿和利益。

在上述意义上,《登记》以"大家都说这种婚姻结得很好"①结尾,《三里湾》以群众质疑范登高能"老老实实当个好社员"②结束对范登高的思想批判,说明赵树理还是在小说叙述中坚持群众的"齐声"与"理"的天然关系的。这一点在《"锻炼锻炼"》中尤其表现得明显。小腿疼不承认自己偷花,认为就算是偷也是副主任杨小四教唆的:"昨天晚上在大会上说叫大家拾花,过了一夜怎么就不算了?你是说话呀是放屁哩?"——

> 她一骂出来,没有等小四答话,群众就有一半以上的人"哗"地一下站起来:"你要造反!""叫你坦白呀叫你骂

---

① 赵树理:《登记》,载《赵树理全集》第4卷,第30页。
② 赵树理:《三里湾》,载《赵树理全集》第4卷,第308页。

人?""……"三队长张太和说:"我提议:想坦白也不让她坦白了!干脆送法院!"大家一齐喊"赞成"。小腿疼着了慌,头像货郎鼓一样转来转去四下看。①

在与杨小四的单兵鏖战中,小腿疼还有些侥幸心理。一旦群众"齐声""乱喊"起来,她就慌了,不管有没有"理",她显然感觉自己已经占不着"理"了。赵树理以此在小说的意义上建立了群众"齐声"与"理"的坚实关系,只要群众"齐声",则一切迎刃而解,小腿疼要慌神,后来主任王聚海也不得不承认自己不该不问清楚情况就先说话。

因此,赵树理一方面在小说中分辨群众"齐声"中"乱喊"的危险信息,一方面则构建群众"齐声"与"理"的天然关系,从而完成了他小说中"说"的乌托邦的第一个面相。

(二) 把"理""说"清

赵树理小说构建的"说"的乌托邦的第二个面相是把"理""说"清。这个面相与"势"有关。在《李家庄的变迁》中,铁锁官司失败后,冷元建议一镢头把李如珍他们捣下沟里,杨三奎道:"你们年轻人真不识火色!人家正在气头上啦,说那些冒失话抵什么事?"②小常初到李家庄组织牺盟会时,冷元、白狗他们跃跃欲试,修福老汉说:"要看势,也不要太过火了!"冷元说:"不怕!你不听小常说以后大家都要有权啦吗?只要说到理上,他能把咱们怎么样?"③这说明在无

---

① 赵树理:《"锻炼锻炼"》,载《赵树理全集》第 5 卷,第 237 页。
② 赵树理:《李家庄的变迁》,载《赵树理全集》第 3 卷,第 10 页。
③ 同上书,第 64—65 页。

"势"可依的情形下,"说"什么都是无效的,而一旦"大家都要有权",就不妨"说"了;而且,"只要说到理上",就有可能把"理""说"清。因此,把"理""说"清是在"仗势力不说理"的人已经无"势"的"世界"中才有可能出现的情形。事实上,也正是在叙述"世界"的建设阶段,而非推翻一个"世界"以建立另一个"世界"的阶段,赵树理小说叙述了把"理""说"清的一些必要、可能和意义。

在《来来往往》这个"拥军爱民故事"中,赵树理叙述金山找张世英的指导员告状,说明张世英踢断了他七条豆角秧,指导员表示问清楚是张世英踢断的话就叫他赔,金山说:"俺又不是叫他赔,只要他把理说清!"①金山在此表现出明确地认"理"不认"利"的态度,说明把"理""说"清在赵树理的小说中具有一种超功利的、形而上的意义。小说后来叙述双方不仅把"理""说"清楚了,而且都对对方有了一层更深刻的理解和尊重,可谓不打不相识。这表明在赵树理的小说叙述中,把"理""说"清之后,"世界"将获得更深刻的合"理"性。当然,值得注意的是,《来来往往》涉及的双方都有把"理""说"清的愿望,且"说"清楚之后都有依"理"行事的行动,即张世英不仅道歉,还赔偿损失,而金山也接受道歉,并表示理解,返回赔偿的野菜。这说明只有在"来来往往"中,通过相互间的不断相识、同情和理解,构建共同的语言、情感和标准,才能把"理""说"清。②如果

---

① 赵树理:《来来往往》,载《赵树理全集》第 2 卷,第 349 页。
② 哈贝马斯解释交往行动模式时说:"一个发言者只有借助他的表达,至少与一个'世界'发生关系,并且是利用了行动者与世界的这种关系原则上是适合于一种客观评判的这种状况,从而要求他的对手采取一种合理动员的态度,这个发言者才能提出一种可以批判的要求。"哈贝马斯:《交往行为理论——行动的合理性与社会合理化》(第 1 卷),洪佩郁、蔺青译,重庆:重庆出版社,1994 年,第 140 页。在微细之处,赵树理的小说叙述体现出某种交往理性。

这一过程中涉及的任何一项条件未能满足,把"理""说"清的过程就会变得曲折,甚至最后有"理""说"不清。在《三里湾》中,金生他们向范登高把"理""说"清的过程,就一再出现一些条件未能满足的情况,从而使整个过程变得相当漫长而曲折,且最终小说也未能叙述范登高心悦诚服的状态。金生和范登高虽然都强调"说""理",但在情感上,金生倾向于合作办社,范登高倾向于个人生产,因此无法把"理""说"清。范登高认为金生有本位主义,金生则认为范登高只顾个人生产,① 于是金生讲两条道路的问题,范登高就觉得"他们是借着党的牌子故意捏弄我",② 双方在语言、情感和标准上都表现出相当的不一致。因此,即使是县委的老刘同志在场并命令式地说某次党会的主要目的就是范登高、袁天成带头检查自己的严重的资本主义思想,③ 范登高也不为所动,甚至气势汹汹地摆起来革命功劳。在这种情况下,"理"是越"说"越不清楚的。而且,张乐意老汉甚至搬出了他们过去共同的敌人刘老五来"说"范登高,范登高也"还要发言",④ 可见范登高绝不认为自己与刘老五有什么共同之处。范登高最终不再"接话",是因为金生他们说:"自愿的原则是说明'要等待群众的觉悟'。你究竟是个党员呀还是个不觉悟的群众?要是你情愿去当个不觉悟的群众,党可以等你,不过这个党员的招牌可不能再让你挂!"⑤ 双方总算找到了共同的语言、情感和标准,即对于怎样才是一个党员的认识,于是把"理"也"说"清楚了,即只要是个党员,就必须无条件支

---

① 赵树理:《三里湾》,载《赵树理全集》第 4 卷,第 191 页。
② 同上书,第 281 页。
③ 同上书,第 290 页。
④ 同上书,第 292 页。
⑤ 同上书,第 296 页。

持合作办社,没有什么"理"可"说","说"了就不是党员,就是不觉悟的群众。范登高不愿意做一个不觉悟的群众,因此也就放弃了其他方面的纠缠不清,决定入社了。那么,与此相关的问题是,如果范登高不是党员,那么范登高所纠缠不清的问题,金生他们其实是无法把"理""说"清的。这也就是说,《三里湾》以偷换概念的方式把一个无法"说"清的"理""说"清了。在小说叙述的意义上,赵树理显然深知其中的奥秘,因此并没有叙述范登高心悦诚服的场景。多年以后,也即 1962 年,再次谈到《三里湾》中马多寿、范登高等人的表现时,赵树理说:"《三里湾》书中说到的具有资本主义思想的人们,最后是以他们入了初级社作为缴了械的表现的,其实入初级社只能说是初步放弃了个体所有制这一块阵地,至于入社之后,再遇上某一些关节,他们的资本主义残余思想,还是会各按其改造程度之深浅,或多或少出现的。"① 此时颇有分寸地谈论"资本主义残余思想"的表现,虽然已别有时代的感喟和需要,但不妨用来从侧面说明赵树理在进行《三里湾》的小说叙述之时,就意识到了把"理""说"清的困难以及即使把"理""说"清了,"农民"思想情感的转变也绝非朝夕之事。但赵树理并未因此放弃把"理""说"清的小说叙述,而是进一步在《互作鉴定》《卖烟叶》等小说中叙述刘正、贾鸿年被"说"服的过程,分别以县委王书记、中学教师李光华的训导之词收束情节,说明作家始终坚守把"理""说"清的价值和可能。这种知其不可为而为之的写作态度,更深刻地显示了赵树理小说叙事意图的乌托邦性质。

在赵树理把"理""说"清的乌托邦面相背后,还有一层深厚的政治伦理的考虑是值得分析的。在《锻炼锻炼》中,小说叙述了小腿

---

① 赵树理:《与读者谈〈三里湾〉》,载《赵树理全集》第 6 卷,第 98 页。

疼服小、王聚海认输的过程，但这些都是在"说"来"说"去中完成的；即使是杨小四的促狭中也不乏把"理""说"清的限度，并非一定要送小腿疼上法院，或置之死地。对于这一点，赵树理自己在1959年曾经有过解释："这是一个人民内部矛盾问题，王聚海式的，小腿疼式的人，狠狠整他们一顿，犯不着，他们没有犯了什么法。可是他们思想、观点不明确，又无是无非，确实影响了工作进展。对于他们这一类型的人，我觉得最好的办法是把事实摆出来，让他们看看，使他们的思想提高一步。"①作家很清楚地指明了矛盾的性质和解决的办法，即对于人民内部矛盾，只要把"理""说"清即可，无须上纲上线，"狠狠整他们一顿"。相较于1959年越来越紧张的政治空气，赵树理将政治伦理化，主张把"理""说"清（比如以《"锻炼锻炼"》的方式"说"清），的确表现出某种深厚的底蕴。当然，在僵硬的政治思维中，这种深厚的底蕴很容易与小资产阶级知识分子的顽固性建立关联，并以此追溯赵树理的"堕落"或意义。应当澄清的是，一个在《三里湾》《互作鉴定》《卖烟叶》等小说叙述中极力批判知识分子的小资产阶级性质的作家，无论如何，其政治伦理都不至于那么简单。很显然，赵树理通过把"理""说"清思考的是社会主义问题，而非社会主义之前的问题。证诸小说文本，则赵树理在《邪不压正》中通过小昌之口道出"说什么理？势力就是理！"，指的是刘锡元对下河村的统治，而针对坏干部小昌治理下河村带来的问题，解决的方法是把"理""说"清。一再主张"看看再说"的中农聚财，是等到了"农民说理的世界"（"这真是个说理的地方！"）的历史实现的。因此，必须强调，赵树理"说"的乌托邦的第二个面相，乃是与社会主义建设或"革命的第二天"紧密相关的。

---

① 赵树理：《当前创作中的几个问题》，载《赵树理全集》第5卷，第304页。

(三) 泛"说"论

在与"革命的第二天"相关的意义上，赵树理将"说"的问题延伸至对于社会主义中国文化生活远景的考虑，构建了具有一定分析价值的泛"说"论。所谓泛"说"论，首先是赵树理在太行山从事文化工作时对于文艺宣传工作的一种设想。1962 年 11 月在广西桂林市文艺工作者、文艺爱好者座谈会上，他曾说："我们的小说是由评话来的，几个大部头都是这样发展而来。这是能'说'的小说，后来的小说有不少是离开'说'了。我主张报上的文章，不但是小说能'说'，社论、通讯等也最好是能'说'的。我们在太行山时，办个刊物，各种各样的文章都发表在上面，我们把这些文章都变成'话'了。"① 的确，赵树理发表在《中国人》上的各类文章都是能"说"的，如鼓词、相声、有韵话、童谣、歌、快板等，其中尤其明显的是将毛泽东《论持久战》改写为通俗易懂的《漫谈持久战》，将新闻改为口头能"说"的故事② 或者编为鼓词③，在在彰显了他主张一切文章都变成"话"，都能"说"的意图。1943 年，当他的《小二黑结婚》写完以后，赵树理甚至还写了一篇"算术讲话"《谈"〇"》，发表在《青年与儿童》第 5 卷第 8 期（1943 年 6 月 1 日出版），将数学问题变成口语化的文章，的确是非常彻底地实践自己一切文章都变成"话"都能"说"的主张。当然，表面上看起来，赵树理这种主张和这些实践都是相当朴素的，即因为农

---

① 赵树理：《生活·主题·人物·语言》，载《赵树理全集》第 6 卷，第 134 页。
② 如报道台籍日本兵在广州大举游行示威的《是报仇的时候》，更有戏仿罗斯福炉边闲话的《李二嫂的炉边闲谈》。
③ 如《神枪手刘二堂》。赵树理发表在《抗战生活》革新号第 1 期上的《茂林恨》，单独出版的《战斗与生产相结合——一等英雄庞如林》，都可算是以鼓词形式写作的新闻。

民不识字，不能读，只能听。但渐渐地，他为自己的主张建立更为深刻的理论性，尤其为自己写作能"说"的小说构建了更为坚实的理由。1947年时，赵树理说："五四以来的新小说和新诗一样，在农村中根本没有培活了；旧小说（包括鼓词在内）在历史上虽然统治农民思想有年，造成了不小的恶果，但在十年战争中，已被炮火把它的影响冲淡了，现在说来，在这方面也是个了不起的空白。"①这意味着对于农村而言，能"说"的小说是一个亟待补充的需要，有最基本的群众基础。1949年赵树理谈到中国旧小说时更进一步说："那一种形式为群众所欢迎并能被接受，我们就采用那种形式。"②这就不仅找到了能"说"的小说的群众基础，而且确立了它在形式上的合法性。不仅如此，赵树理还试图分析"知识分子的情感和群众的情感恐怕是两个体系"③，说明知识分子对于能"说"的小说的鄙薄乃是源于情感与群众的隔膜，从而在反面确立能"说"的小说的合法性。之后，当赵树理在1958年9月一次曲艺座谈会上开宗明义地说"评话是接受了中国小说的传统的"，"把它作为中国文学正宗也可以"，"中国几部重要的小说，如《红楼梦》《水浒》等，基本上是评话体，流传了好几百年"，④就是他对能"说"的小说瓜熟蒂落般的结论了。值得注意的是，在这次座谈会中，赵树理还说："评书（以及曲艺中的其他曲种）直接和群众在一起，是和群众没有脱离关系的文学形式，我们小看它就会犯错误。"⑤他从文学政治的意义上正面强调了能"说"的小说在形式上的政

---

① 赵树理：《艺术与农村》，载《赵树理全集》第3卷，第231页。
② 赵树理：《在连载、章回小说作者座谈会上的发言》，载《赵树理全集》第3卷，第356页。
③ 赵树理：《在诗歌朗诵座谈会上的发言》，载《赵树理全集》第4卷，第40页。
④ 赵树理：《从曲艺中吸取养料》，载《赵树理全集》第5卷，第259页。
⑤ 同上书，第262页。

治正确性，就不仅重申了能"说"的小说的群众基础，如同 1949 年曾经做过的那样，而且明确了放弃能"说"的小说的危险，即脱离群众，使文学形式丧失生命力。在文学形式的传统、生命力、农村的需要与接受、合法性等多层面的考量下，赵树理全面确立了能"说"的小说的价值、意义和位置。

1955 年，赵树理曾说："每个人都应该成为文艺爱好者，否则文艺便失去了普遍的作用。到将来的时候，每个人都应该会写文艺作品，正如每个人都应该学会画画、唱歌一样；但不应该每个人都要把兴趣集中到文艺创作上，否则别的事就没人做了。"① 这个源于苏联的文艺乌托邦之梦，他在 1959 年给出了一个更为详细的描述。当抨击印刷工具现代化以后出现的刊物限制了文学的功能和意义之后，赵树理畅想出下列"说"的乌托邦：

> 到了共产主义社会时期，脑力劳动与体力劳动的差别消灭了，人人都成为有文化的劳动者了，那时候，人人都像古今的文人一样，吟诗答对，琴棋书画都来得几手，把文学艺术运用得像旋刀、锄头那样熟悉，兴趣浓淡虽然也各有不同，但或多或少每人都有所作。那时候的社会环境，到处都经过艺术化，各人的作品虽然不能像现在那样写在色泽、大小各不相同的纸块上到处乱贴，可是都还有各种不同的发表场所那是肯定的，绝不是都发表到刊物上。那时候的小三子和他的朋友可能都学会了开动机器，但口头上的口头文学不是只在担粪时候才能发表，开着机器一样可以那样做。那时

---

① 赵树理：《谈课余和业余的文艺创作问题》，载《赵树理全集》第 4 卷，第 397 页。

候，每个公社可能都出了刊物，但小三子的朋友还是不需要通过刊物就能向小三子挑战，而且即使每个生产队办一个刊物，也容纳不下队员们的全部创作。①

在这个乌托邦里，每个人不仅是文艺爱好者，而且都是文学艺术上的熟练工人。这个乌托邦是一个经过艺术化的社会环境，里面的人们进行着无差别的人类劳动，他们当然也写，也在刊物上发表作品，但却主要维持着口头文学创作。因为即使每个公社每个生产队都办一个刊物，也无法容纳他们的全部创作。而且，他们的体力劳动和脑力劳动同时进行，他们随时随地发表口头文学创作，发生文学交流，是无法忍受刊物的限制的。在这个意义上，赵树理不仅确立了能"说"的小说在传统（过去）的位置，而且确立了能"说"的小说的姊妹艺术在未来的位置，从而直接将能"说"的艺术乌托邦化了。可以说，这种将"说"延伸至对于社会主义中国文化生活远景的思考的方式，已经将"说"完全泛化，变成了作家对于未来社会的乌托邦想象了。在这个意义上衡量赵树理《卖烟叶》的创作，不能不说，赵树理的小说创作已臻化境，他试图通过小说文本的具体编织过程来呈现"说"的乌托邦在纸面上的存在。换言之，赵树理不是在写《卖烟叶》，而是在"说"《卖烟叶》。

当然，赵树理最终意识到"《卖烟叶》……是我写的作品中最坏的一篇"②，伟大的乌托邦理想要提前化作现实中的实践，往往是要付出代价的。

---

① 赵树理：《群众创作的真繁荣》，载《赵树理全集》第5卷，第314页。
② 赵树理：《回忆历史 认识自己》，载《赵树理全集》第6卷，第473页。

第四章 "农民"的主体性

在赵树理笔下的"说理的世界"中,"农民"占据了主体位置①,负责提问、倾听、观察、记录,并掌控信息中介,给出历史、政治及伦理的结论。周扬最早发现了这一点,认为在赵树理小说中:"农民的主人公的地位不只表现在通常文学的意义上,而是代表了作品的整个精神,整个思想。因为农民是主体,所以在描写人物,叙述事件的时候,都是以农民直接的感觉,印象和判断为基础的。他没有写超出农民生活或想象之外的事体;没有写他们所不感兴趣的问题。"② 所谓"农

---

① 主体位置(positions of the subject),借用福柯的说法。福柯认为医生的主体位置,"也同样是由它相对于对象的各种不同范围或群体有可能占据的处境所确定:从某种明显或不明显的提问界限来看,它是提问的主体,从某种信息的程序来看,它是听的主体;而从典型特征的一览表来看,它则是看的主体,从描述典型看,它是记录的主体。主体位处最佳的感觉距离上。这个距离的边缘限界着适当的信息种子;主体利用工具性的中介,这些中介可以改变信息的范围,改变主体间接或直接的感知层次的位置,保证它从表面层次向深度层次的过渡,使主体在肉体内部的空间中循环流动——从明显的病症到器官,从器官到组织,最后,从组织到细胞。在这些感知的境况中,还应加上主体在信息网络中可能占据的位置(在理论教学或临床教学中;在口头交流或书写文献的体系中:作为病历、报告、统计数据、一般理论命题计划或决定的传播者和接受者)"。福柯:《知识考古学》,谢强、马月译,北京:生活·读书·新知三联书店,1998年,第65—66页;Michel Foucault, *The Archaeology of Knowledge*, translated from French by A. M. Sheridan Smith, London, Routledge, 1994, p.52。
② 周扬:《论赵树理的创作》,载《论赵树理的创作》,沈阳:东北书店,1949年,第13页。

民是主体",不是"在通常文学的意义上"的主人公,这对于赵树理笔下的"说理的世界"而言,的确是非常重要的命题。张丽军在他的博士论文中将 1895—1949 年知识分子构建的"农民"形象变迁史做了如下描述:"在鲁迅先生唤醒'铁屋子'里沉睡的农民之后,中国农民在阶级斗争的革命者的阶级意识宣传中开始走向了自我觉醒的'人的现代化'道路。日本帝国主义的侵略战争彻底摧毁了农民旧的生产与生活方式,'老中国儿女'在抗战中确立并增强了争取自由的斗争意识;解放区文学中,农民形象成为文学和历史舞台的中心与主角,革命彻底结束了地主阶级的封建统治,农民在政治、经济上彻底翻身,在精神文化上有了自觉追求。现代文学农民形象,经历了一个召唤—觉醒—革命—翻身的、从被动逐渐走向主动的、自我主体意识萌生与成长的精神嬗变过程。"[①]以此言之,赵树理笔下的"农民"形象作为解放区文学的"方向",占据了变迁史的末端,"自我主体意识"或许已然成熟,从而在文学史的意义上证明周扬强调"农民是主体"的准确性和深刻性。

但是,正如李祖德在他的博士论文中分析的那样:

> 当代文学"农民"话语的表层结构可以分为以下几个层次:一、国家文艺政策、路线和方针以及毛泽东文艺思想中的"农民"话语及叙事;二、文学作品或者叙事文本中的"农民"话语及其类型;三、文艺理论及文艺批评中的"农民"话语。

[①] 张丽军:《想象农民——乡土中国现代化语境下对农民的思想认知与审美显现,1895—1949》,东北师范大学博士学位论文,2006 年,第 149 页。

第一个层次可以说是一种主导性的话语规则，起着一种"立法者"的作用。第二层次则是1950、1960年代整个"农民"话语的结构和表现形态，起着"生产者"或"实践者"的作用，也即是起着生产各种"农民"话语类型的作用。而第三个层次则是处于第一层次和第二层次之间的一种交互式话语，它的主要作用就在于调整和调试话语规则和话语类型之间的关系，起着一种"阐释者"的作用。①

不仅在当代文学的意义上，"农民"是一种具有多表层性的话语，而且在本书的论述范畴中也是具有多表层性的话语。这也就是说，从农村认识到文学农村，再到周扬等人的批评，"农民"作为一种话语形态，其表现形式及功能虽然相互关联，但并不完全一样。因此，分析"农民"在赵树理笔下的"说理的世界"中占据的主体位置的状况，是必要的。而更重要的是，分析"农民"主体位置之时，赵树理作为叙述主体的位置何在？赵树理笔下的"农民"主体在被阐释的意义上，有何可能并如何可能？从对于"农民"的话语分析中，能否触发某种既通往过去又通往现实与未来的历史情境？

---

① 李祖德:《"农民"话语研究导论——1950、1960年代中国当代文学的"农民"叙事及其文化、政治与美学》，北京大学博士学位论文，2006年，第99页。

一 "农民"的主体形象

据赵树理自述，他的小说都是提出并期待解决一定的问题。那么，在他的小说中，谁是提出问题的（叙事者或小说人物），谁是回答问题的（叙事者或小说人物），如何提出及回答，无疑是观察赵树理小说写作目的、分析"农民"的主体形象的关键之处。相关的是，谁在对问题的解决质疑和做出历史评价，谁表示拒绝或沉默（或只能沉默），具体表现如何，是"农民"主体形象的重要侧面。这些侧面使赵树理的小说文本充满裂隙，而这些裂隙是赵树理的小说文本相较于历史文本而言有独立价值的地方；或者说，这是文学政治有效的地方。虽然这些地方不完全是作家的自觉，但毫无疑问，其价值和意义是应当通过深入的文本分析来加以确认和肯定的。表4清晰地表明，赵树理每篇小说提出的具体问题各不一样，但提问者基本上都是"农民"，回答者则以农村干部为主，表示质疑和做出评价的也以"农民"或农村干部为主，处于拒绝或沉默状态的，也以"农民"为主；这意味着周扬关于"农民是主体"的判断是有效的。那么，接下来的问题是，"农民"的主体形象如何？

（一）说理的主体

赵树理在小说中将"农民"叙述为主体，其最突出的形象是说理的主体。无论是何种问题，其提出、回答与评价都与说理密切相关。二黑、小芹对父母包办婚姻不满，小芹认为与三仙姑说不了理；李有才等人不满阎恒元垄断村政，认为他们没理也要强占三分理；孟祥英遇事好说理，婆婆很不以为然；铁锁等人发现李如珍等人统治的李家庄无法说理，决定联合起来重建一个说理的世界；聚财、小昌等人发现势力就是理，小昌就攫取势力，聚财则等待说理的地方的实现；聚宝所以能够始终看穿王光祖等人的把戏，就在于坚持说老直理；范登高反击王金生，也是指责对方为人处世不走理；马多寿老婆的外号就叫常有理；金虎更从小就发现私塾的先生不说理，主动放弃学业；张来兴坚持说理，得罪了汉奸东家，丢掉了工作；刘正认为大家不说理，而实际上不说理的是他；王兰发现贾鸿年说理不走理，其实是个不说理的：总之，正如本书已经分析过的那样，赵树理小说中的人物最不肯放过的就是说什么理，理怎么说，能不能说理。因此，毫无疑问，赵树理叙述的"农民"主体，其最突出的形象是说理的主体。

这个无处不在的主体形象，表现出一种先天特征，似乎是从来如此，一直存于"农民"活动的农村秩序之中，一旦遇到障碍，就会彰显出来。《李有才板话》和《李家庄的变迁》都叙及存在一种说理的惯例，这便是说理的主体形象表现出先天性的原因。因为说理惯例的存在，"农民"遇到障碍的第一反应就是去说理。而连锁发生的问题就是，怎么说理，说什么理，能不能说理。以《李家庄的变迁》为例，春喜要讹铁锁的房产，想到的办法就是援用说理的惯例。铁锁同意循惯例说理，以为在李如珍主持的说理中，能够把理说清，结果却发现说不得理。或者说，正如铁锁在太原的工友发现的那样，理不止一种，他已经初步意识到怎么说理，说什么理，能不能说理，是隐藏在说理的惯例中的巨大秘密。这个秘密一旦揭开，便会促使说不得理的"农民"萌生革命的激情。铁锁在说理的惯例中遇到的挫折，构成了他在太原接受小常的革命启蒙的基本历史渊源和动因。

正是因为坚持说理，铁锁才会产生疑惑，认为如今的世界由不说理人统治着，必须找到某种方法和路径推翻不说理人的统治，建立建设一个说理的世界。

表4 赵树理小说处理的问题与相关各种行为主体的汇总

篇目	问题	提问	回答	质疑	评价	拒绝	沉默
小二黑结婚	自由结婚	小二黑	区长	二诸葛	邻居们	二诸葛	童养媳
李有才板话	减租	李有才	老杨	李有才	李有才	老秦	老秦
来来往往	踢断豆秧	王金山	指导员		金山爹		
孟祥英翻身	翻身	叙事者	叙事者	婆婆	村里人		
地板	地租	王老四	王老三	王老四	王老三		
李家庄的变迁	压迫	铁锁	小常	王安福	村长		
催粮差	狗腿子	叙事者	叙事者	叙事者	叙事者		
福贵	封建	福贵	福贵	叙事者	叙事者		老万
刘二和与王继圣	斗地主	聚宝		聚宝	聚宝	王光祖	老刘
小经理	管合作社	三喜	支部		叙事者	王忠	
邪不压正	整顿流氓	聚财	安发	聚财	聚财	软英	刘忠
传家宝	妇女劳动	李成娘	小娥丈夫	李成娘	小娥丈夫		
田寡妇看瓜	看瓜	田寡妇	孩子们		秋生		
登记	自由结婚	艾艾	报纸	小晚	大家		
求雨	求雨	于天佑	于长水				
三里湾	合作办社	范登高	王金生	范登高	范灵芝	马多寿	常有理
灵泉洞（上部）	斗地主	金虎	银虎				
"锻炼锻炼"	偷棉花	杨小四	杨小四	王聚海	王镇海	小腿疼	
老定额	政治教育	蛹蛹	林忠	李大亨	李占奎		
套不住的手	劳动	徒弟	陈秉正		叙事者		
杨老太爷	资本主义	杨大用	村长	铁蛋	村里人		
张来兴	旧社会	代表	王世恭		县长		
互作鉴定	知识青年	刘正	王书记	同学们	陈封		
卖烟叶	青年投机	贾鸿年	王兰	周天霞	李光华		

注：本表"问题"栏的填写主要依据赵树理《回忆历史 认识自己》（载《赵树理全集》第6卷，北京：大众文艺出版社，2006年）一文。

在赵树理1949年以后创作的小说《灵泉洞（上部）》中，说理主体的先天性表现得更为彻底。童稚之年的金虎在弟弟银虎受到欺辱时敢于反抗，藐视私塾先生的干涉，认为私塾先生打自己是大人打小孩，是不说理。① 这意味着说理的主体形象无待于后天的养成，乃是浸淫说理惯例日久，先天存在于"农民"身上的。

但这种先天性是被革命启蒙激发为反抗的热情，还是压迫成委曲求全于被奴役的姿态，则视乎"农民"对自我主体形象的确认以及对压迫者的理解。赵树理勾勒了一系列敢于自我确认的反抗者形象，如二黑、小芹、李有才、铁锁、聚宝、银虎等，也勾勒了老秦、老刘、聚财等不敢反抗奴役的形象。更为重要的是，一旦二和、软英要从被奴役的状态中挣脱出来，完成自我主体形象的确认，要求说理的时候，赵树理还叙述了他们的父亲老刘、聚财对于这种萌动的扼杀。老刘因为住着王光祖的房子，种着王光祖的地，欠着王光祖的债，认为说理就是自寻死路，自始至终都阻止二和说理，二和因此难以完成自我主体形象的确认。面对这种状况，聚宝认为一辈子都是无法翻身的。在不说理的势力的严重压抑下，说理的主体形象不但难以确立，而且会被消磨殆尽，成为某种不可能的东西。与二和、老刘的情况相比，软英虽然在父亲聚财的阻挠下，久久无法实现主体形象的确认，但还是与父亲一起等到了工作组的来临，被动地进入了说理的世界。此后，软英完成了主体的自我确认，聚财也意识到自己内心期待的说理的地方并非全无可能实现，从而感到一种压力的释放。但是，正如赵树理对聚财评价的那样，一旦不说理的状况再次发生，聚财将还是那个观望者，被压抑得太久了，他可能已经失去了确认自我

---

① 赵树理：《灵泉洞（上部）》，载《赵树理全集》第5卷，第100页。

主体的能力。在这里，赵树理清醒地意识到，"农民"说理的主体形象的自我确认是一个漫长、曲折、复杂的过程。而且，这个过程绝不因为1949年新中国的建立而终结。在1949年以后的小说中，赵树理固然塑造了一些完成了主体的自我确认的形象，但正如他自己也承认的那样，他长于塑造旧人物，短于塑造新人物，还是花了大量的精力塑造范登高、马多寿、常有理、小腿疼、刘正、贾鸿年等表面上说理、实际上不说理的人物形象。很显然，如同李如珍、春喜等人一样，他们只是打着说理的幌子的人物，并非说理的主体，未能摆脱不说理的奴役。

更确切地说，李如珍、春喜、小昌、范登高、小腿疼、刘正、贾鸿年等人都是说理的主体的对立面，都是必须被克服的形象。这也就是说，说理的主体的确认，不仅是"农民"觉醒并自我确认的问题，也是对自我及对立面的克服的问题。只有这几个方面的问题都解决了，说理的主体形象才能真正确立并丰满起来。当然，所谓克服对立面及自我克服，并不完全是你死我活的阶级斗争。至少在赵树理对于小毛、范登高、马多寿、小腿疼等的宽宥的小说叙述及评价之词中，可以发现赵树理并不希望以肉体伤害甚或消灭的方式实现说理的主体形象的确立。因此，说理的主体形象表现出一种强烈的伦理特征甚或情感特征；非此即彼的逻辑在此得到极大的冲淡。

（二）他者化的主体

说理的主体同时也是一个他者化的主体。虽然说理的主体表现出先天性的特征，但这主要是指"农民"有说理的欲求，天生倾向于以说理的方式提问和解决问题，而不是指"农民"天生具有说理的能力，更不是指"农民"说理一定能发生作用。而一旦"农民"具备了说理的能力,并以说理的方式影响了某些具体事件,就很有可能在此之前发生了他者化问题。所谓他者化,主要指的是"农民"作为说理的主体,形象上发生了变化,染上了某种非"农民"的特点。更确切地说,"农民"表现出了他者希望"农民"表现出来的特征。事实上,当赵树理以肯定的叙述态度叙述李有才、冷元、元孩、聚宝等人的能说会道之时,他已经有意识地区分他们得势之前和得势之后说理的效果。在老杨同志来做工作之前,李有才说理换来的是背井离乡;同样的事情也发生在聚宝身上。而冷元在李家庄被牺盟会组织起来之前,他的冷话带来的是更深的劫难,之后才变成有效的言辞。元孩说的老直理,也是在斗刘锡元的群众大会上才能发挥真正的效力。同样地,得势前后,"农民"说理的方式也发生了变化。《李有才板话》较为清楚地反映了这一点。得势之前,李有才的板话只是对现状的讽刺和揭露,得势之后,他的板话就发挥着组织村民起来斗争及对斗争进行记录和评价的作用,这是一个从消极被动向积极主动变化的过程。得势之前,李有才是个消极被动的说理的主体,得势之后,他变成了一个积极主动的说理的主体。而变成一个积极主动的说理的主体之后,李有才的板话增加了"农救会""减租""群众会"等具有明显的意识形态色彩的新词汇。更重要的是,李有才板话的创作机制发生了变化。在得势之前,李有才只是根据个人的理解和愿望创作板话,而在得势之后,他就是在老杨同志的要求下命题作文了。当然,李有才并没有对老杨同志的要求感到抵牾。但需要强调的是,此时的李有才已非彼时的李有才,李有才以老杨同志的语言进行说理,是以老杨同志希望的样子进行说理,从而变成了一个他者化的说理主体。

这个他者化的主体,甚至表现出某种程度上的失语特征。《李有才板话》中有一个老陈骂小元的细节，赵树理没有叙述老陈如何骂，却详细叙述了武委会主任和老杨同志对小元的批评和训诫，并且叙述道：

  老陈听完了他们的话，把膝盖一拍道："好老同志们！真说得对！把我要说他的话全说完了！"[①]

  梅仪慈认为这个细节意味着农民认同官方最终的指示确实表达了他自己的愿望，是《李有才板话》板话主题和形式上都以作者的叙述框住农民口头说书的言辞，使其言辞丧失自主性的具体表现。[②]的确，像老陈这样的农民，面临农村秩序的变动时，他可能缺乏有效的进行说理的语言。而表现在赵树理的小说文本中，由于作者并不叙述老陈骂小元的具体内容，便成为一种失语。类似的情形出现在《三里湾》中，范灵芝试图说服自己的父亲走社会主义道路，却觉得无从说起，只能暗自佩服王金生、张永清他们说话的本领。据范灵芝与马有翼之间的交往来判断，范灵芝并不是拙于言辞的人。但她无法运用王金生、张永清等人口中的意识形态语言对范登高进行说服，这意味着那些语言相对于她而言，是他者的语言。在她尚未习得他者的语言时，无法进行有效的说理；而一旦她习得了他者的语言，她就成为一个他者化的说理主体。《三里湾》没有叙述范灵芝转变为一个他者的过程，《李家庄的变迁》通过叙述铁锁的变化，完成了说理主体他者化的叙述。与老陈的情况类似，漫游到太原的铁锁听了小常的一席话之

[①] 赵树理：《李有才板话》，载《赵树理全集》第 2 卷，第 302 页。
[②] 参 见 Yi-tsi Mei Feuerwerker, *Ideology, power, text: self-representation and the peasant "other" in modern Chinese literature*, California: Stanford University Press, 1998, p.133。

后，觉得小常所说即是自己心中所想，没有丝毫不懂的地方。回到李家庄，冷元他们问起铁锁的太原之行，铁锁便将小常说过的话重述了一遍，引得群情激奋。正如前文曾经分析过的那样，铁锁经历了一个学会说话的过程。这个学会说话的过程，就是铁锁习得他者语言的过程；当他在李家庄以一个能言善辩的面貌出现之时，他也就成为一个他者化的说理主体。虽然不能就此揭掉铁锁身上的"农民"标签，也必须承认，铁锁成长为新一代的"农民"了，其身上烙下了明确的他者的标记。

当然，"农民"作为一个说理的主体，其先天性本来源于历史的沉淀，因此也必将随历史的变化而发生变化。如果将"农民"视为一种本质性的、永恒的、不可变异的主体性存在的话，就无疑陷入了形而上学的误区。赵树理曾通过小说叙述嘲讽过这一点。在《互作鉴定》中，作家写刘正对于雇工出身的县委副书记的印象是"土头土脑"，但一经交谈，却发现自己的成见太深：

> 他以为雇工出身的王书记只会讲"劳动生产的重要性"，怎么还会挑字眼哩？他以为像"激动"呀，"公式"呀，"适用"呀，"所谓"呀：这些词头只有上过学的人才会用，"土头土脑"的王书记为什么还会用得那么恰当呢？①

刘正对于雇工出身的王书记的成见，意味着对于"农民"的本质性想象总是存在的。但这种想象乃是一种形而上学的误区，是忽略了"农民"作为一个说理的主体，本来就有内在的和历史的丰富性。当

---

① 赵树理：《互作鉴定》，载《赵树理全集》第 6 卷，第 113 页。

然，在王书记让刘正吃惊的背后，应当隐藏着一段类似于铁锁经历的主体他者化的过程。刘正失去了对这一过程的理解，因此对雇工出身的王书记的说理能力缺乏适当的理解。赵树理通过刘正的吃惊透露了雇工出身的王书记背后所可能隐藏的类似于铁锁经历的主体他者化过程，表明"农民"作为一个说理的主体，既是内在的，也是历史的，从来都不是一成不变的。那么，要理解赵树理小说中的"农民"主体形象，就必须看到这种内在性和历史性，否则就会失去其本有的丰富内涵。

同样地，小元、小昌、范登高等人只是说理的主体他者化的另外一些表征。小元在村政的变迁中起过重要作用，小昌是扳倒刘锡元的功臣之一，范登高也是三里湾革命史当中的正面形象，但当他们被他者的生活习惯熏染，被权力腐蚀，被经济利益所诱惑时，就走到了说理的主体的对立面。为了拯救这些在他者化的过程中被异化的主体，赵树理在小说叙述中要求他们重新学会说理。当然，重新学会说理是困难的。正如前文分析的那样，范登高要重新学会说理，再度经历他者化的过程，是非常艰难的。直至《三里湾》终篇，范登高也没有表现出心悦诚服的姿态。赵树理对此抱有相当清醒的态度，他认为范登高的改变是一个长期的过程。这意味着在不同历史语境下，主体他者化的发生过程是不一样的。

当然，即使在相同的历史语境下，主体他者化的发生过程也是不一样的。这一点很清楚，《三里湾》以社会主义和资本主义两条道路之争为线索结构小说即表明，在赵树理看来，"农民"在相同的历史语境之下也是会发生不同的他者化过程的。如果说王金生希望尽快步入社会主义社会，成长为一个空前的历史主体，那么范登高潜在的愿望就是取代刘老五，回退到革命前。张乐意批评范登高说："你给刘老五赶骡子，王小聚给你赶骡子，你还不是和刘老五学样子吗？"① 不能说张乐意的批评完全合乎逻辑，但也无法否认，在《三里湾》的小说语境中，范登高的确无法从刘老五之外的人那里习得资本主义个人生产的秘方。这意味着在说理的主体他者化的过程中，存在变数；他者化之后的主体未必就是说理的主体。赵树理当然明白这一点，只是因为在他看来，"农民"经历了漫长的压迫之后，具有说理的能力是相当难得的，必须不惮于他者化过程中出现的变数，"农民"才能成为强有力的说理的主体，创造历史。因此，他通过他者化来叙述"农民"的成长。作为一个作家，赵树理并没有完全将"农民"的主体形象本质化，他试图按照自己的愿望塑造"农民"主体形象的变迁，从而成为一个相对于"农民"而言的他者，使"农民"他者化了。

（三）群众：一个绝对的主体

赵树理不仅将"农民"说理的主体形象叙述为他者化的主体，而且叙述为一种具有集体性特征的主体。前文已经分析过，铁锁的成长绝不只是一个个体的成长，也不只是暗示一个历史主体的成长，而是明示铁锁及其所属的"农民"群体的集体成长。因此，"农民"的主体形象具有集体性。群众是表征这一集体性的最重要的符码。当然，赵树理小说的叙事者对于群众的叙事态度是极为复杂的，表现出不断地为群众编码—解码—再编码的特点。但总体而言，群众被视为理的代言者。而群众作为理的代言者，即意味着群众占据了绝对的主体位

---

① 赵树理：《三里湾》，载《赵树理全集》第 4 卷，第 292 页。

置，是一个绝对的主体。① 这样一来，"农民"作为具有集体性特征的说理主体，构成群众的具体个体组成，保证群众这个绝对的主体具有说理的特点，而群众作为绝对的主体，则构成一种势，保障着每一个说理的"农民"主体能够有效地进行说理。在《李家庄的变迁》中，铁锁成长为一个说理的主体之后又泯然众人的表现，深刻地表现了赵树理期望以"农民"个体都成为说理主体，从而保证群众说理的叙事意图。而表3所显示的情况，即赵树理有11篇小说都以共产党组织的群众性会议或大会结尾，则表现了赵树理的另一个叙事意图：以群众作为绝对主体，构成保障"农民"说理的势。在《灵泉洞（上部）》中，铁栓针对金虎等人畏惧杂毛狼的情绪说道："如今最大的毛病是咱们的势力还小，等咱们的势力长大了，把他们的老根刨了，他们就不厉害了！"② 这个细节很好地展露了作家的叙事意图。杂毛狼及其所依附的势力被叙述为不说理的一方，而铁栓、金虎则是欲说理而不得的一方。因此，铁栓他们要蓄势待发，就是要等待"农民"从说理的个体成长为说理的集体，以集体的势力保证说理的主体成为绝对的主体。

---

① 这里所讨论的群众，在勒庞看来，毫无疑问是乌合之众（crowd）。但是，与其说勒庞在他的意见中表现出了清醒的理智，不如说他表现出了一种司空见惯的无知与傲慢。勒庞立论的根底很清楚，他说："无可否认，文明是少数智力超常的人的产物，他们构成了一个金字塔的顶点。随着这个金字塔各个层次的加宽，智力也相应地越来越少，它们就是一个民族中的群众。一种文明的伟大，如果依靠仅仅以人多势众自夸的低劣成员的选票，是无法让人放心的。另一件无须怀疑的事情是，群众投下的选票往往十分危险。它们已经让我们付出了若干次遭受侵略的代价，我们眼看着群体正在为其铺设道路的社会主义就要大获全胜，异想天开的人民主权论，十有八九会让我们付出更惨重的代价。"（古斯塔夫·勒庞：《乌合之众：大众心理研究》，冯克利译，北京：中央编译出版社，1998年，第158页。）因此，尽管在他的分析中不乏真知灼见，他的意见还是处于本书的论题之外，不能构成根本性的对话意义。
② 赵树理：《灵泉洞（上部）》，载《赵树理全集》第5卷，第115页。

当然，从说理的个体成长为说理的集体，其过程并不轻松、短促，每一个个体成熟的状况也不一致。赵树理在《李家庄的变迁》和《登记》中都特别表现了这一点。《李家庄的变迁》写村民虐杀了李如珍，王安福否认文明的训诫，认为以血换血是合理的、正常的要求，《登记》写村民认为艾艾、燕燕自由恋爱有伤风化，都在表现群众作为一个绝对的主体，其构成成分并非平均成熟的说理的主体。在这个意义上，赵树理显然有意识地通过写共产党组织的群众性会议或大会展现群众作为绝对主体的缺陷，并试图以此垂诫，达到教育群众、加快群众成熟的目的。《小二黑结婚》便证明了赵树理的这个叙事意图。小说写经过斗争金旺、兴旺兄弟的群众大会之后，"村里人也都敢出头了。不久，村干部又都经过大改选，村里人再也不敢乱投坏人的票了"①，很明显，村民有所成熟了。《李有才板话》也有类似的桥段，写的是斗争阎恒元的群众大会之后，"要求加入农救会的人更多起来，经过了审查，又扩充了四十一个新会员"②，"农民"正逐步觉醒并凝聚为一个有力的绝对主体。而《李家庄的变迁》中的村民虽然在群众大会中虐杀了李如珍，但到底接受文明的训诫，放弃了对小毛实施肉刑，《登记》中的村民对于自由恋爱，"连一向说人家声名不正的老头子老太太，也有说好的了"③，可见"农民"主体的成熟固然不能突飞猛进，依然还是在成熟的过程当中的。

一旦群众作为主体已经成熟，或者说，一旦赵树理在小说叙事中先在地设定群众是成熟的主体，群众就占据了绝对的主体位置，成为绝对的主体。这在《小经理》《三里湾》《"锻炼锻炼"》《卖烟叶》等小

---

① 赵树理：《小二黑结婚》，载《赵树理全集》第 2 卷，第 234 页。
② 赵树理：《李有才板话》，载《赵树理全集》第 2 卷，第 298 页。
③ 赵树理：《登记》，载《赵树理全集》第 4 卷，第 30 页。

说中都有具体表现，而尤以《小经理》和《"锻炼锻炼"》为明显。《小经理》写三喜缺乏自信，认为自己不能胜任经理，但经过一番努力，做经理非常出色，这证明群众的选择及对人物的评价具有毋庸置疑的正确性，群众因此占据了主体位置。《"锻炼锻炼"》写小腿疼一看到群众里有一半人站起来了就马上放弃狡辩，意味着群众有着绝对的威慑力量，可见群众是不容置疑的，是理的绝对代表，任使小腿疼多么能言善辩，内心有多少不满，都无济于事。范登高的政治选择必须接受群众的审查，贾鸿年的道德人格必须向群众忏悔，也意味着群众占据了主体位置。因此，群众不仅是一种势，而且是历史、政治、伦理评价的最终执行者，是绝对的主体。

但是，所以强调赵树理在小说叙事中先在地设定群众为成熟的主体，是因为正如前文曾经分析的那样，在他的小说中，"群众"往往又是一个主体指向暧昧的符码。下面且通过《登记》中区分委书记的话来再次说明这个问题：

> 群众说你们声名不正，那是他们头脑里还有些封建思想，以后要大家慢慢去掉。……党员同志们，你们说说人家骂得对不对呀？检查一下咱们区上村上这几年处理错了多少婚姻问题？想想有多少人天天骂咱们？再要不纠正，受了党内处分不算，群众也要把咱们骂死了！①

很显然，前一个"群众"需要接受教育，并未占据主体位置，而后一个"群众"则成了行政权力的监督者，是有效的理的代言者。两

---

① 赵树理：《登记》，载《赵树理全集》第4卷，第30页。

个"群众"相互矛盾,但背后的实体构成其实是一样的,即都是张家庄的村民。那么,为何"群众"自相矛盾的意义能够并行不悖地从区分委书记的口中说出来?其中关窍即在于"群众"本身被赵树理当作一个主体指向暧昧的符码,其内涵和外延都是可以随意改变的。① 因此,必须意识到,群众作为一个绝对的主体,虽然是赵树理小说文本中存在的一种文本事实,但也只是文本事实的一种而已。

不过,分析群众作为一种绝对的主体的意义,还是非常必要的。只有注意群众作为绝对主体,如何由说理主体的个体构成,又如何为说理主体的个体提供保障,才能较好地把握"农民"作为说理的主体的有效且有价值的地方。至少就小说文本提供的线索而言,赵树理构建"农民"说理的主体形象,乃是希望说理的"农民"能够成为一种势,有效地监督和制衡行政权力的运作,并在历史、政治、道德等诸层面保证一个"说理的世界"的出现。一个先天地倾向于说理的主体,如果成为绝对的主体,至少在赵树理的文学政治中,乃是一种重要的存在。

二 "农民"主体性的觉醒与确立

赵树理将"农民"构造为具有先天性特征的说理主体,这个主体同时又表现出他者化的特征。这组矛盾源于作家发现"农民"主体性觉醒的第一契机以后,将阶级革命、民主、权力等诸多话语加入了主

---

① 当然,这绝对不是赵树理的问题,而是社会主义制度之下的群众路线的基本实践所造成的。

体觉醒的过程。而"农民"的主体形象经历他者化之后仍然保持为"农民"主体,则是因为第一契机始终发挥效力,且赵树理意识到"农民"主体性确立的根本不在于中途添加的诸多话语,而在于"农民"的劳动本身。一旦发现了劳动是确立"农民"主体性的根本的秘密,赵树理就选择了以劳动锻炼的方式重塑一些偏离了他笔下的"农民"主体性的小说人物的主体性质。

(一) 反抗作为第一契机的意义

从赵树理的小说文本出发,"农民"主体性觉醒的第一契机是反抗。二黑、小芹是在反抗父母包办婚姻的时候意识到自己有决定自己婚姻的权利的,并同时意识到不说理的事实的存在,接受自由结婚的观念。李有才等人是在反抗阎恒元的统治时,意识到组织起来,形成一个说理的集体的重要,接受了现代政治中的组织观念和民主选举观念。铁锁等人也是在反抗李如珍的统治时,接受小常(也即共产党)的革命启蒙,发现自己的力量,并以现代政党政治的方式实现了重建"说理的世界"的愿望。软英是在反抗中意识到世界上有别样的婚姻,自己有权利进行选择。二和是在反抗中发现东家不说理,虽然在父亲的阻挠下迟迟未能确立自我的主体性,但顽强地坚持反抗,使大和也意识到,只要具备劳动能力,不愁东家①。类似事实在赵树理的小说文本中尚有许多,此处不赘。总之,"农民"是在反抗的过程当中意识到自己的权利和能力的。

---

① 二和不愿意继续给不说理的东家放牛,大和说:"咱惹不起他吧也怕不起他?不给他放就不给他放吧,不论到那里还愁寻不上个主儿!"赵树理:《刘二和与王继圣》,载《赵树理全集》第3卷,第188页。

而因为"农民"主体性觉醒的第一契机是反抗,"农民"很容易与阶级革命、民主、权力等诸多话语发生有机联系。反抗总是有对立面存在的,而"农民"反抗的对立面,抽象地说是不说理的人,具体地说则是经济上的压制和政治上的轻视,即缺乏必要的土地经营权和政治参与权利。铁锁本来有一定的土地,但由于缺乏政治参与权利,结果就在李如珍操控的说理阴谋下,失去了土地。这样的情况一旦由共产党组织的阶级革命话语来描述,就转换成农民与地主之间的阶级对立、村政的不民主,以及农民没有政治权利。这不但没有背离"农民"的利益,而且承诺保障并实现一切,因此在反抗中觉醒的"农民"不难体会到一种心心相印的感觉。铁锁与小常一夕谈话,发现他所说的即自己所想的;老陈听了武委会主任对小元的批评,觉得对方说出了自己所有的心里话,都是重要的文本证据。但这种和谐的状态并不是始终一贯的。在"革命的第二天",觉醒后的"农民"很快就发现话语是话语,实践是实践,不说理的事实并不一定会随着话语的转换而消失。在《李有才板话》中,章工作员虽然说的都是阶级革命、民主选举、政治权利等崭新的话语,但由于其实践远离实际,李有才等村民就视其为"官腔"。在《登记》中,艾艾说大家讲起官话来,都说男女婚姻要自主,但实际上全是父母做主。这都说明,"农民"主体性觉醒的第一契机在持续发挥作用,在反抗了革命前的各类不说理的人与事之后,又进一步反抗新的话语掩盖下的不说理的人与事。因此,尽管经历了阶级革命、民主、权力等诸多话语参与的他者化过程,"农民"还是"农民",保持着对"说理的世界"的追求。加缪曾经分析过奴隶的反抗行动,认为:

这种难以遏制的最初的抗争逐渐使人与抗争融为一体,

使其一言一行均表现出抗争。他想让人们尊重他身上的这个部分，并将其置于其余一切之上，钟爱它胜过一切，甚至生命。这个部分对他说来成为至高无上的财富。奴隶以前处于委曲求全的境地，现在一下子要求获得"一切"，否则便"什么也不是"。他的觉悟随着反抗而苏醒。①

加缪针对两次世界大战所造成的人类死亡发出的议论，虽然言辞激切，但不无道理。赵树理小说中的"农民"一定程度上也是进行抗争的奴隶，在"革命的第二天"，也必然坚持反抗，要求获得"一切"，"一切"都说理，否则便"什么也不是"。在这个层面上，《李有才板话》斥责老秦式的感恩戴德无疑是极具文学政治意义的。在一次反抗的行动胜利结束之后，老秦居然丝毫不理解反抗的价值，反而照旧跪下谢恩，这的确是对"农民"主体在反抗中觉醒的莫大讽刺。同时，这也深刻表明，"农民"主体性觉醒的第一契机是多么可贵。

当然，必须注意，赵树理并未如加缪的分析一般，将反抗"置于其余一切之上"。当反抗造成嗜血仇杀之时，赵树理表示了有所克制的反对。例如在《李家庄的变迁》中，赵树理便叙述了县委书记、铁锁等人对村民反抗行为的文明训诫，以及村民受训后嗜血欲望的收敛。而在《邪不压正》中，作家将刘锡元之死叙述得含糊其辞，也是一种有所克制的反对态度的表征。倪文尖便认为，关于刘锡元之死，暴力的正当性既无可置疑，也不是革命的主角，主角仍然是说理。②

---

① 阿尔贝·加缪：《反抗者》，吕永真译，上海：上海译文出版社，2010年，第17页。
② 参见倪文尖：《如何着手研读赵树理——以〈邪不压正〉为例》，载《文学评论》2009年第5期。

这也就是说，反抗的目的乃是为了说理，"农民"主体性觉醒的第一契机通往的是说理的主体。也正是因为这一点，一旦阶级革命、民主、权利等话语的实践出现不说理的情况，反抗才会持续发生效力，保证"农民"的主体性。也是在这个意义上，《"锻炼锻炼"》中高秀兰写大字报批评王聚海"太主观"，而王聚海安排一个闲职给高秀兰以了事的细节①颇有分析价值。高秀兰反抗的是"革命的第二天"王聚海代表的官僚体系表现出的不说理的病症，但这个新生不久的体系居然能轻易地将反抗无形化解，可见危机多么严重。当然，如同赵树理的其他小说一样，结局总是大快人心。高秀兰的反抗与杨小四等人的反抗一起，代表着群众说理的要求，导引着王聚海代表的官僚体系完成了一次自我治疗，从而规避了体制的危机。赵树理通过勾连反抗与说理的天然联系，说明了"农民"主体性觉醒的第一契机有多么重要。

另外，反抗除了指向上述外在性的对象，也指向"农民"内在的某些需求与欲望。无论是《三里湾》中的范登高，还是《老定额》中的林忠，如果他们无法反抗自己内在的某些要求与欲望，只求个人经济利益的保全和增加，就会在不说理的道路上越走越远。赵树理的这种小说叙述表明，无论是反抗，还是说理，都内在地归属于社会主义"我为人人，人人为我"的平等、互助的诉求，不同于加缪分析的将反抗"置于其余一切之上"的奴隶。对于赵树理而言，反抗不仅仅是为了反抗，而是为了当家做主。因此，当"农民"主体性觉醒的第一契机出现以后，更关键的任务是寻找"农民"主体性确立的根本。

---

① 赵树理:《"锻炼锻炼"》,载《赵树理全集》第5卷,第226—227页。

(二) 劳动

"农民"主体性确立的根本何在？赵树理找到的答案是劳动。在1948年写的政论《穷苦人要学当家》中，赵树理说：

> 咱们这些穷苦老实农民，因为受的压迫太多，压得自己没有喘过气来，常好说些没出息话。有的说："咱一辈子只会劳动，啥也不会说，人家叫咱干啥咱干啥吧！"有的说："不论人家怎么分，分给咱多少咱要多少吧！"这都是太看不起自己了。"穷苦"、"老实"、"劳动"，不只不是我们的短处，还是我们的资格，三步功名缺了一步，不能入咱们的贫农团，和从前那个不是大学毕业不能作官一样。不要小看自己，这种资格是受苦受难换来的，别人想装也装不像。①

这些见解谈不上高明，至少在1948年的历史语境中，不过是中国共产党土地政策和农民政策的翻译。而且，以做官比加入贫农团，也不免拟于不伦，尽管赵树理的出发点是照顾读者的理解能力。但由此反观赵树理的小说文本，如早于此的《李有才板话》《孟祥英翻身》《地板》《福贵》及与此同期的《邪不压正》，则不能不注意到，作家不仅在翻译一时的政治政策，而且在寻找"农民"主体性确立的根本。在《李有才板话》中，老杨同志肯定"老槐树底的能人也不少"，李有才、小明、小保等人也果然在老杨同志的领导下成功实现了阎家山"翻天地"。这便是在小说的意义上确认"农民"的主体性。关于劳动与"农民"主体性的关系，如果在《李有才板话》中还表现得不是很

---

① 赵树理：《穷苦人要学当家》，载《赵树理全集》第3卷，第239页。

明显的话,在《孟祥英翻身》中就已经非常显豁了。前文曾论涉赵树理对农民如何挣脱主奴关系的思考,他写孟祥英,略渡荒事迹而详翻身过程,便是这一思考的具体表现。而且,除却对于解放区"自己动手、丰衣足食"政策的配合,赵树理通过《孟祥英翻身》的写作找到了一种挣脱主奴关系的方法。就孟祥英个人而言,其翻身的关键在于出色的劳动能力。孟祥英所以能够摆脱婆婆和丈夫的控制,就意识形态而言,在于工作员和八路军的胜利,就个人而言,即在于她挑水砍柴渡荒无所不能,能够通过劳动自立。孟祥英无所不能的劳动者形象,极好地表明了"农民"主体性确立的根本就在于劳动。如果没有强大的劳动能力,孟祥英势必像她能言善辩的婆婆一样,被奴役在封建伦理制度之下,永远无法觉悟,无法完成自我主体性的确认。更进而言之,解放区工农兵的话语及其实践固然极大地帮助了"农民"主体性的确立,但与其说其作用是原发性的,不如说是推波助澜,根本还在于"农民"是否具有主体性觉醒及确立的可能。①《孟祥英翻身》的意义在于,不仅勾连解放区具体政治政策与"农民"主体性确立的关系,而且突出强调了"农民"主体性确立的根本在于劳动。

当然,正如蔡翔说的那样:"在20世纪的中国左翼思想中,'劳动'是最为重要的概念之一。'劳动'的马克思主义化的重要性在于,它附着于'无产阶级'这一概念,展开一种既是民族的,也是世界的政治—政权的想象和实践活动。同时,这一概念也有效地确立了'劳动者'的主体地位,这一地位不仅是政治的、经济的,也是伦理的和

---

① 劳动与妇女的关系,在延安时代,显然要比本书论述的情况复杂得多,其中甚至不无战时需要构成的意识形态话语陷阱。参见江上幸子:《从〈中国妇女〉杂志看抗战时期中国共产党的妇女运动及其方针转变》,载《左翼文学的时代——日本"中国三十年代文学研究会"论文选》,王风、白井重范编,北京:北京大学出版社,2011年,第195—214页。

情感的,并进而要求创造一个新的'生活世界'。作为一种震荡也是回应的方式,当代文学也同时依据这一概念组织自己的叙事活动。"①这意味着,劳动不仅内在于文学的叙事活动,而且是文学叙事的依据,是一个比文学更高意义上的存在。从宏观上看,劳动的确有可能是一个高于文学的范畴。但是,具体到赵树理的小说文本,必须承认,劳动不仅是文学叙事的依据,而且也转换成了文学叙事的一个组成部分。劳动被文学收编,在具体的文本脉络中,自然要生发出新的意义系统。《地板》的关键词所以是劳动,《传家宝》里的金桂所以能取代婆婆成为家庭的主人是因为劳动,而《"锻炼锻炼"》中的"小腿疼""吃不饱"成为反面人物形象,《互作鉴定》中的刘正、《卖烟叶》中的贾鸿年成为被批评的农村知识青年,《套不住的手》中的陈秉正得到褒扬,无不与赵树理对劳动的理解有关。黑格尔认为劳动对于发现和确立主体性具有根本意义,他说:"正是在劳动里(虽说在劳动里似乎仅仅体现异己者的意向),奴隶通过自己再重新发现自己的过程,才意识到他自己固有的意向。"②与其认为赵树理的小说直接归属于20世纪中国左翼思想对于劳动的理解,不如认为赵树理通过小说中的劳动寻找"农民""固有的意向",寻找与左翼思想并不直接相关联的"农民"主体性的可能。在《李有才板话》中,区委会主任批评陈小元的第二条是,"不生产,不劳动,把劳动当成丢人事,忘了自己的本分",③可见劳动不仅是主体性的问题,而且还是"农民"的"本分"的问题。

---

① 蔡翔:《革命/叙述:中国社会主义文学—文化想象(1949—1966)》,北京:北京大学出版社,2010年,第224页。
② 黑格尔:《精神现象学》上卷,贺麟、王玖兴译,北京:商务印书馆,2010年,第148页。按,着重号为原文所有。
③ 赵树理:《李有才板话》,载《赵树理全集》第2卷,第302页。

类似的情形在《福贵》中构成了基本的叙事线索，福贵因为失去了土地，逐步退化为无业游民和地方上的浪荡子弟，最终失去"农民"的"本分"。在这个逐步退化的过程中，福贵一直在努力通过自己的"劳动"养活妻儿。但是，他的"劳动"不仅遭受邻里的歧视，而且被叙事者否定。叙事者认为失去土地的福贵的确已经没有德行了，福贵自己也作如是观，而在政府的帮助下福贵重获土地了，才重获德行。不仅如此，他还敢于向族长王老万兴师问罪了。很明显，在这个小说文本中，不是所有的"劳动"都被认可的。只有在土地上的耕作，符合"农民"的"本分"的"劳动"，才是被认可的。这就意味着，赵树理小说文本中的劳动，并不直接涉及谈无产阶级的问题，甚至只是谈"农民"问题。康濯回忆赵树理曾说"农民也并不是共产主义者"，这从侧面证明，赵树理对于劳动与"农民"关系的理解不能直接归属于中国的无产阶级问题。在1949年7月10日的全国文代会上，赵树理说自己"政治水平"稍好一点儿，但还需提高，[1]谦抑之辞背后固然不乏志得意满的味道，但到底说的也是实情，他很快就被周扬责成写重大题材了。赵树理只能通过自己熟悉的"农民"问题来思考中国的社会主义问题，这在政治上是一种不足，但在文学上却有着更为强韧的生命力。

由于赵树理小说文本中的劳动内涵如此具体，故而不仅是"农民"主体性确立的根本，而且只能是"农民"主体性确立的根本。一旦触及与"农民"有一定距离的问题，劳动就被转换成了劳动锻炼[2]。与此同

---

[1] 赵树理：《我的水平和宏愿——在全国文代会上的发言》，载《赵树理全集》第3卷，第353页。

[2] 劳动锻炼主要是指1958年前后针对干部、知识分子和青年学生的改造运动，"大批知识分子干部在全国范围内的下放劳动，进行锻炼，这不是一回简单的事情，而是我国政治战线和思想战线上的社会主义革命的一个重要组成部分"，"作为知识分子后备军的学生，今后也都要把学习同劳动生产结合起来"。（参见牛卫中：《论劳动锻炼》，西安：陕西人民出版社，1958年，前言。）赵树理的《互作鉴定》《卖烟叶》等小说与此历史运动有关。

时,"农民"也成为某种本质性的存在,具有不可置疑的意义和价值。

(三) 劳动锻炼

在武委会主任对陈小元的批评中,已经暗含着小元必须接受劳动锻炼,从而重归"农民"队伍的意思;而福贵重获土地进行劳动,其实就是福贵在"革命的第二天"进行劳动锻炼,改造自己的思想和德行,重归"农民"队伍。这是1949年之前赵树理对劳动锻炼和"农民"关系的小说叙述。1949年之后,他的小说叙述延续这一点,并有深入发展,将劳动锻炼视为一部分小说人物获得或重获"农民"主体性的必由之路。在《三里湾》中,赵树理叙述了三对年轻人的爱情故事。其中马有翼与王玉梅、王玉生与范灵芝之间的爱情叙述,除了隐含着语言与文字之间的复杂关系,还暗示了劳动与"农民"主体性的关系。范灵芝放弃马有翼而选择王玉生,马有翼无奈之下只好选择王玉梅,都与劳动有关。范灵芝不缺少马有翼的文化,需要的是王玉生的劳动能力,马有翼也不少文化,缺少的是王玉梅的劳动能力,合言之即是农村的青年学生范灵芝、马有翼都需要接受劳动锻炼,因此两人不能结为婚姻。如果说这两对婚姻与劳动的关系并不那么直接,赵树理的叙事意图在第三对婚姻的叙述上就相当明快了。大年老婆要把小俊说给满喜,满喜直言"我又不是收破烂的",但联想到小俊已开始下地劳动,总算是"觉悟了",[①]竟自动了心。这爱情或者婚姻来得颇为蹊跷,究其实际,则是叙事者认为劳动锻炼使小俊"觉悟了",重新获得了"农民"主体性,故而是值得满喜娶为妻子的。不能不说,赵树理此时

[①] 赵树理:《三里湾》,载《赵树理全集》第4卷,第351页。

对于劳动锻炼及"农民"主体性都是信心满满的。

如果在写作《三里湾》的时候,赵树理还能在劳动与文化之间叙述花好月圆的故事,1957年之后,他所感觉到的则是二者之间难以调和的矛盾了。就赵树理个人而言,这种感觉与他的女儿赵广建不肯回老家务农有关,也与他了解到的一些农村青年学生的状况有关。赵树理发现:

> 不幸三十年前农村中对于"出路"那种传统的错误解释,今天仍然在农村起着一定的作用,最可恨的是它还影响着农村中一部分青年。一个农民家庭出身的中学生,在毕业以后要是仍然回家种地,他的家长和亲戚、邻居,往往又和在三十年前责备我一样地说:"念了一阵书做了个什么?""什么也干不了!种地吧!"说这一类旧话的人自然仍受着他们旧思想的支配。……老人们这样想,情有可原;中学毕了业还这样想就不太应当了。①

而他自己的女儿赵广建也是"看不起劳动人民",接受了"这种与社会主义极不相容的旧观点……坏遗产"。② 在这些情况的触动下,赵树理创作了小说《互作鉴定》和《卖烟叶》。《互作鉴定》中的刘正是爱好写诗的中学生,常常想方设法逃避劳动,强说自己满身都是"关节炎",而且比较敏感,认为自己生活在冷酷的黄蜂窝里,所有人都千方百计跟他作对,因此写信给县委书记请求调离光明公社。他的同学陈

---

① 赵树理:《"出路"杂谈》,载《赵树理全集》第5卷,第13页。
② 赵树理:《愿你决心做一个劳动者》,载《赵树理全集》第5卷,第46页。

封看过他不好好劳动却去写诗时写的一首歌颂"英雄的人民"的诗,表示:"这诗我以为还写得不错。"①刘正就是这样一个有文化、诗"还写得不错"的农村青年;他在光明公社里感到的是黑暗,他害怕他诗里歌颂的"英雄的人民",希望到城里工作。《三里湾》当中范灵芝与王玉生之间那种两情相悦的感觉,在《互作鉴定》中毫无踪迹。刘正想逃离光明公社,固然主要问题在于他本身"看不起劳动人民",但光明公社的确有不够温暖的一面。王书记来到光明公社召集大家给刘正作鉴定之时,陈封检讨自己刻薄过刘正,但王书记走后,他将王书记对刘正的批评概括为"自命不凡,坐卧不安,脚不落地,心想上天",②仍然刻薄,并未表现阶级友爱与温情。因此,承认了自己的错误的刘正,还是可能幻想乘着"伟大的理想"的翅膀,逃离光明公社的。在这里,劳动与文化之间的矛盾表现出无法缓解的态势。那么,劳动锻炼能不能使刘正重获"农民"主体性,就成为难有标准答案的问题了。

《卖烟叶》中贾鸿年的情况与刘正是类似的。贾鸿年能写长篇小说,虽然被认为不如当时发表在刊物的作品,但无论是语文老师李光华,还是文学爱好者王兰,都欣赏、佩服他的文学才华。但这个人不仅"看不起劳动人民",不安心在农村劳动,而且干起了投机倒把的事情。李光华说:

> 我大体上对他有个了解,不过总觉得一个聪明的小伙子,经一经劳动锻炼是可以改造好的,没有想到他很快就发展到投机倒把这条路上来!③

---

① 赵树理:《互作鉴定》,载《赵树理全集》第6卷,第121页。
② 同上书,第123页。
③ 赵树理:《卖烟叶》,载《赵树理全集》第6卷,第262页。

这等于是彻底宣布了劳动锻炼对于改造知识青年的无效。赵树理或许感觉到劳动与文化之间的矛盾已经不可调和,劳动锻炼已经无法保证"农民"主体性的延续了。这的确是一个难题,也是当时的社会主义危机之一。列宁1920年给苏联共青团员的意识形态箴言,"只有在劳动中与工人农民打成一片,才能成为真正的共产主义者",①1950年代初就已化为初生的社会主义中国的上山下乡运动。然而,开始时的政治激情和浪漫,到赵树理创作《卖烟叶》的1964年,恐怕更多地已经只是社会主义危机的一种症候了。王兰作为一个农村劳动者,她与贾鸿年婚恋的失败,正是这种症候的小说表现。

当然,必须注意的是,在《互作鉴定》和《卖烟叶》中,劳动锻炼已经被叙事者彻底僵化为农村的体力劳动,"农民"也因此成为某种本质性的存在,不可变异,不可置疑。这可能是作家赵树理始料未及的,也可能是他内心深处的忧虑潜藏在小说文本中。至少在1957年写的信当中,他是这样鼓励女儿的:"只要你在生产中真有所建树,你是会感到生产本身就有快乐的。"②他相信劳动锻炼能够生产一个快乐的主体,从而确保知识青年获得"农民"主体性。而且,在《卖烟叶》中,他也叙述了回乡劳动的王兰的快乐。但是,王兰的快乐敌不过失去婚恋对象的哀愁,更敌不过贾鸿年的"鬼"化。赵树理从关于劳动锻炼的正面叙述开始,渐渐走向反面,不自觉地证明了劳动锻炼对于重塑"农民"主体性的无效。农村青年一旦接受了中学教育,无论是刘正,还是贾鸿年,甚至是王兰,都不由赵树理遏抑地向知识青年异化了。这不仅证明了劳动锻炼的失效,而且证明赵树理小说文本

---

① 列宁:《青年团的任务》,载《列宁文选》第2卷,莫斯科:外国文书籍出版局,1947年,第863页。

② 赵树理:《愿你决心做一个劳动者》,载《赵树理全集》第5卷,第47页。

中的劳动、"农民"等概念面临失效的危险。

三 暧昧的叙述主体

"农民"作为说理的主体既具有先天性特征，又仍然需要经历他者化过程；劳动确立了"农民"的主体性，却又无法阻止农村青年向知识青年异化，劳动与"农民"都面临失效的危险：这些相互矛盾的情形出现在赵树理小说文本中，当然可以越出小说叙述，从赵树理身处的历史语境中寻找原因。但在接通小说文本与历史语境的关系之前，有必要从赵树理的小说形式中钩稽线索。事实上，只有从小说形式中钩稽出有效的线索，才能在小说文本与历史语境中构建结实有力的关系。

伊格尔顿认为"形式通常至少是三种因素的复杂统一体"，即它部分地由文学形式的历史所形成，是占统治地位的意识形态结构的结晶，体现了一系列作家和读者之间的特殊关系。从这个意见提供的角度观察赵树理小说文本的叙述主体，将会看到一系列暧昧的叙述主体。分而言之：叙事者声口固然以说书人为主，但有些文本同时含有说书人与写书人，甚至是作者；叙事者身份以村民和农村工作者为主，但在有些文本中是作者，有些文本叙事者身份模糊；叙事者的认同对象则基本上都是多重的，"农民"、农村干部、群众、共产党、叙事者……一半文本的认同对象都在三种及以上（详情见表5）。赵树理小说的叙述主体如此复杂，则其中"农民"的主体形象出现内在的矛盾，自然是赵树理小说的形式本身就足以致之的。当然，问题并不就此结束，通过分析这暧昧的叙述主体来接通小说文本与历史语境的关系，才是题中之义。

（一）声口问题与预设读者

赵树理小说作为"可说性文本"，首先是面对知识分子的具有"可读性"的小说，然后才是面对"农民"的具有"可说性"的故事。《李有才板话》尤其明显地证明了这一点。它的叙事者有三种声口存在，即说书人、写书人、作者。其中说书人负责说出李有才所作歌子关联的基本故事，写书人负责转换成文字，作者则交代小说的叙事规则。这样的分类难免有些机械，但目的在于尽可能呈现赵树理的小说文本在形式上的复杂用心，有效地捕捉赵树理小说写作的预设读者。

《李有才板话》第一节交代书名的来历，最后两段写道：

> 抗战以来，阎家山有许多变化，李有才也就跟着这些变化作了些新快板，还因为作快板遭过难。我想把这些变化谈一谈，把他在这些变化中作的快板也抄他几段，给大家看看解个闷，结果就写成这本小书。
>
> 作诗的人，叫"诗人"，说作诗的话，叫"诗话"。李有才作出来的歌，不是"诗"，明明叫做"快板"，因此不能算"诗人"，只能算"板人"。这本小书既然是说他作快板的话，所以叫做《李有才板话》。①

---

① 赵树理：《李有才板话》，载《赵树理全集》第 2 卷，第 253 页。

表5 赵树理小说中叙事者相关情况的汇总

篇目	叙事者声口	叙事者身份	叙事者的认同对象
小二黑结婚	说书人	村民	二黑、小芹、区长
李有才板话	说书人、写书人、作者	农村工作者	李有才、老杨等
来来往往	说书人	不明显	指导员、农会主席
孟祥英翻身	说书人、写书人	农村工作者	叙事者
地板	说书人	农村工作者	王老三、农会主席、区干部
李家庄的变迁	说书人	村民	铁锁、小常、王安福等
催粮差	说书人	解放区人	叙事者
福贵	说书人	农村工作者	区干部
刘二和与王继圣	说书人	村民	聚宝、小胖等
小经理	说书人	村民	共产党、群众
邪不压正	说书人	农村工作者	老拐、聚财、安发、组长等
传家宝	说书人	农村工作者	小娥的丈夫（区干部）
田寡妇看瓜	说书人	村民	孩子们
登记	说书人	进城的农民	艾艾、燕燕、区委书记等
求雨	说书人	村民	于长水
三里湾	说书人	农村工作者	王金生、刘书记、王申等
灵泉洞（上部）	说书人、写书人	旧社会过来人	金虎、银虎
"锻炼锻炼"	说书人	农村工作者	杨小四、高秀兰、王镇海等
老定额	写书人、说书人	作者	支书李占奎
套不住的手	写书人	不明显	陈秉正
杨老太爷	说书人	农村工作者	村里人、村长等
张来兴	写书人、说书人	与会代表	含混不清
互作鉴定	写书人、说书人	农村工作者	王书记
卖烟叶	拟说书人	作者	王兰、李光华等

注：说书人指 storyteller，写书人指 writer，作者指 author。

这两段话首先总结李有才的快板与阎家山的关系，接着强调"我想把这些变化谈一谈"，透露出叙事者说书人的声口，而"结果就写成了这本小书""给大家看看"，透露的是叙事者写书人的声口，把要"谈"的先"写"出来，即通过"写"实现"说"。"写"出来的结果是"这本小书",而不是"这本小说",意味着在叙事者看来,《李有才板话》无章可循,难以进行文体上的界定,不能直接定义为"这本小说"。果然,通过回顾知识分子命名"说作诗的话"为"诗话",叙事者以转向假借的方式继承了知识分子的命名方式,将"这本小书"命名为"板话"。在命名的过程中,叙事者同时使用"歌"和"快板"来指代李有才创作的"圪溜嘴",透露出"既不得不与农民说话,又不得不与知识分子说话"的特点。"歌"主要是在"与农民说话","快板"主要是在"与知识分子说话"。而"板人""板话"作为对"诗人""诗话"的戏仿,意味着嘲讽性地继承知识分子传统,似尊重非尊重,似继承非继承,表现出"农民"与知识分子之间存有距离的状态。而叙事者的位置,显然离"农民"更近一些。而这种交代书名来历的方式,很难不让人联想到鲁迅的《阿Q正传》。可见叙事者戏仿的不仅是传统的知识分子,也是现代的知识分子。叙事者交代书名来历,用心如此复杂,难怪梅仪慈认为《李有才板话》是赵树理从不同角度考察"写书人"概念和角色的作品。① 因此,在叙事者的声口中,还夹杂着作者的声口。这样一来,《李有才板话》不仅与口传文化及其誊写有着不可否认的关联,而且与现代书面文化也有血脉联系,从而深刻地表明其预设读者不仅有"农民",也有知识分子。甚至不妨说,如此别具用心地交代书名来历,透露出赵树理试探自己的作品将会在知识分子中(或在文坛上)出现怎样的接受效果的心思。作为一个刚刚凭借《小二黑结婚》而引起一定关注的人,赵树理有此心思并不奇怪。在紧接下来的《孟祥英翻身》中,他再次表现出类似心思。《孟祥英翻身》序也有

---

① 参见 Yi-tsi Mei Feuerwerker, *Ideology, Power, Text: Self-representation and the Peasant "Other" in Modern Chinese Literature*, p.128。

"写成这本小书"的字样，此外还另起一段："至于她生产渡荒的英雄事迹，报上登载得很多，我就不详谈了。"①这句话的意思其实已经包含在关于材料来源的说明中了，似乎有些多余。但赵树理竟然另起一段增加一句看似多余的话，联系起小说结尾虚拟的读者与作者之间的问答，则不能不怀疑这句话添加得别有幽怀。而这幽怀可能就在于强调自己的"这本小书"不是报纸新闻，不是一般的宣传材料，乃是小说。这样一来，《孟祥英翻身》的写作就不仅是写书人拟说书人，说故事给"农民""解个闷"，而是作者控制下的写书人曲折地向知识分子说明《孟祥英翻身》的小说性质。因此，从一开始，赵树理"为农民写作"的背后就隐藏着写给非"农民"群体看的意图。

当然，赵树理写给非"农民"群体看的意图并不是在每一篇小说文本中都能观察出来。表5显示，除了《李有才板话》与《孟祥英翻身》，只有《灵泉洞（上部）》《老定额》《张来兴》《互作鉴定》《卖烟叶》等作品因为"写书人"或"拟说书人"的存在而有明显的痕迹。如果说，前两篇作品是赵树理初次登上文坛时试探心态的表现，后五篇作品则是面临文坛的意识形态要求与批评的应激反应。其中《卖烟叶》更具症候性。赵树理作为一个惯于以说书人声口进行写作的作家，在《卖烟叶》的序中交代：

> 我写的东西，一向虽被列在小说里，但在我写的时候却有个想叫农村读者当作故事说的意图，现在既然出现了"说故事"这种文娱活动形式，就应该更向这方面努力了。

---

① 赵树理：《孟祥英翻身》，载《赵树理全集》第2卷，第375页。

> 闲话少说，让我先写一个买烟叶的故事试试灵不灵。①

赵树理试图反抗他写的东西被命名为小说，强调自己希望被"说"的意图，却发现自己还必须"试试"能不能写"说"的故事。这种深刻的矛盾，极其内在地说明，不是农村读者在"说"赵树理"写"的故事，而是知识分子在"看"赵树理"写"的故事，赵树理写的东西的小说性质是不可磨灭的。但他的反抗大有意义，表明在现代写作体制下，复活口传文学，甚至只是激活口传文化的活力，并非轻而易举之事。因此，赵树理创造的叙述主体，虽然主要以说书人的面目示人，但背后隐藏着写书人甚至作者形象。而写书人形象，尤其是作者形象的存在，彰显的是赵树理的知识分子身份，拉开的是与"农民"之间的距离。如果说叙事者的声口中夹杂着写书人和作者的声口，那么，赵树理小说的叙述主体将在其所叙述的"农民"主体性中渗透进去非"农民"主体甚或反"农民"主体的内容，宜属理所当然。这样一来，"农民"主体的他者化形象及劳动锻炼对于农村知识青年的无效，也就获得了第一个说明。

（二）叙事者身份：村民、农村工作者与作者

从文本实际观察，赵树理小说的叙事者主要有三种身份，即村民、农村工作者和作者。这三种身份或隐或显、或主或次地并存于赵树理的每一篇小说中，构成了小说叙述主体的暧昧性（详情见表5"叙

---

① 赵树理：《卖烟叶》，载《赵树理全集》第6卷，第221页。此版本引文最后一句中"买烟叶"有误，当作"卖烟叶"。参见赵树理：《卖烟叶》，载《人民文学》1964年第1期。

事者身份"一栏)。村民、农村工作者与作者,三种身份各有交集,但也存在矛盾。它们所以并存于小说中的原因,或许能从赵树理1949年6月发表的《也算经验》一文中找到。赵树理在那篇文章中说:

> 我的材料大部分是拾来的,而且往往是和材料走得碰了头,想不拾也躲不开。因为我的家庭是在高利贷压迫之下由中农变为贫农的,我自己又上过几天学,抗日战争开始又作的是地方工作,所以每天尽和我那几个小册子中的人物打交道;所参与者也尽在那些事情的一方面。①

这说明赵树理出身农民,兼有知识分子身份,又是农村工作者。这些身份——对应于叙事者的三种身份,说明赵树理小说叙述主体的暧昧,不仅是小说叙述问题,而且间接源于赵树理本身。同时,这种对应关系的存在表明赵树理作为作者,与其作品的距离较近,并不十分介意小说的虚构性。甚至毋宁说,赵树理在意的是小说的艺术真实与现实之间的严丝合缝。从某种程度上来看,赵树理的小说的确具有信史的品质。

就"农民"主体性与叙事者身份的关系而言,最重要的是农村工作者,其次是村民,最后是作者。表5显示,在赵树理从《小二黑结婚》开始的24篇小说中,叙事者身份以农村工作者为主的小说有10篇,以村民为主的有7篇,以作者为主的2篇,其他不便归类的总共5篇。② 在前引《也算经验》一文中,赵树理说:

---

① 赵树理:《也算经验》,载《赵树理全集》第3卷,第349页。
② 其中"进城的农民"视为"村民","解放区人""旧社会过来人"和"与会代表"视为"不便归类"。

> 有些很热心的青年同事，不了解农村中的实际情况，为表面上的工作成绩所迷惑，我便写《李有才板话》；农村习惯上误以为出租土地也不纯是剥削，我便写《地板》（指耕地，不是房子里的地板）……①

以"青年同事"为预设读者，很好地说明了赵树理小说的叙事者身份以农村工作者为主，乃是非常自觉的行为。这意味着，赵树理"为农民写作"的具体对象乃是农村工作者。尽管农村工作者也是抱着特殊的使命而为了"农民"的，还是与"农民"本身隔了一层。因此，至少在那些叙事者身份以农村工作者为主的小说中，赵树理叙述"农民"的主体形象时，很难避免将"农民"客体化，即将"农民"叙述为农村工作者的对象。事实上，正是因为这一点，赵树理小说中的"农民"分类才更多地依赖政治标准，土地多少不仅决定着"农民"的阶级身份，而且决定着"农民"的政治觉悟和情感体验。而一旦土地少甚或租种土地的"农民"认识不了阶级革命（或土地改革）的意义，他们就被认为是落后的、缺乏主体性的存在，必须经历相应的他者化过程或劳动锻炼，例如《李有才板话》中的陈小元和老秦、《邪不压正》中的小昌和王聚财、《三里湾》中的范登高和马多寿、《互作鉴定》中的刘正，等等。

与此同时，《李有才板话》对章工作员的塑造，《李家庄的变迁》对王工作员的塑造，其他小说对变坏的农村干部的塑造，表现出一种农村工作者队伍内部自我批评的意味。例如在《李有才板话》中，李有才等人固然在批评章工作员，定性的工作还是由老杨同志完成。"老杨同志指出他不会接近群众，一来了就跟恒元们打热闹，群众有了问

---

① 赵树理：《也算经验》，载《赵树理全集》第3卷，第350页。

题自然不敢说。"①老杨同志对农村工作者的批评一针见血，意味着农村工作者虽然会犯路线错误，但仍然有高于群众的判断能力和判断权力。作为工作对象，"农民"在农村工作者眼中，不但能够被认识和分类，而且能够因势利导地加以改造。在这个意义上，"农民"被客体化了。当然，赵树理试图将被客体化的"农民"重新主体化，或在客体化"农民"的同时，也视"农民"为必须近身了解、不能随意对待的主体。老杨同志被叙述为一个严守制度、与农民打成一片，且自身即为雇农出身的农村工作者形象，就隐含着辩证的主客逻辑。只是这个主客逻辑并不总是辩证统一，村民与农村工作者的对立，有时是相当严重的。颇有争议的《"锻炼锻炼"》且不论，其中小腿疼和吃不饱所暗示的"农民"饥饿问题得到的关注是相当有限的。就以《福贵》而言，村民与农村工作者的对峙就很值得分析。小说开篇就说"福贵这个人，在村里比狗屎还臭"，但叙事者意在颠覆村民的判断：

> 我们的区干部初到他村里，见他很穷，想叫他找一找穷根子，可是一打听村里人，都一致说他是个招惹不得的坏家伙，直到好多的受苦受难的正派人翻身以后，区干部才慢慢打听出他的详细来历。②

福贵在村民的叙述中，肯定难以确立"农民"的主体形象，而"我们的区干部"则破除了村民的叙述，通过还原福贵丧失"农民"主体性的过程，重塑了福贵的"农民"主体形象。很显然，对于什么是

---

① 赵树理：《李有才板话》，载《赵树理全集》第2卷，第298—301页。
② 赵树理：《福贵》，载《赵树理全集》第3卷，第147—148页。

"农民"的主体形象,村民和农村工作者是处于对峙的位置。而叙事者称"我们的区干部",即使不能完全将叙事者的身份认同落实为农村工作者,也不能不注意到这个集体型叙事者倾向于农村工作者,在价值认同上是与他们一致的。那么,到底谁叙述中的福贵是真实的呢?当然,村民和农村工作者的叙述都是真实的,不同的地方在于眼光。村民主要关心的是福贵的道德伦理问题,而农村工作者主要关心的是福贵的劳动能力,认为福贵的道德伦理问题根源于劳动,即被环境剥夺了劳动的可能。由此可见,村民思想意识中的"农民"主体是由道德伦理确立的,而农村工作者思想意识中的"农民"主体是由劳动确立的。二者虽非截然矛盾,但终存对峙之处。叙事者的目的是通过农村工作者对福贵的重新讲述,改变村民的"农民"观念。因此,"农民"的主体形象必然表现出他者化的特征。

而一旦叙事者的身份主要显现为作者,赵树理小说文本中的"农民"主体形象问题就由何种意义上的主体进一步转换为"农民"形象是否真实的问题。《老定额》和《卖烟叶》两篇小说都是赵树理遭到较多的质疑甚至否定之后创作的,它们的叙事者身份主要显现为作者。《老定额》开篇交代得很清楚:

> 和我接近的同志们常劝我在写人物的时候少给人物起外号。我自己也觉着外号太多了不好,准备接受同志们的意见,只是这一次还想写一个有外号的人物,好在只用一个,对其他人物一律遵照同志们的忠告。①

---

① 赵树理:《老定额》,载《赵树理全集》第5卷,第353页。

提出忠告者的意思是起外号影响人物的真实性，叙事者也表示同意，但仍然写一个有外号的人物，无疑是在坚持作者的写作是具有真实性的。从这样一个起点开始，小说《老定额》的叙事者身份便主要是作者了，小说也就成为小说作者以小说叙述的方式讨论"农民"主体形象的真实性的文本。在这个意义上，"农民"的主体性问题就变成了一个建构问题，即提出忠告的人是如何建构"农民"，作者又是如何通过小说建构"农民"。那么，重要的就不是"农民"主体形象如何及是否具有主体性，而是提出忠告的人和作者如何建构出一个"农民"主体性来。此时此刻，叙述主体与"农民"主体完全是两码事。尽管叙述主体仍然可能表现出与"农民"的相关性，甚或亲缘性质，还是必须充分意识到，赵树理小说的叙事者是一个暧昧的主体。

(三) 多重价值认同

赵树理小说叙述主体的暧昧特征不仅见于叙事者声口及身份，而且见于价值认同。在分析说理问题时，赵树理小说已经提供了大量文本细节，证明说理的多重性质。这些细节一旦汇总到小说的叙述主体上，就构成了叙述主体在价值认同上的暧昧特征。

表5"叙事者的认同对象"一栏显示，赵树理的多篇小说都有两个以上观点不完全相同的认同对象，而其中出现频率最高的是具有共产党员身份或共产党政府工作人员身份的区长、书记、支书、农会主席等；这些都是中国共产党的农村工作者。由此可见，赵树理小说的叙述主体最核心的价值认同是中国共产党在农村的意识形态主张和政治政策。这种核心价值认同的存在，结晶为小说形式的意识形态结构，除了表现在叙事者的意图和策略上，便集中地体现在小说的结构

安排上。赵树理几乎所有的小说都可析为"村里出问题——农村工作者来调查——村干部和村民积极配合——解决问题——外来的农村工作者发表意识形态训诫——群众欢欣鼓舞（出问题的人反省）"，表现出明显的群众路线话语主导小说叙事的模式化特征。因此，中国共产党的"农民"主体想象，必然严重地限制赵树理小说"农民"主体形象及主体性的建构。《李有才板话》中的"农民"积极投身阶级革命，《李家庄的变迁》中的"农民"同时积极参加民族革命和阶级革命，《三里湾》中的"农民"全身心投入合作化运动，无不与小说创作前后中国共产党的"农民"想象若合符契，不能不说，赵树理在价值认同上是热烈拥抱党的政治政策的。

但是，赵树理并不是机械地拥抱党的具体政治政策的作家。表5"叙事者的认同对象"一栏还充分展现了赵树理小说的叙事者对各色各类村民形象的认同。从细节上看，这些认同有不少都构成对一些具体政策的认同的挑战。例如在《邪不压正》中，老拐、安发、元孩、聚财、软英、小宝、组长等都是叙事者不同程度上的认同对象。小说的主旨是群众起来之后，无论是刘锡元，还是小昌，都将无势可依，"农民说理的世界"必然实现。但从细节上看，聚财在刘锡元得势的时候，凭着"不太想得罪人"的思想保全了身家性命，在小昌得势的时候，用的是同样一套，则意味着群众起来不一定就邪不压正，在具体的农村日常生活中，党的政治政策提供的保护是有限的。虽然小说结局是经过一番整顿，小昌失势，群众再次起来，但问题是"再没有想到怕他们报复"的聚财，既无法如愿得回自己原先失去的土地，也未曾有效地进入新的权力机制。那么，当再次出现权力失衡的状况时，聚财也许就只能再次奉行"不太想得罪人"的观念了。小说是以聚财说出的"这真是个说理的地方"作为主旨的，这意味着聚财是小说文本内部对中国共产党的农村政治实践进行评价的主体。那么，在叙事者的价值认同中，应当说聚财的怀疑和肯定都具有相当重的分量。这就意味着，一个热烈拥抱主流意识形态的叙事者，同时与主流意识形态有着一定距离。而一定的距离是保证叙事者的怀疑和肯定都有效的重要方式。蒋晖在分析李有才的形象时，就强调他与老秦、小顺、小元等有土地的农民不同，李有才作为雇农，有充分的时间和机会成为阎家山的观察者，从而才能创作快板，对阎家山的行政进行讽刺，对阎家山的行政改革和土地革命进行组织、宣传和评价。① 李有才作为叙事者价值认同的对象，其地位之重要，意义之重大，是不可否认的。从细节上看，李有才从旁观者变成了参与者，他的板话内容也从讽刺变成了歌颂，则不能不认为，李有才的主体意识发生了重大的变化。既然李有才的主体意识发生了重大变化，就不得不意识到两个问题：一是李有才本人作为"农民"，其主体性已他者化了，二是他眼中的阎家山及老槐树底人的形象，肯定也随之发生了变化。既然他的眼光改变了老槐树底人的"农民"形象，那么，什么是老槐树底人"农民"形象的真实面目呢？这个问题虽然提得颇为吹毛求疵，但不能否认，《李有才板话》的叙述主体从中获得了选择性地构建"农民"主体形象的空间，从而表现出一定程度上的暧昧性质。类似的情况也见于《互作鉴定》中。其中的刘正也可以算是光明公社的观察者，只是叙事者将其视为反面的观察者，借刘正的视角呈现的幻象还原光明公社的真相。虽然叙事者和刘正在价值认同上刚好相反，但二者同为光明公社的观察者，都观察到了光明公社的病症，只是给出了不同的解释和药方。一个稳妥

---

① 参见 Hui Jiang, *From Lu Xun to Zhao Shuli: The Politics of Recognition in Chinese Literary Modernity: A Genealogy of Storytelling*, pp. 151–159。

的文本解读虽然不能借助刘正的视角摧毁叙事者的视角,但理应注意到二者之间微妙的交集。而在这交集之中,叙述主体的暧昧性生成了。以此分析逻辑观察赵树理其他的小说文本,无疑将不停地发现,赵树理并不是一个机械拥抱主流意识形态的作家,其小说的叙述主体有着丰富的暧昧性。因此,赵树理小说中的"农民"主体形象表现出他者化特征,而"农民"主体性问题也就表现出了建构的特点。

当然,必须强调的是,正如暧昧的叙述主体有一个最核心的价值认同一样,"农民"主体性的建构特点也无法改变这样一个事实,即在赵树理小说中,"农民"始终是作为一个说理的主体存在的。不管是否将自己奉献给阶级革命和民族革命,不管是隶属于富农、中农还是贫雇农,这个"农民"主体真正期盼的是一个"农民说理的世界"的实现。只是"农民"在何种意义上成为主体,是被命名为主体,还是自觉为主体,必须进行严肃的分析。有鉴于此,必须同时注意到"农民"作为说理的主体的有效性和建构性,注意到其中蕴含的复杂的文学政治问题和社会主义历史问题,才能真正把握赵树理笔下"农民"主体的可能。

四 "农民"主体的可能

由于赵树理小说中"农民"主体性的建构特点,如何理解和解读其笔下"农民"主体所蕴含的可能就成为一个具有非常大的分析性的命题。而且,每一次理解和解读,都隐藏着自身的意识形态的、文学的诉求以及对未来历史图景的想象。早至周扬拎出"农民是主体"这样一个大命题的时候是如此,晚至"三农文学"的提出以及社会主义危机的分析、劳动乌托邦的建构时也是如此。但是,值得注意的是,几乎所有的理解和解读都从宏观的历史诉求出发,使用既有的意识形态话语、概念进入赵树理小说文本,而缺乏直接从其小说形式及细节中提炼问题和概念,并进而形成分析范式的理解和解读。虽然由外而内的理解和解读也有极大的意义,但在求得文本的支撑之后,文本内部的问题依然是未尝解决的。因此,如果在由内而外的文本分析基础上,提炼出一些基本的问题和概念,形成相应的分析范式,并进而回应既有的关于赵树理小说中的"农民"主体性的问题,或许可以较好地把握"农民"主体的可能。

如果承认在赵树理的小说中,"农民"是"说理的世界"的主体这一命题有效,那么,在由内而外的文本分析基础上形成的问题、概念和范式就已经建立起来了。这一命题在何种意义上释放了赵树理小说的文学政治潜能?如果说明了这一点,或许就把握了赵树理笔下"农民"主体的可能。为此,首先要做的是回应既有的关于赵树理小说中的"农民"主体性问题的论述。

(一) 革命及反封建

在赵树理小说的阐释史中,周扬是第一个提出"农民"主体问题的阐释者。他的具体意见"因为是农民是主体,所以在描写人物,叙述事件的时候,都是以农民直接的感觉,印象和判断为基础的",只符合一部分文本事实;这一点只要意识到赵树理小说的叙述主体是一个暧昧主体就不难发现。关键问题在于,周扬所谓的"农民"是何种意义上的。在《论赵树理的创作》一文中,他开宗明义地谈道:

> 经过八年抗战，农民已经空前地觉悟和团结起来了。他们认识了他们贫穷的真正原因，他们决心为根本消灭这个原因而斗争。他们把斗争会，清算会很正确地叫做"挖穷根"，这就是说，要把贫穷的根子挖出来，将它斩断。农民的革命精力正在被充分地发挥，这个力量是没有什么东西能够抗拒的，是无穷无尽的。它正在改变农村的面貌改变中国的面貌，同时也改变农民自己的面貌。这是现阶段中国社会的最大最深刻的变化，一种由旧中国到新中国的变化。
>
> 这个农村中的伟大的变革过程，要求在艺术作品上取得反映。赵树理同志的作品就在一定的程度上满足了这个要求。[①]

不难发现，这段话论涉了两种"农民"。一种是经过抗战，拥有改变农村面貌，改变中国面貌，也改变自己面貌的"革命精力"的"农民"，因此毫无疑问是当时中国社会革命的主体。另一种是艺术作品对这一革命主体的反映。周扬判断赵树理小说"在一定的程度上满足了"反映革命主体"农民"变革农村的要求，说明周扬不仅注意到了革命现实与艺术再现之间的联系，而且注意到了二者之间的区别，即赵树理小说中的"农民"不只是在艺术再现的层面上区别于革命现实中的"农民"，还在程度上存有区别，赵树理小说并没有完全满足反映农村变革过程的要求。周扬先在地做出了"农民"是革命主体的判断，无待于赵树理小说提供的文本事实。更进而言之，周扬只是通过赵树理小说来证明自己的先在判断，他完全有可能在他人的小说中同样发

---

① 周扬：《论赵树理的创作》，载《论赵树理的创作》，沈阳：东北书店，1949年，第5页。引文中的"八年抗战"指全面抗战的时间。

现"农民是主体"。当然,周扬通过赵树理小说来讨论"农民是主体"的问题,并不就是一个偶然的事件,强调他完全有可能在他人的小说中得到同样的发现,乃是为了说明周扬所谓的"农民是主体"不仅只照亮了赵树理小说文本提供的一部分事实,而且是一种先入为主之见。而且,考虑到周扬是延安时期中国共产党的意识形态主张在文艺界的喉舌,还不能不注意到,关于"农民是主体"的判断,固然是革命事实与经验的总结,也仍然含有中国共产党的意识形态主张要求将"农民"呼为主体的因素。一旦这种因素存在,"农民是主体"即潜在地意味着"农民"是意识形态的崇高客体[1],"农民"作为一个实体是会随着不同时期意识形态的变化或者同一时期对意识形态要求的不同理解而变形的。早在1943年评论《李有才板话》时,李大章就认为赵树理把新型的青年农民写成了跑龙套式的人物,是作家马列主义修养不足的表现。[2]这意味着在李大章看来,赵树理在马列主义修养上的欠缺导致《李有才板话》中占据主体位置的"农民"并非真正具有主体性的"农民"。这种类型的意见进一步发展的结果是当《"锻炼锻炼"》发表后,有评论者质疑赵树理写的"农民"是不是真实地存在于社会主义农村中的"农民"。[3]质疑者表面上讨论的是文学的真实性问题,实

---

[1] 这里借用了齐泽克的说法。齐泽克说:"崇高的客体是不能过度接近的客体:如果我们离它太近,它就会失去其崇高的特征,并成为一个普通的庸俗的客体——它固守于缝隙之中,居于中庸状态,只能从某一角度去审视,朦朦胧胧地看它一眼。如果我们想在白昼的光线下察看它,它就会变成一个日常客体,就会自行消解,这是因为它本质上什么也不是。"(斯拉沃热·齐泽克:《意识形态的崇高客体》,季广茂译,北京:中央编译出版社,2001年,第232页。)如果不从社会主义革命的角度审视"农民","农民"就很难占据主体的位置。

[2] 参见李大章:《介绍〈李有才板话〉》,载黄修己编《赵树理研究资料》,太原:北岳文艺出版社,1985年,第171页。

[3] 参见武养:《一篇歪曲现实的小说——〈锻炼锻炼〉读后感》,载《文艺报》1959年第7期。

际上指向的是针对"农民"的一种意识形态需要。周扬的意见与此一脉相承,虽然更为隐蔽,但仍然在其下列论述中崭露端倪:

> 若有人怀疑,赵树理岂不只是一个农民作家吗?他的创作和思想的水平不是降低到了"农民意识"吗?回答当然不是。他不但歌颂了农民的积极的前进的方面,而且批判了农民的消极的落后的方面。他写了好的工作干部,这在农村实现无产阶级领导的骨干,没有这骨干,农民的翻身是不可能的;同时也批判了坏的工作干部。这好与坏的一个主要区别的标准,就是能不能和农民打成一片,替他们解决问题。①

这是一个与"农民是主体"的判断存在矛盾的论述。周扬强调赵树理高于"农民",没有降低到"农民意识",实际上就等于否认了"农民是主体"的判断。如果"农民是主体"之外尚有一个高于"农民"主体的存在,那么,"农民"就不是真正意义上的主体,而是被那个高于"农民"主体的存在呼为主体的主体,实则意识形态的崇高客体,是不可接近,不可从另外的角度进行审视的。正因为如此,赵树理小说中的一些"农民"形象如小腿疼、杨小四等受到质疑,被认为缺乏真实性。究其实际,则是因为这些"农民"形象破除了客体的崇高性质,还原为日常存在,使意识形态无法呼这些"农民"形象为主体。周扬真正看中的应当是赵树理小说中"写了好的工作干部",他们是"在农村中实现无产阶级领导的骨干","没有这骨干,农民的翻身是不可能的"。赵树理小说支持着这种论断,它的叙事者最主要的认同对象是

---

① 周扬:《论赵树理的创作》,载《论赵树理的创作》,第13页。

中国共产党的农村工作者，最核心的价值认同是中国共产党在农村的意识形态主张和政治政策。因此，准确地说，周扬在赵树理小说中发现，农村工作者是主体。但他并不直接道出这一发现，转而发明"农民是主体"的说法，可谓别有深意。当然，他并未打算隐藏什么。他强调："我与其说是在批评甚么，不如说是在拥护甚么。"① 这其实已明确表示，发明"农民是主体"，乃是立场的需要，是意识形态主张的需要，并非纯粹的文学批评。周扬通过赵树理小说寻找的与其说是一种文学的可能，不如说是一种政治的可能，一种政治在文学上的可能。

需要再次强调的是，周扬通过赵树理小说来讨论"农民是主体"的问题，并不是一个偶然的事件。赵树理小说的叙事者的主要认同对象是中国共产党的农村工作者，最核心的价值认同是中国共产党在农村的意识形态主张和政治政策，这两点已经提供了重要的文本支撑，构成了周扬所谓"农民是主体"的必然性。而更为重要的是，这些文本支撑出现在赵树理小说中，也不是偶然的，而是源于作家赵树理的自觉控制，赵树理"为农民写作"的更具体、直接的对象乃是农村工作者。因此，周扬提出的"农民是主体"，尽管更多的是一种政治在文学上的可能，是一个政治命题，还是有着本质上的必然性的；而有关"赵树理方向""叙事中国的起点"的论述，其合法性的起点也就在这里。在一个告别革命的语境里，黄修己说："赵树理所写的农民，既是推翻封建主义的主力军，又由于小生产者的地位使他们深受封建思想的影响。"② 这可以算是周扬命题的一种翻译，褪去了革命的口号，留下了反封建的内容。须知中国共产党领导的革命本来就包含反帝反

---

① 周扬：《论赵树理的创作》，载《论赵树理的创作》，第17页。
② 黄修己：《传统要发扬 特征不可失——我们向赵树理学习什么？》，载黄修己编《赵树理研究资料》，第320页。

封建的内容,因此在告别革命的语境里,关于赵树理小说的阐释,并未发生别开生面的变化。

(二)"个体就是整体"

相形之下,竹内好的意见源于更为直接的文本事实,并展现出非常大的区别。竹内好是在解读《李家庄的变迁》时发现赵树理文学的新颖特质的。他根据《李家庄的变迁》分出了三种文学类型:一是现代文学,它的"现代的个体正进入崩溃的过程,对人物已不能再作为普遍的典型来进行描写";一是人民文学,它的个体"不是独立于整体而存在的","不是完成的个体","最多只不过是一种类型,没有达到典型的标准";一是赵树理文学,它的个体"与整体既不对立,也不是整体中的一个部分,而是以个体就是整体这一形式出现"。[①] 竹内好在现代文学、人民文学之外,命名一个赵树理文学,并认为现代文学的"现代的个体正进入崩溃的过程",人民文学的个体"不是完成的个体",而赵树理文学的个体就是整体,是完成的,就不仅凸显了赵树理笔下的"农民"相对于现代文学的超越性,而且表明了它相对于人民文学的完成性。这样一来,竹内好既确立了赵树理笔下的"农民"相对于"现代的个体"的超越性,又确立了其主体性,即不但不是"一种类型","不是整体中的一个部分",而且"是以个体就是整体这一形式出现"的典型。

不过,竹内好未曾明言用以论证其所谓"个体就是整体"的铁锁的"农民"身份。事实上,铁锁是不是"农民",对于竹内好的论证而

[①] 竹内好:《新颖的赵树理文学》,载黄修己编《赵树理研究资料》,第490页。

言也不构成意义。竹内好关注的问题,显然不是"农民"问题,而是面对"现代的个体正进入崩溃的过程"这一现实,如何加以挽救的问题。而且,正如加藤三由纪指出的那样:"要是对赵树理和他的文学进行具体的分析,一定会出现很多竹内好的个体即整体的理论所概括不了的地方。"① 因此,竹内好所谓的"个体就是整体",不能用来界定赵树理笔下的"农民"的基本性质,即不能由此界定赵树理笔下"农民"的主体性;进而言之,也不能由此推论赵树理文学的基本性质和意义。但从相反的逻辑方向来看,则又应当承认,竹内好提出的"个体就是整体"问题部分地说明了赵树理笔下的"农民"的特征。至少就《李家庄的变迁》中的铁锁而言,竹内好提出的命题是有所据的。而个体与整体之关系作为一个问题,始终存在于赵树理不同时期的小说中,竹内好专就《李家庄的变迁》中呈现出的"个体就是整体"问题立论,也有其深刻、独到之处。在《小经理》中,当赵树理以"众人是圣人"的逻辑叙述三喜成长、承担经理责任的故事之时,整体是一个绝对大于个体的存在。但三喜并未因此感到困惑不安,则端赖"个体就是整体"的保障。群众作为表征整体的一个符码,本身意味着整体是由成熟的个体构成的,整体与个体之间存在着辩证统一的关系。而一旦"个体就是整体"无法落实到每一个个体身上,个体与整体之间就表现出激烈的冲突。例如在《"锻炼锻炼"》中,小腿疼面对"群众就有一半以上的人'哗'地一下站起来"的局势,感觉到的就是个体与整体之间无法调和的矛盾,而自己唯有屈从群众。这意味着整体湮没并取代了个体,使个体丧失了主体性。因此,"个体就是整体"至少是保

---

① 加藤三由纪:《赵树理研究在日本》,载中国赵树理研究会编《赵树理研究文集》下卷"外国学者论赵树理",北京:中国文联出版公司,1996年,第200页。

证"农民"个体的主体性一种路径。

如果说在《李家庄的变迁》中，竹内好的发现是可靠的，赵树理的确通过叙述铁锁的成长故事使得类似铁锁那样的"农民"在"个体就是整体"的意义上获得了主体性，那么，在其他小说中，赵树理的叙述提供的多少也可算是反面的例证。《"锻炼锻炼"》如此，其他小说，尤其是1949年以后的小说，莫不如此。在这个意义上，《登记》可以说是艾艾、燕燕等四个青年个体联合起来反抗整体的故事。她们没有真正的敌人，但无论是父母的不支持、邻居的飞短流长、主任的双重标准，还是登记员的不务实事，都阻挠她们嫁给各自心中的如意郎君。一方是时时努力、处处碰壁的个体，一方是如封似闭、不通情理的整体，双方构成紧张的对立关系。虽然《登记》以大团圆结尾，但由于对立关系的化解源于一份报纸和一纸法令，则不能不说，整体未必发生了变化，只是屈从于一个更高的存在发布的法令，表面上出现了变化而已。因此，个体不是整体，个体与整体的紧张关系将依然存在，而且关系模式也许将出现不可预测的变形。如果说艾艾、燕燕等人是得到了救援的个体，《三里湾》中的范登高、《互作鉴定》中的刘正、《卖烟叶》中的贾鸿年则是只能以被否定的方式得到救援的个体。范登高和刘正在心理上意识到整体是作为个体的敌人存在的，但叙事者将其心理意识叙述为政治疾病和心理疾病，试图通过治疗其疾病的方式将个体重新纳入整体的版图。贾鸿年虽未有明确的假想敌，但在王兰的自我心理解剖中，他由情人变成了对手，被视为一个整体中发生了病变的个体。贾鸿年的老师李光华最后垂诫于他，希望他从鬼途重返人路，也是以否定个体的方式重塑个体，然后将其纳入整体的版图。这些变形的个体与整体的紧张关系表明，个体在多大程度上是整体，成为"农民"多大程度上是主体或具有主体性的风向标。当然，这一风向标很难说是赵树理有意为之,更多地可能是其小说的文学政治自律机制发生作用时出现的状况。从历史的后见之明来看,赵树理小说的文学政治自律机制发生作用所确立的检测"农民"主体性的风向标,意蕴深厚。

更确切地说,《互作鉴定》和《卖烟叶》处理的是农村中试图摆脱"农民"身份的青年学生与"农民"整体的关系。试以《互作鉴定》为例,刘正不仅不安心劳动,而且认为"农民"出身的县委书记"土头土脑",这意味着"农民"作为一个整体,不仅是他的假想敌,而且是他所瞧不起的整体。赵树理显然无法容忍这一点,因此叙述了一个"土头土脑"的"农民"在刘正所认可的知识文化的层面上彻底打败刘正的故事。在这里,"农民"相对于刘正这样的试图摆脱"农民"身份的青年学生个体,成为一个绝对的整体,不能被指摘,更不能被嘲讽(为"土头土脑")。但是,刘正作为个体与"农民"整体恰好又格格不入。于是,叙事者别无他法,只好一面叙述刘正自我检讨,一面又叙述刘正的自我检讨不够深刻,不够发自内心。赵树理似乎很难叙述"农民"整体对于类似刘正这样的青年学生个体的救援能力。因此,赵树理笔下的"农民"遭遇了主体危机,而且他施救乏术。

(三) 说理与社会主义

在赵树理笔下的"说理的世界"中,"农民"作为说理的主体,与革命及反封建、"个体就是整体"既有联系,又有区别。当"农民"所说之理为革命及反封建之理时,"农民"就是革命及反封建的主体;当"农民"个体的成长意味着集体的成长之时,"农民"个体就是"农民"整体。但"农民"作为说理的主体,具有先天的特点,并不一定要与革命及反封建发生关系。这也就是说，无论阶级革命是否发生，"农民"都是说理的主体。而"农民"所以与阶级革命发生关联，从"农民"的角度来看，乃是希图通过阶级革命恢复或重建"说理的世界"；革命不革命并不重要，重要的是"说理的世界"是否存在。正是因为这一点，《李家庄的变迁》中的"农民"最后参军打仗，才没有远大的革命目标，而仅仅为了守护李家庄现有的局面。从这个意义上说，"农民"参加革命本身就是保守的行为，并非由于受到某种意识形态所构建的乌托邦想象的刺激，突然发生了变化。废名《莫须有先生坐飞机以后》叙述中国农人不需要读书人的现代文明，读书人想以现代文明来征服他们适足以招致自我毁灭，① 大旨近此。同样地，当"农民"作为一个先天的说理的主体存在时，就无所谓个体的成长，更无所谓集体的成长，因此"个体就是整体"与否，对于"农民"的主体性而言，也不具有根本意义。在"说理的世界"中，"农民"作为个体，各个个体之间可以相安无事，个体与集体之间同样可以相安无事。在《李家庄的变迁》中，如果铁锁没有感觉到反抗的必要，且认为李如珍、李春喜、李小喜等人能遵循说理的惯例，就不会自觉进行一个主体成长的过程。即使在说理的场合中受到了一定的欺辱，铁锁在太原遇到小喜时，也仍然因为对方说话"很自己"而感动。另外，正如丸山升认为的那样，李有才是一个天生乐观且将乐观背后的消极面缩小到不发生问题的程度的农民，② 因此也就不发生个体因挫折而成长、变化之类的过程。但是，李有才是一个说理的主体，这一点并无疑义。

---

① 废名：《莫须有先生坐飞机以后》，载《莫须有先生传》，桂林：广西师范大学出版社，2003年，第130页。

② 参见加藤三由纪：《赵树理研究在日本》，载中国赵树理研究会编《赵树理研究文集》下卷"外国学者论赵树理"，第204页。

由此可见，相对而言，重要的不是"个体就是整体"，而是"说理的世界"是否存在以及"农民"在其中是否占据主体位置。

当然，厘清"农民"作为说理的主体与革命及反封建、"个体就是整体"的关系，并非为了消解"农民"作为革命主体及"农民"个体就是整体的意义。相反，厘清关系的目的是更好地彰显"农民"作为说理的主体的特性，并说明这一主体在与多种话语发生关联之时，其本质上的保守特性。如果忽视作为革命主体的"农民"乃是从属于说理主体的"农民"的一个范畴，就必然认为"农民"在革命中居于主导地位，而非同盟者地位，甚至更进一步地将中国共产党领导的阶级革命视为"农民"革命。无论就中国现代历史的事实而言，还是就赵树理小说提供的文本事实而言，"农民"显然都处于扈从的位置，并不决定革命的性质。在中国现代史中，决定革命性质的是中国共产党，而在赵树理小说中，决定革命性质的是类似于老杨同志、小常那样的农村工作者。赵树理在小说中虽然并不总是标识这些农村工作者的共产党员身份，但其意指是很清楚的。在《小经理》《三里湾》和《灵泉洞（上部）》等小说中，"共产党"作为意识形态符码，甚至被明确地植入文本中，确立小说内部的意识形态坐标。因此，在赵树理笔下的"说理的世界"中，"农民"与革命、说理的关系是很清楚的。周扬视"农民"为革命主体，虽不能论为偶然，但终究是将"农民"唤为革命的主体，是毛泽东的革命话语在文艺批评领域的繁殖。"农民"本质上乃是说理的主体。在这个意义上来观察"农民"与社会主义的关系，就会注意到，社会主义要在本质上与"农民"发生关联，就必须重视"农民"乃是说理的主体这一问题的核心。在《三里湾》中，叙事者展开资本主义和社会主义两条道路之争的叙述时，一旦遇到说理不清的地方，就采取行政命令和权谋的方式完成叙事，充分证明了"农民"与社会主义之间尚有不小的距离。范登高抗拒入社，金生等人责以党员大义，马多寿抗拒入社，金生等人以拆散家庭、分割土地、徒留骂名相胁迫，都意味着在说理的层面上，金生等人主导的社会主义实践无法说服"农民"，无法向"农民"证明社会主义将重塑一个更加美好的"说理的世界"。《杨老太爷》更深刻地说明了这一点。杨大用无法理解儿子在新的社会秩序之中的位置，试图将儿子重新安置在自己理解的家庭关系中。儿子认为父亲太落后了，但说服不了父亲。村长也无能为力，最后只好通过欺骗的手段，笼络住杨大用，让他儿子好趁机逃出父亲的牢笼。小说中的社会主义实践未能在说理的层面上说服杨大用，却让杨大用担上了落后的骂名。赵树理的叙事意图当然是要说明范登高、马多寿、杨大用等人不说理，但小说文本本身提供了更为丰富的内容，即小说中的社会主义实践固然试图在说理的层面上有所作为，却有心无力，不能真正做到以理服人。

由社会主义实践无力在说理的层面上有所作为，说服"农民"，进而论证社会主义本身不是合乎"农民"需要的，或不是说理的，毫无疑问过于急促。实际上，"农民"的翻身做主，赵树理在《李有才板话》《李家庄的变迁》等小说中已经叙述过，确实有赖于以社会主义为远景的阶级革命。在事关"说理的世界"重建的问题上，社会主义引导下的阶级革命说出了切合"农民"需要的"理"。这就意味着，社会主义并非不合于"农民"需要，或不说理，只是在实践过程中面临严峻的挑战，遭遇了深刻的危机，需要在说理的层面真正有所作为，才能再次得到作为说理的主体的"农民"信从。"农民"作为说理的主体的保守性质，决定了"农民"与社会主义之间不可能是一而二、二而一的关系。就文学政治的意义而言，这是赵树理小说最深刻的地方之一。它绝不盲从社会主义提供的乌托邦远景以及"革命不是请客吃饭"

的意识形态律令，而是以"说理的世界"为限，衡量一切。

　　但是，文学政治发生作用的结果，对于一个作家来说，往往是充满困扰的。赵树理即在文学政治的自律之下，一边体会政治的脉搏，一边陷入小说写作的窘境。

第五章　赵树理小说写作的困境

赵树理小说创作的内在困境是多重的，在写什么、怎么写、为谁写三个层面上都存在难以摆脱的矛盾，而其中关键则在于赵树理自我身份的设定。在他最早的创作谈中，赵树理说："我既是个农民出身而又上过学校的人，自然是既不得不与农民说话，又不得不与知识分子说话。"① 虽然中国现代作家有不少来自农村或出身农民，但大多采取代农民说话的立场，而不是"与农民说话"，赵树理有意偏离这一立场，选择并置地看待农民和知识分子，使自身的角色陷于比较模糊的状态。不过，就赵树理此番言论之前的职业来看，其角色倒也并不模糊。他曾经是薄一波领导下的牺盟会的成员，后来在党的领导下接连任《黄河》副刊《山地》的编辑、《新大众》的编辑、《中国人》的编辑以及新华书店的编辑等，始终是党内负责具体宣传工作的人员，直到写出《小二黑结婚》之后，才成为专业作家。而所谓专业作家，对于当时的赵树理来说，也主要是以另一种方式从事宣传工作。因此，赵树理本来就不仅仅是农民和知识分子，更重要的身份是党的宣传工作者和文艺工作者。但他的认识能力和理论水平从一开始就与党的方针、政策有一定距离，这便构成他小说创作的第一重困境，即体会政治脉

---

① 赵树理：《也算经验》，载《赵树理全集》第3卷，北京：大众文艺出版社，2006年，第350页。

搏与其写作之间的紧张关系。

赵树理小说创作的第二重困境是作者的政治与小说的文学政治之间的紧张关系。赵树理的创作意图是写出符合不同时期政治政策需要、被各个方面认可的小说，但得到的结果是，他的小说成为他体会不清政治脉搏的证据，遭遇到来自各个层面的批判。而在更为内在的意义上，赵树理小说发展出一种违背作者本意的反叙述，这与赵树理在小说中思考小说写作的作品，共同构成赵树理小说的文学政治最能表征创作主体的危机的内容。

本章同样关心赵树理小说的形式与社会主义政治的关系，关心的焦点集中在作者对形式的选择与体会政治脉搏的关系，并由此展示赵树理小说的文学性力量。

一　真实与社会主义政治

《十里店》是赵树理晚年生死之作，作者五易其稿，"自以为重新体会到政治脉搏，接触到了重要主题"①，实际上却被论定为反映着赵树理黑心的黑戏②。可以肯定的是，体会政治脉搏是赵树理一生创作的根本问题，反映在小说上，即是小说的主题、内容、思想、文体如何准确地传达政治需要，并同时仍然是一种具有文学性的小说。这构成了赵树理小

---

① 赵树理：《回忆历史　认识自己》，载《赵树理全集》第 6 卷，第 473—474 页。
② 金文声：《从黑戏〈十里店〉看赵树理的黑心》，载《山西日报》1966 年 8 月 18 日。

说创作的根本动力与困境,也构成其小说形式的文学价值与局限。

(一) 体会政治脉搏

赵树理的小说大多是命题作文,与具体的政治政策或农村工作需要密切相关(详情见表6)。针对这一点,有的研究者认为赵树理小说"来自于对政策叙事的被动摹仿"[①],更有人将赵树理小说视为"政策小说",细致地寻绎赵树理的小说文本与相关时期政治文本的同构性,建立一种机械的关联,[②]这种思路在洞悉赵树理及其小说与政治的密切关联的同时,显然有意遮蔽了作者及其作品必有的独立性。

而且,需要从一开始就仔细分辨的是,赵树理具有政治性的创作意见,并不完全是在表达对一时政治政策的附和。据1949年9月30日《人民日报》登载的荣安《人民作家赵树理》记录,赵树理当时曾表示:"在十五年以前我就发下洪誓大愿,要为百分之九十的群众写点东西,那时大多数文艺界朋友虽然已倾向革命,但所写的东西还不能跳出学生和知识分子的圈子,当然就谈不到满足广大劳动群众的需要。……直到一九四二年延安文艺座谈会上毛主席发表了文艺工作新方针之后,在党的培养和帮助之下,我的这一志愿才得到畅顺的发展。"[③]这通常是用来论证赵树理与延安文艺政策的亲缘关系的重要言论之一,但正是在此处,赵树理的用意也并不单纯是表达对政治政策的衷心拥抱。从他对自己往昔志愿的珍惜及对"大多数文艺界朋友"

---

① 李扬:《抗争宿命之路——"社会主义现实主义"(1942—1976)研究》,长春:时代文艺出版社,1993年,第89页。
② 王长军、王文卓:《〈李有才板话〉是一部政策小说——兼谈政策小说的创作问题》,载《天中学刊》2002年第6期。
③ 转引自赵树理:《和荣安的谈话》,载《赵树理全集》第3卷,第357页。

表6 赵树理部分小说与政治政策或农村工作需要的对应

篇目	政治政策或农村工作需要
小二黑结婚	1942年1月5日《晋冀鲁豫边区婚姻暂行条例》颁行
李有才板话	1942年5月晋冀鲁豫减租减息运动
孟祥英翻身	生产渡荒
地板	减租减息
李家庄的变迁	1945年9月上党战役;上级号召揭发阎锡山的黑暗统治
催粮差	帮助农村工作的新同志认识旧衙门的狗腿子
福贵	帮助农村工作者认识破产农民
石头底	1947年10月颁布《中国土地法大纲》
邪不压正	土地改革
登记	1950年5月1日《中华人民共和国婚姻法》颁行
三里湾	1952年11月成立农村工作部,逐步推行农业合作化
灵泉洞(上部)	"大跃进"
续李有才板话	"大跃进"
"锻炼锻炼"	批评中农干部中的和事佬
套不住的手	浮夸风
互作鉴定	三大差别
卖烟叶	三大差别
户(仅构思,未完成)	人民公社

参考资料:1.赵树理《回忆历史 认识自己》,载《赵树理全集》第6卷;2.黄修己《赵树理年谱》,载黄修己编《赵树理研究资料》,太原:北岳文艺出版社,1985年。

的不满来看,赵树理更加想表达的是自己写作主张的先知先觉和合法性。而且,鉴于在文坛由周扬、郭沫若、茅盾领衔,轰轰烈烈推行"赵树理方向"之后不久,赵树理的作品《邪不压正》就被党报《人民日报》判定为"善于表现落后的一面,不善于表现前进的一面,在作者所集中要表现的一个问题上,没有结合整个历史的动向来写出合理的解决过程"[1],重视赵树理与一时一地的政治政策之间的裂隙是必要的。赵树理所谓"党的培养和帮助",恰恰是体会政治脉搏,缩短自身

---

[1] 竹可羽:《评〈邪不压正〉和〈传家宝〉》,载《人民日报》1950年1月15日。

创作与政治的距离。

但 1949 年以后，随着政治形势变化，赵树理与具体政治政策的距离却越来越远。编《说说唱唱》时发表《金锁》①，谈武训②，都被认为立场错误，一再做检讨③，身在文联却认为文联的作用只是"开会出席、通电列名"，④不仅理解不了意识形态制度化的意义，而且深感"脱离实际，脱离群众"，无法写出作品⑤。因此，赵树理 1951 年 2 月 22 日发表在《文汇报》上关于"赶任务"的言论，固然是一种经验之谈，但恐怕更多的是自我说服，寻找体会政治脉搏的可能。赵树理说："如果本身生活与政治不脱离，就不会说临时任务妨碍了创作，因为人民长远的利益以及当前最重要的工作才是第一位的，只是带着应差拉夫的心情去'赶'，而是把它当作中心任务去干，很严肃的，郑重其事的，看作长期性的任务去完成。"⑥抱着这种思想，赵树理重新回到农村，在山西省平顺县川底村住下来了解农业合作化运动，决心写小说"反映办社过程中集体主义思想与资本主义思想的斗争"⑦，这就是 1953 年冬开始写作的《三里湾》。但他并未由此获得自我救赎，反而发现："我所生活过来的劳动人民大海，到了革命政权之下，时时刻刻起着变化，变化得使我的生活本领不适用起来。"⑧于是，在提倡

---

① 赵树理：《对〈金锁〉问题的再检讨》，载《赵树理全集》第 4 卷，第 31—34 页。
② 赵树理：《对发表〈"武训"问题介绍〉的检讨》，载《赵树理全集》第 4 卷，第 110—111 页。
③ 赵树理：《我与〈说说唱唱〉》，载《赵树理全集》第 4 卷，第 112—114 页。
④ 赵树理：《我的宗派主义》，载《赵树理全集》第 4 卷，第 492—493 页。
⑤ 赵树理：《决心到群众中去》，载《赵树理全集》第 4 卷，第 119 页。
⑥ 赵树理：《谈"赶任务"》，载《赵树理全集》第 4 卷，第 77 页。句中"只是"或为"不只是"。参见赵树理：《谈"赶任务"》，载董大中主编《赵树理全集》第 4 卷，太原：北岳文艺出版社，2018 年，第 267 页。
⑦ 赵树理：《一九五三年文学工作计划》，载《赵树理全集》第 4 卷，第 126 页。
⑧ 赵树理：《我在创作中的一点体会》，载《赵树理全集》第 4 卷，第 372 页。

"百花齐放,百家争鸣"的 1956 年,赵树理终于直抒胸臆:"我感到创作上常有些套子束缚着作家,如有人对我的《传家宝》提意见,说我没给李成娘指出一条出路。也有人批评我在《三里湾》里没写地主的捣乱,好像凡是写农村的作品,都非写地主捣乱不可。"① 看起来,从努力体会政治的脉搏到坚持作家的自主,赵树理迈出了重要的一步。但与其说赵树理迈步了,不如说他与政治(尤其是中国共产党具体的农村政治)之间有着无法化约的距离,他的直抒胸臆不过是被"引蛇出洞",自己划出界线罢了。

不过,赵树理并没有因此拒斥政治,反而是更深入地探索政治性写作的可能。顺着谈"赶任务"的思路,赵树理 1956 年觉得:"一个业余写作者,即使在实际工作中是被领导者,也不能等到工作过程中再去领会领导者的精神,而是要学会全面看问题,连贯地看问题,有时候可以帮助领导者作决定,有时候可以比一般同志们提前领会领导者的精神。……实际工作对写作是大有帮助的。"② 他亲自践行自己的言论,除了 1958 年 12 月到 1959 年 3 月担任山西阳城县委书记处书记,还积极参加各项农村工作,甚至在 1959 年再次遇到"赶任务"的问题时说:"假如我们下到那个公社,因为我们和群众一道做了工作,找着了增产关键,粮食多打了几万斤,我觉得这不是件小事;虽然这时没有写出精神食粮,生产出来物质食粮也不错。"③ 以类似犬儒主义的方式,赵树理找到了与政治脉搏共振的一种可能。在这种可能里,

---

① 赵树理:《不要有套子——在中国作家协会创作委员会小说组"百花齐放、百家争鸣"座谈会上的发言》,载《赵树理全集》第 4 卷,第 473 页。
② 赵树理:《和青年作者谈创作——在全国青年文学创作者会议上的发言》,载《赵树理全集》第 4 卷,第 459 页。
③ 赵树理:《当前创作中的几个问题》,载《赵树理全集》第 5 卷,第 301 页。

还蕴含着更为值得分析的信息，就是赵树理试图将写作视为生产，而且是与物质生产存在可兑换关系的一种生产。通过这样的途径，赵树理逼近了写作本身就是政治，而且是生产性的而非消费性的政治这一崭新的命题。当然，赵树理并未充分自觉到自己已逼近一个崭新的命题，即使是1964年他谈"助业作家"的时候也尚未有足够的自觉。所谓"助业作家"，是赵树理创造出来指代那些"写作是为了服从本行本业的直接需要的"，"而不是有了空余时间来为一般社会读者写作品的"作家。赵树理认为他们不用担心政治标准与艺术标准冲突、作品与现实需要的偏差、作品的读者及时效等问题，①几乎能够规避一切体会政治脉搏的难题。由此可见，赵树理无意保留写作与政治之间的距离，相反，他的理想是写作充分政治化以后，能够完整地消融在具体的政治政策之中，像水消失在水中一样。这一理想虽然不免让有些人望而却步，但其中仍然有可贵的、可分析的地方。赵树理说："助业作家经常是要直接发动群众来完成上级赋予的任务的，对上级、对群众都要经常直接见面，因此在理解大政方针和深入群众方面，要比我们这些在其他业务上不直接负责、只是'在上边听听、到下边走走'的人认真得多。"②"直接"和"认真"是赵树理衡量"助业作家"的关键指数，因此，与其说他在讨论写作与具体的政治政策之关系，不如说他在思考文学如何反映真实的可能性问题。一旦问题从写作与主流意识形态的关系转换为文学如何反映真实，赵树理思考"助业作家"的政治性和文学性才得以真正呈露。也只有这样，才能理解此后赵树理放弃小说而以戏剧体会政治脉搏。《十里店》五易其稿，蕴含着赵树

---

① 赵树理：《谈"助业作家"》，载《赵树理全集》第6卷，第271—276页。
② 同上书，第272页。

理文学反映党的农村政治和现实的农村生活的双重真实的卓绝努力。虽然就剧本创作本身而言，赵树理已经败下阵来，转而写剧本《焦裕禄》，但不能不说，赵树理试图通过创作实践来探寻文学的文学性和政治性的底线。也正是在这个意义上，有的学者认为赵树理晚期的三篇小说《张来兴》《互作鉴定》《卖烟叶》的中心问题是"写作"自身[①]，才是有效的。不过，在这些问题上，赵树理始终不是自觉的，虽然不自觉的状态并不完全妨碍其文学的基本品格和意义。但因为赵树理表面上总是自觉地勾连文学与政治政策的关系，强调赵树理的自觉与其文学之间的区别，是必要的，也是彰显赵树理文学意义的一种路径。

所谓文学反映真实，对赵树理来说，至少意味着两个方面的内容，其一是赵树理在农村工作和生活中接触到的琐碎现实所构成的真实经验，其二是他同时接触到政治政策所叙述和要求的真实。前者是他据以形成小说叙述的经验基础和创作动因，后者是他自觉融入的叙述结构和意识形态图景。二者互为补充，共同构成赵树理体会政治脉搏的活力和张力。他曾自称为"通天彻地而又无固定岗位"的干部，"这种干部在那时候宜于充当向上反映情况的角色——易于了解下情，又可以无保留地向上反映"。[②] 这种状态大致也适合用来描述赵树理小说的意义，即小说写作的立场和对象并不稳定（无固定岗位），但针对具体的问题能同时叙述自我经验与政治政策之间的交叉和冲突，小说以此获得一定的文学性和政治性。但是，由于小说写作的立场和对象并不稳定，赵树理面临无法自适的困境。当具体的政治政策要求与自我经

[①] 张颐武：《赵树理与"写作"——读解赵树理的最后三篇小说》，载中国赵树理研究会编《赵树理研究文集》上卷"近二十年赵树理研究选粹"，北京：中国文联出版公司，1996年，第258—275页。

[②] 赵树理：《回忆历史 认识自己》，载《赵树理全集》第6卷，第472页。

验之间产生激烈冲突时,他就会感到"有些套子束缚着作家",物质生产或许比精神生产更有意义。而且,由于他表面上总是自觉勾连文学与政治政策的关系,矛盾激化之后,难免感觉自己被时代潮流抛弃,最终放弃写作。被贴大字报之后,赵树理"每天除了听一听学毛选的青年们的报告,便读了一本《欧阳海之歌》,这些新人新书给我的启发是我已经了解不了新人,再没有从事写作的资格了"①。也许他内心深处还存有某种怀疑,但无论怎么说,他当时都只有期待重新洗牌了。

(二) 形式的症候

在赵树理的小说中,留下了大量文学如何反映真实的痕迹,它们构成了极其复杂的形式的症候群。就类型而言,可以简单地分为突破苏联模式和大团圆结尾等。

苏联模式,本是政治经济学上的一个专有名词,②但广泛地覆盖着1949年前后中国的各个角落;此处主要指代赵树理对一部分写作事实的批评。1962年8月11日,在大连"农村题材短篇小说创作座谈会"上,赵树理发言说:

> 我对共产主义思想的写法有些想法。
> 《小二黑结婚》没有提到一个党员,苏联写作品总是外面来一个人,然后有共产主义思想,好像是外面灌的。我是

---

① 赵树理:《回忆历史 认识自己》,载《赵树理全集》第6卷,第482—483页。
② Johann Arnason 将苏联模式视为现代性的一种模式,讨论其起源、影响及失败。参见 Johann Arnason, *The Future That Failed: Origins and Destinies of the Soviet Model*, London: Routledge, 1993。

不想套的。农村自己不产生共产主义思想,这是肯定的。农村的人物如果落实点,给他加上共产主义思想,总觉得不合适。什么'光荣是党给我的'这种话,我是不写的。这明明是假话,就冲淡了。

我们生活在这个时代,怎么给时代以影响。有些作品是民主革命,还没到社会主义革命。写生产,也还是由集体主义的鼓舞。《套不住的手》这个老头要写社会主义的鼓舞,或写或讲,总觉得不自然。是不是有点自然主义?现在我们写领导人物总不免外加些。《三里湾》的支书,也很少写他共产主义的理论。有些农村人物是符合共产主义的。农民是同盟军,是因为有一部分相同的,我就写同盟这部分,至于其他,就需要外面加进去的。一个队真正有一个人去搞社会主义,就很了不起了。所以,我的作品有时反映不充分,脚步慢一些。自己没看透,就想慢一点写。①

赵树理所谓"苏联写作品总是外面来一个人,然后有共产主义思想,好像是外面灌的",与其说批评的是苏联作品,不如说批评的是中国作家。外来者带来共产主义,可以说是1940年代以来写农村革命的基本写法,因此构成了一种写作模式,即"苏联模式"。② 当然,

---

① 赵树理:《在大连"农村题材短篇小说创作座谈会"上的发言》,载《赵树理全集》第6卷,第83—84页。
② 苏联模式对中国文学更深刻的影响表现在文学体制上,斯炎伟简略地分析了苏联模式进入中国文学体制的来龙去脉。参见斯炎伟:《论"苏联"因素——当代文学早期的外来影响》,载《文艺争鸣》2007年第4期。另外,田金全简要地介绍社会主义现实主义在中国的研究和衍变状况,亦可参阅。参见陈建华主编:《中国俄苏文学研究史论》第2卷,重庆:重庆出版社,2007年,第91—123页。

苏联文学对中国的影响远不止此，王蒙的回忆很直观地说明了这一点。① 在 1960 年代，赵树理的意见也谈不上新鲜，其时中苏交恶，批苏批修早已蔓延至文坛，并蔚为风气。不过，赵树理有独特之处，他强调自己的写作一直在拒绝苏联模式。这就意味着，他的言论源于自觉，出于自信，而发于批苏批修的政治气候中。那么，与其强调赵树理表面上的应时，不如分析其内地里的自我坚守。由于政治气候变化之前，文坛流行的正是"外面来一个人，然后有共产主义思想"的写法，形成严重的模式化态势。相形之下，他从写作《小二黑结婚》开始就有所坚持地反对这种模式，便显得弥足珍贵，崭露出他文学政治的文学考虑和本土立场。②

赵树理的坚守，应当说是其文学反映真实的必然表现，因为很明显，真假是赵树理衡量苏联模式是否可行的基本标准。他并非从理论或意识形态需要的意义上质疑苏联作品的写法，而是从是否符合一定

---

① 王蒙说："我们这一代中国作家中的许多人，特别是我自己，从不讳言苏联文学的影响。是爱伦堡的《谈谈作家的工作》在50年代初期诱引我走上写作之途。是安东诺夫的《第一个职务》与纳吉宾的《冬天的橡树》照耀着我的短篇小说创作。是法捷耶夫的《青年近卫军》帮助我去挖掘新生活带来的新的精神世界之美。在张洁、蒋子龙、李国文、从维熙、茹志鹃、张贤亮、杜鹏程、王汶石直到铁凝和张承志的作品中，都不难看到苏联文学的影响。张贤亮的《肖尔布拉克》、张承志的《黑骏马》以及蒋子龙的某些小说都曾被人具体地指认出苏联的某部对应的文学作品；这里，与其说是作者一定受到了某部作品的直接启发，不如说是整个苏联文学的思路与情调、氛围的强大影响力在我们的身上屡屡开花结果。"王蒙：《苏联文学的光明梦》，载《读书》1993 年第 7 期。李萌写了一篇纠弹文章《也谈"苏联文学的光明梦"》，载《读书》1995 年第 9 期，可以参考。
② 据洪子诚的研究，赵树理在大连"农村题材短篇小说创作座谈会"上的发言，针对的是社会主义现实主义典型论。参见洪子诚：《"大连会议"材料的注释》，载《海南师范大学学报（社会科学版）》2011 年第 4 期。也许可以参照侯金镜的意见，赵树理及其支持者的发言具体指向的是毛泽东提出的"革命的现实主义和革命的浪漫主义相结合"的文艺主张。

历史条件下农村的实际面貌出发,判断写法是否可行,并断定:"这明明是假话,就冲淡了。"所谓"冲淡了",首先自然是功利主义式的文学的社会效果要求,其次则透露出赵树理对于作品的文学性的要求。在他看来,"假"是破坏文学性的,因此有意"脚步慢一些","慢一点写"。这意味着《小二黑结婚》"除了到上级去解决,赵树理没有想到其他的办法",不是缺点,而恰恰是反映真实的优长。小二黑、小芹固然难有共产主义思想甚至婚姻自由思想,其他村民更难有选举的觉悟,因此问题的暂时性解决,只能是制度性的(区政府以婚姻法为据实施干预),而非思想性的(二诸葛、三仙姑等村民认识得更清楚的显然是权力,而不是自我思想上的不足)。赵树理的叙述偏重制度和权力,而非思想和意识形态,真实地再现了当时农村的思想状况及意识形态运作的情形。

但是,正如解放区政府并非安于现状的政权一样,赵树理再现"世界"的目的不在于描写现状,而在于"指导现实的意义"[①]。当然,这和毛泽东的文艺主张,或者说整个左翼的文艺主张并无实质区别。毛泽东在《讲话》中说:"革命的文艺,应当根据实际生活创造出各种各样的人物来,帮助群众推动历史的前进。"[②]赵树理与大多数解放区作家一样遵循这一主张进行文学创作,因此表现出一种内在的归属性。但有意思的是,毛泽东所注重的马克思主义普遍原理与中国现实相结合,也在赵树理的小说创作中有着深刻的表现,这说明赵树理非同一般地归属于毛泽东的思想体系,共同表现出强烈的本土化特征。赵树理在思想上拒绝苏联模式,在创作实践中突破苏联模式,使其文

---

① 赵树理:《也算经验》,载《赵树理全集》第3卷,第350页。
② 毛泽东:《在延安文艺座谈会上的讲话》,载《毛泽东选集》第3卷,北京:人民出版社,1991年,第861页。

学反映双重真实（农村工作、生活的真实与政治政策叙述、要求的真实），成为现代中国最具本土意义的文学之一。不过，正如赵树理强调《三里湾》的写法"并不能和大多数作家的写法截然分开"一样，他认为自己"究竟还不是农业生产者而是知识分子"，"在文艺方面所学习和继承的也还有非中国民间传统而属于世界进步文学影响的一面，而且使我能够成为职业写作者的条件主要还得自这一面"，① 赵树理并非在自身与苏联模式毫无瓜葛的情形下突破苏联模式的。相反，由于其作品中也普遍出现外来者进村解决问题的结构方式，他不过是比其他作家更好地将苏联模式本土化了。但这"更好"是很重要的，意味着突破和本土意义。具体地说，赵树理不仅不轻易地在小说叙述的字句中动用共产主义、社会主义等意识形态资源，而且有意避免叙述外来者掌控一切的局面。《小二黑结婚》将一切交给"上级去解决"，《李有才板话》就强调章工作员的无能以及老杨同志需要当地群众的自觉和配合，《李家庄的变迁》更将铁锁叙述为一个主动寻求意识形态资源支持的农民，从而将共产主义的人物化身小常置于背景的位置上。其后，在《邪不压正》《登记》和《三里湾》中，外来者被赵树理设置在更为简略的背景中，在叙述中只占了极少的篇幅。而在晚期作品《"锻炼锻炼"》中，赵树理不仅完全放逐了外来者，甚至将第一书记也送出村，完全从苏联模式中脱身而去了。当然，脱身而去的结果对于赵树理个人来说并不好，《邪不压正》《三里湾》《"锻炼锻炼"》等都被文坛批判，《十里店》则给他带来肉体和政治生命的厄运②。

---

① 赵树理：《〈三里湾〉写作前后》，载《赵树理全集》第 4 卷，第 378 页。
② "文革"初期赵树理被批的重要原因之一就是剧本《十里店》。赵树理自称剧本创作"生于《万象楼》，死于《十里店》"。参见董大中：《赵树理评传》，天津：百花文艺出版社，1986 年，第 336 页。

与苏联模式有着密切关联的是大团圆结尾。表面上看起来，大团圆是中国民间文艺独有的结尾方式，赵树理也是如此理解的。在1958年9月《人民文学》召集的曲艺座谈会上，他发言说："有人说中国人不懂悲剧，我说中国人也许是不懂悲剧，可是外国人也不懂团圆。假如团圆是中国的规律的话，为什么外国人不来懂懂团圆？我们应该懂得悲剧，他们也应该懂得团圆。"[①]赵树理的意见透露出对不同的文化之间存在权力关系的不满，这是本土立场的一种表现。但他没有意识到，坚持大团圆结尾与毛泽东解释的"社会主义的现实主义"之间的关系。大团圆结尾所以得到官方的认可，乃是因为"社会主义的现实主义"学范的苏联文学也往往都取用皆大欢喜的结尾。于是，文艺的本土资源被顺理成章地砌入了主流意识形态要求的文艺体系中去了。因此，赵树理坚持大团圆结尾，不仅是对传统形式的坚守，更是对"社会主义的现实主义"的坚守，表现出强烈的政治性；而他的创作突破大团圆结尾，无疑具有更深意味的文学性和政治性，值得严肃分析。蒋晖曾通过《李有才板话》的分析得出赵树理的团圆与革命话语之间的区隔，认为赵树理最后以板人做大团圆总结的潜话语是："一切有关革命的叙事都最后要由'板人'做总结，因为他们能真正代表人民看待事物的眼光。"[②]这层潜话语的确反映了赵树理小说结尾的特殊用心，并在那些突破大团圆结尾的小说中更鲜明地表现出来。赵树理最早突破大团圆的小说是《孟祥英翻身》，其结尾如下：

  有人问：直到现在，孟祥英的丈夫和婆婆还跟孟祥英

---

① 赵树理：《从曲艺中吸取养料》，载《赵树理全集》第5卷，第267页。
② 蒋晖：《〈李有才板话〉的政治美学》，载《文艺理论与批评》2006年第6期。

不对劲，究竟是为什么？怕她脚大了走路太稳当吗？怕她做活太多了他们没有做的吗？怕她把地刨虚了吗？怕她把蝗虫打断了种吗？怕她把树叶采光了吗？……

答：这些还没有见他母子们宣布。

有人问：你对牛差差和孟祥英的婆婆、丈夫，都写得好像有点不恭敬，难道不许人家以后再转变吗？

答：孟祥英今年二十三岁，以后每年开劳动英雄会都要续写一回，谁变好谁变坏，你怕明年续写不上去吗？①

在这个开放式的结尾里，作者拟想了读者的多重问题，不仅涉及孟祥英的命运和家庭，还涉及其他人物与新社会的关系，指向一个没有得到满足的期待视野，即大团圆。董丽敏认为这样的结尾源于小说文本本身的罅隙，即赵树理并不打算写生产渡荒的故事却又借助生产劳动叙述孟祥英翻身，"当'生产劳动'的意义溢出其自身的范畴，在战争威胁、男性从军、妇女生产、政治动员、稳定乡村等种种因素叠加而成的复杂交合体的意义上被理解的时候"，就只能机智地选择开放式的结尾了。②这意味着赵树理的小说叙述本身内在地违背其创作初衷，构成一种反叙述，从而出现别具一格的张力。就《孟祥英翻身》这个文本而言，反叙述的出现源于赵树理试图从政治与现实的结构关系中寻求文学的真实。在小说开头，赵树理解释得很清楚："至于她生产渡荒的英雄事迹，报上登载得很多，我就不详谈了。"③报纸能够

---

① 赵树理：《孟祥英翻身》，载《赵树理全集》第 2 卷，第 390 页。
② 董丽敏：《"劳动"：妇女解放及其限度——以赵树理小说为个案的考察》，载《中国现代文学研究丛刊》2010 年第 3 期。
③ 赵树理：《孟祥英翻身》，载《赵树理全集》第 2 卷，第 375 页。

报道的，不一定能进入小说，报纸已经报道的，小说"就不详谈了"，赵树理的文类意识明显地偏向什么是小说的考虑。这里不妨引证他1958年3月23日在北京市职工业余文学知识讲习班上提出的意见。他强调"报道和小说不同"，"对于一个先进生产者，事后去访问访问，只能写成报道"，"如果只根据访问所得，把一个先进生产者创造出来的事迹写成小说，是有困难的"，必须"观察、分析、研究人，熟悉和掌握他的性格"，才能写成小说，"对人的情感上起点作用"。①赵树理谈的显然不是抽象理论，而是自身的写作经验。他的文学关切点在人，不在事，一旦发现了人，便以事从人了。当他从关于孟祥英的材料中发现"一个人从不英雄怎样变成英雄"的故事，找到了人，便决定不详谈生产渡荒的英雄事迹。"不详谈"并非不谈，只是谈了，也要将事迹从属于人。

如果《孟祥英翻身》还预留着对于大团圆的期待，赵树理反叙述的进一步发展便是将大团圆的故事潜在地改写成反团圆或反高潮的故事。这一点在《卖烟叶》中表现最为深刻。在这篇赵树理自视为平生最坏的作品中，赵树理本意是"写一个投机青年的卑污行为"②，写了男主人公投机的思想动因、家庭背景、行为和最后的落网，结局是好人胜利，坏人被惩罚，李老师教育贾鸿年如何才能重新做人，算是皆大欢喜，团圆了。但这只是主线，小说的副线是女主人公王兰爱情的发生与失落。王兰爱上贾鸿年是因为两人都爱好文学，虽然性格不同，两人常有摩擦，但摩擦越多，两人关系越深，王兰还不时为贾鸿年辩护。后来，王兰因事休学，回农村务农，贾鸿年没考上大学，也

---

① 赵树理：《和工人习作者谈写作》，载《赵树理全集》第5卷，第86—87页。
② 赵树理：《回忆历史 认识自己》，载《赵树理全集》第6卷，第473页。

回到农村,但坚持文学创作,写了一本二十来万字的长篇小说稿,两人之间隔阂加深,王兰不满贾鸿年始终坚持文学梦想,意识到自己为了私人感情放弃政治原则,决心通过检阅自己的日记来反省自己被贾鸿年改变的过程,最终决心与他断绝关系。为了政治原则,王兰放弃了自己的爱情。叙事者叙述这一副线的时候,逐渐撕开贾鸿年思想的真实面目,不是贫下中农出身,所以自私自利,投机取巧,成了烟叶贩子,而且用情不专,"只要得到个聪明、美丽的姑娘就够了,叫不叫'王兰'都没有关系"①。显然,叙事者有意将王兰的选择叙述为自我思想的升华及恋爱对象的堕落,是正确合理的选择。但政治原则与私人感情之间依然势同水火,王兰的爱情无处安放。如果暂时撇弃投机这一政治政策的问题来看,王、贾爱情失落的根本原因是各自社会身份变化之后,无法再建立有效的情感关联。王兰以过来人的体会对好朋友周天霞说:"我劝你千万不要在学生时期解决婚姻问题。一个人的进步是真是假,参加了社会生活才容易看得更准确。"②以谈论意识形态要求的方式,王兰规避了自己与贾鸿年在社会生活中因角色不同而造成的巨大隔阂,为爱情的失落找到了理由。表面上王兰自我超越了,字里行间,其实未尝没有一些怨念。再考虑到贾鸿年用情不专,试图移情别恋周天霞,不能不说,《卖烟叶》的副线中潜藏一个始乱终弃的爱情故事。因此,故事本身以反叙述的方式将一个反团圆或反高潮的结尾附着在赵树理控制的大团圆结尾内部了。

---

① 赵树理:《卖烟叶》,载《赵树理全集》第 6 卷,第 255 页。
② 同上书,第 249—250 页。

(三) 反叙述

通观赵树理《小二黑结婚》以后的全部小说，可以说，反叙述①是其再现"世界"最为内在的困境；而因为反叙述一般都是在赵树理不自觉的情况下附着在其小说叙述中，分析它便能很好地理解赵树理体会政治脉搏、反映真实的用心及由于这一用心而构成的赵树理小说的文学性和政治性。

正如反叙述突破了大团圆结尾一样，它也在其他一些方面冲击赵树理建立的叙事版图。首先，反叙述破坏了赵树理的创作初衷。赵树理解释《三里湾》，"因为当时有些地方正在收缩农业社，但我觉得社还是应该扩大，于是又写了这篇小说"，②于是千方百计将抗拒农业

---

① 申丹认为："'叙述'一词与'叙述者'紧密相连，宜指话语层次上的叙述技巧，而'叙事'一词则更适合涵盖故事结构和话语技巧这两个层面。"（申丹：《叙事、文体与潜文本》，北京：北京大学出版社，2009年，第1页脚注1。另外，关于"叙事"和"叙述"的分别，还可参考申丹与赵毅衡谈辩的《也谈"叙事"还是"叙述"》一文，载《外国文学评论》2009年第3期。）涉及与反叙述相关的小说内容，赵树理常不自觉写出，故这些内容主要与叙述者紧密相连，构成话语层次上的叙述技巧，难以与作者的故事结构意识直接关联，故"反叙述"比"反叙事"更能准确地概括赵树理再现"世界"的一类特点。另外，采用"反叙述"，也可以避免与"反叙事学""反叙事"两个概念发生混淆。反叙事学指的是希利斯·米勒《解构叙事》一书体现出来的反对（解构）结构主义叙事学的批评观念。（申丹：《结构与解构：评J.希利斯·米勒的"反叙事学"》，载《欧美文学论丛》，北京：人民文学出版社，2004年，第241—271页。）而"反叙事"在中国学者龙迪勇的使用中，则指"拆解历史，重塑过去"的"一种特殊形式的叙事"。（龙迪勇：《反叙事：重塑过去与消解历史——叙事学研究之二》，载《江西社会科学》2001年第2期。）龙迪勇以图尼埃《礼拜五——太平洋上的灵薄狱》与笛福《鲁滨孙历险记》的关系及卢梭的《忏悔录》与其生平事实的关系来说明什么是"反叙事"，意味着"反叙事"主要指向作者的自觉写作行为。本书既无意于介入叙事学本身的是非，也主要关注赵树理不自觉的叙述行为，故采用"反叙述"一词指代讨论的具体对象。

② 赵树理：《当前创作中的几个问题》，载《赵树理全集》第5卷，第303页。

社的范登高、袁天成、马多寿送入农业社，完成三里湾的农业合作化运动。关于马多寿入社的叙述，便附着了反叙述。范登高作为一名党员，以自愿入社的政策来抗拒合作化，袁天成也是党员，因惧内而不入社，可以说是政治觉悟和性格问题。这里面隐藏着二律背反的内容，即党员都不愿入社更证明扩社缺乏根据，但这样的推理隐含着更深的误会，重视范、袁等人的党员身份就忽略了党员之为党员的组织纪律性。为避免进入这种逻辑上的陷阱和漏洞，不讨论范、袁的问题无疑是明智的选择。马多寿的情况不同，他只是普通农民，从自身利益出发抗拒入社。王金生等人说服不了他，便让本来负有在马家做思想工作使命的陈菊英闹分家。马多寿无奈之下，只好同意分家。马氏大家庭被拆开一角之后，王金生又写信给马多寿在部队工作的儿子，邀其献地入社。而小儿子马有翼为了得到和王玉梅结婚的机会，也选择了分家，于是马家分崩离析，马多寿觉得坚持以家庭为单位的劳动已经无望，只好同意入社。入社给马多寿带来的唯一安慰是去掉了"糊涂涂"这个外号。从整个过程来看，马多寿显然是被逼入社，因此根本无法证明"社还是应该扩大"，反而证明应该"收缩农业社"。当二儿子马有福回信同意自己那份土地入社，魏占奎把土地证也领到手之后，决定送光荣旗给马家，并动员马多寿参加扩社开渠会议，常有理说："不要他们的旗！送来了给他们撕了！"马多寿说："算了算了！那样一来，土地也没有了，光荣也没有了！"又说："要光荣就更光荣些！入社！"①马多寿内心深处是想撕旗的，但无法挽回失去的土地，万般无奈，只好选择接受"光荣""更光荣些"。于是，在这样的话语中，一种深刻的反叙述出现了。叙述的表面通往扩社的光荣和胜

---

① 赵树理：《三里湾》，载《赵树理全集》第 4 卷，第 342 页。

利，内在地却是证明扩社不过是一时政治政策的需要，缺乏意识形态必要的说服力。而且，如果联系起毛泽东 1944 年曾经表达过关于等待群众自觉的意见，就会发现赵树理叙述马多寿入社不仅取径蹊跷，而且过于急躁。毛泽东说：

> 有许多时候，群众在客观上虽然有了某种改革的需要，但在他们的主观上还没有这种觉悟，群众还没有决心，还不愿实行改革，我们就要耐心地等待；直到经过我们的工作，群众的多数有了觉悟，有了决心，自愿实行改革，才去实行这种改革，否则就会脱离群众。凡是需要群众参加的工作，如果没有群众的自觉和自愿，就会流于徒有形式而失败。"欲速则不达"，这不是说不要速，而是说不要犯盲动主义，盲动主义是必然失败的。在一切工作中都是如此；在改造群众思想的文化教育工作中尤其是如此。①

在观念的表述层面，赵树理也强调"群众的自觉和自愿"，征用农村俗语"泡一泡，就好了"说明农民与政治政策需要的关系。但在小说叙述上，赵树理却背道而驰，似乎唯恐只剩下等待。这一点在《"锻炼锻炼"》中表现得尤为明显，"小腿疼"和"吃不饱"认低服小，完全是陷入了杨小四的圈套而已。② 由此可见，反叙述不仅破坏了赵树理的创作初衷，而且破坏了赵树理作为作家的意识形态图景和政治

---

① 毛泽东：《文化工作中的统一战线》，载《毛泽东选集》第 3 卷，第 1012—1013 页。
② 贺桂梅对此有较为详细的讨论，可参考。参见贺桂梅：《转折的时代——40～50 年代作家研究》，济南：山东教育出版社，2003 年，第 319—325 页。

政策需要的意识形态图景,深刻地展示出赵树理自身并未觉察到的政治性。这是反叙述值得分析的第二个层面。

在第三个层面,反叙述构成叙事学意义上的颠覆性叙述。在特殊的政治政策背景下,赵树理主动以一种新的叙述方式替换另一种自己习惯的叙述方式,从而使反叙述附着在新的叙述方式之中,造成叙事学意义上的颠覆性叙述。赵树理1960年写作的《套不住的手》不仅去除了地方(地形、人家、风俗)的介绍和评书式的起承转合文字,而且没有前后连贯的情节和故事,只是三个片段性场景的拼接,表现出明显的空间性。对于弗兰克来说,现代小说的美学形式就是"空间形式",①《套不住的手》在此表现出与现代小说的亲缘关系。当然,这不是什么了不得的问题,赵树理的小说本来就是中国的现代小说。关键性的问题在于《套不住的手》去除赵树理习惯的叙述方式的同时隐含着反叙述,即赵树理突然意识到自己既有的叙述方式不可靠了。这一点将通过对《套不住的手》的手稿的分析,得到准确而清晰的呈现。以下是该小说第一自然段前三分之一强的手稿:

> 白云岗公社大磨岭大队有个教练组,组长叫陈秉正。
> 大磨岭是白云岗山区一个山头。山的正顶露在土外边的是直径二十来步长的整块崖石,(在高处望去)圆圆地像一盘磨面的大磨;崖石以外便是围绕着这崖石一环比一环夫、一环比一环低的环形梯田;在五六级以下,东边和南边有山洪冲成的壑子把环形隔断,形成各自成垛的梯田;壑子

---

① 约瑟夫·弗兰克:《现代小说中的空间形式》,载约瑟夫·弗兰克等《现代小说中的空间形式》,秦林芳编译,北京:北京大学出版社,1991年,第1—49页。

越往下越宽，形成两条河沟。山下，东南、东北和西北三面有三个庄子，一共有一百五六十户人家，总的庄名都叫"大磨岭"，西北庄姓郝的多，叫"郝家"；东北庄姓王的多，叫"王家"；东南庄姓陈的多，叫"陈家"。在公社化以前，这三个庄共是一个高级社；公社化以后，他们算一个大队，叫"大磨岭"大队。

这个大队有个教练组，是高级社时期就成立了的，任务是教初参加农业生产的人们学技术。当（一九五六年）高级化的那一会（1956年），有些素不参加农业生产的妇女和青年学生（被动员参加了农业生产），做的活很不合规格，主任陈满红提议组成一个教练组，选两个做活质量最高的老农民当教师，选一部分产量不高、做不好也不太可惜的地作为教练场，来训练初参加生产这些人。①

手稿表明，引文中以删除线标识的文字，是赵树理亲自删除的。这些被删的文字，正是赵树理最惯常使用的进入小说故事的导引性叙述，普遍地见于他的大部分小说。赵树理将这种导引性叙述写出来之后又删除，意味着他已经不信任这一叙述方式，试图将人物从具体的文化地理环境中抽象出来。当然，就实际情况而言，赵树理从写作《锻炼锻炼》开始就不再详细地勾勒故事发生的具体的文化地理环境，《套不住的手》只是表现得更为明确和彻底而已。显然，赵树理在以自己的方式试探如何再现"世界"的界限。"真实"是不是源于具体

---

① 赵树理：《〈套不住的手〉原稿手迹》，载《赵树理全集》第 5 卷，第 419 页。

的文化地理环境和风土人情?"真实"是不是必须展示连贯的时间线索和情节?农村读者是不是只能接受一种"真实"?周扬一眼发现《李有才板话》文化地理描写的阶级性,这种阶级性是不是足够"真实"?这些问题或许未能进入赵树理关于写作的具体思考中,但至少能从他的写作实践中引发出来。而且,当赵树理删除《套不住的手》当中那些稔熟的叙述方式时,必然知道这是一种自我克服或超越的行为。虽然由此便断定赵树理此前的写作不可靠没有什么道理,但赵树理自己显然是觉得有必然性和必要性的。他似乎想通过扬弃一些琐屑细节的描写,轻装上阵,更直接地反映真实。① 就《套不住的手》来说,应该承认,赵树理更直接地反映了真实,在文学性方面也取得了一定成就。它既未脱离农村生活,又曲折地传达了作者对"大跃进"的态度,同时还创新了小说的叙述方式。

不过,赵树理对此似乎始终缺乏足够自觉,后来反而遵从后出的"说故事"活动,写作了《卖烟叶》。当然,这或许说明了他对一个他觉得更重要的问题的一以贯之的关怀,即艺术与农村如何发生关系。于是,尽管反叙述附着在赵树理创新小说叙述方式的努力之中,还是未能全面改换赵树理作为一个农民作家的形象。当农村随着教育的逐渐普及而发生改变时,对于赵树理而言,再现"世界"便成为一个不可能完成的任务了。从这个意义上看来,变动不居的现代中国在接纳了赵树理的叙述之后又反对赵树理的叙述了。

---

① 当然,大部分论者可能都不同意这种观察,而乐于征引孙犁的意见,认为赵树理过多罗列生活细节,有时近于卖弄生活知识,遂使整个故事铺摊琐碎,有刻而不深的感觉。赵树理对形式的确越来越执著,但似乎并不全都过多罗列生活细节,似乎也有打散故事重新讲述甚至放弃故事的意图。

二 "世界"的消失

1949年以后,在赵树理的小说中,"世界"一词仅见于《登记》和《三里湾》,前者两次,后者一次,几乎在字面上消失了。但这一消失并非语文学问题,1949年之后汉语词汇的大更换,"世界"并未消失,反而普遍地活动在各种各样的话语系统中,仍然是一个基本词汇。而且,赵树理自己在别的文体中也还在继续使用"世界"。因此,"世界"一词几乎在字面上从赵树理小说中消失,值得认真考虑。

事实上,"世界"的消失乃是赵树理小说创作的困境在小说文本表层的症候性反映,极为内在地说明了赵树理小说的文学政治与作者的政治之间的距离,展示了文学性的力量。

(一) 在变迁中叙述"世界"

就本书的考察范围来讲,"世界"一词最早在《李有才板话》中出现了1次。在那里,"世界"出现,是因为老杨同志引导村民想象推倒阎恒元统治后的阎家山。这意味着,从最开始,"世界"一词的启用便源于赵树理对农村社会秩序变迁的思考。其后,在《孟祥英翻身》中,"世界"再次出现,是孟祥英的婆婆抱怨婆媳关系、家庭伦理和妇女角色的变化,这再次确认了"世界"与秩序变迁的关系。而全面确认"世界"与秩序变迁关系的是《李家庄的变迁》,"世界"一词出现27次;同样地,叙述较长时段的社会变迁的《邪不压正》,"世界"一词出现了5次。就变迁的性质而言,《李有才板话》《孟祥英翻身》《李家庄的变迁》《邪不压正》所叙述的都是革命性的变迁，都是一个阶级取代另一个阶级、一种伦理取代另一种伦理的彻底的改变。因此，可以肯定的是，在变迁中叙述"世界"是赵树理启用"世界"一词的根本动因。

而且，"世界"复杂的含义意味着赵树理试图以小说叙述寻找革命性的变迁中"世界"重建的原理性原因和路径。但在这种宏大的企图上，他表现出无法驾驭一切的思维上的薄弱之处。在《李家庄的变迁》中，对于"咱的世界"里杀不杀小毛这种狗腿子，赵树理犹豫不决，缺乏有效的叙述，最终不了了之。在《传家宝》中，对于如何设定李成娘在新的社会秩序中的角色，参不参加劳动，帮不帮扶家庭，思想能不能转变，赵树理也无所适从，留下引起评价者争论的空白点。这意味着赵树理对于意识形态叙述的时间轴线，或者缺乏真正的理解，或者并不认同，从而未能叙述如《太阳照在桑干河上》和《暴风骤雨》那样清晰、准确的意识形态图景。这一点通过简单比较《李家庄的变迁》与《太阳照在桑干河上》《暴风骤雨》的结尾，就可得到有效的说明：

> 村里一大群人，锣鼓喧天把他们这一小群人送到三里以外。临别的时候，各人对自己的亲属朋友都有送的话。王安福向他的子侄们说："务必把那些坏蛋们打回去，不要叫人家来了剐了我这个干老汉！"二妞向小胖孩说："胖孩！老子英雄儿好汉，不要丢了你爹的人！见了那些坏东西们多扔几颗手榴弹！"巧巧向白狗说："要是见了小喜，一定替我多多戳他几刺刀！"白狗说："那忘不了，看见我腿上的伤疤，就想起他来了！"（《李家庄的变迁》）①

---

① 赵树理：《李家庄的变迁》，载《赵树理全集》第3卷，第129—130页。

半路上老董去区上了，他们仍然继续前进，他们也同那些开赴前线的民伕一样，觉得是多么的自信和充实呵！当他们快到县城要过河的时候，一轮明月已在他们后边升起，他们回首望着那月亮，和望着那月亮下边的村庄，那是他们住过廿多天的暖水屯，他们这时在做什么呢？在欢庆着中秋、欢庆着翻身的佳节吧！路旁的柳丝轻轻地在天空上扫着。他们便又赶赴路程，他们跣足下水，涉过桑干河去，而对河的村庄，不，不只是村庄，县城南关的农民也同样敲起锣鼓来了。欢腾的人声便夹在这锣鼓声中响起。呵！什么地方都是一样的呵！什么地方都是在这一月来中换了一个天地！世界由老百姓来管，那还有什么不能克服的困难呢。

他们晚上到了县上，汇报了工作，第二天当太阳刚刚出来照在桑干河上时，他们便又出发了，他们到八区一个新兵营去，帮助几天工作。(《太阳照在桑干河上》)①

喇叭奏着"将军令"，军号吹着得胜号。参军的人都上车了，小学生唱着"没有共产党就没有新中国"。在鼓乐声和歌唱声里，车子开动了。老孙头"喔喔、驾驾"地吆喝着牲口，十二匹膘肥腿壮的大马，放开步子往前奔跑了。到了车子看去好像一些乌黑的小点子，在地平线上往西蠕动的时候，送行的人才往回走。萧队长和李大个子并肩走上屯子的电道，两人小声谈着屯里往后的工作。萧队长说道：

"回头吆喝张景瑞、白大嫂子、赵大嫂子，和刘桂兰上

---

① 丁玲：《太阳照在桑干河上》，香港：新中国书局，1949年，第355—356页。

农会里来,咱们合计合计往后怎么办?咱们要开始整党和建党,建立支部,工作队就得取消了,日后屯子里的工作都靠支部来坚持开展。"走进农会院子里,萧队长又添一句说:

"还有,老花的问题,咱们回头也研究一下。"

下晚,老孙头趁着月亮,赶着空车,打县上回来的时候,捎回郭全海一个口信:叫刘桂兰不要惦记,安心工作。还说:小马驹子断奶以后,不要忘了送给老田头。(《暴风骤雨》)①

王安福、二妞、巧巧、白狗忆念的都是过去的仇恨和耻辱,这意味着《李家庄的变迁》的故事时间来到了终点,不仅团圆了,而且封闭了。事实上,即使是在这个赘加的结尾前面,村长大谈李家庄的变迁史,也是总结过去,说明现状来之不易且蕴含多大的成绩,完全是在谈眼前多么美好,丝毫没有展望未来。因此,在赘加的结尾之前,故事时间就已经画上休止符。铁锁他们参军不是为了革命的未来,而是为了李家庄的现在。赵树理叙述道,在欢送参战人员的大会上,大家差不多都说"现在的李家庄是拿血肉换来的,不能再被别人糟蹋了","我们纵不为死人报仇,也要替活人保命"。②这种珍惜眼前、维持现状的想法,进一步说明李家庄人希望时间休止,停留在欢天喜地的一刻。当然,赵树理本人也许有让时间继续的愿望和理想,但就其小说叙述而言,更重要的问题显然不是时间继续,而是停止。这也就意味着,在变迁中叙述"世界",重心不在"变迁",而在"世界"。如

---

① 周立波:《暴风骤雨》下册,北京:人民文学出版社,1952年,第411—412页。
② 赵树理:《李家庄的变迁》,载《赵树理全集》第3卷,第129页。

果"世界"合理,就不需要"变迁",甚至拒绝"变迁"。而且,在《李家庄的变迁》中,作者、叙事者及人物之间的距离太近,几乎视域融合,很难说赵树理就不希望时间停止。再加上在《李有才板话》《邪不压正》《三里湾》等小说中表露出来的一样的现状就是理想的结尾,就不得不推断,赵树理希望"世界"从变迁的阵痛中恢复过来之后,时间能就此停止,而"世界"也以不出现的方式表明"世界"的合理和安宁。如果说1949年后的中国总体上满足了赵树理的"世界"想象,不再有阶级矛盾和压迫,那么,在他的小说中,"世界"从字面上消失了,也就显得有来有去。在赵树理1949年之后的文字中,的确可以发现他对于新社会的满足之情,如1950年5月1日参观完北京市劳动人民文化宫之后,他写道:"古来数谁大,皇帝老祖宗。如今数谁大,工人众弟兄。世道一变化,根本不相同。还是这座庙,换了主人翁。"①"世道一变化,根本不相同",赵树理可能确实认为,再也没有必要质询"世界"了。

相形之下,《太阳照在桑干河上》的结尾呈现出阔大的小说远景②,

---

① 赵树理:《北京市劳动人民文化宫》,载《赵树理全集》第3卷,第431页。
② 卢卡契解释小说远景说:"首先,它一定是某一件尚不存在的东西;要是它存在的话,那么它对于我们创造着的东西说来就不是远景了。第二,这种远景不是一种空想,不是一种主观的幻梦,而是客观社会发展的必然结果,客观社会的发展是艺术地通过在一定情况下的一系列人物的发展客观地显示出来的。第三,远景是客观的,不是宿命的。要是它是宿命的话,那它就绝不是远景了。由于它还不是现实,所以它才是一种远景,但它是一种通过实践、通过行动、通过某些人——这些人表现了一种巨大的社会倾向——的思想,通过这一切使现实实现的真实倾向,这种要经由错综复杂的道路才能得以实现的倾向,或许和我们所想象的完全是两回事。"见卢卡契:《关于文学中的远景问题——在第四届德国作家代表大会上的发言(摘要)》,载中国社会科学院外国文学研究所外国文学研究资料丛刊编辑委员会编《卢卡契文学论文集(一)》,北京:中国社会科学出版社,1980年,第455—456页。

时间不但没有停止，而且延伸向无尽的远方。叙事者不仅明确将暖水屯视为"世界"的一个具体部分和缩影，而且认为"世界由老百姓来管，那还有什么不能克服的困难呢"，困难在前，"他们仍然继续前进"，时间在新的起点上才刚刚开始。那么，"世界"也才刚刚开始。《暴风骤雨》与《李家庄的变迁》类似，也以送参军为故事的终点，但后者叙述李家庄人参军是为了过去的仇恨、耻辱和现在的美好，前者叙述元茂屯人参军不仅为了过去和现在，更为了未来，为了"往后的工作"能够顺利进行。萧队长说："咱们要开始整党和建党，建立支部……"这等于是将丁玲留在《太阳照在桑干河上》远景里的未叙的内容，提前写在了《暴风骤雨》的结尾，周立波的叙述的确像暴风骤雨一样，更为躁进。《暴风骤雨》虽然因此小说远景不及《太阳照在桑干河上》纵深，但也总比《李家庄的变迁》更具有前瞻性。而这也许就是丁玲、周立波能获得斯大林文学奖，曾经的标杆性作家赵树理却无缘的一种原因吧。相比较之下，赵树理的因循守旧更加醒目。当然，1949 年之后，在梁斌、柳青、金敬迈等人的衬托下，赵树理守成的形象更不在话下了。他 1966 年做检查回忆自己 1951 年被调入中宣部的情况时说："胡乔木同志批评我写的东西不大（没有接触重大题材）、不深，写不出振奋人心的作品来，要我读一些借鉴性作品，并亲自为我选定了苏联及其他国家的作品五六本，要我解除一切工作尽心来读。"① 赵树理的确过于珍惜变迁之后的"世界"，体会不清楚政治脉搏的变化，使得胡乔木出来传达官方对于他的不满。

当然，赵树理并非不想写重大题材，只是担心因此脱离人民。在贝尔登的记载中，赵树理说："我很想写重大的题材，也许内战结束

---

① 赵树理：《回忆历史 认识自己》，载《赵树理全集》第 6 卷，第 468 页。

后，我可以安顿下来专心专意写它一阵子。不过我决不愿完全脱离人民。"① 他可能始终无法相信案头写作反映真实的可能，因此决意与具体的农村工作和生活纠缠在一起，放弃对"世界"的深入叙述和质询。另外，"民心思治""宁作太平犬，勿为乱世人"这些民间传统观念，也许制约着赵树理的"世界"想象，厌乱离而喜升平，从而总是为他的小说写上大团圆的结尾，画上故事时间的休止符。

（二）反映真实的窘迫

1949 年前，赵树理说："我的材料大部分是拾来的，而且往往是和材料走得碰了头，想不拾也躲不开。"② 他的写作因此颇有积蓄，自然发生。但 1949 年以后，他发现："在抗日战争中和解放战争中，在新人新事这方面，我自己一向就是养料不足的。一九四九年到北京以后，和群众接触的机会更少了，来源更细得几乎断绝了。"③ 材料储备不足，来源更细，已有的原料不能满足当时政治政策和读者的需要，赵树理觉得自己必须重新融入群众的实际生活，以维持写作的生命。因此，他于 1952 年开始下乡长住山西平顺县川底村，并在 1955 年写出了《三里湾》。但是，写出第一部反映农业合作化运动的长篇小说的赵树理仍然觉得"自己的作品落在现实之后"④，未能反映真实。他自评《三里湾》存在着与他所有小说一样的三个缺点，即重事轻人、旧的多新的少和有多少写多少。⑤ 其中尤以"旧的多新的少"让赵树理感到

---

① 杰克·贝尔登：《中国震撼世界》，邱应觉等译，北京：北京出版社，1980 年，第 116 页。
② 赵树理：《也算经验》，载《赵树理全集》第 3 卷，第 349 页。
③ 赵树理：《决心到群众中去》，载《赵树理全集》第 4 卷，第 121 页。
④ 赵树理：《我在创作中的一点体会》，载《赵树理全集》第 4 卷，第 372 页。
⑤ 赵树理：《〈三里湾〉写作前后》，载《赵树理全集》第 4 卷，第 383—384 页。

窘迫，感觉无法真实再现新社会。他决定更加深入地融入农村生活，写《灵泉洞》之时"写了几天就觉得应该放下它先到生产中去"①，之后更"把写作暂且搁过，一心参加工作"②，以攒够材料，不再落在现实之后。赵树理深陷在现实本身的琐碎、复杂和茫无秩序之中，似乎没有了写作的冲动，反而花大量精力做实际的农村工作，并写下了《高级农业合作社遗留给公社的几个主要问题》《公社应该如何领导农业生产之我见》等论文。他在 1959 年 8 月 20 日给陈伯达的信中非常感慨地写道："在这种情况下，我不但写不成小说，也找不到点对国计民生有补的事，因此我才把写小说的主意打消，来把我在农业方面（现阶段）一些体会写成了意见书式的文章寄给你。"③躲不开材料，几乎自然写作的赵树理，此时深陷在现实的泥淖中，自觉放弃了文学反映真实的职业素养，表现出一种深度的窘迫。不仅如此，赵树理在政治上也很快遭受挫折，被当作右派批判。④

当然，这并不意味着赵树理从此就不能写作小说了，而是强调，即使他使尽浑身解数要"到群众中去"，也只能越来越明显地产生疏离感，最终说出"每天除了听一听学毛选的青年们的报告，便读了一本《欧阳海之歌》，这些新人新书给我的启发是我已经了解不了新人，再没有从事写作的资格了"之类的话。在这种情形之下，叙述"咱的世界"时所透露出来的熟悉感和亲近感，赵树理显然是无法找到的。因此，再次将"世界"这个词汇编织进他的小说文本，无疑有格格不入之处。赵树理也并非完全"了解不了新人"，只是别有要求。在 1959

---

① 赵树理：《在深入生活作家座谈会上的发言》，载《赵树理全集》第 4 卷，第 251 页。
② 赵树理：《当前创作中的几个问题》，载《赵树理全集》第 4 卷，第 301 页。
③ 赵树理：《致陈伯达（二封）》，载《赵树理全集》第 4 卷，第 344 页。
④ 陈徒手：《一九五九年冬天的赵树理》，载《读书》1998 年第 4 期。

年2月22日向邵荃麟汇报自己在阳城工作情况的信中,赵树理详细介绍了自己观察和了解到的公社建设的点滴情形,集体化已经发生了一些作用,但他最后的结论却是:"及时把这些情况反映于文艺作品中我以为还不是时候,因为公社的主要优越性还没有发挥出来,在工作中也没有发现先进的、成功的例子。作品无非反映人和事,而这两方面现在都没有新发现。所以我打算再参加一段工作再说。"①在这里,作家表现出一种强烈的写信史的精神,把小说当成了当代生活的真实记录,似乎完全丧失了小说与现实之间的距离。但与其强调这一点,不如另寻他解。赵树理有他独特的写作发生学:"我们应该把生活当作大海,成天在生活的海洋中泡,把海面、海底、岸边每个角落都摸得清清楚楚:什么地方深,什么地方浅,什么地方有鱼,什么地方险要……只有这样,在写作的时候才能左右逢源,才能想写什么就写出什么来,非常自由。"②他不仅为了小说具有历史般可信的品格,而且为了能够以"非常自由"的状态写作小说,真实地再现生活。这需要太多的时间、精力和对生活的反复咀摸。的确,赵树理的这种写作态度使他产量不高,总是"落在现实之后",未能及时反映时代,但到底用不着作品出版之后还一改再改,始终难以逃脱与现实政治政策的直接博弈。从这一点来说,赵树理从反映真实的窘迫中,倒也替自己赢回了一点点小说创作上的自由。

在解释何为真假之时,赵树理曾经说过:"一部书的真假,全看它合不合情理——只要是入情入理,不论他出在什么地方,就都可以当成真的来听;要是不近情理,你就说他出在北平某街某巷,也靠不

---

① 赵树理:《致邵荃麟》,载《赵树理全集》第5卷,第297—298页。
② 赵树理:《和工人习作者谈写作》,载《赵树理全集》第5卷,第85页。

住。"① 他要将小说的真实与具体的现实之间的关系松绑，强调有艺术的真实，有现实的真实，而且后者不但不能植入文本取代前者，反而可能破坏前者，使作品无法"入情入理"。看起来，赵树理并非拘泥于现实、要像镜子或照相般再现现实的作家，但他又认为"公社的主要优越性还没有发挥出来，在工作中也没有发现先进的、成功的例子"便不能创作相关的小说，这二者似乎是相悖的。的确，只要"入情入理"，现实中有没有，并非必须考虑的问题。在《三里湾》中，赵树理也曾以老梁画的三幅画来叙述三里湾的现实中还没有而情理中可以有的情形。这表明他并非一个过于拘泥的作家。那么，不着急写"新人新事"，也许不妨视为赵树理未见"新人新事"的"入情入理"之处，无法产生创造艺术的真实的冲动。

　　于是，在必须叙述"新人新事"的情况下，赵树理采用了《三里湾》中的方式，即以三幅画来表现三里湾的现在、将来和未来。而且，他详细地叙述了三里湾的现在，不惜笔力地描写了现在的生产布局，却把将来和未来的叙述交给一个画家来叙述，完全镜像化。这就意味着，即使叙述"新人新事"，赵树理也有意不打破自己与它们之间的隔膜，有意保持疏离感，从而造成一种叙事上的持重和稳健。虽然不能像其他作家那样"振奋人心"，赵树理究竟留下了更具有真实品格的作品。要之，镜像化也可以说是他反映真实的窘迫的一种表征，是他在叙述与不叙述"新人新事"之间取得的一种古怪平衡。在此情形下，疏离之感更为明确，而对于赵树理而言，缺乏亲近感和熟悉感，"世界"自然无从提起，无法编织进小说文本。

　　这种窘迫的更深层次的原因，还是赵树理的文学必须反映双重真

---

① 赵树理：《小经理——原为小说现改为鼓词》，载《赵树理全集》第4卷，第66页。

实。当然，这也可以说是赵树理自我角色的设定造成的。钱理群说："赵树理把他自己的创作追求归结为'老百姓喜欢看，政治上起作用'，正是表明了他的双重身份、双重立场：一方面，他是一个中国革命者，一个中国共产党的党员，要自觉地代表与维护党的利益，他写的作品必须'在政治上起（到宣传党的主张、政策的）作用'；另一方面，他又是中国农民的儿子，要自觉地代表与维护农民的利益，他的创作必须满足农民的要求，'老百姓喜欢看'。正确地理解赵树理的这'两重性'是准确地把握赵树理及其创作的关键。"[1]更细致一点地说，赵树理还有第三重身份，即知识分子身份；他本人即曾强调自己"究竟还不是农业生产者而是知识分子"。席扬认为，只有把赵树理置于"知识分子"文化范畴中才能显示其特殊意义，因为他的"社会角色"身份游弋于"启蒙者"与"实践者"之间，"情感角色""权力角色"则在"知识分子性"的自觉强化过程中被定位。[2]当然，强调赵树理的"知识分子"身份与他的双重性并不矛盾。事实上，正是知识分子的身份造成了赵树理的双重性；用赵树理自己的话来说，这便是"通天彻地而又无固定岗位"。这种情况催生了赵树理文学反映真实的更多层次，使作家不断地陷入窘迫的同时，始终有创作的可能。这也就是说，"世界"消失不是赵树理小说写作的终结，赵树理进入了新的写作状态，而与"世界"相关的问题则被筛落在他新的小说文本中，保持着赵树理文学问题的延续性。

当"世界"消失之后，也就是从《三里湾》之后，赵树理的小说形式表现出更为复杂的面貌，小说的开头和结尾都已另有讲究，叙述的

---

[1] 钱理群：《1948：天地玄黄》，济南：山东教育出版社，1998年，第236页。
[2] 席扬：《试论赵树理的"知识分子"意义》，载《郑州大学学报（哲学社会科学版）》2001年第5期。

声口也多有微调，充满了作家努力摆脱窘迫的痕迹。这里蕴含着一种近似于关于小说的小说①，赵树理开始逼近写作本身。虽然这种逼近未必是自觉的，但却因此更加动人。

（三）关于小说的小说

就赵树理小说写作的实际来看，《李有才板话》的开头和《孟祥英翻身》的开头、结尾，都在讨论小说本身，小说的叙述中甚至含纳了作者和读者的直接对话。但这些痕迹都是乍现辄隐，赵树理的叙述重心并不在此。而且，《孟祥英翻身》更像是文学纪实，作者的小说意识并不完整。《福贵》与《孟祥英翻身》类似，其中叙述道："我们的区干部初到他村里，见他很穷，想叫他找一找穷根子，可是一打听村里人，都一致说他是个招惹不得的坏家伙，直到好多的受苦受难的正派人翻身以后，区干部才慢慢打听出他的详细来历。"②这的确有交代

---

① 所谓关于小说的小说，也就是元小说 meta-fiction（也译为超小说）。戴维·洛奇解释："超小说是有关小说的小说：是关注小说的虚构身份及其创作过程的小说。最早的超小说当属《项狄传》，它采用叙述者和想象的读者间对话的形式。这种是斯特恩用以强调艺术和生活间存在差距的多种方法之一，而这种差距正是传统的写实主义所试图掩盖的。所以，超小说不是一项现代的发明，但它是当代许多作家认为颇有感染力的一种形式。"（戴维·洛奇：《小说的艺术》，王峻岩等译，北京：作家出版社，1997年，第230页。）洛奇的意思很清楚，元小说不是"现代的发明"，因此未必与小说的"现代性"有关，没有必要以元小说这一概念来论定小说本身及其作者的高下。本书也无意借助元小说这一概念来对赵树理小说进行价值判断，只是试图进一步分析其文学反映真实的窘迫情状，故而采用较为模糊的说法，即"关于小说的小说"。而且，赵树理并不在小说叙述中刻意强调艺术与生活的差距，更无意颠覆传统的写实主义。事实上，他始终遵循写实主义传统。因此，赵树理的小说与洛奇所谓的超小说只是存有交集，并非完全符合。

② 赵树理：《福贵》，载《赵树理全集》第3卷，第147—148页。

《福贵》小说材料来源的效果，使人意识到小说与现实之间存在某种转换关系。但赵树理第一次在小说中讨论小说，尤其是讨论自己的小说，是从《老定额》开始的。《老定额》开头写道：

> 和我接近的同志们常劝我在写人物的时候少给人物起外号。我自己也觉着外号太多了不好，准备接受同志们的意见，只是这一次还想写一个有外号的人物，好在只用一个，对其他人物一律遵照同志们的忠告。①

这个开头让读者感觉身临其境，来到了赵树理写作的现场，明白了赵树理写作的特点、他人的要求及其自身的应对，知道接下来的叙述文字是小说，而且会是与赵树理以前的小说有所不同的小说。② 接下来，小说果然只写了一个外号，而且写的是外号"老定额"从主人公林忠身上蜕弃下来的过程。同时，赵树理还在小说中戏谑性地使用了一个不是外号胜似外号的名字，即"蛹蛹"：

> "蛹蛹"好像是个外号，其实是个真名。这个人在小孩子时期，长得皮紧肉满，初生两个月就会翻身，赤光光地在床上滚来滚去像个大蛹，他的妈妈成天叫他"蛹蛹"，直到长大也没有改名。现在虽然长到二十多岁，看他那浑身憨劲，还像个大蛹，是星火大队的第三小队的副队长。③

---

① 赵树理：《老定额》，载《赵树理全集》第5卷，第353页。
② 这样的开头也意味着赵树理小说写作深刻的介入性，介入现实（政治）生活，介入小说的接受和评价。
③ 赵树理：《老定额》，载《赵树理全集》第5卷，第356页。

"蛹蛹"虽然是个真名,但他妈妈命名的方式倒像取外号。只是外号叫久了,也就成了真名。赵树理似乎想通过这个戏谑说明,外号与真名本无区别,而且外号更切近人物的性格,并不是不可取的。如果确实如此,那么,赵树理是在以小说叙述的方式为自己的小说写作方式正名。当然,由于赵树理此后的小说除了《杨老太爷》之外,基本上不再以外号命名人物,可见戏谑始终是戏谑,他还是偏重蜕弃自己已成套路的小说写作方式。

真正在小说叙述内部讨论小说写作的是《卖烟叶》。这篇小说的主线是贾鸿年投机卖烟叶,副线是王兰与贾鸿年的恋爱关系,旁逸出一部分非常重要的内容是贾鸿年写长篇小说。从贾鸿年阅读文学书籍、爱上文学并练习写作开始,小说叙述了他如何收集材料写成小说并修改、寄给老师寄给省人民出版社、老师和出版社如何评价、王兰如何理解他写小说的行为等一个完整的小说创作与接受的过程,几乎暴露了贾鸿年写作的所有秘密。首先,"写土改又是把别人的小说改头换面抄过来的"[1],完全无视艺术真实与生活之关系。其次,贾鸿年下乡以后有了长期接触前任大队长的机会,决定重新修改小说,误工找人家谈细节,"其中谈到了一些具体动作——像赶牛、割草、地主讲话的姿势等等,贾鸿年便要请老队长摆起个架式来,自己按照那种架式找出描写它的适当字眼儿,写成一段材料。他们两个人搞的这种工作,在别人看来像照相、像排戏、又像巫师下神"。[2] 叙述的口气中透露出强烈的讽刺,暗示着徒有形式的小说,不仅毫无真实性可言,而且不过是抵触农村生产的个人主义思想的表现罢了。虽然赵树

---

[1] 赵树理:《卖烟叶》,载《赵树理全集》第6卷,第230—231页。
[2] 同上书,第232页。

理批评的是一部分知识青年不安本分,妄图靠写作出名的现象,但也不能不令后人将其与当时的作家下乡制度联系在一起,怀疑特定历史制度下创作模式的僵化。再次,父亲认为写作毫无用处,贾鸿年"便把如何投稿、如何算稿费的规定说了一番",① 充分说明其写作的消费性,而非生产性。当然,这也跟赵树理的观念有关,他认为在作家协会制度下,作家再领版税和稿费就是双重待遇,② 但主要还是批评写作不能沦为名利之具,否则作品就成为纯粹的消费品了。又次,贾鸿年畅想自己的小说有一鸣惊人的前景,出版社和另外两个读者李老师、王兰却认为他的小说不真实。这种接受与创作的反差固然是赵树理有意的批评,但如果联系起赵树理自身创作其时已一再遭遇政治性的误读,不难想象,作为《卖烟叶》的创作主体的赵树理,难免别有幽怀。最后,贾鸿年在写给王兰的信中描绘了一个理想的创作环境:"到了春夏之际的月朗风清之夜,我们靠着岸边的短墙设个座儿,浸润在溶溶的月光和隐隐的飞露中,望着淡淡的远山,听着潺潺的流水,该是多么有益于我们的创作心境哩!"③ 赵树理语出讽刺,批评这种不及物的、悠然自得的状态,但可能难免会有一些自身对于写作环境要求的投射。总之,贾鸿年写长篇小说在赵树理的叙述之下,完全成了一幕闹剧,写作态度不诚,写成的作品不真,写作效果不良,贾鸿年的写作是毫无价值和意义的。

在叙述中,赵树理没有将贾鸿年的写作指向《卖烟叶》写作的意

---

① 赵树理:《卖烟叶》,载《赵树理全集》第 6 卷,第 233 页。
② 赵树理回忆说:"一九五三年调作家协会后,我便提出我那调整双重待遇问题的建议,如建议取消版税,稿费制可以再评,否则连现有的供给也不应领。"赵树理:《回忆历史 认识自己》,载《赵树理全集》第 6 卷,第 469 页。
③ 赵树理:《卖烟叶》,载《赵树理全集》第 6 卷,第 236 页。

思，更完全没有指向自身写作的意思。但在潜意识里，赵树理是否感觉到某种写作的危机呢？这可能并不是一个完全不在赵树理的创作意识内部的问题。尤其是《卖烟叶》这篇小说还编织了一部分内容，即王兰完全不相信贾鸿年信中的鬼话，而是努力从中读出言外之意，揣测贾鸿年的用心，更说明文字叙述是并不可靠的。那么，一个正在用文字叙述这一个问题的创作主体，不能对此毫无自觉或意识吧？更何况，在之前的一篇小说《互作鉴定》里，叙述的主要内容是戳穿刘正文字叙述的假面，也指向文字叙述的不可靠，则不能不说，赵树理在晚期小说创作中，正在或深或浅地体验着某种写作危机。而正是危机感，使他在《卖烟叶》这篇实验性的小说中叙述了一个小说创作的故事。在这些作品之前，例如在《李有才板话》和《"锻炼锻炼"》中，赵树理也叙及一些写作形象，即板话的写作，但从未质疑其真实性。唯独在反映真实日渐窘迫之时，从《老定额》开始，赵树理才开始发生对于文字叙述的质疑。因此，虽然不能说赵树理的自觉意识有多么明显，但还是必须说，自从"世界"消失以后，他进入一种新的写作状态，正在日益逼近写作本身。

就好的方面来说，赵树理收获了像《"锻炼锻炼"》和《套不住的手》这样的思想、艺术俱臻上乘的作品；就坏的方面来说，他写了《卖烟叶》这种不成功的作品，并从此告别了小说写作。当赵树理写出关于小说的小说时，只能说创作主体的危机感越来越严重，似乎还不便说一定是不尽如人意，关键还在于批评者或历史叙述者的视角和观念，即是否真正意识到了赵树理的用心和苦衷，从而在重新洗牌的时候将赵树理插回到本该属于他的地方中去。当然，这最后一个设想未免有些本质主义的臆见。

结　语

从赵树理小说形式的文学政治与社会主义关系的有效建立，中间经过分析这一文学政治的具体内容"农民说理的世界"，到最后讨论赵树理小说创作的困境，一种带有价值判断意味和现实关怀的赵树理研究已然成为事实。这是无须讳言的。而且，在这一研究中涉及的概念"农民"，虽然已被审慎地当作一种话语进行分析，但仍然带有价值判断意味和现实关怀。这也是无须讳言的。

英国学者亨利·伯恩斯坦说："很多关于'小农'（以及'小规模农民'和'家庭农民'）的定义与用法带有明显的规范性要素，目的性很强，即'站在农民一边'（taking the part of peasants），反对在缔造现代（资本主义）世界过程中摧毁或损害农民的一切力量。在我看来，'小农'（peasant）和'农民（群体）'（peasantry）等术语最好用于分析，而不是用于价值判断，并且应当尽量在两种历史条件下使用：一是在前资本主义社会中，当时大多数人是小规模的家庭农民；二是在向资本主义的过渡过程中。"[①] 这种意见虽然并非毫无道理，但却存在两个重大缺陷，即先是有意强调了"站在农民一边"的非学术色彩，后

[①] 亨利·伯恩斯坦：《农政变迁的阶级动力》，汪淳玉译，北京：社会科学文献出版社，2011年，第5页。

又（不知出于何种原因）无视"农民"与社会主义实践之关系。不管如何，苏联和中国的"农民"是经历过和经历着社会主义实践的，这是不宜无视的既有的历史条件。而"站在农民一边"，不但可以是思考问题的一种视角，而且也并不一定导向"反对在缔造现代（资本主义）世界过程中摧毁或损害农民的一切力量"。在现代中国的语境中，茅盾的"农村三部曲"、叶圣陶的《多收了三五斗》、叶紫的《丰收》等诸多文学作品，的确可以归入"农民"反抗资本主义的序列，但赵树理笔下的"农民说理的世界"却简直与此毫无干系。虽然在《三里湾》《老定额》《卖烟叶》中，"农民"通过社会主义实践反抗资本主义在农村的萌发，意味着"农民"与资本主义大有关联，但统观赵树理所有小说，"农民"最关心的仍然是"说理的世界"能否维持、实现或重塑。这也就是说，在赵树理笔下的"说理的世界"中，"农民"与资本主义甚至社会主义的符号体系的关系都是通过"说理的世界"发生意义的。对于赵树理笔下的"农民"来说，关键不在于资本主义、社会主义等各类现代符号体系所象征的价值、生活和世界，而在于"说理的世界"。"农民"作为说理的主体，关心的是：有没有"势"？能不能"说"？会不会"说"？怎么（用何种语言或符号）"说"？"说"什么"理"、谁的"理"？如何兼顾"情"与"理"、人情与私情？"世界"是否依"理"运行？"理"与"势"的关系又如何？等等。这一系列问题显然不是在资本主义或社会主义的符号体系下能够得到清晰的说明的，必须"站在农民一边"，借助"农民"提供的视角，才能实现真正的学术分析和理解。而这也正是赵树理小说形式的文学政治价值所在。赵树理小说有意识地拒斥或远离资本主义、社会主义等符号体系，主要以"农民"的语言为基础进行叙述，主要以说书人的声口讲述故事，主要认同"农民"和农村工作者的价值观念，共同构成了"农民说理的世界"这一文本事实，也形成了以"说""理""势""情""世界"等概念为核心的符号体系。进入并分析这一赵树理笔下的符号体系，即意味着"站在农民一边"，透过"农民说理的世界"来理解赵树理小说形式的文学政治与社会主义（也包括资本主义问题）的关系。这背后隐含的价值判断意味和现实关怀，当然不必讳言。不仅进入并分析赵树理笔下的"说理的世界"意味着价值判断和现实关怀，而且使用构成"说理的世界"的符号体系进行学术分析，也是一种价值判断和现实关怀。温铁军在讨论中国的三农问题时曾说过，五四时期（资产阶级）和"文革"时期（无产阶级）两次"批孔"，是"目标趋同的思想文化领域的大革命，都为中国全面认同西方符号体系，或者服从西方的话语霸权奠定了基础"。① 这当然有些危言耸听，却也值得参考。当使用他者的符号体系进行言说时，言说主体自然难以避免被他者化。无论是张南皮式的"中学为体，西学为用"，还是鲁迅式的"拿来主义"，都在勉力自主的背后，透着焦虑。因此，使用赵树理笔下的"说理的世界"提供的符号体系进行学术分析，或许能够另辟蹊径，更好地理解赵树理小说中涉及的现代中国的政治、文化和文学问题。

当然，意图虽是美好的，但讨论问题的深度和学术性并不源于它。就赵树理笔下的"农民说理的世界"与中国社会主义实践的深刻纠缠来看，借用其提供的符号体系来分析赵树理小说形式的文学政治与社会主义之关联，自有客观的深度，从而保证分析的学术性。但值得警惕的是，与赵树理同期或前后的作家，如丁玲、周立波、孙犁、柳青、梁斌、废名、张爱玲等，都并不以"农民"为说理的主体，即都使用了与赵树理不同的符号体系结构小说文本。这说明赵树理笔下

---

① 温铁军：《我们到底要什么？》，北京：华夏出版社，2004年，第3页。

的"农民说理的世界"是独特的,同时也就是有局限性的。通过赵树理小说辐射现代中国政治、文化和文学的全局,虽然并非毫无意义,但显然无法形成充分有效的分析和理解。赵树理小说只能照亮一隅,虽然这一隅很有价值,但不宜推向全局。因此,尽管在赵树理笔下的"农民说理的世界"可以观察到具有乌托邦性质的因素,还是不能将赵树理推往文学型的思想家的高度。归根结底,赵树理只是一个关于中国农村问题的思想者,而且主要用小说来进行思考。虽然这已经非常可贵,但也不宜夸大其词。

而且,需要牢记的是,如赵树理自言"究竟还不是农业生产者而是知识分子","农民说理的世界"说到底仍然是知识分子的虚构。在这个意义上,赵树理笔下的"农民说理的世界"并不是空前绝后的。赵园在分析乡村小说与农民文化之关系时说:"知识者意识与农民意识(以至二者的话语形式)之间并无绝对分界。在民族文化的大文本中,它们决非可以随时离析判然区分的。这也同样反映着知识者与农民间关系的真实。其间耐人寻味的是,由四十年代到'十七年',知识者于创作中努力清除'知识者徽记',其作品却未必更有'农民文化'特征;统领创作的理论框架与认识模式,无宁说更出自知识者的思维运作。"[①] 赵树理的本意当与赵园的分析相反,即赵树理希望通过获得"助业作家"的身份从知识者的思维中解脱出来,真正构造一个属于"农民"的"说理的世界"。但不能不承认的是,赵园的意见锐利地抵达了赵树理作为一个知识分子无奈的深处,他无法从知识者的思维中解脱出来,也无法真正将知识者意识与农民意识随时离析判然区

---

① 赵园:《地之子——乡村小说与农民文化》,北京:北京十月文艺出版社,1993年,前言第29页。

分。周扬曾言赵树理不只是一个农民作家,思想和创作水平没有降低到"农民意识",这暗示着"农民意识"可以准确定义,并随时从作家的意识中割离。但与其说这是知识者清醒的自我意识,不如说是一厢情愿。赵树理笔下的"农民说理的世界"一方面是知识分子的虚构,另一方面则仍然因为创作主体赵树理多重身份的纠缠,表现出混合性质。因此,纯粹的知识分子或"农民"都是概念的游戏,不能确指现代中国的历史事实和小说文本事实。而通过赵树理笔下的"农民说理的世界"反观现代中国知识分子的思维、价值观念以及命运的起起落落,当然也会别有发现。在《互作鉴定》《卖烟叶》等小说中,赵树理展示了一个知识分子对于"农民"的绝对想象,一个能够救赎知识分子的主体。这当然是知识分子在社会主义实践中身份与命运的隐喻,但同时也说明现代中国的知识分子深陷在毛泽东所谓"皮之不存,毛将焉附"的旋涡中,有其自身的问题。

另外,赵树理笔下的"农民说理的世界"虽然是文学政治的表现,但其内部主要处理的是"农民"的政治情感和生活,因此不可避免地与"农民"日常的喜怒哀乐存有距离。当然,所谓日常或日常生活,本身也已经是一种巨大的意识形态。① 在《三里湾》的结尾中,赵树理通过叙述婚后的王玉生和范灵芝在月光下各回各家,隐含着以日常生活化解资本主义与社会主义两条道路之争的意味。这似乎可以推论,赵树理笔下的"农民说理的世界"仍然通向日常生活,而非通往社会主义意识形态的乌托邦。在这个意义上,"农民"作为说理的主体的保守性质,得到了一个更具深意的解释。亨廷顿在分析法国、俄国和中

---

① 在讨论公民与公共生活的关系时,Harry C. Boyte 启用了日常生活的政治(Everyday Politics)一词。参见 Harry C. Boyte, *Everyday Politics: Reconnecting Citizens and Public Life*, Philadelphia: University of Pennsylvania Press, 2004。

国的农民与革命的关系时认为："在这三个国家内，农民多少是自发起来推翻旧的农村政治和社会结构，夺取土地，在乡村建立新的政治和社会体制。没有农民的这种行动，这三个国家的革命不可能称之为革命。"[①]的确，如果通往日常生活的、保守的、说理的主体"农民"都起来行动，就没有更具革命性的行动了。但"农民"革命通往的仍然是不那么革命的日常生活，至少在赵树理笔下的"农民说理的世界"中是这样的。赵树理的《李家庄的变迁》与丁玲的《太阳照在桑干河上》、周立波的《暴风骤雨》相比，表现出时间停止的特点，就是赵树理笔下的"农民"革命不那么革命的文本证据。因此，虽然赵树理笔下的"农民说理的世界"内部处理的是"农民"的政治情感和生活，这种政治情感和生活也在不同的文本语境（和历史语境）中与阶级革命、民主、文明、制度、暴力、社会主义、资本主义等众多话语发生关联，但仍然表现出日常性质。在这个意义上，赵树理体会政治脉搏的努力得不到变化中的政治政策的认可，并非由于赵树理不够努力，不够政治化，而是由于赵树理小说形式的文学政治本质上抵抗赵树理的努力，从而使赵树理无法在1959年以后的创作生活中维持与具体的政治政策的和睦关系。不管赵树理是不是"赵树理方向"这一概念出现的基础性原因，一旦"赵树理方向"被提出来，赵树理本人就被蜕弃了。赵树理及其作品虽然一度备受一时一地的政治政策及其读者的欢迎，但终因其小说文本提供的是不那么革命的"农民说理的世界"，而逐渐失去官方的青睐，失去读者的眷顾。

当然，失去读者的眷顾还有其他的原因。当曾经安稳的、变乱

[①] 塞缪尔·P. 亨廷顿：《变化社会中的政治秩序》，王冠华、刘为等译，北京：生活·读书·新知三联书店，1989年，第286页。

也只是内部变乱内部消化的农村日渐深入地卷进城市化、工业化的进程,"农民"作为一个群体,也在日渐发生变化。这个变化不仅体现在数量上,而且体现在生活方式、价值观念、文化程度等诸层面上。[①]赵树理笔下的"农民说理的世界"却表现出时间停止的特点,自然难以在变化中保持曾有的光芒。但是,在各类社会矛盾明朗化的今天,将赵树理笔下的"农民说理的世界"从文学史的尘封中搭救出来,重新洗一次牌,似乎也并不完全是文本上的词语旅行。1998 年,贾平凹在自称"我是农民"的长篇回忆录中对城里那些唱着忧愁的流行歌曲的年轻人说:"在没有童年和少年的城市里,你们是鱼缸中的鱼,你吐了我吃,我吐了你吃。愁忧将这么没完没了地伴随着你、腐蚀着你,使你慢慢加厚了一个小市民的甲壳。真正的苦难在乡下,真正的快乐在困难中,你能到乡下吗?或许到类似乡下的地方去吗?"[②]相比于贾平凹这种"农民"出身的知识分子的文化乡愁,赵树理笔下的"农民说理的世界"无疑有着更为深厚的意蕴。但是,下一个赵树理在哪里呢?

[①] 早在 2002 年,李培林在他的"城中村"研究中,就提出了"村落的终结"的命题。参见李培林:《巨变:村落的终结》,载《中国社会科学》2002 年第 1 期。
[②] 贾平凹:《我是农民》,西安:陕西旅游出版社,2000 年,第 205 页。

附录一 乡村之外
——追蹑赵树理小说中的城市因素

据周扬"巡视"的结果,赵树理成名早期的三篇小说一定程度上反映了中国由农村面貌改变所表征的旧中国到新中国变化的伟大过程。① 周扬如此作结时,也许注意到了《李家庄的变迁》第三、第四两章描写的太原市。铁锁破产后来到太原,希望凭借手艺在太原市获得重振家业的资本,结果却发现,太原市与李家庄一样,都是不说理的小喜的世界,而且太原市的状况更加恶劣。铁锁"觉着活在这种世界上实在没意思","有时想到应该回家去,有时又想着回去还不是一样的"。② 太原作为城市给来自乡村的铁锁带来了更深的绝望,因此他在小常的革命启蒙之下加入的推动李家庄变迁的历史行为,不单纯是一种改变农村的冲动,而有着革新整个中国的乌托邦冲动,即改变农村是为了改变中国。小说结尾写李家庄人民在胜利的余兴中出庄参战,虽在叙事上显得冗余,但却更为结实地表明了赵树理的农村叙事的指向性并未局限在农村内部,而是向农村与整个中国的社会联系开放。

---

① 周扬:《论赵树理的创作》,载复旦大学中文系《赵树理研究资料编辑组》编《赵树理专集》,福州:福建人民出版社,1981年,第179—183页。
② 赵树理:《李家庄的变迁》,载《赵树理全集》第3卷,北京:大众文艺出版社,2006年,第36页。

在这一开放的面相中,赵树理小说中的城市因素以各种变异的形式散落在小说的主题、叙事和象征域各个层面,也许不妨仔细打捞收拢,以求得在文学的意义上对于中国农村变迁的更为宽广和深厚的理解。与此同时,赵树理小说或许也将赢得新的解释框架。

一 围观城市肉身

除了《李家庄的变迁》中的太原,赵树理的小说几无城市地标,至多也不过是《套不住的手》《张来兴》《卖烟叶》等小说中出现的县城。而相对于同时期的上海,太原市也是"土头土脑"[①]的。从赵树理小说中钩稽类似于"文学中的城市"这样的话题,也难免"土头土脑"之讥。然而,如果从对于大都市上海的魅惑中稍一挣身,或许就能够贴近甚至切入中国城乡结构问题更为丰富、复杂的层次。不同地域的人群所体验和想象的城市,本来就各有线索,各有所指的。因此,重要的是,赵树理小说的确围绕着未曾明确符号化的城市体验和想象展开了一些别有意味的叙事。

1962 年底,在花鼓戏《三里湾》的座谈会上,赵树理针对戏中能不够的形象说了下面一段话:

[①] 语出赵树理小说《互作鉴定》中刘正对农民出身的县委王书记的评价。参见赵树理:《互作鉴定》,载《赵树理全集》第 6 卷,第 108 页。

> 戏里把能不够演成能干婆。这个人物在外观上有城市里旧式的房东太太、妓院里鸨母那么个派头，丑化是不是多了一些？我在《小二黑结婚》里写过一个三仙姑，这个人用我们的家乡话来说是有点妖魔，但她不刁。能干婆一类的人是刁，在农村叫刁人，但她并不妖。三仙姑妖而不刁，能不够刁而不妖，我们掌握她应该刁一点，不要演得太妖了。①

细揣辞意，赵树理认为花鼓戏中的能不够派头不对，她不过是个农村里的刁人。为了让人明白自己作品对于人物的想象，赵树理把成名作《小二黑结婚》中的三仙姑提出来作为参照，说明三仙姑在外观上可以有城市里旧式的房东太太、妓院里鸨母的派头，带有城市人的因素。这就意味着，当赵树理构思三仙姑这个人物形象时，作家的城市体验和想象可能起到了一些值得讨论的作用。因此，小说中的农村人群围观三仙姑，就不简单是围观农村内部的奇行异服，而有可能是围观城市的肉身。但带有城市肉身意味的三仙姑，据其来历判断，并非外来之物，而是内在于农村的集体欲望之中的。三仙姑本来只是一个爱欲得不到满足的俊俏媳妇，因为村里年轻人"慢慢自动的来跟新媳妇作伴"，受到蛊惑，开始着意打扮：

> 三仙姑也暗暗猜透大家的心事，衣服穿得更新鲜，头发梳得更光滑，首饰擦得更明，宫粉搽得更匀，不由青年们不跟着她转来转去。

---

① 赵树理：《谈谈花鼓戏〈三里湾〉》，载《赵树理全集》第6卷，第157页。

三十年过去了，当时的青年老去，不再找也已老去的三仙姑。但是：

> 三仙姑却和大家不同，虽然已经四十五岁，却偏爱当个老来俏，小鞋上仍要绣花，裤腿上仍要镶边，顶门上的头发脱光了，用黑手帕盖起来，只可惜宫粉涂不平脸上的皱纹，看起来好像驴粪蛋上下上了霜。①

三仙姑并非自觉要养成与城市里房东太太、妓院鸨母的派头相当的老来俏，但因农村爱欲得不到正常的抒发，逐渐沦为农村自产自销的带有城市性质的肉身。所谓自产自销，即说明在爱欲的意义上，农村内在地产生出了不同于农村既有男女关系模式的内容，以满足农村爱欲消费的需要。媒妁之言下的一夫一妻制不但约束了作为生命个体的三仙姑，也使得即将进入这一制度安排的农村青年陷入爱欲的空白焦虑期。三仙姑个人的爱欲必须得到释放，农村青年们的集体欲望也必须获得窗口。三仙姑借助民间俗信的释放，恰好给农村青年的集体欲望提供了窗口，于是二者心意暗通，相辅相成，共同构造了农村的公共爱欲文化空间。在这个意义上，曹禺《日出》塑造的陈白露形象通过赵树理之手，获得了三仙姑这样一种农村地理空间中的变异。而赵树理有意识地将三仙姑与城市里房东太太、妓院鸨母相勾连，更让人不得不注意三仙姑与陈白露之间的隐秘联系。因此，以三仙姑为中心的公共爱欲文化空间，虽然在小说文本中是内在于农村的，但对于作家赵树理而言，就很有可能是以城市为焦点，重新结构起来的对于

---

① 赵树理：《小二黑结婚》，载《赵树理全集》第 2 卷，第 214 页。

农村爱欲关系的理解。这也就是说,《小二黑结婚》通俗故事的文本表象背后存在一个高度结构化的城市视域。周扬曾认为赵树理不是一个农民作家,思想水平高于"农民意识",不过他是在革命政治的意义上做出判断的。① 而在三仙姑这个人物形象的塑造上,赵树理展现出的高于"农民意识"的思想水平,多少是与城市体验和想象相关联的。

不过,赵树理在《小二黑结婚》中表现出来的一点微薄的城市体验和想象,虽然在变异的意义上与曹禺在《日出》中的表现一脉相承,但本质上则各衷一是。曹禺以满含同情的笔调塑造陈白露,将她呈现为上海城市伦理的基本矛盾和良心,并以陈白露之死抗议城市现代化带来的损有余以补不足的社会现实,表现出挽歌气质。赵树理则以讽刺的笔调塑造三仙姑,将她呈现为农村伦理的异类和恶母,并以三仙姑的改变表达农村新伦理治愈了带有城市性质的病态人群。在曹禺那里,陈白露的个性和欲望是在得到充分发展后被献祭给大都市上海的现代化魔力的,而在赵树理这里,三仙姑的个性和欲望虽然有三十年的隐秘发展史,但小说展开叙述的却是三仙姑的虚伪、恶毒、落寞和改变。三仙姑未经充分展开,即已被彻底治愈了。陈白露身上凝结的现代性经验的痛苦和纠结,在《小二黑结婚》中成为被围观、嘲讽和治愈的对象。赵树理让三仙姑的肉身被农村的 X 光照见了枯骨。《小二黑结婚》"看看仙姑"一节写三仙姑盛装打扮上区政府告状,区长乍一看打扮将她误认为年轻媳妇,随后认出是小芹的娘,因斥道:"你自己看看你打扮得像个人不像?"于是:

---

① 周扬:《论赵树理的创作》,载《赵树理专集》,第 187 页。

> 邻近的女人们都跑来看，挤了半院，唧唧啾啾说："看看！四十五了！""看那裤腿！""看那鞋！"三仙姑半辈没有脸红过，偏这会撑不住气了，一道道热汗在脸上流，交通员领着小芹来了，故意说："看什么？人家也是个人吧，没有见过？闪开路！"一伙女人们哈哈大笑。①

当区长所代表的农村新伦理从对于异常装扮所造成的年龄误认中挣脱出来，瞬间直指三仙姑做"人"的资格。这种 X 光式的眼光使得农村的女人们能够肆意围观并嘲讽三仙姑带有城市性质的个人装扮。三仙姑半辈子的自信在围观和嘲讽中丧失殆尽，城市的肉身在农村的眼光中变成完全负面的存在。"一伙女人们哈哈大笑"，陈白露式的现代性经验的痛苦和纠结，沦为农村新伦理引发的狂欢中的笑料，无价值、无意义的喜剧。一旦陈白露式的现代性经验变异为农村人群围观的喜剧，则三仙姑之转变，即三仙姑被农村新伦理治愈，也就成为没有心理深度的历史必然。如同叙述三仙姑三十年隐秘的个性和欲望发展史一样简单，赵树理寥寥几笔写完了三仙姑的变化，三仙姑抛弃一切重新做人了。在农村的汪洋大海中改造城市的肉身，实在是简便易行之事。需要另做分析的是，赵树理为何让一伙女人围观一个女人？那些曾经围绕在三仙姑左右的男人们何以未曾进行围观和嘲讽？就文本内部的线索而论，三仙姑作为城市的肉身，满足了农村年轻男人集体爱欲的消费需要，却因之成了并未城市肉身化的农村女人的对手，故而当三仙姑被农村新伦理质疑其做"人"的资格时，农村女人开始复仇。她们早就需要这样的复仇来反抗农村年轻男人爱欲的

---

① 赵树理:《小二黑结婚》，载《赵树理全集》第 2 卷，第 231—232 页。

消费性质，以获得农村劳动妇女不供城市性质的情欲消费的自足。二诸葛老婆指责三仙姑母女"好生生把我个孩子勾引坏"，三仙姑怯战而逃，①这一细节正好说明，以三仙姑母女为中心的农村公共爱欲文化空间，在收拢了农村青年男子的同时，也收拢了农村劳动妇女的醋意和愤怒。赵树理以女体为农村社会生活中的城市肉身，深刻隐喻了农村社会中的性别秩序和家庭构成，说明城市作为内在于农村爱欲逻辑的产物，乃是男性集体欲望的投射，压抑并消费着女性的爱欲。因此，当小芹替代三仙姑成为刘家峧公共爱欲文化空间的中心时，小说将金旺、兴旺塑造为道德败坏的男性，而不是于福式的傻女婿②，从而改变了小芹重蹈覆辙的可能，治愈了刘家峧这个农村的城市焦虑症。

二　高度结构化的城市视域

根据董均伦1949年提供的线索，三仙姑的人物原型有两个。一个是智英祥的母亲，她入了"三教圣道会"，因敬神而众叛亲离，上吊自杀；一个是神婆子，借神"勾引一些男子，企图一些不正当的享乐"。③神婆子勾连的是农村绵延已久的民间俗信，很难说跟城市文化有什么关系。而三教圣道会也是曾经流行于华北农村的民间宗教，据

---

① 赵树理：《小二黑结婚》，载《赵树理全集》第2卷，第229页。
② 借用普罗普故事形态学的方式来分析，三仙姑和于福的故事，可以算是民间文学中傻女婿故事的一种变形。
③ 董均伦：《赵树理怎样处理〈小二黑结婚〉的材料》，载《赵树理专集》，第335—338页。

赵树理自述,他的祖父晚年即曾入会,日以参禅拜佛为务,并以之教育童年的赵树理。①钩稽华北各地文史资料及著作,关于三教圣道会的说法歧出,且都相当粗略。②要不过混合儒、释、道,吸引农村人群,提倡行善,主张戒淫、戒杀等。总之,三教圣道会也是难与城市文化有什么关系的。赵树理受到三教圣道会、清茶教、太阳教等民间宗教的影响,直至就读长治师范时被朋友王春启蒙,才将当时山西流行的各类民间宗教视为迷信。③此后,1941年,出于配合太行区党委反对黎城"离卦道"的政策需要,赵树理创作了剧本《万象楼》,④剧中设计了一个淫荡妇女满街香。据孙江的研究,加入离卦道的黎城妇女,确有一些是为了满足自己的爱欲,认为入教最痛快的是有好男人,或者能和自己喜欢的男人在一起。⑤这意味着董均伦说三仙姑的原型之一是借神勾引男人的神婆,满街香是一个荡妇,都合情合理,

---

① 赵树理:《自传》,载《赵树理全集》第4卷,第404页。
② 或谓源出安阳明朝遗老,会儒、释、道为一,抵制满族统治,宣传民族意识。(王迎喜:《安阳通史》,郑州:中州古籍出版社,2003年,第315页。)或谓源出天仙道,1923年始名三教圣道会。(杨海山、王文秀等著:《阳光下的山西:取缔反动会道门斗争纪实》,北京:中国文史出版社,1999年,第228—229页。)或谓光绪三十三年(1907年),"清净无为道"的两位道士游方于河北隆化唐三营,始创三教圣道会。(王继、谷景林:《三教圣道会》,载隆化县政协文史资料委员会编《隆化文史资料》第二辑,1996年,第106—109页。)另有所谓"中国三教圣道总会",源出先天道明善堂,1924年曾在北京地方政府立案。(邵雍著:《中国会道门》,上海:上海人民出版社,1997年,第187—188页。)
③ 赵树理:《运用传统形式写现代戏的几点体会》,载《赵树理全集》第6卷,第189—190页。
④ 赵树理:《回忆历史 认识自己》,载《赵树理全集》第6卷,第465页。
⑤ 参见孙江:《文本中的虚构——关于"黎城离卦道事件调查报告"之阅读》,载《开放时代》2011年第4期。该文通过重新梳理当年定性为暴动的黎城离卦道事件,认为是共产党反迷信"平暴"在先,离卦道投靠日本人在后。准从其说,则赵树理《万象楼》政策性虚构的因素更加重,而写实云云,需要重新考虑。

山西农村妇女被压抑的爱欲为民间宗教的进入提供了内在的可能。问题是，这一内在于农村伦理的事件，在《小二黑结婚》中由三仙姑表现出来时，赵树理却赋予其城市肉身的形象。似乎不能不说，赵树理不但不是以"农民意识"的思想水平来结构他的小说，而且是以高度结构化的城市视域来观察农村。三仙姑的爱欲及以其为中心的农村公共爱欲文化空间，本质上的确有可能是内在于农村伦理的，是一种起平衡农村社会内部的男女关系作用的补偿性存在。赵树理或许也意识到了这一点，但付诸虚构，却不能不将三仙姑塑造成城市里房东太太、妓院鸨母的形象，至少说明赵树理仅仅凭借从农村知识系统本身获得的知识无从识别农村不同人群的形象，必须仰仗高度结构化的城市视域。而且，倒过来说也许更为切近赵树理识别农村人群的目光的本质。即赵树理是在获得高度结构化的城市视域之后，才具有了其小说中表现出来的农村叙事的能力。因此，所谓在农村工作中发现了问题，以"问题小说"的方式呈现问题及解决问题的可能，① 不但不是内在于农村的，而且是赵树理本人城市焦虑的折射。这当然不是说赵树理在情感和经验上与农村有着深刻的隔膜，而是说他在思想水平上与农村有着令人着迷的距离。周扬从革命政治的意义上早就察觉了这一距离。而最早提出善意批评的李大章说赵树理对新的制度、新的生活、新的人物还不够熟悉，② 意味着赵树理的思想水平与农村之间的距离，并不单纯是在革命政治的意义上发生的。还有什么造成了赵树理的思想水平与农村之间的距离呢？赵树理本人的城市焦虑可能是根本性要素之一。

---

① 赵树理：《也算经验》，载《赵树理全集》第3卷，第350页。
② 李大章：《介绍〈李有才板话〉》，载《赵树理专集》，第361页。

从赵树理《小二黑结婚》之前的写作开始考察，或许可以勾勒出一条后来被称为农民作家的赵树理是如何获得高度结构化的城市视域的线索。茅盾曾表示在鲁迅《呐喊》中只见孔乙己等"老中国的儿女"，难以餍足大上海静安寺路、霞飞路上现代青年的苦闷的需要。① 的确，鲁迅《呐喊》及绝大部分现代乡土小说或农村题材的小说，其文本表层看不见城市的面影，更不必说看见大上海的面影了。然而，就在城市面影失踪的文本背后，总能观察到深刻的城市背景。光学上有虚焦点和实焦点之分。实焦点是实际光线可以汇聚的点，如凸透镜可以使太阳光汇聚到一点，造成燃烧；虚焦点不是折射线的交点，而是折射线的反向延长线的交点。不是由实际光线汇聚成的点，用光屏不能承接。现代乡土小说或农村题材的小说文本就像是一面凸透镜，乡村或农村构成了实焦点，城市构成了虚焦点；而虚焦点的重要性一点也不亚于实焦点。虽然说虚焦点难以在文本表层成像，但它实际上潜在地制约着文本的构成。依据折射线作反向延长，凸透镜的虚焦点能够找到；通过坚实的逆向性分析，现代乡土小说或农村题材小说背后的城市视域同样可以得到落实。当然，落实为具体的某座城市是不切实际的，城市的显影大体上只能是抽象的。就《小二黑结婚》而言，当赵树理高度结构化的城市视域被阐释出来之后，城市的抽象显影便已然出现。现在进行的工作不过是将相交于虚焦点的光线的图景勾勒出来，以更好地捕捉赵树理获得高度结构化的城市视域的踪迹。在发表于1932年3月12日至25日的《民报》的《歌生》一诗中，赵树理写道：

---

① 方璧：《鲁迅论》，载《小说月报》第18卷第11号，1927年11月10日，第45页。

> 我是一只游魂,
>
> 任便何人的躯壳,
>
> 我都能存留。
>
> 当我进了一个人的脑子,
>
> 就把他的灵魂一口吞噬;
>
> 这个人的躯体,
>
> 就能任我驱使。
>
> 及至我另换一个躯体,
>
> 这个躯体就要七窍流血而死。①

这是一首混杂着波德莱尔式的审丑和游荡精神的歌谣体诗,有论者将赵树理视为游荡在东方乡村的波德莱尔②,确有几分道理。诗中的游魂和《李有才板话》中的李有才,在精神气质上都表现出类似瞿秋白所谓"薄海民"的特征。瞿秋白在讨论鲁迅杂文时说:

> "五四"到"五卅"之间中国城市里迅速的积聚着各种"薄海民"(Bohemian)——小资产阶级的流浪人的智识青年。这种智识阶层和早期的士大夫阶级的"逆子贰臣",同样是中国封建宗法社会崩溃的结果,同样是帝国主义以及军阀官僚的牺牲品,同样是被中国畸形的资本主义关系的发展过程所"挤出轨道"的孤儿。但是,他们的都市化和摩登化更深刻了,他们和农村的联系更稀薄了,他们没有前一辈的黎明

---

① 赵树理:《歌生》,载《赵树理全集》第1卷,第46页。
② 参见 Hui Jiang, *From Lu Xun to Zhao Shuli: The politics of recognition in Chinese literary modernity, a genealogy of storytelling*, A dissertation of New York University, 2008。

期的清醒的现实主义,——也可以说是老实的农民的实事求是的精神——反而传染了欧洲的世纪末的气质。①

赵树理留在现代历史上的主要形象与瞿秋白的判断虽有不合之处,但他个人在山西太原的流浪经历以及《歌生》等作品中表现出来的气质,毕竟是一种从封建宗法社会和资本主义生产关系中逃逸出来的状态,而且很可能是被迫逃逸出来的。"我是一只游魂",意味着"我"作为主体流离失所,试图通过不断地霸占和更换"躯体"的方式来呈现或构建自我的主体感,但因"躯体""七窍流血而死",并不提供实在的处所,故而"我"只能不断地主动/被迫逃逸。"我"的"歌"在主动/被迫逃逸中发生,主体是在不断逃逸中获得故事,文学成为不断逃逸的衍生物或补充物,因此就精神气质而言,赵树理的文学不管与农村的联系多么紧密,都有着深刻的都市化和摩登化的因素。那些频繁出现在赵树理小说中被迫逃逸后归来的小说人物形象,如李有才(《李有才板话》)、铁锁(《李家庄的变迁》)、聚宝(《刘二和与王继圣》)、金虎(《灵泉洞》上部)等,与"游魂"所表征的主体形象以及赵树理本人的流浪经历,有着值得阐释的联系。这些人物形象固然来自农村,似乎并未从作为背景的大地中独立出来,但已被迫从紧贴土地的状态中做出改变,并与20世纪中国的土地革命发生关联。而且,赵树理在他成名前的小说文本中表达了土地成为问题乃至发生土地革命,是有着深刻的都市化和摩登化因素的。在疑为长篇小说《盘龙峪》的片段《过差》(1936年)中,赵树理为了表现乡村社会秩序的变动,

---

① 何凝(瞿秋白):《鲁迅杂感选集序言》,载何凝编录并制序《鲁迅杂感选集》,上海:青光书局,1933年,第19页。

写乡村走出的苦力被迫向县城出卖自己的性命，苦力的人流像是受伤的长蛇向墓冢急窜：

> 挂在这小城头上的太阳，现在是楞睁着死一般的眼睛，在向地下凝望了。它好像自己刚才向这里投掷过一颗炸弹，而现在看见火起后，却反而悲凉忏悔起来了。①

赵树理结构了一种城市造成乡村变乱并走向末路的图景，而且城市还在这样的图景中充当观看的焦点，凝望乡村走出的苦力人流，对其表达"悲凉忏悔"。城市在《过差》中就像上帝一样存在，不但掌管生死，而且负责价值、意义和历史书写，因此就算赵树理是以农村为写作对象，写农村，写给农村，但其写作背后的结构性视野有着深刻的都市化和摩登化因素。而这也正是赵树理自称自己究竟是知识分子②的一种构成性因素。有意思的是，小城头上的太阳楞睁着死一般的眼睛，说明《过差》中像上帝一样的城市乃是以死神的面目现身的，赵树理面对"都市化和摩登化"非常焦虑。这就是说，赵树理身被都市化和摩登化的影响，并以之为观察农村、表达农村的坐标系，却深刻纠结于自身及其同类"薄海民"的身份，在形成一种高度结构化的城市视域的同时，呈现出欲爱还憎的城市焦虑。在这个意义上来说，三仙姑作为刘家峧的城市肉身，遭遇的围观和治愈，与其说关涉的是革命建构农村新伦理的需要，不如说关涉的是像赵树理那样有着与生俱来的农村背景的知识分子的城市焦虑。

---

① 赵树理：《过差》，载《赵树理全集》第 1 卷，第 130 页。
② 赵树理：《〈三里湾〉写作前后》，载《赵树理全集》第 4 卷，第 378 页。

事实上，在非虚构文本中，赵树理对待农村遇到城市的问题，有着相当清朗的态度。在与《过差》同一年发表的《文化与小伙子》一文中，他表示：

> 只靠小伙子及其爸爸的文化来对付现在这个时代，其前途无疑的和××一样——因为他们除了知道院门朝东南阖宅人口平安或头疼用黄钱五张正西三十步送之大吉等琐事外，并不知道地球不是方的，中国不等于天朝，飞机下蛋不是天灾，水旱不一定没办法防备，一天锄二亩地并非特别快，地租不一定要子子孙孙交下去……①

这是一种很典型的启蒙理性态度，对事物有着确切的认知和确定的态度，认为"小伙子及其爸爸的文化"必须接受并不产生于农村的完全不同的文化形态的改造。其中含有的科学、民主、平等、文明等信息，甚至有《新青年》作者群早期的明朗和乐观。如果认为赵树理在此进行的是启蒙理性的社会位移，下潜至农村社会各阶层，大约也不会有什么太大的毛病。1943年，在《平凡的残忍》一文中代农民立言时，赵树理的确表达过启蒙的残忍的意思，但仍然并未否认启蒙之必要。他说："希望我们的同志，哀矜勿喜，诱导落后的人们走向文明。"② 以农村为落后，以城市为文明，虽然立场在农村，但赵树理观察农村的视域基本上是城市化的，他并未对农村／城市的二元认知结构产生怀疑，更没有发生焦虑。这种清朗的态度，也在赵树理成名前

---

① 赵树理：《文化与小伙子》，载《赵树理全集》第1卷，第132页。
② 赵树理：《平凡的残忍》，载《赵树理全集》第2卷，第209页。

的一些虚构文本中出现过。同样是写农村败落的小说，类似见知于世的《李家庄的变迁》，赵树理在1933年写作的小说《有个人》中写出了反讽的效果：

> 秀才后来确信这世界再不考秀才了，秉颖的板子才算挨到头了。第二年秀才计划了一下，以为世界人除'士'便要数'农'，况且自己还有几亩地，便叫秉颖学种地。于是秉颖就变了农人。①

秉颖是小说的主人公，一个日渐败落而至于破产的自耕农。他的父亲是个秀才，试图以传统的知识伦理来应对赵树理在上引《文化与小伙子》中提到的"这个时代"，"于是秉颖就变了农人"。通过自由间接引语的使用，作家以反讽的方式传达了对秀才所代表的传统知识伦理的否定。这里有一种四两拨千斤的文字质感，启蒙理性根本就不把秀才所代表的传统知识伦理当作对手。小说最后写秉颖抛妻别子的恋恋不舍之情，既是一种人之常情，更是一种启蒙情感，因为小说一开头就写秉颖的妻子"虽然没有讲过恋爱学，可是对待秉颖比恋爱专家还要好"②。"恋爱"作为一个词不是小说所写时代的农村语言，其意义更非一般农村人群所能了解，而作者以此强调秉颖妻子与秉颖的关系，其背后的启蒙理性和城市视域是相当明显的。因此，这不仅是一种人之常情，更是一种对于不同的文明形态的接受和拥抱。在这里，如果说赵树理仍然有一种城市焦虑的话，那也应当说，这种焦虑不是

---

① 赵树理：《有个人》，载《赵树理全集》第1卷，第79页。
② 同上。

针对城市的焦虑,而是针对农村不够城市化、如何城市化、能否城市化的焦虑。启蒙情感正是如此,它往往质疑被认为需要启蒙的对象,而不质疑启蒙本身。

然而,一旦进入虚构文本,赵树理需要体察农村日常人事之微妙,就难免发生针对城市本身的焦虑。小说文本中的城市虚像,与小说文本背后高度结构化的城市视域,构成难以弥合的裂隙。

三 牺牲与献祭

当小火轮开进茅盾笔下的江南农村时,一幅不同于鲁迅笔下的宁静、萧条的农村图景被展现出来。茅盾的"农村三部曲"描绘的是世界资本主义体系之下中国农村之变局,农村虽然饱受侵扰,但新的文明开始了。赵树理笔下的农村也是动荡不安的,甚至也有着深刻的世界资本主义背景,只是他的小说往往不像《文化与小伙子》那样主动拥抱新的时代,至少不是那么的单纯。《过差》当中展现的末路图景,赵树理后来在《万象楼(落子)》(1942年)中借地方流氓何老二之口也曾曲折道出:"城吃镇,镇吃乡,乡人吃到老荒庄……"[①]农村处于社会食物链的最底端,似乎是注定了被牺牲与献祭的位置。1946年,赵树理通过《催粮差》以小说的方式再一次描绘了农村处于社会食物链最底端的图景。才到城里没几天的煎饼铺伙计代替崔九孩去催粮,结

[①] 赵树理:《万象楼》,载《赵树理全集》第2卷,第171页。

果到有城市背景的二先生家,不但催粮不成,而且还连累崔九孩去二先生家道歉。道歉之后的崔九孩一到红沙岭山庄,就逼迫孙甲午借债替已死的爷爷孙二则完粮。这样的故事讲述,简直就是何老二之言的形式化。而《李家庄的变迁》中的铁锁所以输给李如珍、春喜、小喜他们,从城乡结构的意义上来说,也是因为李如珍他们有来自城市的三爷撑腰,而铁锁一无所有,最多只是一个能够去城市出卖劳动力的农民。当然,相对于茅盾笔下的世界经济意义上的城乡关系,赵树理更多展现的是既有土地制度下的政治权力的丛林景象。因此,至少在《三里湾》的写作以前,赵树理小说关心的是土地的重新分配或重新制度化的问题,即生产制度问题,而非生产方式问题。茅盾小说关心的是生产方式问题。生产方式关乎经济分析和其时茅盾所理解的辩证唯物论分析社会的作用,生产制度关乎既定生产方式下人群的权力和利益分配,故而茅盾的小说通往对中国社会性质的判断,而赵树理的小说通往制度安排与人情物理的关系。赵树理并不重点考虑一个新的时代来临本身的问题,他重点考虑的是新时代来临过程中,如何计算农村因社会秩序的变更所可能遭遇的牺牲。因此,赵树理一面描绘城市迫近农村之时的末路图景,担忧农村被迫做出的各种牺牲,另一面又期待农村能够消化城市带来的诱惑,建立内在于农村社会的现代化图式。尤其是在权力和利益的分配告一段落的"革命后"时刻,赵树理更是描绘了通过农村的主动献祭以抵抗城市诱惑的现代化图式。在那样的图式里,赵树理的城市焦虑显得更加深刻而紧张,他念念不忘的农村问题,作为小说文本中的焦点,其光源仿佛全部来自城市。

1955年写作的《三里湾》可谓典型。在1950年代"农村无时无刻不在产生资本主义"的理论话语制衡下,赵树理描写了三里湾合作化运动过程中资本主义、社会主义两条道路的斗争。两条道路的斗争不仅发生在不同的家庭之间，而且发生在父子、夫妻、兄弟和恋人之间。类似于《李家庄的变迁》所描写的那种以家庭或家族为单位进行的权力和利益的分配与交锋，在《三里湾》中已基本画上了休止符。每一个活动于农村的个体，首先不是属于某个家庭或家族，而是自己所属的现代化的社会组织，例如马有翼被范灵芝认为首先是一个中学生，一个共青团员，然后才是糊涂涂的小儿子。这是一种重新社会化的过程，而这一过程的终点在小说文本内部被指向画家老梁画的第三幅画：

> 村里人，在以前谁也没有见三里湾上过画，现在见老梁把它画得比原来的三里湾美得多，几乎是每一个人都要称赞一遍。……第三张挂在右边，画的是个夏天景色：山上、黄沙沟里，都被茂密的森林盖着，离滩地不高的山腰里有通南彻北的一条公路从村后边穿过，路上走着汽车，路旁立着电线杆。村里村外也都是树林，树林的低处露出好多新房。地里的庄稼都整齐化了——下滩有一半地面是黄了的麦子，另一半又分成两个区，一个是秋粮区、一个是蔬菜区；上滩完全是秋粮苗儿。下滩的麦子地里有收割机正在收麦，上滩有锄草器正在锄草……一切情况很像现在的国营农场。①

"通南彻北的一条公路"象征着社会主义现代化的力量和诉求，将农村彻底解剖，并通过汽车和电线杆将其重新结构进现代民族国家的制度体系。因此，与其强调这第三幅画与苏联集体农庄的关系，不

---

① 赵树理：《三里湾》，载《赵树理全集》第4卷，第302页。

如分析其中的城市背景。农村不再单纯以自然村的方式存在，而是作为现代民族国家的一个部分与城市结构在一起，一切服从"国营"的需要。村里人对于画的称赞，的确含有对于未来社会的远景想象，但可能更多的是因为对曾经自在的农村获得了现代审美形式的陌生感。陌生带来愉悦，但也带来恐惧。虽然经过赵树理的净化处理，《三里湾》更多地呈现了农村花好月圆、皆大欢喜的状态，但字里行间仍能发现赵树理亘古如新的城市焦虑。面对可能成为现实的第三幅画，三里湾的庄稼能手王兴老汉感慨说："到那时候都用了机器，我们的技术还有没有用呢？"①在新的制度体系下，工业化、城市化成为主旋律，农村能人感叹自己将来可能失去位置。这不能不说是一种对于农村社会秩序改变的幅度到底会有多大的焦虑，是对于农村将被外在的力量改变的焦虑。在这个意义上，《三里湾》的开头显得别具匠心：

> 到一九五二年，到处搞扫盲运动，县里文教科急于完成扫盲工作，过左地规定秋收不放假，房子又成了问题，后来大家商量了个解决的办法是吃了晚饭上一会课，下了课教室还归民兵用。②

过左的扫盲运动对三里湾造成的滋扰不只是房子问题，而且是三里湾社会生活的方方面面。三里湾的春种秋收，农村青年的时间安排，农村知识分子的身份和位置，家庭内部的伦理关系，等等，都受到了或大或小的影响。如果整个社会主义和资本主义两条道路的斗争

---

① 赵树理：《三里湾》，载《赵树理全集》第4卷，第305页。
② 同上书，第166页。

都陷入"过左"的轨道,那么,三里湾受到的影响就将是根本性的。赵树理认为中国的农民始终是中国的农民,需要"泡一泡",①农村很难按照计划发生暴风骤雨的改变,但《三里湾》的合作化运动却必须按计划进行,而且完成的时间点定在国庆前夕,好为国庆献礼。这怎么可能实行"泡一泡"的办法呢?因此,小说中写暴烈的、喜欢给人扣大帽子的张永清居然也得到了肯定。这意味着即使是《三里湾》所叙述的在中国当代史上较为温和的合作化,以及基本上停留在口头论辩上的两条道路的斗争,赵树理也可能认为陷入了"过左"的轨道。《三里湾》后来被认为有政治问题,受到批判,应当不能简单说是因为当时政治政策上的越来越"左",而必须意识到赵树理亘古如新的城市焦虑。他对于农村从自然村的状态到被结构进现代民族国家抱有微妙的恐惧。如果将社会主义和资本主义两条道路的斗争视为小说文本的前景,就会发现小说文本的后景正是电影《花好月圆》(1957)着力叙述的男欢女爱的农村日常故事。赵树理给电影《花好月圆》写了主题歌《花好月圆》,共3段,前两段表达人定胜天和团结就是力量的思想,第3段的结尾是:

> 自从有了农业社
> 有情人 成眷属
> 花好月又圆 ②

歌词和电影一样,把男欢女爱的农村日常故事推向了前景,而把

---

① 参见康濯:《写在前面》,载董大中编录《赵树理文集续编》,北京:工人出版社,1984年。
② 赵树理:《花好月圆》,载《赵树理全集》第5卷,第4页。

农业合作化运动推向了后景。这意味着赵树理潜意识里对农业合作化运动尤其是社会主义和资本主义两条道路的斗争存有戒心，真正渴望的是农村日常生活在新的制度体系下能够合理展开。在这个意义上来说，《三里湾》叙述的是在新的制度体系下农村家庭如何重组的故事。这一重组包括三个方面的问题：一是自由恋爱如何在农村展开？二是自由恋爱结婚组成的家庭如何处理与传统的家庭模式的关系？三是农村知识青年如何在农村安居乐业？袁小俊是串连这三个问题的关键人物。她在媒妁之言下与王玉生结了婚，因为观念冲突，一个向往城市化的生活，一个热衷以技术改变农村，两人又离了婚。之后，袁小俊的母亲能不够企图撮合袁小俊和农村知识青年马有翼，但因马有翼心有所属，最终是在劳动中与王满喜产生了感情，结了婚。袁小俊的每一段或真或假的男女关系都指向不同的农村伦常。她与玉生婚姻的失败意味着展开自由恋爱的必要性，但她受制于母亲，没有自由恋爱的能力；是劳动带给了她自由恋爱的能力。王玉梅作为劳动能手，却能热烈地追求农村知识青年马有翼，以镜像的方式说明袁小俊要通过自由恋爱组建家庭、获得幸福，就必须参加劳动。一个不劳动的袁小俊不但无法赢得满意的夫妻关系，而且无法与妯娌相处，而王玉梅却并不担心糊涂涂的家风，最终还赢得了糊涂涂夫妇的尊重。由于袁小俊只图物质享受，不参加劳动，王玉生和她产生了隔阂。作为农村知识青年，范灵芝与袁小俊一样向往城市化的生活，觉得可爱之人只有唯一的同为农村知识青年的马有翼，但她却在共同劳动中与王玉生相互产生好感，并最终结为婚姻，更说明劳动之于自由恋爱的重要意义。劳动解决一切。农业社意味着每个农村个体都加入集体劳动，故而自从有了农业社，有情人成眷属，花好月又圆。在这样的逻辑链条上，赵树理对于农村的"合作化"产生了美好的向往，幻想结婚后的王玉生、范灵芝"不用另立户口"、"只是晚上住在一块",吃在食堂,穿在裁缝铺,^①像城市的工人阶级一样,就能将农村重新社会化,构建完美的农村社会细胞。赵树理的城市焦虑由此得到象征性的抚平,农村日常生活中的男女爱欲问题、物质消费问题、知识青年问题似乎都有了出路。

四　出路与逃路

1950年代,随着基础教育普及和社会分工不足之间的矛盾日渐明显,农村开始出现大量不安于土地的知识青年,他们想到城市寻找出路。面对此情此景,赵树理联想起自己的农民出身以及后来为谋出路而上学的经历,在1957年发表的《"出路"杂谈》一文中表示:

> 在当时真有所谓"出路"问题,因为摆在人们眼前有两条路:一条是维护原有的阶级社会制度,自己在那制度的支配下或者躺下来受压迫,或者爬上去压迫人;另一条则是摧毁那种不合理的制度,然后建立一种人和人平等的无阶级的社会制度。在事实上,中国的革命领导者和绝大多数的人民大众,都先后采取了后一条出路,才推翻了旧的阶级制度,建立起今天的社会主义性质的社会制度。在今

---

① 赵树理:《三里湾》,载《赵树理全集》第4卷,第361页。

天这个制度下的人们，尽管有些人还受着旧制度遗留下来的不良影响，但在这过渡时期的继续改造中会把它们逐渐改掉，而社会主义制度则是肯定了的，因此今天已经不存在"出路"的问题了。①

在阶级社会制度之下，城市作为压迫农村的存在，构成了赵树理个人曾经的出路，也构成了他观察和理解农村的城市焦虑。当社会主义制度建立之后，人人平等，没有阶级，城市就不再作为农村的压迫者而存在，故而知识青年无须到城市寻找出路。这就是赵树理抚平自己城市焦虑的特殊逻辑。这一逻辑将知识青年面对所学非所用的现实而产生的出路问题偷换为农村旧意识的遗留，并以远景中的人人平等、无阶级来缓解甚至取消出路问题的当下性质，不能不说是赵树理企图抚平自己的城市焦虑的一种逃路。他在《"出路"杂谈》中继续表示：

我们承认农村和城市有差别，而且社会主义共产主义事业中就有个任务是消灭城市与农村的基本差别，不过这种差别的主要标志是在生产规模的大小上，在生产机械化、电气化的程度上，其次才在生活方式和生活程度上。有些青年只愿到城里找"出路"，戳穿了底子，这都不过是要去找"职位"，找"享受"，而对于能为建设社会主义服多少务，则算不到账上。②

---

① 赵树理：《"出路"杂谈》，载《赵树理全集》第5卷，第13页。
② 同上书，第14页。

承认差别的存在，却不允许人群在差别中自由流动，这是计划经济条件下必然的人口治理方式。赵树理不（愿）戳穿人口治理方式本身的不尽合理之处，却指责青年缺乏为社会主义建设服务的道义精神，说明他虽然试图以社会主义制度的建立为契机抚平甚至消解自己的城市焦虑，但却无济于事。他不得不正面面对农村知识青年"自命不凡，坐卧不安，脚不落地，心想上天"①的状况。在《三里湾》中，赵树理通过安排范灵芝与王玉生、马有翼与王玉梅的恋爱和婚姻，似乎找到了农村知识青年不安于农村的解决之道。但现实持续不断地冲击他在小说中给出的解决之道，使得他不得不在小说《互作鉴定》《卖烟叶》中将不安于农村的知识青年刘正、贾鸿年作为误入歧途的人物形象来进行塑造，试图说教于农村知识青年，让他们醒悟往城市寻找出路乃是农村旧意识的残留和毒害。他打算在小说中也像《"出路"杂谈》那样，表示现行的社会主义制度是没有任何弊害的，一切问题都源于个人的资产阶级名利思想。

1962年发表的《互作鉴定》写了一个在社会主义制度下成长起来的农村知识青年心灵痛苦的虚幻。小说以刘正写给县委李书记的信开头，主体部分则是对信中所写内容的侦察和解构。刘正在信中自称"有文化有知识的青年"，坦承自己感觉"周围的人都像黄蜂一样，千方百计地创造着刺人的方法来刺伤我的心灵"，②并举了很多实例进行说明。赵树理戏拟的刘正书信具有明显的中国现代文学赖以袒露主体伤痕的自叙传色彩，如果秉承"疏不破注"的原则，小说主体部分理当是同情刘正的叙述。但赵树理显然已经扬弃（抛弃？）了郁达夫开

---

① 语出赵树理小说中陈封对刘正的评价。见赵树理：《互作鉴定》，载《赵树理全集》第6卷，第123页。
② 同上书，第104—106页。

创的传统，以第三人称全知叙事的方式全面否定了刘正信中叙及的事实，最后认为其心灵痛苦乃是心造的幻境，并没有真实的意义。刘正的同学们，如陈封、陈茵、李耀华、李晚秀，他们的心灵就全然两样。因此，一切源于个人，必须止于个人，与社会主义制度无关，与城乡差别无关，与基础教育普及和社会分工不足的矛盾无关。赵树理试图在小说中传达这样的信息，但却不得不在1963年发表的《卖烟叶》中旧事重提，写了一个比刘正的心灵问题更加难以疏解的农村知识青年贾鸿年的出路问题。如果说刘正的心灵问题在赵树理笔下只是农村知识青年"不安于劳动"的简单反映，县委王书记侦察起来游刃有余，那么，贾鸿年的出路问题就像一个迷宫大案，关涉着农村的官僚主义、资本主义、爱情、婚姻、智力劳动与体力劳动、城乡关系等多般问题，既不止源于个人，也无从止于个人，于是国家机器以暴力的方式介入，贾鸿年受到了法律的惩罚。

　　小说以王兰去找高中语文老师李光华开头，两人交谈时遭遇了贾鸿年。王、李的外貌和性格都被写得很确切，贾的外貌也写得确切，性格却模糊不清。王兰不愿见恋人贾鸿年，两人都是李光华的得意弟子，李不知道同为自己得意弟子，贾鸿年如何惹了王兰？以此为引子，小说层层剥开了贾鸿年模仿李光华打扮的皮囊下的灵魂，其中充斥的是资产阶级名利思想、虚伪、不尊重女性、瞧不起体力劳动。本来，王兰爱贾鸿年，是因为贾的文学才华，李光华器重他，也是因为他的文学才华，大队安排他根据前任大队长的经历写长篇小说，还是因为他的文学才华。但现在因为德行有亏，小说在抽丝剥茧的过程中也顺带地叙及贾鸿年写小说靠抄袭，说明他并无真正的文学才华，更叙及出身商人家庭，对一切事情的判断都源于经济算计，与文学的距离越来越远了。贾鸿年的伪文学青年身份被拆穿了，剩下华山一条路,向群众交底,重新做人。与此同时,王兰通过文学建立的对于人和爱情的判断,李光华通过文学判断人,都成为枉然有所失的问题,王兰只能回到土地,从农村劳动中建立自己的主体性。而文学与资本主义的关系,变得纷繁复杂。因为一方面小说开头就强调贾鸿年比王兰更有文学才华,另一方面贾鸿年又被小说叙述为贪图个人名利,没有真正的文学才华。那么,贾鸿年是因为文学阅读和才华而滋生资本主义的个人名利思想呢,还是因为资本主义名利思想毁掉了自己的文学才华?更进一步的问题是,贾鸿年是因为文学阅读和才华而向往城市呢,还是因为向往城市而滋生出文学才华?这些都不是赵树理在《卖烟叶》中关注的问题,他只希望农村知识青年安土重迁,永远留在农村。然而,工业化和城市化本质上都是召唤农民进城出卖劳动力的,农村知识青年又如何能例外?赵树理否认向往城市是农村知识青年的出路,甚至以社会主义消灭城乡差别的远景为理由,否定农村知识青年的向往,表面上自然是配合当时国家政策的需要,内底里却是他亘古如新的城市焦虑。回到他成名前写作的小说《变了》,这篇发表于1940年的作品中有一个最讨厌媳妇识字的婆婆:

> 她以为能听话就是好媳妇,自己的媳妇最大的毛病就是有时候还要讲道理,不能说甚听甚——她以为这都是认识了字的过。①

婆婆的眼光是准确的,她发现识字带来的知识是挑战农村既有秩序的可怕武器。她不愿意现状被改变,于是最讨厌媳妇识字。正如赵

---

① 赵树理:《变了》,载《赵树理全集》第1卷,第234页。

树理在《"出路"杂谈》里说的那样，上学读书意味着变成城里人，媳妇识字的问题通向的也是农村与城市之间的二元关系。婆婆惧怕城市的压迫，故而厌恶媳妇识字。虽然赵树理在小说中是批判婆婆的落后，但他也许在婆婆落后的眼光中体会到了城市带来的压力。当他也要维持刘正、贾鸿年们所生活的农村的现状时，他就不得不赋予刘正、贾鸿年们以负面的形象。因此，对于社会主义制度远景的信念，与其说构成了赵树理抚平城市焦虑的出路，不如说是逃路。在新的社会形态下，赵树理仍然还有游魂的气质，在不同的躯体里唱着自己的歌。

总之，赵树理在小说文本的表层尽可能抹去了所有城市的痕迹，全力呈现变动中的中国现代农村。但不管这个知识分子看起来多么"土头土脑"，多么农民，他还是被深刻地"都市化和摩登化"了。唐弢在分析赵树理小说《"锻炼锻炼"》时有个非常精彩的意见，认为小说人物描写的焦点是王聚海。他建立判断的理论起点是从古典小说中来的。他说：

> 在文学创作上——特别是小说作者描写人物的时候，如果焦点可以借用过来，说明人物创造的某一个中心，某一个动力，那么，在古典小说的传统中，我认为焦点是存在的，而且变化奇妙。有时是作者着意描写、落墨最多的主角，有时是渲染不多，甚至根本没有出场的另一个人物，他不是主角，然而在作者所描写的人物中，却的确是一个与主题思想相互关连的中心。①

---

① 唐弢：《人物描写上的焦点》，载《赵树理专集》，第477页。

借用唐弢的智慧，也许不妨说，赵树理小说描写农村之时，着意描写、落墨最多的农村确实是主角，而渲染不多甚至根本没有出场的城市，不是主角，却是一个与主题思想相互关联的中心，是小说文本背后的焦点，物理学意义上的虚焦。否则，赵树理笔下的农村世界与范成大式的《四时田园杂兴》何异？赵树理终究是生活在现代社会的一名知识分子，他的小说背后有着高度结构化的城市视域，他思考着牺牲和献祭的问题，试图从社会主义制度中抚平自己的城市焦虑，却始终无法摆脱《小二黑结婚》中表现出来的围观城市肉身的恐惧。

附录二 劳动、尊严及其形式
——赵树理小说《福贵》释读

一 "新的现实"与"新的人物"

在赵树理的小说中,发表在《太岳文化》创刊号(1946年10月1日)上的《福贵》并不惹眼,虽然当时被争相转载,①林默涵在1948年甚至写了题为《从阿Q到福贵》的文章来专门解读它,但后世关注并不多,大约是并不认同林默涵的意见吧。小说大致写的是主人公福贵在村里名声不好,直到受苦受难的正派人翻身后区干部才慢慢打听出来,原来他虽然家里穷,但人却精干、漂亮,庄稼活不用说,还是自乐班的台柱子。可是后来因为婚丧大事,欠了老家长王老万三十块钱,弄得利息还不清,债台高筑,只得夹死孩子,卖地卖房,又赌又偷还不够,且去城里当吹鼓手谋生,沦为"忘八",被王老万偶然发

---

① 参见段文昌:《赵树理小说的改编与传播》,太原:山西人民出版社,2014年,第85页。

现,要活埋。虽然连夜逃出去了,但被族人村邻嫌弃,连妻儿都抬不起头。而当区干部来挖福贵的穷根时,福贵在乎的重点不是自己被王老万剥削,而是名声,他在大会上自述身世,质问谁应该为自己的坏蛋名声负责。福贵的形象引来林默涵的高度评价:

> 从阿Q到福贵,分明显示了中国社会的两个时代,表现了中国农民的两种类型。这两个时代是相连续的,阿Q正是福贵的前身,但是,经过三十多年的残酷斗争,中国到底不同了,觉悟的中国人民已经创造了新的现实从而也产生了新的人物。①

林默涵的评价既是雄辩的,也有充分的文本依据。相对于鲁迅笔下的阿Q,福贵的确不再以精神胜利法应对人生的窘境,也不像阿Q是辛亥革命后的赵家抢劫事件的替死鬼,而且福贵在抗战中成功改造,重获了生产资料,在抗战后获得了为自我声辩、洗刷道德污名的机会。他不但敢于对抗王老万的压迫,而且在声辩中显得非常的有条理,对问题的理解有着相当的深度和针对性。相比较之下,阿Q显得木讷,而且也没有什么办法去对抗赵太爷的质问,赵太爷一句"你那里配姓赵"②就让阿Q败下阵来。福贵遭遇了与阿Q一样丧失生产资料、劳动机会和人格声誉的人生窘境,但不同的是,辛亥革命没有改变阿Q遭遇的现实,八路军和共产党所关联的革命改变了福贵遭遇的

---

① 默涵:《从阿Q到福贵》,载《小说》第1卷第5期,1948年11月。
② 鲁迅:《呐喊·阿Q正传》,载《鲁迅全集》第1卷,北京:人民文学出版社,2005年,第513页。

现实。因此，仅就文本内容而论，的确可以说"觉悟的中国人民已经创造了新的现实从而也产生了新的人物"。

不过，正如林默涵本人也在接下来的论述中所辩证地表达的一样，新生力量并不容易看出，"暂时也许还是隐伏而不显露的"，①赵树理在小说中所提供的文本内容并不宜被视为对于现实的即时的、直接的反映。相反，将"新的现实"和"新的人物"视为赵树理的创造，视为赵树理以文学改造世界的尝试，也许更符合《福贵》那看起来透明、实则高度虚构的性质。赵树理本人在不同的语境下解释《福贵》的创作动机时说过两段颇有意味的话：

> 我所担心的一个问题是作农村工作的人怎样对待破产后流入下流社会那一层人的问题。这一层人在有些经过土改的村子还是被歧视的，例如遇了红白大事，村里人都还以跟他们坐在一块吃饭为羞。我写《福贵》那时候，就是专为解决这个问题。②

> 那时，我们有些基层干部，尚有些残存的封建观念，对一些过去极端贫穷、作过一些被地主阶级认为是下等事的人（如送过死孩子、当过捶鼓手、抬过轿等），不但不尊重，而且有点怕玷污了自己的身份，所以写这一篇，以打通其思想。③

---

① 默涵：《从阿Q到福贵》。
② 赵树理：《对〈金锁〉问题的再检讨》，载《赵树理全集》第4卷，北京：大众文艺出版社，2006年，第33页。
③ 赵树理：《回忆历史 认识自己》，载《赵树理全集》第6卷，第466页。

前一段话是赵树理 1950 年因为发表《金锁》而再次做检讨时写下的，后一段话是 1966 年交代自己的历史问题时写下的。前后时间相差 16 年，语境也不尽相同，赵树理的基本意见却是一致的，即都认为社会结构关系已变（"经过土改"），新人物（"作农村工作的人""基层干部"）对待旧人物（"破产后流入下流社会那一层人""作过一些被地主阶级认为是下等事的人"）的态度和观念则毫无变化，这是需要解决的问题和打通的思想。可见，与林默涵从小说《福贵》中看到了"新的现实"和"新的人物"不同，赵树理看到的是旧的人物和旧的思想，他塑造福贵这一在林默涵看来是"新的人物"的小说主人公，乃是为了解决"经过土改"这一"新的现实"之后仍然存在的旧的问题。因此，就算要认可林默涵以福贵为"觉悟的"阿 Q 的意见，也应当是在"来源于生活且高于生活"的意义上，而不能认为 1946 年土改过后的农村社会已普遍出现"觉悟"的阿 Q。而且，更为悲观一些的判断也是成立的，即三十多年的残酷斗争过去了，现实和人仍是旧的。因为在赵树理看来，不仅福贵在"新的现实"中正重复经历着旧的遭遇，而且"新的现实"本身可能也不是新的，仍存旧思想的"作农村工作的人"和"基层干部"难以将旧现实改造为新现实。《福贵》的结尾强化了这种悲观判断：福贵在区干部的帮助下展开对王老万的控诉，但在村民们的观念中，福贵仍然是个坏蛋，福贵在自己的控辩中也没有否认坏蛋的身份或经历，只是强调责任不在自己，希望重新回到群众认可的伦理秩序中而已。当然，应当承认的是，这些进村工作的区干部通过认真细致的社会调查，弄清楚了福贵的身世，也弄清楚了福贵之所以在村里名声不好的基本原因。也就是说，福贵之所以能够自证清白，很大程度上也要归功于这些干部的工作。而且，也是因为这些干部的工作，福贵才有机会在群众大会的场合向大家进行自我辩解，向地主王老万提出控诉。在象征的意义上来说,福贵向地主王老万的控诉,就是对旧的乡村社会秩序的控诉,象征着这些进村工作的干部所带来的社会秩序的变动,既是合法的,也是正义的。但在福贵周围,也包括福贵自己,所有的人都秉持着和过去一样的伦理认知,认为一个不认真在土地上劳动的福贵就是一个游手好闲、品德败坏的人。按理来说,这"所有的人"面对劳动理应有着不同的观念和伦理认知,尤其是进村工作的区干部,作为理论上具有马克思主义修养的人群,他们不应当认为帮邻居送死孩子和当吹鼓手是有损于个人道德的行为,他们应当清楚,这是社会分工之后因为人群集体生活的需要而产生的不同的劳动形式。这就意味着,虽然乡村秩序的改变带来了福贵在经济地位上的变化,但是经济基础的变化并未马上带来上层建筑的相应变化。赵树理视为问题的那些东西并未从观念层面得以祛除,他试图让《福贵》承担的政治训诫和道德教谕的任务,恐怕是难以实现的。

  作为比较典型的卒章显志式的写作,赵树理在小说结尾让主人公福贵提出的质问"看我究竟算一种什么人!看这个坏蛋责任应该谁负?"①就是命意所在,他试图诱导读者给出的答案也很清晰,很浅显,即福贵不是坏蛋,就算是坏蛋,责任也不在他自身,而在族长王老万,是王老万的剥削逼得福贵不能正常地谋生,最终背上坏蛋的骂名。但是,即使赵树理意中的读者"基层干部"领会了作家的意图,他们最容易产生的理解也不过是福贵的骂名由王老万负责,自己则代入为小说中的区干部,以类似福贵遭遇之人群的解救者自居了。其中

---

① 赵树理:《福贵》,载《太岳文化》创刊号,1946年10月1日。本篇中此小说的引文都出自这一版本。

也许有理想读者式的"基层干部"能领会赵树理劝百讽一的温柔敦厚，意识到自身之思想错误，但在历史乐观主义的范围中，最终产生的理想读者大体上只能是林默涵式的，为"新的现实"和"新的人物"所激动，以辩证的态度鼓励读者发现新生事物。

因此，就像通常表现出来的那样，赵树理小说说简单也很简单，说复杂的话，大概也是很复杂的，《福贵》也不例外。如果往复杂了说，《福贵》的内在问题可以说是一个关于劳动、尊严及其形式的问题，即表面上小说像是一个社会调查报告，通过挖福贵的穷根来梳理福贵贫穷的根源和骂名的来历，教育读者不要形而上学地认为福贵是坏蛋，实际上则像是一篇社会学论文，通过讲故事的方式，阐明了特定的劳动观念形态下的人群对人类谋生行为的伦理问责倾向。无论是林默涵的解读，还是赵树理的现身说法，似乎都与《福贵》文本本身提供的内容有些距离，《福贵》是一篇需要重新释读的小说。

二 "受苦受难的正派人"

赵树理对现实的判读和在小说《福贵》中的书写有着明显的区隔。赵树理认为在现实中，社会已然是土改后的新社会，但"村里人"是旧思想，"基层干部"也残存封建观念；而在小说中，赵树理写土改后的社会有"好多的受苦受难的正派人"、区干部和农会主席，他们似乎没有封建观念，帮助福贵实现了洗刷道德污名的要求。这种无中生有的虚构当然是为了打通思想，解决问题，是典型的以文学改造世界的表现。但问题在于，如果说区干部和农会主席的出场有着明确的现实性，"受苦受难的正派人"的出场就明显给人以无中生有之感。小说一开头写"福贵这个人，在村里比狗屎还臭"，似乎是阖村之敌，随着抗战胜利，八路军开进村，区干部找穷根，好多的受苦受难的正派人翻身，真相才慢慢浮出水面。在这样的写法中，区干部和后文的农会主席都有明确的来路，他们是抗战建国和革命的肉身形象，战斗和工作的目的就是改造世界，带来"新的现实"和"新的人物"，让正派人翻身。而"好多的受苦受难的正派人"，似乎是八路军开进村之后区干部的发明，因为在后文查无出处，围绕福贵身边的正派人除了对福贵不离不弃的妻子银花，只有东屋婶勉强算是一个。小说不得不写出的状况是，"这地方人，最讲究门第清"，不独王老万为然，听说福贵当了吹鼓手，人人喊"打死""活埋"，福贵因为东屋婶密报，连夜逃了，之后不到一年，大家纷纷劝银花改嫁，她却坚持："是你们不摸内情，俺那个汉不是坏人！""好多的受苦受难的正派人"在哪里？怕是只有银花和东屋婶两个吧？连村里的农会主席也是"不摸内情"的，因为和福贵谈话时，他谈的是翻身，是"打算把咱村里庙产给你拨几亩叫你种"，仍然是生产资料的重新分配问题。

因为"受苦受难的正派人"并没有"好多"，甚至几乎不存在，小说开头写"直到好多的受苦受难的正派人翻身以后，区干部才慢慢打听出他的详细来历"，就变成了一种寓言书写，即不是现实中实有"好多的受苦受难的正派人翻身"，而是八路军和区干部带来的土改和翻身发现了"好多的受苦受难的正派人"这一人群。在这个意义上来说，"受苦受难的正派人"是赵树理寓言书写系统里的一个补丁，目的是填充抗战和土改的价值空间，使得革命的意义系统不因为"基层干部"残存的封建思想而出现危险。但是，作为革命意义系统的补丁而存在的"受苦受难的正派人",在赵树理的文学世界里似乎又不全然是虚构。从成名作《小二黑结婚》算起,赵树理虽然似乎乐意写农村社会中的不正派或不见得怎么正派的人物,但也总是写出一些天生的、百折不摧的正派人,诸如小二黑、小芹、李有才、铁锁、小常、聚宝、小宝等,似乎他们构成了农村社会的根本,是赵树理可以不断回溯和书写的经验资源。在这个意义上来说,"受苦受难的正派人"是赵树理农村社会经验的根本,是他用以建构农村与革命关系的桥梁和纽带:"受苦受难的正派人"因为需要翻身而欢迎八路军和区干部,而且因为代表着农村社会的朴素正义而将八路军和区干部的革命合法性内置于农村社会的诉求。因此,革命与农村社会的朴素正义之间是相互适应、发现和锻造的关系,赵树理必须在他的小说中写到"受苦受难的正派人",即使在有的小说中显得不大容易理解。

《福贵》更不容易理解的地方是,即使小说写了一句"很多的受苦受难的正派人",却并未让正派人在为福贵正名的大会中发言,显得更加虚应其事。在其他小说中,赵树理笔下的群众大会往往是众声喧哗和众口一词的,而在《福贵》中,农会主席宣布开会后,众人的声音被当作"有些古脑筋的人们"而消声了,只剩下福贵慷慨陈词,中间王老万象征性的回应则是为了衬托福贵的气盛言宜。没有众人的声音,没有区干部和农会主席的声音,王老万的声音只是反衬,福贵的长篇大论似乎再一次证明,这个村里几乎没有什么"受苦受难的正派人",连关于正派的诉求都是由并不见得多么正派的福贵来表达的。而在福贵的发言结束后,小说也就戛然而止,没有人对福贵的质问给出回应。在文本内部,赵树理没有给出答案,这简直比《孟祥英翻身》还要古怪。《孟祥英翻身》因为几乎与现实完全平行,赵树理以现实的未完成而解释小说的未完成,不算说不过去,《福贵》的戛然而止就只能指向革命意义系统出现了空缺或有待于完成。就创作意图而言，赵树理是因为知道现实中的"基层干部"是有待于打通思想的，故而在文本内剥夺了区干部和农会主席的发言权，因为知道现实中的村里人是有待于教育的，故而在文本内将他们消声了。因此，福贵就像是面对虚空和黑洞发言，现场因为区干部和农会主席的控制，可能是鸦雀无声的，而在文本外，即使赵树理期待自己的文学足以改造世界，福贵的发言也可能引发一些思考，但似乎也难有真正的回响。

福贵的质问实际上将自己变成坏蛋的罪责推给了历史，因为他宣称"我赌博是因为饿肚，我做贼也因为饿肚，我当忘八还是因为饿肚"，而饿肚是因为欠下王老万的高利贷。土改以后，不仅支撑王老万放高利贷的制度已经瓦解，而且整个农村的生产资料都已重新分配，现实已然改变，福贵重提历史，就是为了自己在新社会中的合法性。而赵树理的写作因此就是为了理清现实和历史的关系，强调在新的社会现实中，所有历史的应当归历史，不能继续重复历史中的错误，用旧的思想认知新的现实和人物。不过，当福贵将一应罪责都推给王老万，并且强调自己的劳动能力重新在改造中为自己赢得尊严时，就过分斩截地告别了自身的历史，将自身洗刷得过于无辜了。在大会上围观的群众，就像是经历了一场被除的仪式，无疑也容易产生洗刷自身的行为，一切的罪责都归于历史，都归于王老万。尽管福贵说"回来以后，看见大家也不知道怕我偷他们，也不知道是怕沾上我这个忘八气，总是不敢跟我说句话"，明确表达了对村里人的不满，但他又说"我想请你老人家向大家解释解释，看我究竟算是一种什么人！看这个坏蛋责任应该谁负"，便又将不满明确集中在王老万身上，似乎众人可以从王老万的解释中获得清洁自身的契机，重归无辜。如果是这样的话，一切就未免来得太容易了。虽然王老万作为福贵的老家长,作为村里掌管着大量财富和话语权的人物,为村里的思想和伦理问题承担历史罪责没有什么不合适,但说到底,他也已经生活在土改后的社会中,也应当获得类似于生产资料重新分配一样的清理。王老万认为自己与福贵之间的剥削问题可以"清理清理",思想和伦理的债务难道就清偿不净了吗?在这里,王老万和农会主席一样,只意识到生产资料重新分配的重要性,其他的则一无所知,王老万更成了历史的罪责本身,逃无可逃。于是,赵树理的创作意图和小说文本之间的裂隙愈发明显,赵树理试图提出的思想启蒙的命题,在文本中则是较为单一的认知历史和历史追责问题。

  尤为有意思的是,小说在写出福贵变成坏蛋的过程的同时,却写了福贵的妻子银花始终不变的人格形象。福贵遭遇的种种挫折对于银花而言,似乎会被社会的应力地层转化为不同形式。按照福贵的人生轨迹来推理,至少在福贵连夜逃走之后的七八年里,因为家庭的压力不再主要由福贵来承担,银花一个女人养育两个小孩,无疑更加艰辛,她是如何做到不偷不赌不做各种各样不光荣的事的?难道福贵所生活的那个村对孤儿寡母而言,更容易生存下去吗?如果不是这样,就不得不怀疑福贵的说法:"我从小不能算坏孩子!一直长到二十八岁,没有干过一点胡事!"从叙事者的叙述中可以看到,福贵是个巧人,小时候即擅长赌博,作为娱乐,在第一个孩子出生不久,二十七岁的他就因为租佃不能糊口而混迹赌场,无心种地了。如果往苛刻的方向说,叙事者似乎也在建构福贵变坏的内因,福贵是个巧人,故而不是一个那么踏实的庄稼人,一旦出现变故,他就免不了要堕入下流。

  如果不往苛刻的方向说,也有必要强调,只有像银花那样不取巧的人,总是以自己的劳动能力支撑自己的生存,才能始终维系一己之尊严。赵树理于是不期然通过他的小说提出了劳动和尊严的问题，而且因为福贵接受过劳动改造，赵树理的文学世界甚至也出现了劳动改造与尊严政治的问题。

三　劳动与尊严的分裂

在赵树理的小说世界中，劳动的确是一个重大问题，《地板》直接关乎劳动创造价值这一经典马克思主义命题的再现①，《孟祥英翻身》关乎劳动与女性翻身的可能性，《传家宝》关乎劳动分工和男女平等，②

---

① 参见蔡翔的相关讨论，其系列论文包括《〈地板〉：政治辩论和法令的"情理"化——劳动或者劳动乌托邦的叙述（之一）》(《文艺理论与批评》2009年第5期)、《〈改造〉以及改造的故事——劳动或者劳动乌托邦的叙述（之二）》(《文艺理论与批评》2009年第6期)、《〈创业史〉和"劳动"概念的变化——劳动或者劳动乌托邦的叙述（之三）》(《文艺理论与批评》2010年第1期)、《〈万紫千红总是春〉：女性解放还是性别和解——劳动或者劳动乌托邦的叙述（之四）》(《文艺理论与批评》2010年第2期)，后收入《革命/叙述：中国社会主义文学—文化想象(1949—1966)》(北京大学出版社,2010年)一书。

② 参见董丽敏的相关讨论，其系列论文包括《"劳动"：妇女解放及其限度——以赵树理小说为个案的考察》(《中国现代文学研究丛刊》2010年第5期)、《知识/劳动、青年与性别政治——重读〈人生〉》(《南开学报》2014年第6期)、《"自然的"劳动与"不自然的"劳动主体——关于〈平凡的世界〉的一种解读》(《艺术评论》2015年第5期)、《性别、劳动与"主体"建构难题——重读〈流逝〉》(《文艺争鸣》2016年第5期)等。

《登记》和《三里湾》关乎劳动与情感的审美①，等等，都值得仔细讨论。而在《福贵》中，赵树理提出的问题则是劳动和尊严的关系问题，具体而言则是：福贵在自我声辩中强调的是自己的劳动被王老万剥削无余，于是逐渐沦为坏蛋，尊严失陷；叙事者暗示福贵劳动能力高超，本应尊严体面地活着，但却并不如意。因此，劳动与尊严的分裂构成了小说的基本形式，叙事者追溯福贵丢失尊严的历史是为了打捞他劳动的能力，而打捞他的劳动能力则是为了重塑其尊严，从而缝合在福贵身上劳动和尊严已然分裂的关系。这一复杂的形式再次表明，《福贵》看起来透明，实则高度虚构，必须进行深入分析。

劳动与尊严分裂这一基本的小说形式，背后牵涉的是整个20世纪文学如何为劳动赋形的问题。为了有效解释赵树理小说《福贵》劳动与尊严分裂的基本形式，下述学术追溯是必要的："劳动"作为一个现代概念在1900年开始作为一个稳定的话语进入汉语时，近代文学文本有什么表现？其后又有怎样的迁延变化？

《醒狮》1905年第3期上刊布的署名侠少年的社会小说《劳动狱》因此进入讨论视野。侠少年据说是柳亚子的笔名，②《劳动狱》则是我国

---

① 相关讨论参见李祖德：《劳动、性别、身体与文化政治——论"十七年"文学的"劳动"叙述及其情感与形式》，载《重庆师范大学学报》2010年第3期；姚丹：《重构"革命中国"的政治正当性：劳动、主人及文学叙述》，载《文艺理论与批评》2011年第1期；黄平：《从"劳动"到"奋斗"——"励志型"读法、改革文学与〈平凡的世界〉》，载《文艺争鸣》2010年第3期；黄子平：《当代文学中的"劳动"与"尊严"——在中国人民大学的演讲》，载《当代文坛》2012年第5期。

② 张明观：《关于笔名"侠少年"》，载《柳亚子史料札记二集》，上海：上海人民出版社，2014年，第8—11页。

最早反映工人悲惨生活的小说。①小说主要写近代上海工厂里女工的遭遇，如劳动时间长，却被工头克扣工资，以致分文不得；三个女工代表试图申诉，却被工头呼为"狗"并缚送警察署；代表们以为到了警察署就能申冤，结果却受鞭五百，血肉模糊，不能动而止。这些内容包含着四条重要信息：一、1905 年，典型的原始积累阶段的资本主义生产关系已经在中国落地生根，生产方式（剥削女工的剩余劳动和劳动）与上层建筑（警察署）之间相互支撑；二、女工有一定的民主意识和斗争意识，但对法律和资产阶级的暴力机关之一警察署缺乏本质性的认识；三、工头作为资本家和工人之间的关系阶层，天生具有依附性质；四、人与人之间社会经济地位的不平等被置换为人的尊严的不平等，表现为一种等级伦理。与赵树理小说《福贵》密切相关的是，《劳动狱》直接写了劳动和尊严的分裂，工厂里的女工具有劳动能力，却不仅未获得相应的尊严，反而被视同"狗"，毫无尊严可言。而附于小说结尾的"侠少年曰"，虽然使小说在形式近似于《史记》式的历史书写，但仍然很好地表明了作者要缝合劳动与尊严关系的意图：

> 侠少年曰："右篇所述，皆劳动界实事，稍以我悲愤之笔渲染之耳。原案见癸卯年某日报，犹依稀忆之。惜忘此厂之名与其日月。虽然，吾意固不在此。"
>
> 侠少年曰："吾读《浙江潮》杂志所译嚣俄哀尘之篇，越日而见此案，吾心养养，吾若有不可思议之奇梦。我自喜

---

① 文初：《〈劳动狱〉——最早反映工人悲惨生活的小说》，载《社会科学》1984 年第 4 期；董志：《试验期短篇小说集的编刻及其现代性内涵——以〈短篇小说丛刻〉初编及二编为中心》，载《明清小说研究》2015 年第 3 期。

我共同感情之未全销灭，我又自恨不能利用此共同感情为同胞请命，而徒以咨嗟叹息了之。"

侠少年曰："吾既见此案，则自以其意见判断其狱，邮书某日报。某日报畏贵人不敢登；又寄《江苏》杂志，亦不见录。盖以为琐屑小故，无关大局。然不知社会之不平等，专制之大罪恶，皆可以此案代表其隐痛也。两年以来，如鲠在喉，不吐不快，长夜不寐，乃剪烛成之。'文字收功日，全球革命潮。'读我此篇者，其亦有意乎？"

侠少年曰："我点缀此冤狱为小说，终篇而自读之，忧沉沉来袭心，黑暗世界，乃有今日。不解决此问题，吾其负同胞；欲解决此问题，则不可不学法兰西之马拉，不可不学吾祖国之张献忠。呜呼！马拉乎？张献忠乎？汝真英雄！汝真豪杰！我宁受当世之斧钺，我宁甘历史之唾骂，我其终学汝！我其终学汝！"①

　　四则"侠少年曰"各有所指，第一则指向小说的实录性质和作者的悲愤渲染，第二则指向作者的"共同感情"，视工厂女工为"同胞"，试图为其生存和尊严请命，第三则指向报章与社会的关系，希图以报章文字（或即文学）引发革命，改变世界，第四则指向以革命者自任的自我意识。不过，作者虽然受"嚣俄哀尘之篇"影响而养成"共同情感"，通过写作而为工厂女工请命，但仍然有意识地自外于"劳动界"，他只能在叙事中以工厂女工为客观对象，无法进入她们的经验和意识，赋予其主体性。因此，《劳动狱》在形式上分裂为小说叙事和作者

---

① 侠少年：《劳动狱》，载《醒狮》第 3 期 1905 年 12 月 1 日，第 107—108 页。

意图两个部分，柳亚子对此束手无策。

尤其值得注意的还有两点：一是"嚣俄哀尘之篇"指青年鲁迅译的雨果《悲惨世界》。这里也许隐伏着一条线索，即鲁迅对劳动阶层的关心和后来写作《阿Q正传》等小说，都有可能与柳亚子所说的以文学引发革命的"共同感情"有关。二是柳亚子的自述人称发生了从"吾"到"我"的变化，"我"是一个革命的新的主体意识，突破了"吾"通过"共同感情"闭合起来的自外于"劳动界"的知识阶层意识，"我"是可以自我质疑、自我改造的。

鲁迅《阿Q正传》的写作明显承续和发展了柳亚子。从历史的角度而言，当鲁迅1921年开始写作《阿Q正传》时，"劳工神圣"的观念开始生根发芽，发生了新村主义、工读主义组织和相应的文学形式的具体实践，劳动从观念进入实践，无论是生产组织实践还是文学形式实践，都有多重形态，而且在社会意识、文化观念和文学叙述等各个层面都有延续和递进，有的地方可能出现了革命性的裂变。正如姜涛在分析叶圣陶1921年的小说《苦菜》时所意识的那样，在五四前后，"与劳动相关的诸多经验，不仅制约了文学'志业'的外部取向，同时也从内部塑造了文学者的自我感受"。① 鲁迅在《阿Q正传》的开头就写下的困惑和焦虑，"终于归结到传阿Q，仿佛思想里有鬼似的"，② 也可以说是"与劳动相关的诸多经验""从内部塑造了文学者的自我感受"，鲁迅不仅以柳亚子式的"共同感情"写阿Q，希图引起社会疗救的注意，而且疑心自己无法站在绝对优势的位置塑造阿Q。这也就是

---

① 姜涛：《"菜园"体验与五四时期文学"志业"观念的发生——叶圣陶的小说〈苦菜〉及其他》，载《励耘学刊》2010年第2期。
② 鲁迅：《呐喊·阿Q正传》，载《鲁迅全集》第1卷，第512页。

说，对于柳亚子来说，工厂女工是有待于自身所属的社会阶层认知和解救的对象，对于鲁迅来说，阿Q却以鬼魂的形式占据了主动，逼迫鲁迅进行叙述，甚至逼迫鲁迅交付自己的主体性，从而深度回应柳亚子已经开始的自我质疑、自我改造的工程。但饶是如此，鲁迅笔下的《阿Q正传》仍然表现出劳动和尊严分裂的面貌，阿Q主要以一个国民劣根性标本的面目出现，他的劳动能力只被简略地提及，他几乎没有因为劳动能力而获得任何被承认的尊严。①

实际上，无论是叶圣陶的写作，还是鲁迅的写作，都具有某种针对知识分子的反思性，因而只代表了五四前后文学实践的一重形态。也有一重形态是康白情1919年的诗歌《女工之歌》中的表达：

一

我没穿的，
　　工资可以买穿。
我没吃的，
　　工资可以买饭。
我没住的，
　　工资便是房钱。
我再没气力，
　　他们也给我二角一天。
　　他们惠我，惠我！

---

① 相关讨论参见李国华：《革命与"启蒙主义"——鲁迅〈阿Q正传〉释读》，载《文学评论》2021年第3期。

二

我有儿女，

　　他们替我教育。

我有疾病，

　　他们给我医药。

我有家务，

　　他们只要求我十点钟的工作。

我有孕娠，

　　他们把我几块钱让我休息。

　　他们惠我，惠我！①

收入《草儿》集时，康白情将"他们把我几块钱让我休息"改成了"他们白把我几块钱让我休息"。②修改之后，工厂女工以奴隶自处的状态愈发明显，她们不但不为自己的劳动能力而自豪，反而为资本家的豢养而唱高歌。这首著名的《女工之歌》如此赤裸地写奴隶性，似乎充满对资本主义的反讽，但从其同时代人的接受来看，并非如此。例如叶圣陶1920年在《职业与生计》一文中引用该诗之后即表示："这一等人不晓得自己过的，是奴隶的生活；也不晓得自己的勤务，究竟有什么价值；不识不知，只是要活命。"③这种不批判资本主义、反而直接批判女工愚昧的姿态，无疑是五四前后颇为典型的启蒙主义态度。其后愈趋激进的中国知识界对康白情的《女工之歌》颇多批判，钱杏邨重提康白情曾说着"假使马克思将怎样解决这个问题呢"的空

---

① 康白情：《女工之歌》，载《星期评论》第20号，1919年10月19日。
② 康白情：《草儿》，上海：亚东图书馆，1923年，第22页。
③ 叶绍钧：《职业与生计》，载《新潮》第2卷第3号，1920年2月。

话,却"只单纯的为着厂方作赞美歌",①有人更直接称呼康白情是俄罗斯式的"内侨文学家",已被时代遗弃,不是"现社会中的人"②。康白情多少有些冤枉,但与其说激进的文学批评误读了康白情的诗歌,不如说五四式的启蒙主义的确表现出了不合时宜的一面,激进的文学批评只是凸显了其不合时宜的一面。因此,相比较之下,鲁迅通过《阿Q正传》的写作来思考启蒙和革命,在一定程度上超越了五四。

但当写作《阿Q正传》的鲁迅继续被时代推搡着往前走时,他也许会意识到阿Q不仅不是鬼魂,而且是真正的人。1930年4月19日,蔡元培在劳动大学讲演时表示:"在我们的理想,将来世界只有农、工。所以农、工问题,即社会问题。"③出于对未来社会将是农工社会的想象,蔡元培对劳动发生了特殊的理解,并且试图改变教育会生产游离于农工的新阶层的历史和现状。鲁迅彼时对未来社会的理解也与此有关,但就文学与劳动的关系而言,则另有脉络。早在1921年,胡愈之即介绍了卢纳察尔斯基《劳动阶级的文化目的》中的观点:"劳动文化是发展于困苦压迫之下的,因此形式是简陋的,内容是浪漫的。"④鲁迅对文学与劳动关系的理解较为接近这种观点,后来更信从了普列汉诺夫提出的文艺起源于劳动说⑤,希望"将文字交给一

---

① 钱杏邨:《现代中国文学论》,上海:合众书店,1933年,第4页。
② 卢秀祖:《劳动文艺简论》,载《国立劳动大学月刊》第1卷第8期,1930年11月。
③ 蔡元培:《劳动大学的意义及劳大学生的责任——十九年某月某日在江湾国立劳动大学讲演》,载《中央周报》第106期,1930年6月16日。
④ 化鲁:《劳动文化》,载《东方杂志》第18卷第9期,1921年5月10日,第76页。
⑤ 近有学者认为文艺起源于劳动说是对马克思恩格斯的误读。参见聂珍钊:《"文艺起源于劳动"是对马克思恩格斯观点的误读》,载《文学评论》2015年第2期。

切人"①，让农工大众"变成文学家"②。在这样的思路里，类似于工厂女工、阿Q、福贵这样的人物就不再是被同情的对象，而是文学和历史的主体，是未来社会的主角。一种缝合劳动与尊严之关系的路径出现了，相应的则是一种排斥机制的出现。同样是写工厂女工悲惨遭遇的小说《英兰的一生》，钱杏邨1928年就表示：

> 作者的描写并不是要作劳动的文学，不过是说在她的生活中有这么一部分经验。也许作者写作的目的，是为被压迫的女子请命，——然而所表现的究竟是一种浅薄的同情，实在找不出作者真正同情于被压迫阶级的伟大情绪来……③

钱杏邨指责创作者的同情不过是人道主义式的浅薄，缺乏伟大的阶级同情。这是一种阶级论的眼光，对历史主体和文学性质的建构都更为锐利和鲜明，创作者的阶级意识被认为是文学生产的关键。胡风1948年在《论现实主义的路》中的意见可以视为某种程度上的理论提升和综合，他认为周作人《人的文学》对"人"的理解是"黑格尔底鬼影"作祟，描述的是从绝对理念中外化出来的"人"，与作为"劳动生产和社会斗争"的主体的"人"是背道而驰的。在胡风看来：

> 人底活动是什么？人底劳动生产和社会斗争。劳动生产结成了社会诸关系，创造了生活诸条件，社会斗争又改

---

① 鲁迅：《且介亭杂文·门外文谈》，载《鲁迅全集》第6卷，第97页。
② 同上书，第102页。
③ 钱杏邨：《〈英兰的一生〉》，载《太阳月刊》1928年1月号。

变社会诸关系，再创造生活诸条件。这就是"感性的世界"。人是经营着这样的活动的感性的对象。

因此，人不但是客观的"感性的对象"，而且还同时是主观的"感性的活动"，或者叫做"对象的活动"。①

这就改写了周作人《人的文学》关于"人"的内容，由劳动生产所确立的"人"成为历史和文学真正的主角，劳动意味着真正的尊严。虽然胡风似乎对赵树理的文学并无好感，生前也未见论及，但赵树理的文学可以通过胡风的理论之眼获得"人"的文学的资格，《福贵》等小说是关于劳动意味着尊严的文学表现。

在上述粗疏的勾勒中，与具体的社会政治运动和观念相关联的文学形式变迁的某种脉络，也许可以作如下概括：一、在柳亚子的时代，作家有意识地自外于"劳动界"，将关于劳动的文学完全置于知识者的"共同感情"的关照之下，建构了一种劳动与尊严分裂的形式。二、在鲁迅的时代，作家被卷入了农工世界，农工世界的人物形象，如阿Q，像鬼魂一样纠缠着知识者的精神世界，逼迫知识者做出回应和回答，作家叙述"劳动"时，卷入愈深，其文学愈表现出近乎复调的形式，劳动与尊严在分裂与缝合中相互纠缠。三、而在赵树理的时代，作家不是被卷入了农工世界，而是被农工世界生产出来，作家叙述"劳动"时也往往产生对于直接从事农工劳动的人物形象的历史崇高感，故而其文学呈现出劳动与尊严合一的形式。四、从柳亚子开始，知识者对于农工世界的倾斜，或者说知识者似主动似被动地卷入农工世界，可能内含着对于资本主义的反抗。这种反抗可能既是被

---

① 胡风：《论现实主义的路》，青林社，1948年，第24页。

殖民时的应激反应，又是"士"阶层面临传统的"士农工商"社会结构被"商"倒卷时的主动出击，"耕读人家"对于传统士人来说无疑是亲切的。

不过，《福贵》虽然符合士、商关系的变化，高利贷商人王老万成为整个小说罪恶的起点和终点，但却不像赵树理其他小说以及赵树理时代的一部分文学那样，写出了劳动与尊严合一的状况。相反，《福贵》深度回响着《劳动狱》的分裂，回响着《阿Q正传》的纠缠，似乎近半个世纪的文学形式实践是一次形式的反复，林默涵所谓"三十多年的残酷斗争"使中国成了"新的社会"，但在文学形式史上，更长时间的残酷斗争却迎来了一次反复。在这样的反复中，劳动与尊严的分裂似乎成了不可解的形式难题。

四 宣言和独白

1927年在黄埔军校讲演时，鲁迅曾经借用托洛茨基谈革命文学的思路表示："现在的文学家都是读书人，如果工人农民不解放，工人农民的思想，仍然是读书人的思想，必待工人农民得到真正的解放，然后才有真正的平民文学。"[①] 赵树理检讨《三里湾》的写法时也说："我这种写法也并不能和大多数作家的写法截然分开，因为我虽出身于农村，但究竟还不是农业生产者而是知识分子，我在文艺方面

---

① 鲁迅:《而已集·革命时代的文学》，载《鲁迅全集》第3卷，第441页。

所学习和继承的也还有非中国民间传统而属于世界进步文学影响的一面，而且使我能够成为职业写作者的条件主要还得自这一面——中国民间传统文艺的缺陷是要靠这一面来补充。"①虽然赵树理谈的是自己写作中民间文艺传统和世界进步文学影响之间的关系，涉及的则是自己知识分子的身份对写作的影响，从而在文学形式的意义上接续了鲁迅所谓"读书人"（即知识分子）写不出"真正的平民文学"的看法。这就意味着，无论是坚持文学为人生的鲁迅，还是以"文摊家"自居的赵树理，他们都和以知识分子自居的柳亚子一样，笔下的文学是知识分子的文学，他们关于劳动的文学表达自然与工人农民不一样，要通过写劳动来写出工人农民的尊严，自然存在隔膜和裂隙。因此，一旦他们要表达"共同感情"，要承认灵魂被撕咬的痛苦，要让农民成为主体，就必然要弥合彼此之间的差异。而一旦弥合的行为存在，形式的分裂也就内在化了。赵树理的小说《福贵》正是这种形式分裂内在化的具体而深刻的表现，它一面积极以福贵为社会、历史和伦理的主体，张扬其劳动能力和人格尊严，一面却仍然无法否认福贵伦理上是坏蛋的身份。尤为特别的是，福贵作为一名解放和改造了的农民，他第二次"有地种了、有房住了、有饭吃了"，却不敢回去看"受苦受难的孩子老婆"，七八年来不知道在担心什么；按说他知道"解放区早就没有忘八制度了"，他为何还要为自己的坏蛋名声归谁负责而声辩？这种难以理解的地方也许只有用作家接受的形式传统来解释。

　　在中国民间传统中，故事的主人公通常会在经历一系列挫折之后获得成功，但不需要自我反思，因为一切问题都来自外部，而非自身，只要外部的问题克服了，故事就理当圆满结束。赵树理就是在此

---

① 赵树理：《〈三里湾〉写作前后》，载《赵树理全集》第 4 卷，第 378 页。

意义上写《小二黑结婚》，故事的主人公小二黑和小芹顺利结婚，他们从未自我怀疑，也从未怀疑对方对自己的感情；类似的作品还有李季的《王贵与李香香》。甚至写其他几乎所有小说时，赵树理都未让故事的主人公产生自我怀疑，《福贵》似乎是唯一的例外。这就只能到赵树理所谓的世界进步文学中去寻找原因。对于赵树理来说，所谓世界进步文学，不外乎19世纪欧洲的现实主义文学，其故事的主人公往往是知识分子或具有知识分子性，不仅要经历种种挫折，也要进行种种自我认知、怀疑和反思，故而在形式上往往会出现一定篇幅的自我声辩或独白。《福贵》的写作大体上与此有关，福贵身上也多少具有了赵树理受影响之后产生的知识分子性。这也就意味着，在"没有忘八制度"的条件下，福贵本来不必替自己声辩，而他居然长篇大论地进行声辩，其理由就不应在"新的社会"仍然残存封建思想，而应在每一个现代个体都必须为自己的生存和尊严寻找线索和理由。从形式安排上来说，赵树理没以区干部的政策解释和农会主席的细致工作来引导村里人放弃对福贵的偏见，而以福贵的长篇大论提出疑问，固然是为了打通文本外部赵树理所关注的"基层干部"和"村里人"的思想，更为内在的指归却是现代个体的自我觉悟。因此，小说结尾福贵的大段议论固然是对于封建思想的宣言，宣判了王老万所代表的封建意识形态的死刑，更像是福贵一次面对内心的独白。自从连夜出逃以来，七八年不敢回村的福贵，他怕的是路上的日本兵吗？他怕的主要应该是自己不堪回首的过往吧？只要他不能正面面对自己的内心，自己说服自己不是坏蛋，即使是坏蛋，也由王老万负责，福贵就不敢回村。他的生存和尊严缺乏线索和理由，他的独白负责补足令自己心安的线索和理由。在特定的劳动观念下，即使忘八制度已经取消，福贵也仍然需要面对自己的内心，进行自我说服。在这个意义上来说，《福贵》

宣言式的书写裂变为内心独白式的书写，福贵不是在劳动能力的自信上获得对于自我尊严的确认，而是在自我说服、自我疗救中产生尊严感。这是《福贵》的小说形式最为内在的秘密。

但是，就文学形式的历史而言，无论是宣言，还是独白，都意味着福贵这一农民形象真正以历史和伦理主体的方式登上了文学殿堂。在这个源远流长的文学殿堂，像福贵这样的劳动者，本来连配角都不是，近代以来却逐渐冲击着知识分子书写的堤坝，从被"共同感情"笼罩的客观社会对象变成"鬼"一样挑衅知识分子的幽灵主体，最终则像福贵一样，不仅占据着劳动生产和社会生产的主体位置，而且侵夺着知识分子的语言，使得像鲁迅和赵树理那样的知识分子不得不反思和感慨自己知识分子的身份，劳动者也在情感、伦理和语言等多个层面上成为文学的主体。这当然是重大的形式政治，是文学殿堂中革命性的裂变。对于《福贵》结尾的长篇宣言，甚至要这样解释：因为福贵宣言的气势是如此高昂，意义是如此充沛，所以作为知识分子的作家不得不钻进宣言的字里行间，多多少少发出独白的声音，吁求每一个现代个体的觉悟。福贵在宣言中将知识分子的独白同时释放了，福贵因此更可以为自我声辩，他无愧于己，无愧于历史，无愧于社会，他是洁白的、崭新的社会和历史主体，他是真正的"新的人物"。

不过，这一切又都是在赵树理写劳动者的尊严的主旨之外的，形式在自身的历史传统中裂变，发出了作家意料之外的声音。

结　语

　　文学研究界这些年关于"劳动"问题的探讨极为繁复，但可能主要是出于对文学文本所承载的社会、历史、政治问题的关心；对于文学之为文学的带有本质性的问题，可能缺乏热情了。相形之下，姜涛的研究似乎是在正面讨论与"劳动"相关联的文学问题，而且也在一定程度上延伸了左翼或社会主义的视野。顺着姜涛的思路，也许能够在容易陷入非此即彼的二元对立困境中找到中间带，以整诠的方式回应一些具体问题，抵达文学所关联的人的原初生存场景中去。而作为与整诠的方式相关联的一种研究，是路杨在系列论文中将解放区诸种艺术形式的循旧和革新与解放区的政治、经济事实，通过"劳动"的中介熔为一炉共治的思路。① 这就意味着，艺术形式的沿革与政治、经济事实之间的关系，不只是以某种艺术形式表述政治、经济事实的关系，更是彼此共享某种更高层级的话语形态的关系；而作为更高层级的话语形态的共享者，艺术形式与政治、经济事实之间就呈现为一种空间性的共在关系，并不一定表现为二元对立的样态。就赵树理的小说《福贵》而言，如果聚焦劳动和尊严的问题，当然不能回避解放

---

① 路杨的系列论文包括《"表情"以"达意"——论新秧歌运动的形式机制》(《文艺研究》2018年第11期)、《作为生产的文艺与农民主体的创生——以艾青长诗〈吴满有〉为中心》(《文学评论》2018年第6期)、《"新写作作风"：报告文学的再生产机制——以丁玲〈田保霖〉为中心》(《北京大学学报》2019年第1期)、《革命与人情：解放区文艺下乡运动的情感实践》(《中国现代文学研究丛刊》2019年第6期)和《"斗争"与"劳动"：土改叙事中的"翻心"难题》(《中国现代文学研究丛刊》2019年第12期)。

区改造二流子的政治政策，不能回避土改及土改后移风易俗的政治政策，也不能回避翻心甚至比翻身难的种种状况，但文学并不是这些问题的派生物。赵树理不仅以小说介入这些问题，试图以文学改造世界，而且在空间性的共在关系中，赵树理通过小说创造了新的伦理和情感状况，使得像福贵这样的农民也成了现代觉悟的个体。

附录三 事例的事理与纹理
—— 赵树理《实干家潘永福》释读

在赵树理的作品中,《人民文学》1961年第4期刊发的《实干家潘永福》有一些特殊。按照赵树理本人在1963年出版的《下乡集》序言《随〈下乡集〉寄给农村读者》中的说法,《实干家潘永福》是"真人真事的传记",而集子中其他7篇作品《登记》《"锻炼锻炼"》《老定额》《套不住的手》《杨老太爷》《张来兴》《互作鉴定》是小说,[①]《文艺报》1961年第5期侯金镜(署名卞易)的批评文章《〈实干家潘永福〉》也开宗明义说"这篇作品是传记,不能当小说读"[②],周立波1962年编《散文特写选(1959—1961)》,收了《实干家潘永福》,则在序言中把它看作"颂扬勤劳勇敢的人们的散文",认为它虽然不如小说凝练,但也"朴实无华,言无虚设","用许多事例做线条,勾出了一位有着实干精神的人物的肖像",[③]这些各有所见的看法略有差异,但都有意不把《实干家潘永福》视为小说,与后世一般把它当作小说来阅读的状

[①] 赵树理:《随〈下乡集〉寄给农村读者》,载《下乡集》,北京:作家出版社,1963年,第1页。

[②] 卞易:《〈实干家潘永福〉》,载《文艺报》1961年第5期。

[③] 周立波:《序言》,载《散文特写选(1959—1961)》,北京:人民文学出版社,1963年,第7页。

况颇为不同。这种文体上的阅读分野,似乎并不是小事情,背后有值得分析的具体原因。

一 传记,还是小说?

侯金镜在批评文章中说自己读过两遍《实干家潘永福》,第二遍读的时候"就忘记了看小说所用的那些尺度,把它当作形象性很强的政论,甚或是当作自己整风学习活的参考材料来读",注重的是作品中"现实感最强的"写潘永福的经营之才的部分。① 这意味着侯金镜读第一遍时把《实干家潘永福》视为小说,再读时才放弃小说的尺度。放弃的理由不甚清晰,但从他重视"现实感最强"的"经营之才"的书写来推测,应该是担心小说的尺度会削弱《实干家潘永福》的现实感。下文侯金镜又表示"不做性格情节的分析,无法做;不发挥有关传记文学体裁方面的意见,不能做",② 这进一步表明在侯金镜看来,按小说的尺度来分析性格情节以及按传记文学的读法来分析体裁,都会削弱甚至丢失《实干家潘永福》的现实感。在 1962 年 8 月召开的"农村题材短篇小说创作座谈会"(即 1962 年大连会议)上,侯金镜针对此前几年小说中出现的脱离了现实主义的浪漫主义的状况,"把生活应该是怎样的做了曲解,把人物拔高到离开了现实基础",认为"过去作

---

① 卞易:《〈实干家潘永福〉》。
② 同上。

品只是表扬，鼓动"，而赵树理《实干家潘永福》那样有自己思考的、有战斗性针对性的作品，就"不要算作小说来读"。对此，赵树理明确回应道："我对共产主义思想的写法有些想法。'小二黑'没有提到一个党员，苏联写作品总是外面来一个人，然后有共产主义思想，好像是外面灌的。我是不想套的。农村自己不产生共产主义思想，这是肯定的。写农村的人物如果落实点，给他加上共产主义思想，总觉得好像不合适。什么'光荣是党给我的'这种话我是不写的。这明明是假话，就冲淡了。"①侯金镜和赵树理之间的往复进一步说明《实干家潘永福》是小说或具有小说性，但把它当作小说读会带来严重的问题，即无法把它和之前的曲解现实、拔高人物的小说区隔开来。如果不能进行区隔，那么《实干家潘永福》的现实感和针对性就会削弱或丢失，脚踏实地的实干家潘永福甚至也可能会被认为是缺乏现实感的人物。这种针对具体的政治和社会状况而产生的对于小说这一文体的态度和读法，不仅有力地凸显了《实干家潘永福》的现实感，而且把小说的文体性质和功能推到了一个令人怀疑因而需要重新检讨的处境中。就侯金镜的读法而言，小说文体因为在当时与浪漫主义、脱离现实有关联而成为问题，小说的虚构性质变成令人疑虑不安的性质；而就赵树理的回应而言，小说令人疑虑不安的虚构性质更具体地表现为苏联写作品的模式脱离了中国农村的实际，他认为当时的共产主义、共产党和农村、农民的关系不是苏联写法所能把握的。赵树理的回应略有一些自相矛盾，他认为"苏联写作品总是外面来一个人，然后有共产主义思想，好像是外面灌的"，反对给农村人物"加上共产主义思想"，

---

① 转引自洪子诚：《1962年大连会议》，载《材料与注释》，北京：北京大学出版社，2016年，第93—96页。

却又承认"农村自己不产生共产主义思想",那么农村应如何与共产主义思想发生关系?难道不是只能从外面灌吗?赵树理没有在理论论述上就这样的问题做出回应,但在《实干家潘永福》中做了暗示。据洪子诚的研究,赵树理和柳青不太一样,柳青在针对以严家炎为代表的认为梁三老汉塑造得更好的批评观点时表示"农村党员和积极分子的社会主义革命思想都是党教育的结果,而不是自发地由批评者所谓的'萌芽'生长起来的",而赵树理则在《实干家潘永福》中写潘永福:"从他1941年入党算起,算到现在已经是20年了。在这20年中,他的工作、生活风度,始终是在他打短工时代那实干的精神基础上发展着的。"①这种不太一样的地方确实显示了赵树理的暧昧性,他虽然明说"农村自己不产生共产主义思想",但在"真人真事的传记"中却写潘永福的"实干的精神"发展出了他入党以来的工作和生活风度。潘永福的实干精神和党性是如此地作为"真人真事"而联系在一起,从而至少给人一种农村自己产生了共产主义思想的错觉。侯金镜所谓"形象性很强的政论"即可于此着墨,如果强调《实干家潘永福》是小说,反而会影响对赵树理写作意图的把握,误会农村自己产生共产主义思想是一种小说家言,大可怀疑。

但正如1962年大连会议上邵荃麟提出"要反对短篇小说的浮夸风和粉饰现实(引者按:指歌颂"大跃进"作品),要强调现实主义,写农民在集体化中改造的困难"一样,②小说的题材、风格和政治倾向都被重新建构之后,将《实干家潘永福》读成小说就不仅有了合法性,而且有了必要性。作为大连会议的参与者,康濯可以说是深刻领会了

---

① 洪子诚:《文学史中的柳青和赵树理(1949—1970)》,载《文艺争鸣》2018年第1期。
② 相关史料和论述参见洪子诚:《1962年大连会议》,载《材料与注释》,第64—104页。

会议精神的,他在大连会议后不久发表的《试论近年间的短篇小说》中表示,其时已有"短篇小说巨大潮流",而"其中最不凡的,我以为首推赵树理","不论是《老定额》,是《套不住的手》,或是《实干家潘永福》以及其它各篇,思想和形象都始终确切不移地来自当前生活的底层,并极其真实地站在当前生活的前哨位置",不管怎样,赵树理"总是个最扎实的实干家"。① 在康濯的论述中,1959 年因《"锻炼锻炼"》又一次遇冷的赵树理,1962 年则隐然再次成为一名具有方向性意义的作家,仿佛重回延安时期。这种文学史的潮汐动态特别耐人寻味,不过此处要进一步分析的是康濯在怎样的小说观念基础上推崇赵树理。从《试论近年间的短篇小说》一文的论述脉络来看,文章开头即建立了长篇小说和短篇小说的对应关系,强调"短篇小说在一定意义上也确是最富于现实性、时代性的文学样式之一,是我们文学阵地上一支最富于战斗性的前哨和尖兵",认为"短篇小说在所有的文学样式当中,比较起来更适于迅速反映当前的生活,特别是更适于通过短短的篇幅,以高度集中的人物形象与社会斗争中突发的火花和焦点一般的情节,深刻表现出重大的或比较重大的主题思想;因而这既是一种轻型的武器,又可能比一般的轻型武器获致更为强烈的效果。正是在这种意义上,短篇小说或者可以说是最富于现实性、时代性、战斗性的文学样式"。② 这种对于短篇小说的现实性、时代性和战斗性的体认很难说有多么与众不同,但在接下来论述了短篇小说的历史和现状之后,康濯再次表示,"革命的现实主义和革命的浪漫主义相结合的创作原则,其基础自然是植根于现实生活。因而这当中的现实主义

---

① 康濯:《试论近年间的短篇小说——在河北省短篇小说座谈会上的发言》,载《文学评论》1962 年第 5 期。
② 同上。

的一面，就不能不构成了整个创作原则中的主要的内容。近年间我们短篇小说的巨大潮流，主要地也正是来源于现实主义"，认为赵树理的小说成就"都是因为他树大根深，生活的基础坚强和稳实"，[1]这就完全延续了大连会议的精神，实现了对短篇小说的题材、风格、功能和政治倾向的理解的颠倒。而因为强调"植根于现实生活"，强调赵树理"树大根深"，本是"真人真事的传记"的《实干家潘永福》自然就因其写"真人真事"的特点而是最明显的"植根于现实生活"的小说，是最能体现赵树理"树大根深"的作品。正是在这样的逻辑上，康濯才会说赵树理是"最扎实的实干家"，把他和他笔下的潘永福在精神和政治层次上相提并论了。

而在小说和现实无限接近，小说作为一种文学形式无限趋近于透明的状况中，小说、传记、散文之间的文体区分以及功能秩序似乎也就可以随时更易，全看特定的读者出于怎样的目的来使用或处置类似于《实干家潘永福》这样的作品。1962年大连会议结束不久，相关的报道尚未按照一开始的计划出台，政治风向即已变化，政治像是造成地球潮汐现象的月亮一样，也迅速造成文艺领域的潮汐，1964年更开始展开对大连会议和写中间人物的大规模批判。[2]在相对平静的间隙里，周立波1962年编《散文特写选》时还可以从小说和散文的区别出发，认为《实干家潘永福》不如小说凝练，但"朴实无华"，希望读者可以接受潘永福的实干家精神。在周立波的理解里，小说作为塑造典型人物的一种文体，可能比散文有更高的强度，因而凝练而有力量；赵树理也还可以从对农村读者的考虑出发，在《下乡集》的序言中强

---

[1] 康濯：《试论近年间的短篇小说——在河北省短篇小说座谈会上的发言》。
[2] 相关论述参见洪子诚：《1962年大连会议》，载《材料与注释》，第96—103页。

调《实干家潘永福》是"真人真事的传记",之后则展开关于写小说是为了劝人、写小说比写真人真事更难之类的议论①,其文体意识几乎和周立波是一样的。但赵树理很清楚地知道,对于一般农村读者来说,小说和传记的区分虽经说明也未必能进入其文体意识,《实干家潘永福》和《下乡集》中的小说是完全会被同等对待的,细致的文体区分并不像对城市读者来说那么有效。在这个意义上来说,赵树理主观上虽然没有把《实干家潘永福》当成小说,客观上还是把它植入了小说的秩序中。此后的1966年,在检讨自己一生行迹的检查材料中,赵树理不大着墨文体的问题,基本上只是检讨自己每篇作品的写作意图,虽然强调自己"所写的东西不是站在资产阶级立场上反党的",但也不得不检讨自己有"个体农民小手工业眼光短浅、不识大体的思想意识的表现","是有愧时代的"。②在政治风暴的影响下,一切文学形式上的调整、校正、分辨和退守都显得无足轻重,最大的读者瓦解了所有的秩序。

二 事例的线条

在远离当年政治引发的文艺潮汐的今天,重新检读赵树理的《实干家潘永福》,也许仍然会同意周立波简明扼要的判断,即在《实干家

---

① 赵树理:《随〈下乡集〉寄给农村读者》,载《下乡集》,第2—4页。
② 赵树理:《回忆历史 认识自己》,载《赵树理全集》第6卷,北京:大众文艺出版社,2006年,第474页。

潘永福》中,赵树理是"用许多事例做线条,勾出了一位有着实干精神的人物的肖像";至于它是小说,是传记,还是散文,倒不见得多么紧要了。

周立波的判断可谓切中要害,《实干家潘永福》的确是以事例为线条进行人物勾画的,从"书归正传"的"慈航普渡"开始,赵树理像是现代小说常有的那样从中间写起,采用的是第三人称全知视角,但才写了短短三个自然段就吁请读者注意潘永福"为什么这样受人欢迎",进入了第一人称全知视角,然后表示:"为了说明他这一特点,不妨举个例子。"①为了"举个例子",《实干家潘永福》的形式感就从常见的现代小说变成了嵌套在说明文里的具有小说性的一种特殊文体,而随着后文重复使用举例子的方法来写人物,事例就成为一种线条,贯穿性地构成了《实干家潘永福》最醒目的形式要素。与此同时,那些散落在文本中的时间标记,如"一九四一年入党""一九五八年秋天""十八年之久""一九三一年冬天""抗日战争时期""一九五一年""一九五三年""一九五九年冬""一九六〇年春天""一九六〇年底""一九六〇年秋收时节"等,并不按进化的时间矢线出现,它们按照事例的框架排布,形成了空间化的时间结构。这种空间化的时间结构对应的正是赵树理的设计,他不是写潘永福的"全传",因此不用从出生写起,不是写"大事记",因此不用写大事而面面俱到,不写"别人也写过"的内容,因此更注重刻画潘永福的个性,潘永福的个性像是天然生成,"远在参加革命之前就能够舍己为人",当了干部之后"工作和生活也都按着自己特有的风度发展着",革命和社会主义建设

---

① 赵树理:《实干家潘永福》,载《人民文学》1961年第4期。本篇中此小说引文全部来自这一版本。

以及在常规的理解中由它们所推动的时间,都没有带来潘永福的发展和成长。在这个意义上来说,《实干家潘永福》的时间的空间化结构不是由事例的线条所带来的,而是由赵树理对革命和社会主义建设的理解带来的。由于赵树理认为潘永福有"自己特有的风度",那种风度超越了时间、革命和社会主义建设,那么《实干家潘永福》中的时间标记就只能是任由作家调遣的空间性标记,潘永福在时间的空间化结构中任意行走,而"工作和生活也都按着自己特有的风度发展着",永葆其"实利主义"。不过这种对于《实干家潘永福》中的时间的空间化结构的理解,不能脱离1961年的历史语境而做一般化的抽象理解,否则适足以证成"利用小说反党,这是一大发明"的政治训诫,①误会赵树理是"站在资产阶级立场上反党"。作为"顶风"写作之一,赵树理《实干家潘永福》对时间的理解针对的其实是当时过分激进的时间意识和政治想象,而非抽象地建构一种超越革命和社会主义建设的时间和人格精神;赵树理的行为实际上是提问题,打补丁,针对性地解决一些他所见到的革命和社会主义建设过程中出现的具体问题。这也就是说,《实干家潘永福》中出现的时间的空间化结构,不是一种作家的自主选择,更不是存在主义式的时间感受,而是在具体时代的政治和社会挤压下出现的一种症候,内含的是像赵树理这样的作家的朴素的政治理智和社会意识。

但是,事例的线条能否框住《实干家潘永福》中漫长而复杂的时间线索,仍然是一个有待于进一步分析的严肃问题。《实干家潘永福》的故事时间跨度以潘永福的传记时间来算,是56年,以作品明确涉及的历史节点来算,是30年,即从1931年九一八事变到1961年,

---

① 相关论述参见洪子诚:《1962年大连会议》,载《材料与注释》,第96—97页。

其中不仅包括潘永福的出生、成长、谋生、逃难、入党等种种个人事件，更包括中国现代遭遇的抗日战争、解放战争、中华人民共和国成立、社会主义改造、合作化运动、"大跃进"等种种历史事件，个中来龙去脉、前因后果应当如何理解和叙述，都不是容易的。而赵树理意图仅仅用六七个例子结构全篇，勾画潘永福的实干精神以达到劝人的目的，并隐隐牵出对过往 30 年历史的判断，实在很难不出现纰漏。

下面依次分析赵树理使用的六个主要例子。第一个例子是为了说明潘永福受欢迎的原因之一是他可以不顾性命地解人危难。其中写潘永福"也忘记了肚子饿，也顾不上脱衣服，扑通跳下水"多少算是近人情的，而写船上人塞油条给他而他因为水淹脖子咽不下，改喂糖糕即成，随后"不几下子就扑过翻波滚浪的急流，到达西岸"，就不够"朴素无华"了。翻波滚浪中的潘永福实在是一个革命浪漫主义小说中的人物，是此前革命现实主义和革命浪漫主义相结合的写法的历史余波，与大连会议所提倡的现实主义精神颇有距离，但为了凸显潘永福革命前就能够舍己为人，赵树理似乎也就无力分心，不管这种写法与潘永福实干家精神的矛盾了。退一步来说，即使在翻波滚浪中前进对于潘永福来说如同寻常，那也是英雄模范的寻常，并非人人可效仿的实干。

第二和第三个例子是为了说明潘永福当了干部以后，他的工作和生活仍然按自己特有的风度发展。其中写搭桥一例，明确用到了"英雄"的字眼，而且为了烘托潘永福的英勇，先写了破冰下水之难，村长王思让"一下去就抖得倒在水里"，之后下水的潘永福和何启文虽然在冰层的包围中完成了上级党给予的任务，但"腰上、肚上、胳膊上，被顺流而下的冰块割成了无数道的大小创口，只有腿部藏在水底，没有受到冰块的袭击"。赵树理写潘永福英勇对抗冰块，这是以革命浪漫主义的方式面对行政指令添加的困难。潘永福不是实干,而是被迫苦干,硬干。

写借渡口一例更是有一些革命浪漫主义的诙谐色彩,其中写潘永福连续劳动二十个钟头,终于疲乏过度,于是"穿着一身湿透了的衣服睡进一个石槽里",醒后发现日军,即刻逃跑,但被岗哨盯上,可在越来越密的飞弹吱吱声中还是安全逃脱,就很难说是现实主义的笔触。过度劳累之后湿身睡在石槽里,不但不会因此生病,反而能恢复体力,能安全逃脱日军的扫射,不能不说潘永福拥有超乎常人的体魄,仿佛是天生的英雄。赵树理接下来写:"正因为潘永福同志是这样一个苦干实干的干部,在他影响下的群众都十分喜欢他,到处传颂着他一些出格的故事,甚而还有人加枝添叶地把一些故事神话化。"所谓"出格"和"神话化",用来形容赵树理叙述的英雄事例,也不是毫无道理;只不过赵树理也许不介意"出格",但却剪除了"神话化"的农村读者趣味和革命浪漫主义气息。在赵树理革命浪漫主义式的叙述里,被凸显的不是实干,而是苦干。历史的语境虽然有抗日战争和社会主义建设之别,但在赵树理的眼中,潘永福一直在苦干。

第三到第六个例子是为了说明潘永福的经营之才和实干精神的关系。这三个例子写潘永福因陋就简、因地制宜地办农场、修水库和运矿石,写他如何算细账、调和多方关系等,确实很好地写出了潘永福的实干精神。正如侯金镜所指出的那样,《实干家潘永福》现实感最强的部分就是写"经营之才"的部分。从作品的书写顺序来看,赵树理写的是曾经的革命浪漫主义英雄潘永福在社会主义建设时期面对百废待兴却又有一种革命热症的状况,变身为精打细算的现实主义实干家。这看上去是一种人格精神的下降,但按照侯金镜和康濯的读法,实际上乃是一种人格精神的上升,即所谓只有在革命现实主义的基础上,才有真正的革命浪漫主义:因陋就简而精打细算的潘永福,是具有最强的现实感的人格形象,他紧贴现实,却又能改造现实,因而是实干家,是真正的英雄。饶是如此,在具体的事例中,赵树理仍然不得不面对现实性和偶然性的矛盾,潘永福种苜蓿确实是精细地算账,但1953年端氏镇成立青峰农业社,因为需要饲草而要求换地,则是偶然发生的事情,潘永福的账很难准确算到这里。这意味着在社会主义建设初期,因为种种政治和社会的变动不居,赵树理时时遭遇难以触摸政治脉搏的危机,在现实感最强的书写中也往往不期然以偶然因素来解决必然发生的窘困。而在潘永福修水库和运矿石的事例中,赵树理的书写也遇到了类似的问题,如在潘永福的努力下蒲峪水库的修建虽然有条不紊地进行下去了,但"直至一九六〇年底,尚欠三万工未得完成",实干家的出现像是一个偶然,难以应对上级部门政策和行政指令变化所造成的"民工减少"的困局。而在运矿石一例中,潘永福居然在村民的指点下发现了铁厂近在咫尺的矿,而铁厂和专家居然没有发现,也未免有些蹊跷。赵树理的旨趣自然是如何处理国家、集体和个人之间的矛盾,如何处理上级命令和实事求是之间的矛盾,但事例本身却打破了作家现实主义或实干精神的追求,潘永福像是一个孤独的英雄在面对重重困难和矛盾,最后赤手空拳地解决了问题。在这个意义上来说,《实干家潘永福》的现实主义质地只能依赖"真人真事的传记"作为背书,作为小说来读,它和作家所反对的革命浪漫主义小说很难说有本质上的区别。

因此,赵树理所建构的事例的线条只能从其现实的针对性上获得合法性,一旦以现实主义法则来解读,就很容易发现种种纰漏。而更为关键的是,正如周立波认为《实干家潘永福》不如小说凝练一样,假如赵树理是以写小说的方式来写潘永福,那些围绕在潘永福身边的形形色色的人们无疑会和《"锻炼锻炼"》中围绕在书记王聚海身边的人们一样，获得更为立体的人格形象，潘永福给人的孤胆英雄之感会大大地削弱。只不过问题也正在这里，赵树理1959年曾经因为《"锻炼锻炼"》被批评为"歪曲现实"，① 正所谓言犹在耳，他需要写出社会主义建设中的正面人物，即使那仍然难免被人诟病，但也是必须踏出的一步又一步。

三　劝人，还是为己？

在《下乡集》的序言中，赵树理一边教育他的读者，小说是劝人的，小说写的主要人物"没有一个是真名实姓的"，小说写的事情"也没有一件是真帮实底的"，另一边又教育作者要"多和读者接触"，"摸住读者的喜好了，还须进一步研究大家所喜好的东西"，"把值得学习的办法继承下来，再加上自己的发明创造，就可以成为自己的一套写法"。② 这种对于读者的研究和学习也是赵树理自己亲身实践的，他小说的基本风貌也与这种对于读者的研究和学习密切相关。前事不论，即以《实干家潘永福》而言，赵树理在开头介绍自己和潘永福的关系，又在结尾添一节"记余"，都是为了应和自己想象中的农村读者的阅读习惯和趣味。这就使得读者的喜好进入了赵树理写作的肌理，赵树理

---

① 参见武养：《一篇歪曲现实的小说——〈锻炼锻炼〉读后感》，载《文艺报》1959年第7期。

② 赵树理：《随〈下乡集〉寄给农村读者》，载《下乡集》，第2—4页。

写小说,到底是要完成劝人的目的,还是要完成改造自我、实现自我之类的目的,有时不太容易分辨。

表面上看,《实干家潘永福》在形式上与赵树理1943年写的劳模传记《孟祥英翻身》颇有一致之处,即都有交代写作缘由或目的的序言式文字,也都有担心读者追问而交代人物现状或未来的冗余文字,但事实上《孟祥英翻身》的结尾是开放性的,写作者有更大腾挪的余地,《实干家潘永福》的结尾是封闭的,写作者是以冗余的文字重复表达潘永福的实干精神。① 相较而言,写《孟祥英翻身》的赵树理是从容的,文字有较好的弹性,写《实干家潘永福》的赵树理是紧张的,文字的弹性也明显不足。究其原因,是写《实干家潘永福》的赵树理身处"大跃进"的余波中,急于完成劝人的目的。但更深层的原因,则是为了自己。从1959年又一次下乡开始,赵树理萦心的似乎不再是写作问题,而是农村工作问题。在写给邵荃麟的信中,赵树理谈的完全是阳城公社化存在的问题和自己想到的具体对策,② 他还写了政论《高级农业合作社遗留给公社的几个主要问题》,此后写给中央的信件也都是关于农业农村问题的,而长篇大论的《公社应该如何领导农业生产之我见》,简直是以具体的行政干部自命了。这些行为在作家高度政治化的时代算是本职工作的需要,但很快赵树理就不得不向党组织认错,承认自己"对中央决议、粮产、食堂三事说了无原则的话",表示"愿接受党的严厉处分"。③ 赵树理无法实现他的农业农村治理的抱负,便转而在小说《老定额》《套不住的手》《实干家潘永福》中展

---

① 赵树理1964年写有传记《前岭人——中共沁水县委副书记何洪义同志家史》,形式极为自由,与《孟祥英翻身》《实干家潘永福》有极大相关性。
② 赵树理:《致邵荃麟》,载《赵树理全集》第5卷,第294—298页。
③ 赵树理:《致邵荃麟并作协党组》,载《赵树理全集》第5卷,第374页。

开，写作因此构成了一种代偿性满足。在这个意义上来说，赵树理的小说写作不仅是劝人的，更是为己的。因为是为己的，是一种代偿性的满足，《老定额》《套不住的手》《实干家潘永福》中的主人公都具有了孤胆英雄的气质，"老定额"林忠孤独地面对自己算细账的定额表，最终在现实的刺激下把定额表扔进了字纸篓，①似乎是告别了孤独；七旬老人陈秉正孤独地面对自己小耙子一样的手和手艺，最后告别的是手套，把满红媳妇织的手套还回去了；②潘永福更是孤独地算账，安排大大小小的事物，解决大大小小的问题，将农业农村治理得井井有条。赵树理的怀旧式情绪和难以施展的农业农村治理的抱负，显然都渗透在其写作的字里行间了，尤其是《实干家潘永福》中被精心选择出来的事例，虽然不能框住潘永福的个体生命史和1961年前中国30年的历史，但对于写作者赵树理而言，却是足够的代偿和慰藉了吧。也正因为如此，对于赵树理而言，《实干家潘永福》作为"真人真事的传记"的真实性远比小说的真实性来得重要，"真人真事的传记"的真实性是一种现实的真实性，而小说的真实性只是一种理论的真实性；前者已然是现实，后者却有待于论证和实践。在这个意义上来说，《实干家潘永福》的文字缺乏弹性、事例的线条框不住历史、现实主义的质地渗透着浪漫主义的因素等各个层面的问题都没有那么重要，赵树理真正需要的是成为潘永福。大连会议和此后康濯的文章也正好修辞性地读出了赵树理和潘永福的作为实干家的同构性。

  但赵树理归根到底是作家，他更容易在写作中感受自己的限度和可能性。或者说，只有在文字所营构的世界里，赵树理才能获得真

---

① 赵树理:《老定额》,载《赵树理全集》第5卷,第367页。
② 赵树理:《套不住的手》,载《赵树理全集》第5卷,第420页。

正的自由，他既能一展所长，又能清晰、准确地体认自己的限度。这在《实干家潘永福》中是有具体表现的，赵树理开头写"潘永福同志和我是同乡不同村，彼此从小就认识"，第二自然段却写"我对他生平的事迹听得很多，早就想给他写一篇传记，可是资料不全。今年一月份，我到沁水县去，又碰上他，因为要写这篇传记，就特地访问了他几次"，这种看似相互矛盾的书写很好地呈现了作家和书写对象之间的关系，即赵树理固然十分熟悉潘永福，但要完成对潘永福的书写，则需要进一步的了解和熟悉。同时，更为有意味的是，对于"彼此从小就认识"的潘永福，赵树理没有写自己亲见潘永福的生平事迹，而写"听得很多"。赵树理与潘永福从小认识，此后行迹并不重叠，但时有交叉，彼此互有闻问，这是事实。但以此入写作，则多少有些疏离感，赵树理只是"听得很多"，他如何能在下文写出一切如自己亲见的感觉？在听闻和亲见之间，赵树理转换了写作的伦理，"听得很多"表达的是自我的限度，而亲见之感则表达的是写作的自由，赵树理不必局限在听闻的限度里而丧失写作的自由。至于实现转换的条件，则是"特地访问了他几次"。传主所言与事实真相当然不是一回事，赵树理似乎有意忽略了这一点。但可以解释的是，赵树理和传主潘永福生活在同样的政治、社会和生活状态中，彼此事虽不同，理则与共，因此可以在合理的想象性补充中把握传主言说的真实性，并在具体细节和场景中动用小说家的想象力，实现一切如同亲见的写作自由。在这个意义上来说，赵树理声称《实干家潘永福》是"真人真事的传记"是有严肃的合法性的，而读者从一开始就将《实干家潘永福》识别为小说，也不能说是什么误读。不过置于从侯金镜开始的"不能当小说读"之类的说法所构成的历史语境中，赵树理的坚持表现出了掌控文本阅读方向的焦虑，无论从为己还是劝人的意义上来说，他都多少有些张皇失措。而他1966年做政治检查时说自己被贴大字报后"每天除了听一听学毛选的青年们的报告,便读了一本《欧阳海之歌》,这些新人新书给我的启发是我已经了解不了新人,再没有从事写作的资格了",①这种说法一方面是为了应对检查,另一方面也表明,自1950年开始遭受种种批判以来,赵树理对自己的写作资格一直都是在自信和自我怀疑的交替中进行的,因此格外在意读者对自己的接受。

更为困难的地方在于,赵树理之在乎读者接受也好,通过小说来实现某种代偿也好,其实都内在于当时各方观点所发生交锋的激进政治的平面。赵树理的突进和回退固然是为了表达自己的政治观点和立场,推崇他和批判他的各方也是为了表达各自的政治观点和立场,文学的现实主义和浪漫主义、人物的真实和虚假、写法的现实性和非现实性……都与持论者背后的政治观点和立场密切相关,文学形式成为薄透或透明的存在,但又不是不存在。事实上,由于文学形式的薄透或透明,文学性在其可有可无的形态中变成了作家反复藏身的处所。这正是赵树理在《下乡集》的序言中强调"自己的一套写法"的根本原因。在这个意义上来说,不管是劝人还是为己,赵树理在写作中表现出来的都是同一个自己,不同目的背后并没有两个不同的赵树理。《实干家潘永福》中一些看似无关紧要的表达,如"从闲谈中以话引话慢慢引出来",如"别人也写过。关于这一类事,我就暂且不写在这篇文章里",如"我可以在这里加一点补叙",都是赵树理独有的写法的表现。尤其是"从闲谈中以话引话慢慢引出来",更是赵树理有意识地进行文学创作以来所一贯表现出来的叙述习惯,其中的淡定从容和坚韧执拗,不是很多作家所拥有的质地。因此,尽管《实干家潘永福》

---

① 赵树理:《回忆历史 认识自己》,载《赵树理全集》第6卷,第482—483页。

沾染着革命浪漫主义的时代气息，隐含着农业农村治理的抱负难以施展的焦虑，它的叙述仍然是淡定从容的，具有赵树理小说常有的风格和特点，并使得赵树理的读者容易将它识别为小说。这也就是说，虽然赵树理有意以事例为主形成《实干家潘永福》的线条，形式上别具一格，事理上别具说服力，纹理仍然具有赵树理文学常见的特点。在激进和变动不居的政治所引发的文艺潮汐中，赵树理虽然张皇失措，但并未茫无所主。即使是在大批判的现场，赵树理也仍然坚持为自己辩护。

余　论

从赵树理的写作中读出为己的线索来，大体上不会是符合作者心意的读法。但如果能将《实干家潘永福》这样的从刊布以来就面临重要的文体接受分歧的文本有所解释，即使有悖于作者的心意，也是不妨尝试的。

而且在一般的认知框架中，文体界限的模糊或文体接受的多歧是出现在作家拥有充分或较为充分的创作自由的条件下的一种现象，它引导研究者思考文学的先锋性、创造性等美学上较为尖锐的话题。但是赵树理《实干家潘永福》的存在挑战了上述陈规，《实干家潘永福》的接受史表明，在激进的、作家甚至就是政治家的文学生态中，也存在类似的尖锐的美学话题。

更值得注意的是，由于类似的尖锐的美学话题总是与现实政治紧密关联在一起，讨论和研究起来是更费周章的，也将得出更具有洞察力的文学和美学判断。无论是赵树理在《实干家潘永福》中展现出来的政治智慧和抱负，还是文体才华和孤独感受，都表明具体历史中的人虽然深深嵌套在政治和社会中，却仍然时时挑战或改造着政治和社会，或者至少具有挑战和改造的潜能。因此，无论处境如何，赵树理及其文学都是讨论文学性、讨论文学形式的绝佳案例，赵树理其人也始终是历史中的丰富的人。

附录四 论周立波《暴风骤雨》的叙述与形式

与讨论《在延安文艺座谈会上的讲话》以后的几乎所有解放区作品一样，讨论周立波《暴风骤雨》的形式并不是一件容易的事。一些通常被视为理所当然的前提，如这些作品是政策的传声筒因而形式感不足或缺乏形式感，这些作品千篇一律、没有各自独特的形式感，这些作品并不追求形式感因而具有透明性或暴力性，等等，使得对类似于《暴风骤雨》这样的作品的形式的讨论往往流于简单粗暴，或者干脆省略形式的讨论，直指一时一地的政治、社会和历史状况，将文学的真实性问题置换为具体事实和细节的真伪问题，从而形成一些看似据实而言，实则偷换逻辑和概念的判读。为了避免陷入类似的窘境，本文拟从周立波《暴风骤雨》文本的基本叙述面貌出发，追踪其基本的形式面貌和特征，形成一些文学意义上的分析和判断，并进而论及与之相关的政治、社会和历史问题。

一　三重叙述

　　作为一个第三人称全知叙事的文本，周立波《暴风骤雨》的叙述者通常被当作政策的传声筒或透明的存在。有论者即根据1949年后出版的各版次《暴风骤雨》扉页上所引毛泽东1927年《湖南农民运动考察报告》中的话，断定小说叙述僵硬而透明，不过是对活生生的现实的粗暴剪裁，而且中间还发生了时代错乱，将1920年代的政治嫁接到40年代的现实中了。①这样的意见多少有几分道理，至少意识到了文学与政治的密切关联，但却误将小说的主题当成了叙述，并未真正处理小说的叙述问题。实际上，正如学界早已注意到的那样，都是写1940年代解放区的土改，周立波《暴风骤雨》、丁玲《太阳照在桑干河上》和赵树理《邪不压正》的叙述和形式感就很不一样。②因此，假如不是过于简慢，就会意识到，叙述与形式的问题不仅对于现代主义的作品而言是重要的，对于类似《暴风骤雨》这样的现实主义作品而言，也是重要的；甚至是更加重要的。将驳杂、博大且往往与写作个体的生命体验没有直接关联的现实进行形式化，绝不仅仅是传递一个政治政策声音的问题，虽然传递政治政策的声音本身也并非易事。而周立波他们面对的驳杂、博大的现实不仅是与自身生命体验无直接关联的，而且是一种处在重大的、革命性的变动中的现实，是一种随时可能与每一个个体建立新的关联方式的现实，如何将其进行形式化

---

① 唐小兵：《暴力的辩证法——重读〈暴风骤雨〉》，载唐小兵编《再解读——大众文艺与意识形态》（增订版），北京：北京大学出版社，2007年，第114页。

② 陈涌：《丁玲的〈太阳照在桑干河上〉》，载《人民文学》第2卷第5期，1950年9月1日。

的问题，也因此就不仅是一个有些作家通常思考的怎么写的问题，而且是一个无论怎么写都无法将现实形式化的问题。这也就是说，对于周立波他们而言，即使无法抗拒形式可能不朽的种种诱惑，无法抗拒让自己的写作成为某种具有普遍性的写作的诱惑，也不得不时刻面对速朽的尴尬处境。在重大的、革命性的变动中，庞杂的现实生活也许涌动着有无数面向的历史动能，走向历史性的多种方向，周立波他们如果选择漂流其中，将难以形成长篇小说先在的观念结构；而不在其中漂流，不仅是一种客观唯心主义的幻想，而且也并不见得就能形成超越性的视野。在这种复杂的、几乎是毫无选择余地的语境中，周立波他们却必须做出选择，对现实进行形式化。那么，通过作品去观察其形式化的痕迹，从而在一定程度上还原其编织文本的过程，无疑将有助于相关作品的文学意义的分析和判断，从而在将文学视为一种有待于填充内容的对象的意义上重建文学的知识谱系和价值谱系。

就周立波写东北土改的长篇小说《暴风骤雨》而言，除了分为上下两部，其形式上最明显的痕迹是三重叙述的存在，第一重是对土改运动的远景进行叙述，第二重是对工作队的土改工作进行叙述，第三重是对土改运动中的元茂屯进行叙述。形式上分为上下两部的问题过于明显，紧贴关联东北的土改进程，可以说是现实在小说中最为直接的形式呈现，没有什么分析空间，因此不如分析小说中存在的三重叙述。先说第三重叙述，因为小说上部开头是从一个无名屯子开始的：

> 七月里的一个清早，太阳刚出来。地里，苞米和高粱的确青的叶子上，抹上了金子的颜色。豆叶上和西蔓谷上的露水，好像无数银珠似的晃眼睛。道旁屯落里，做早饭的淡青色的柴烟，正从土黄屋顶上高高的飘起。一群群牛马，从

屯子里出来，向草甸子走去。一个戴尖顶草帽的牛倌，骑在一匹儿马的光背上，用鞭子吆喝牲口，不让他们走近庄稼地。这时候，从县城那面，来了一挂四轱辘大车。轱辘滚动的声音，杂着赶车人的吆喝，惊动了牛倌。他望着车上的人们，忘了自己的牲口。前边一头大牤子趁着这个空，在地边上吃起苞米苗来了。

"牛吃庄稼啦。"车上的人叫嚷。牛倌慌忙从马背上跳下，气呼呼的把那钻空子的贪吃的牤子，狠狠的抽了一鞭。

一九四六年七月下旬的这个清早，在东北松江省境内，在哈尔滨东南的一条电车道（汽车路）上，牛倌看见的这挂四马拉的四轱辘大车，是从县城动身，到元茂屯去的。①

这个无名的屯子在一个看似无所不知的第三人称叙述者的眼中出现，仿佛是原生而永恒的，其中的生活秩序不需要做任何改变。但是，叙述者接着就改变了视点，透过无名牛倌的眼睛写了一挂四轱辘大车，它带来了震惊，扰乱了无名屯子既有的秩序。牛倌"望着车上的人们，忘了自己的牲口"，这一视点意味着来自内部的震惊，无名屯子的无名牛倌在外部力量进入的瞬间失去了自我意识，以至于"忘了自己的牲口"。有意思的是，作为造成震惊的"车上的人"很快中断了这个震惊的瞬间，并促使牛倌发生了重要的行为，跳下马背鞭打牤子。叙述者又改变了视点，透过外来者的眼睛观察这个无名屯子的风景和人事。而且，紧随这一视点改变的又是第三人称全知叙述，叙述者从时间和空间两个角度确定了马车和元茂屯将要发生关联的点。这里不

---

① 周立波：《暴风骤雨》上册，北京：新华书店，1949年，第1—2页。

妨做一些寓言式的解读,即全知全能的第三人称叙述者是熟知空间分布和时间走向的预言家,不仅掌握元茂屯所有秘密,而且知晓元茂屯的未来,但对元茂屯和县城之间的一个无名屯子,预言家所知道的却并不比一个马车上的过客所知道的更多。即使预言家可以自由地透过人物的眼睛观察一切,似乎所看到的也只是某种原生状态的风景。那么,通过一个无名牛倌的眼睛呈现出来的不可理解的马车,和通过马车上的过客呈现出来的原生状态的屯子,二者都不适应对方,这是否隐喻了小说接下来正面叙述的工作队和元茂屯的关系状态?这个无名屯子是一个与元茂屯一样的屯子,还是另外一个也许不一样的屯子?通过呈现屯子的已有秩序与外来力量之间的紧张关系,叙述者显然是有意隐喻了元茂屯的某种有待于改变的既有状态,从而引向两种必然的叙述路向,即审美和改造。从审美的角度来说,元茂屯是以自然美的形象出现的:

> 萧队长忙抬起头,看见一片烟云似的远山的附近,有一长列土黄色的房子,夹杂着绿得发黑的树木,这就是他们要去工作的屯落。①

"烟云似的远山""土黄色的房子"和"绿得发黑的树木"构成了远近不同的丰富景深,既是萧队长的眼前之景,也是他内心的风景,暗示着他将对"要去工作的屯落"的美好想象与眼前风景相互印证。而从上文他与元茂屯车板子老孙头的对话可以看到,工作队长萧祥一方面笃定地认为自己了解、理解老孙头的言语风格,另一方面也从老孙头闪

---

① 周立波:《暴风骤雨》上册,第9页。

烁其词的表达中意识到元茂屯的复杂性，这便从客观上提示了元茂屯的神秘性：不仅对于工作队来说元茂屯具有难以认知的神秘性，而且对于读者来说，它也是神秘的，就像那"烟云似的远山"一样。那么，从将元茂屯视为工作对象，即改造元茂屯的角度来说，表现元茂屯的自然美就确实是一种政治美学，目的是从元茂屯的已有秩序中拯救元茂屯的自然美，重新建构元茂屯的自然与人的关系。在这个开头中，不是让小说的反面人物韩老六等人先出场，也不是让老孙头等重要的正面人物先出场，而是让在情节上无关紧要、后来也不再出现的牛倌出场，其叙述的根本意图正在于说明，血与火的斗争指向的是一种理想的自然与人的关系的建立。无名牛倌和无名屯子也许无关紧要，只是道旁风景，但这样的人如果也能不受惊吓地生存，那么，一种理想的自然与人的关系就有了可能。既然改造元茂屯也是为了元茂屯呈现出一种未经改造过的自然美的形象，那么，处于土改运动中的元茂屯，就有了必须进行严肃分析的神秘内涵。

在关于元茂屯的审美和改造的双向叙述中，不神秘的部分是很清晰的，即关于农民和地主矛盾的呈现，以及相应的情感政治问题。无论是韩老六、杜善人他们的残忍、丑陋和狡猾，还是老孙头、老田头、赵玉林、白玉山他们的血泪、畏葸不前和自私，都是很容易指认的，双方之间因土地集中带来的矛盾、具有历史性的积怨，也都历历在目。问题在于，元茂屯像自然美一样本有的、表现在农民身上的美好品质是什么？如果不能先在地、本质地指认这种美好品质，将老孙头、老田头、赵玉林、白玉山等农民通过土改运动召唤起来，就容易被指称为一种别有用心的行为，目的不过是为了拉拢一群人去反对另一群人，从而无谓地牺牲了另一群人，污名化了另一群人，因此引来后来者勇猛的历史责难。①而正因为这种美好品质具有先在和本质的特点，就不容易被结构性地叙述出来，从而在文本面貌上，也就不得不表现为一种神秘的状态。

与第三重叙述密切相关，小说的第二重叙述呈现出不断延宕的面貌。小说上部第二节开头写道：

> 工作队的到来，确实是元茂屯翻天覆地的事情的起始。靠山的人家都知道，风是雨的头，风来了，雨也要来的。但到底是瓢泼大雨，还是牛毛细雨呢？还不能知道。就是屯子里消息灵通，心眼挺多的韩家大院的韩老六，也不太清楚。②

在这里，小说的叙述节奏发生了改变，小说的时空线索也被重启了，原生状态的元茂屯被将要翻天覆地的元茂屯取代，工作队和韩老六构成一组矛盾，支配整个元茂屯的时间和空间。相对于原生状态的元茂屯而言，工作队和韩老六所构成的这组矛盾是特别的，工作队固然是外来因素，韩老六作为工作队的对立面和工作对象之一，似乎也不是内在于原生状态的元茂屯的，他也是外来因素。韩老六当然是元茂屯的土著，小说也始终把韩老六及其他地主当作元茂屯内部的问题来处理，只是在叙述的意义上，韩老六是作为工作队的对立项出现的。小说上部第一节曾写到另一辆马车，即溅了老孙头一身泥的胶皮轱辘车，它在第二节结尾再次出现了：

---

① 唐小兵：《暴力的辩证法——重读〈暴风骤雨〉》，载唐小兵编《再解读——大众文艺与意识形态》(增订版)，第111—127页。
② 周立波：《暴风骤雨》上册，第12页。

> 天刚露明时，有人瞅到一辆胶皮轱辘车，车上装满了藤箱和麻袋，四匹马拉着，往西门一溜烟跑去，这就是昨天在半道把泥浆溅到老孙头脸上，手上和衣上的那一辆空车，今天又拉着满车财物出去了。①

这辆马车是韩老六家的，当它第一次出现时，和工作队坐的马车一样来自元茂屯之外，如今再次出现，则是"拉着满车财物出去"，即通向外部。这也就是说，韩老六家的马车是他家与元茂屯之外的世界有关联的象征，韩老六并不是原生状态的元茂屯所能限制的，一旦遇到突发状况，他可以通过不遵守元茂屯秩序的方式解决问题。因此，在叙述的意义上，韩老六就是相对于工作队而言的另一个外来因素，以其自身的不说理证明着工作队的说理，从而说明工作队作为拯救元茂屯的外来因素的合理性。而这也正是小说的第二重叙述要延宕到叙述韩老六的原因。韩老六不太清楚工作队的到来意味着什么，一方面指向元茂屯对工作队的疑惧，另一方面则指向工作队将重新分割韩老六所谓的"说理"治理下的元茂屯。当工作队的工作进展到一定程度，赵玉林拿着绳索去抓韩老六，半道劈面相遇的韩老六说：

> 要抓人，也得说个理呀，我姓韩的，守着祖先传下的几垄地，几间房，一没劫人家，二没偷人家，我犯你姓赵的那一条律条，要启动你拿捕绳来捕我？走，走，咱们一起去，去找工作队同志说说。②

---

① 周立波：《暴风骤雨》上册，第24页。
② 同上书，第74页。

韩老六以"说理"为说辞，试图打破赵玉林与工作队的联盟。这便是从反面叙述了工作队的工作是要在元茂屯建构有利于赵玉林们的"说理"治理，并证明着韩老六总是要通过与外部力量的关联而稳固自己的"说理"治理。如此一来，小说的第二重叙述就不断地在工作队和韩老六之间的矛盾关系中摇摆，并因为韩老六在元茂屯根深蒂固的治理一时难以尽去而发生延宕。

而每当第二重叙述的延宕发生时，第一重叙述就作为重要的调节力量出现，它解释延宕的原因并推动第二重叙述继续往前发展。但它通常不是直接出现的，而是以工作队长萧祥的语言、共产党的政策等方式间接出现。比如当初来乍到元茂屯的刘胜召开会议失败之后，萧祥就评价失败是意料之中的，此后小说叙述就从工作队开会转向工作队员出去联络元茂屯百姓，小王作为工作队员，带来了赵玉林的出场，萧祥作为工作队员，带来了刘德山的出场。这背后是共产党群众路线的具体展开，更是土改运动远景的具体展开，即一时的失败、暂时的挫折不能成为否定土改工作的理由，具体的土改工作总是充满曲折的，而土改运动的远景则不容置疑。对此表现最明显、最有力的是小说下部的开头，虽然张富英控制了元茂屯土改之后的村政权，使得土改的成果并没有真正为郭全海这些农民们所享有，但小说叙述并没有因此陷入停滞，而是叙述了张富英的失败，重新指向整个土改运动的远景。而且，特别值得注意的是，与小说上部不同，小说下部出现了一个集体叙述者：

原来的县委书记调往南满后，萧队长升任县书。城区的老百姓都管他叫萧政委，元茂屯的老百姓还是叫他萧队长。现在，他在农会里屋南炕的炕头上也呼呼的睡了。我们搁下他不管,去看看张富英回家以后的情形吧。①

这里的"我们"首先指的是叙述者试图和读者建构的一种共情关系,吁请读者直接介入文本,共同承担小说的叙事任务。其次,小说的第三人称全知叙述者也因此获得具体的集体承担者,而不再是抽象的叙事学意义上的概念,小说于是不再是第三人称全知叙事,而是第一人称集体叙事,小说的第一重叙述,即关于土改运动的远景叙述,就不再是某种抽象的理念的形式化,而是"我们"的未来想象的形式化。因此,与其说整部《暴风骤雨》是第三人称全知叙事的文本,毋宁说它是一个第一人称集体叙事的文本,只不过"我们"在上部是隐形的,在下部才直接出现,控制整个文本的基本叙述状况。

二 "我们"的形式

一旦将《暴风骤雨》视为第一人称集体叙事的文本,整部作品的形式就变成了"我们"的形式,对于小说故事情节、人物和细节的理解也就必须从现实再现的层次转换到寓言的层次,小说的真实就不仅仅是现实生活的真实再现,而且也是寓言意义上的真实。而"我们"的形式是寓言的形式,不是要重复小说背后关联的社会结构分析、敌我分析和历史主体分析等经典马克思主义的命题,而是要在解放区革

---

① 周立波:《暴风骤雨》下册,北京:新华书店,1949年,第5页。

命和社会建设的语境中，讨论"我们"被启用时所征用的情感经验和所召唤的感觉结构，建构一种独属于解放区文学的感性学。关于这一点，最好的例证也许是小说下部第二十四节关于分马的叙述，家家户户小有分歧的分马事件虽然略有波折，但最后在郭全海用心良苦的先进带动后进的引领下成为邻里互助、相亲相爱的美谈：

> 郭全海进屋，一面笑着，一面说道：
> "我的青骒马牵来了。你们不乐意要热毛子马，换给我吧。"老田太太的心转过弯来了。笑着说道：
> "不用换了。咱们也能治，还是把你的马牵回去吧。各人都有马，这就好了，不像往年，没有马，可蹩屈呀，连地也租种不上。"
> 彼此又推让一回，田家到底也不要郭全海的马，临了，郭全海说道：
> "这么的吧，青骒马开春下了崽，马驹子归你。"①

分马虽然让"各人都有马"了，通过生产工具的重新分配极大程度地实现了起点上的公平，但这并不能很好地满足各自对生产工具的不同需要，老田太太心里其实是很"蹩屈"的，即使面对郭全海换马的好意，也不是很高兴，因为她并不想要一匹怀孕的马。那么，到底是什么让她的心"转过弯来了"呢？单纯说郭全海的牺牲精神或榜样作用的感召是不够的，因为要求或期望所有元茂屯的人都成为郭全海式的人是不可能的，各人之间的差异也绝不可能因为牺牲或榜样而变得不

---

① 周立波：《暴风骤雨》下册，第279页。

存在或不重要。老田太太重提"不像往年",是在说明"彼此又推让一回"的共情基础在于共同的绝对贫困的历史,有了那样的共情基础,才有这样的对于差异的相互理解。郭全海显然也理解和同意老田太太的共情机制,才最终以"马驹子归你"收场,即仍然承认差异,并希望在差异的基础上形成彼此的关联,从而建构某种"我们"的关系:"我们"是有差异的,但"我们"仍然是"我们",不是敌人,不是不同的阶层。

但是,小说关于分马的叙述其实有些过于理想,掩盖了差异可能带来的问题。相比较之下,小说下部第十一节关于"扫堂子"的叙述更具有症候性。所谓"扫堂子",是指一个屯落认为另外一个屯落土改工作或某类工作不彻底,并以此为名义进入另外一个屯落实施相关动作的行为。对于这一行为,小说的叙述是这样开头的:

> 才进屯子,东头一个黄马奔过来,张景瑞翻鞍下马,气喘呼呼冲郭全海叫道:
> "来扫堂子的来了。"
> 郭全海冷丁吃一惊,慌忙问道:
> "哪一个屯子的?在哪里呀?"
> "民信屯的,进了农会的院子。"①

郭全海他们简直如临大敌,哪里还有与外屯的贫雇农发生共情而称"我们"的余地?这引发一个疑虑,即当叙述者启用"我们"进行叙述的时候,"我们"并不存在于小说内部,而不过是叙述者用来和读者

---

① 周立波:《暴风骤雨》下册,第134页。

调情的修辞。但这一疑虑马上就被叙述者打消了，因为小说接下来写道：

> 郭全海撇下起枪的人们，往农会跑去。早听说过扫堂子的事。是外屯的贫雇农来扫荡本屯的封建。他想，这是不行的。他们爷俩在元茂屯住了两辈子，杜家有枪，还不太清楚。要不是他儿媳告发，还起不出来。本屯的人对本屯的情况还是这么不彻底，外屯的人更不用提了。要来扫堂子，准会整乱套。①

虽然下文的叙述会显示，民信屯人来扫堂子的目的并不单纯，他们极有可能表面上是来帮助元茂屯扫荡封建，而实际上是来抢夺斗唐抓子的胜利果实，但郭全海的思考并不是在敌我矛盾的意义上展开的。他所思考的本屯和外屯的问题，的确源于具体的地域差异，但更重要的是他认为"本屯的人对本屯的情况还是这么不彻底"，难以建构屯与屯之间扫荡封建的连带。虽然彼此的确同属于贫雇农，理论上属于同一个政治共同体，但具体问题具体分析，此时此刻差异是更重要的。如何让民信屯的人认识到差异的存在，就成为郭全海接下来与民信屯人对话的重心。他先是找到民信屯的陈团长，说起当年彼此都"上牡丹江当劳工"，有此共情之后，陈团长提出"一块堆合计一下"，②双方乃进入认识差异，再建共情和连带关系的过程。而在这一过程中，双方虽然有一定的冲突，元茂屯也付出了物质代价，但双方终于达成了重

---

① 周立波：《暴风骤雨》下册，第134页。
② 同上书，第136—137页。

要的共识：

> 都别吵吵，咱们穷人都是一家人，有事好商量，不能吵吵，叫大肚子笑话。这天下都是咱们的。①

话是郭全海说的，现场的人也都同意，都认识到彼此还有共同的敌人大肚子，并且必须在面对敌人时表现出"咱们"的自信和特点，"这天下都是咱们的"，"咱们穷人都是一家人，有事好商量"。在这个意义上，内在于小说的"我们"非常清晰地出现了，即"我们"是贫雇农政治共同体，与地主势不两立，而且能够"有事好商量"，有效地理解和面对内部差异，解决相关的问题。需要强调的是，所谓"有事好商量"并不一定是和风细雨式的商量，也不是郭全海和陈团长之间存在的熟人社会关系的升级，其中仍然存在着误会和斗争，甚至会出现一些不如人意的状况。在扫堂子风波的结尾，是一段非常有意味的风景描写：

> 吃罢饭以后，民信屯的人捆爬犁拉着豆饼和谷草，人们踏着雪，往回走啦。元茂屯的人打着锣鼓，唱着歌，送到西门外。四九天气，刮着烟泡。冷风飕飕的，一股劲的往袖筒里，衣领里直灌。眼都冻的睁不开。两脚就像两块冰。人们的胡须上挂着银霜，变成白毛了。②

---

① 周立波：《暴风骤雨》下册，第139页。
② 同上书，第141页。

从写实的角度而言，在锣鼓歌声之后描写四九天气，并非完全不可理解，那就是一种真实的生活状态。但从"我们"的形式作为一种寓言形式的理解出发，就难免产生一些风景的衍义，即风景不是风景自身，而是"我们"的心态和情感的投射或象征，"我们"仍处在一种恶劣的环境中，尚未迎来春天。虽然革命的语法往往与1964年的歌曲《红梅赞》里"千里冰霜脚下踩，三九严寒何所惧"的表达类似，但对于《暴风骤雨》，也许应当有一种稍显悲观的谨慎态度，对"我们"存有一定的疑问。

不过，这种风景描写的衍义，是寓言式解读的发明还是发现？发掘这一衍义是不是过于苛细了？这些都不太好回答。就小说的叙述形态而言，"我们"构成的乃是一种乐观向上的情感倾向。在小说下部第二十二节开头，叙述者又说道：

> 咱们离开元茂屯，往外头走走，看看郭全海和白玉山他们的公事，办的怎样了。①

从"我们"到"咱们"，叙述者模仿说书人声口的特点越来越明显了，同时，叙述者把读者当作自己人的特点也越来越明显了：叙述者不仅邀请读者介入小说，还试图将读者当成元茂屯的一员，与叙述者一起出入元茂屯的生活空间。这样的表达一方面指向周立波以元茂屯的原型黑龙江省尚志市元宝村的村民为理想读者的写作意图，另一方面则指向"我们"的形式的完成。"我们"是一个生活的共同体，而且"我们"对于各类事情的变化、发展保持着热情的介入和乐观的态度，并

---

① 周立波：《暴风骤雨》下册，第239页。

没有因为顿挫而犹豫、怀疑。在这个意义上，对于小说的个人化和细节化的解读，固然足以丰富小说的理解，但也可能带来混乱，必须对"我们"的形式有一个总体把握，才能有效地将个人化和细节化的解读安插到有效的位置上去。因此，"我们"的形式构成了对于小说个人化和细节化的解读的限制和规约，使得一切解读都必须在理解《暴风骤雨》的总体关怀上才有意义。这也就是说，不是作者周立波对个体和细节缺乏理解，而是他试图在"我们"的形式中重新表达个体和细节，并将个体和细节安置到新民主主义社会的秩序中，其中蕴含着在表达现实的基础上将现实推动着往一定的历史方向运动的激情。关于这一激情，作者在小说下册第二十六节借萧祥之口做了间接说明：

> 同志们，朋友们，听我说一句，咱们共产党的政策，毛主席的方针，是坚决的团结中农。中农和贫雇农是骨肉至亲。咱们一起打江山，一块坐江山，一道走上新民主主义社会。①

萧祥的言语杂有政党政治、熟人社会、传统政治等诸种话语，并不是单纯的政策方针的表达，这里不展开分析。从萧祥的言语中，作者暗示了"我们"是为新民主主义社会的到来而努力的革命者和建设者，"我们"是处于历史过程中的"我们"，而不是处于某个历史终点的"我们"。因此，理解"我们"的形式也应当把握这一过程性，小说在形式上出现的一些延宕、波动甚至前后不一致，不是因为写作失实，而是因为写作发生在具体的历史过程中，只能随着历史的变化共振，并在

---

① 周立波：《暴风骤雨》下册，第304页。

共振中凝聚某种一致性和方向性，从而具有了某种暂时性的形式美学的特征。而非常强有力的是，作者始终相信"我们"，从未抛下"我们"，躲在一些形式冗余的角落做过度的抒情。而在这一意义上回顾萧祥眼中"烟云似的远山"，将会发现，那不仅仅是工作队长眼中的风景，而且是"我们"的风景，指向新民主主义社会的远景。

三　美好品质作为剩余物

从形式上来说，周立波《暴风骤雨》存在着许多"我们"之外的剩余物，这些剩余物似乎游离了"我们"的形式，在许多时候甚至似乎构成了对人物的反讽。但作者似乎无意对人物进行反讽，反讽也并不构成小说的基本修辞面貌和情感倾向。面对这些剩余物，也许就应当改变解读的方向，将其中人物所表现出来的品质做另外一个方向的描述。比如下面这一段叙述：

> 赵玉林带领着众人，向韩家大院走去。刚到半道，迎面来了两个人，星光底下，看的挺清楚。一个是韩家大院管院子的李青山，一个就是韩老六本人。这意外的碰见，使得赵玉林一时楞住了，不知说啥好，他不知不觉的把他拿着捕绳的右手搁到背后去。紧逼在他的跟前的秃鬓角，就是老百姓不敢拿正眼瞅瞅的威风十足的韩凤岐。"我能捕他吗？"赵玉林心想。韩老六看见赵玉林发楞，就放出平日的气焰开

口道：

　　"老赵，听说你是来抓我的，挺好，你瞅我自己来了。"

　　看见韩老六怒气冲冲的样子，人们又走散了一些，老田头不敢再上前，赶车的老孙头也慢慢走开，慢慢走回家去啦。①

对于这一段叙述，经典的马克思主义解释会认为这是农民没有发动起来，面对地主的积威，农民还不知道自己的权利和力量，还不知道如何应对，更不知道如何反击；叙述者也的确调动了"楞住""威风""平日的气焰""不敢"等词汇来证明这一点，背后的确有经典的马克思主义阶级分析的眼光。但赵玉林在这"意外的碰见"时所表现出来的瞬间意识、思想和行为，其实还有一些阶级分析之外的剩余物。当他想"我能捕他吗"之时，即已否定自己"不知不觉"把捕绳的右手搁到背后的下意识行为，但仍然还"楞住"，是在思考采取何种方式来进行应对和反击，这些都可以纳入阶级分析的范畴。但他的思考为什么具有相当的长度，以至于韩老六可以发动一连串的攻击？这是需要通过分析下文赵玉林终于做出反击的理由才能得以澄清的：

　　"早说过了，"张班长看见赵玉林被韩老六吓唬住了，帮他说道："你犯的律条可多哩。"

　　"你叫我在当院里跪碗米糁子，你忘了吗？"赵玉林看到有了帮手，恢复了勇气。

　　"你记错了吧，老赵哥？哪能有这事？"看见赵玉林敢

---

① 周立波：《暴风骤雨》上册，第73—74页。

于开口,韩老六起始有点儿吃惊,但立即把声音放得和软些,在"老赵"下边添一个"哥"字,而又狡猾的抵赖他做过的事情。

韩老六这一撒赖,使赵玉林上了火啦,他怒气冲冲的说:

"你说没有,就能没有吗?我不跟你说,你到工作队去见萧队长。"赵玉林说着,原先不知不觉藏在背后的捕绳,如今又不知不觉露到前面来了。①

从这一段叙述可以看出,赵玉林恢复斗争的勇气是因为张班长带来的势力,如果没有张班长撑腰,赵玉林可能无法提出当年跪碗渣子的事情。但旧仇变为新恨,却是因为韩老六试图通过熟人社会常用的"大事化小,小事化了"的策略否认旧仇而引发的。如果韩老六有策略地承认旧仇,像小说上部第八节写他被斗时那样主动献地献牲口,赵玉林很可能就会像其他农民一样,失去斗争地主的怒火和热情。但因为韩老六撒赖,试图掩盖真相,赵玉林就爆发了满腔怒火,这意味着赵玉林在乎的不仅仅是旧仇,更是真相。对真相的执着才是赵玉林这样的农民理解熟人社会、理解土改、理解新民主主义革命的根本,政治觉悟倒是其次的。由此可见,赵玉林这样的农民拥有基本的美好品质,他对真相的执着,超过他对仇恨的执着,一旦真相大白,其实是"有事好商量"的。

不过,因为这种美好品质不是作为正面叙述的内容展开的,所以只能以剩余物的形式存在于小说文本的不同角落,引起理解和解释

---

① 周立波:《暴风骤雨》上册,第74—75页。

上的困难。即如赵玉林面对韩老六的表现,叙述者强调他是"不知不觉"将捕绳藏到身后,又是"不知不觉"将捕绳露到身前,似乎畏葸不前和勇于反抗都是"不知不觉"的下意识行为,这就将小说关于土改远景的第一重叙述置于暧昧不明的境地,拉开了土改运动中的农民与土改运动的远景之间的距离,使读者对赵玉林这样的农民的理解缺乏清晰的意识形态光谱。事实上,斗争大会上其他农民主动对地主表示体谅和理解的表现,与赵玉林的表现是同一类型,而且放大了赵玉林身上的"不知不觉"。从场面描写来说,描写农民在斗争大会上不善于斗争的场面,当然是一种情节上的延宕,意在呈现土改运动的曲折多歧,延缓结局的来临,但这同时就构成了某种剩余物,将农民审时度势的判断彻底叙述为政治觉悟和革命觉悟的不足,也将农民追求真相的美好品质掩盖了。

但小说有意思的地方也正包括这些剩余物。在叙述白玉山夫妇的一次夫妻矛盾时,小说先写白大嫂子高高兴兴地准备鸡蛋什么的,要去慰劳土改工作队,却在路上遇到韩长脖,被韩长脖散播的谣言糊弄,以为白玉山参加土改工作是为了换媳妇,就和白玉山吵架,接着写邻居来调节夫妻矛盾,告知白大嫂子真相,得知真相之后,白大嫂子很不好意思,不但与白玉山重归于好,而且夫妻感情更胜从前。在这一段叙述里,叙述者就将白大嫂子追求真相的行为和表现叙述为一种值得正面肯定的行为和表现,从而显示出的叙述态度是,如果不是敌我之间的追求真相的问题,而是人民内部矛盾的话,就倾向于肯定白大嫂子的品质是美好品质。因此,可以分析性地看待的是,追求真相的美好品质在小说中确实是被作为一种剩余物来处理的,随叙述的需要而填充在故事的骨骼中,其中暴露出来的形式症候值得更进一步的讨论。

附录五　赵树理之影及其他
——解读丁玲《太阳照在桑干河上》的一个视角

丁玲和赵树理的小说，差异是相当明显的，甚至可能代表"有关中国革命的历史经验的两种不同的叙事"，① 两人的分歧、竞争和冲突也颇为引人注目，但在关键性的文章《跨到新的时代来——谈知识分子的旧兴趣与工农兵文艺》中，丁玲也罕见地表达了对赵树理的积极评价："当我第一次读《李有才板话》的时候，它的形式的新颖，是如何的使我喜悦而对赵树理的才智寄予了很大的佩服。"② 该文发表于《文艺报》1950年第2卷第11期，其时丁玲正因批评赵树理等人的文学是"窝头"及竞评斯大林文学奖而与赵树理等人的矛盾急剧升级，③

---

① 参见刘卓：《土改小说中的"阶级斗争"叙事——以〈太阳照在桑干河上〉为例》，载罗岗、孙晓忠编《重返"人民文艺"》，上海：上海人民出版社，2018年，第98页。
② 丁玲：《跨到新的时代来——谈知识分子的旧兴趣与工农兵文艺》，载洪子诚编《二十世纪中国小说理论资料（第五卷）1949—1976》，北京：北京大学出版社，1997年，第40页。该文收入1951年7月出版的同名散文集《跨到新的时代来》时，丁玲删掉"而对赵树理的才智寄予了很大的佩服"，一年不到就收回了"很大的佩服"。丁玲：《跨到新的时代来》，北京：人民文学出版社，1951年，第191页。
③ 参见张霖：《两条胡同的是是非非——关于1950年代初文学与政治的多重博弈》，载罗岗、孙晓忠编《重返"人民文艺"》，第278—295页。

故而在积极评价之后,她并未有任何展开,反而顾左右而言他,谈了谈欧阳山小说写作的变化。① 这种惊鸿一现的积极评价,从长篇小说《太阳照在桑干河上》存在的赵树理之影来看,也许提示的是丁玲的写作与赵树理之间的另外一层关系,即丁玲在写作《太阳照在桑干河上》时,多少偷师了赵树理,彼此甚至共享着一些明显的叙述密码以及随之而来的困顿。

一　形式的新颖

何谓"形式的新颖"和"赵树理的才智"?从《跨到新的时代来》一文的上下文来看,丁玲指的应该是赵树理适应新的内容,与劳动群众结合,从而使小说显出"中国气派,新鲜而丰富"。② 但这仍然是语焉不详的,只能根据《太阳照在桑干河上》和《李有才板话》两个文本进行逆推,揣测丁玲的言下之意。

从叙述和语词面貌上看,《太阳照在桑干河上》是与《李有才板话》完全不同的小说:后者不大以小说人物为视点,也几乎没有风景和心理描写,显得与人物相对疏离,前者则几乎总是以小说人物为视点,有极为丰富的风景和心理描写,显得与人物极为贴合;后者小说叙述语言和人物语言基本上一致,在语言的世界上与人物发生了融

---

① 参见丁玲:《跨到新的时代来——谈知识分子的旧兴趣与工农兵文艺》,载洪子诚编《二十世纪中国小说理论资料(第五卷)1949—1976》,第40页。
② 同上。

合，显得与人物极为亲密，前者小说叙述语言和人物语言差异极大，在语言的世界上与人物分割，显得与人物相对疏离。在这样的离合中，说它们是完全不同的小说，一点也不意外。不过，正是在这种不同叙述和语词面貌之下，存在着极为相似的情节结构、人物设定、叙述视角、语言并置等。

首先，《太阳照在桑干河上》以暖水屯听闻土改的信息而人心浮动开头，接下来在农民的等待和焦虑中交代他们对屯里情况的看法，之后以文采为首的工作队进屯了，工作队积极展开工作，但却始终不斗八大尖之首钱文贵，无法抓住主要矛盾，党员张正典被腐化，在斗争过程中模糊斗争对象，直到熟悉当地情况的章品进屯，才组织斗钱文贵，暖水屯人心大快，最后工作队离开暖水屯，开往八区一个新兵营工作，这样的基本情节结构与《李有才板话》如出一辙。《李有才板话》也是先写阎家山村民对本村的基本看法，之后写章工作员组织的选举和丈地，而村霸阎恒元不倒，干部陈小元变坏，模范村变得愈加可怕，直到老杨同志进村，重新深入群众，组织农会进行斗争，才彻底翻天覆地，最后区干部回区，老杨同志暂时留下工作。另外，《太阳照在桑干河上》写了胆小怕事的侯殿魁等农民形象，与《李有才板话》写了阻止小字辈参加斗争的老秦，也是完全一致的。这就是说，虽然《太阳照在桑干河上》是长篇小说，但它的基本情节结构与中篇小说《李有才板话》几乎完全一致。考虑到丁玲此前写农村的小说《田家冲》《水》和《夜》等作品都未采用类似的情节结构，其他作家也没有类似表现，就很难不怀疑丁玲对《李有才板话》"形式的新颖"的关注点并不在于从快板到板话的蜕变，而在于《李有才板话》的情节结构，她甚至在长篇小说写作中不经意地袭用了一回。

其次，《太阳照在桑干河上》可能不仅与《李有才板话》有关，也与赵树理的《李家庄的变迁》《地板》《福贵》《邪不压正》等小说存在着文本关联。丁玲虽然没有提及赵树理的这些小说，但它们的一些独有元素可以在《太阳照在桑干河上》中找到。比如《李家庄的变迁》写铁锁遇到共产党员小常才逐步走上革命道路，《太阳照在桑干河上》也写张裕民遇到八路军才逐步摆脱流氓习气，成为一名共产党员；《地板》写小学教员王老三对地主王老四讲劳动生产价值的道理，长篇大论，《太阳照在桑干河上》也写顾家土地面积的增多主要是由于劳动力多；《福贵》写福贵向老家长王老万控诉，认为自己沦为王八，名声臭，罪责在王老万身上，《太阳照在桑干河上》也写刘满控诉钱文贵，认为哥哥刘乾发疯、自己变得狂躁，都是因为钱文贵的作弄，"谋财害命不用刀"①；《邪不压正》写了普通庄户人家王聚财如何对新的社会秩序感到心安，《太阳照在桑干河上》也写了中农顾涌如何对土改感到心安。尤为重要的是，《邪不压正》以王聚财是否心安作为整个小说的主线，是一种极为内在的农村利益视角，甚至多少有些以农民利益和眼光为基准，这种写法仅仅在赵树理笔下出现，并仅仅在《太阳照在桑干河上》浮现，顾涌的利益和眼光构成了小说内在的法则。但这几乎不能说是丁玲在致敬赵树理，因为《邪不压正》1948 年 10 月才发表于《人民日报》，而《太阳照在桑干河上》1948 年 9 月已经出了初版本；只能说丁玲和赵树理共享了叙述农村变化的密码，两人有近乎一致的看取农村农民的眼光。

---

① 丁玲：《太阳照在桑干河上》，北京：人民文学出版社，1952 年，第 387 页。该小说的版本颇复杂，主要有 1948 年 9 月的东北光华书店版、1949 年 5 月的新华书店版、1950 年 11 月的校订版、1952 年 4 月的人民文学出版社版和 1955 年 10 月的人民文学出版社版。详情参见龚明德：《〈太阳照在桑干河上〉修改笺评》，长沙：湖南人民出版社，1984 年。

再次，值得进一步强调的是《邪不压正》与《李有才板话》在情节结构上的延续性，即都设置了一个外村人视角，《李有才板话》写小福的表兄带来阎家山之外的情况以及对相关事情的看法，《邪不压正》写上河的二姨带来下河村之外的情况以及对相关事情的看法，既丰富了小说的内在层次，也打破了共产党进村所带来的话语单一性。《太阳照在桑干河上》似乎有类似的设置，胡泰一家既是作为顾涌的儿女亲家而存在，更是作为暖水屯外不同于共产党的视角而存在。从小说的形式结构来看，外村人视角的存在看似无关紧要，其实削弱了小说的政策性和任务性，赋予了小说柔软的人情物理空间，在形式上当然是新颖的。

又次，《李有才板话》还有一处结构性的并置为《太阳照在桑干河上》袭用了，即两篇小说都把官腔和老百姓的话做了并置，前者表现在章工作员开会大讲特讲"意义"和"重要性"、张得贵"也学会打官腔了"①，后者表现在文采开会讲几个小时土改的方法和意义，而老杨同志、杨亮、章品他们不一样，他们深入群众，使用老百姓的话。从结构上来说，两篇小说因此都表现出不同语言之间的切割和冲撞，形成了语言的政治。

最后，也许不妨注意的是，《李有才板话》写《会员手册》与《太阳照在桑干河上》写小册子《土地改革问答》，都是写出了文书行政在农村治理中遇到的具体状况②，把国家政治和基层政治之间的矛盾关系凸显了出来。在这一方面，《太阳照在桑干河上》表现得更为出色，它

---

① 相关讨论参见李国华：《"官腔"与"老百姓的话"——论赵树理小说"可说性"的构成》，载《文艺争鸣》2012 年第 12 期。

② 相关讨论参见孙晓忠：《村庄中的文书行政——以土改和合作化小说为中心》，载《中国现代文学研究丛刊》2017 年第 6 期。

写张裕民、程仁和李昌一起读《土地改革问答》，却读出了很不一样的土改方法，李昌觉得照方抓药，土地改革轻而易举，程仁则熟悉本村土地肥瘠，感慨不能简单按土地面积划分阶级成分，张裕民考虑的却是重新分配土地不等于打垮了旧势力，老百姓的翻身、翻心"可不是件容易的事"。① 虽然如此，赵树理作为着先鞭的作者，仍然形成了赵树理之影，浮现在丁玲的小说中。作为具体的小说人物，丁玲《太阳照在桑干河上》写的小学教员任国忠与赵树理《李家庄的变迁》写的教员李春喜，无疑是同一类型，即都是依附于地主的乡村知识分子和文书行政的执行者。

　　总的来说，上述种种关联之处，虽然完全具体地落实为丁玲对赵树理的偷师是言过其实的，但说赵树理的写作多多少少启发了丁玲，大概算是"捕风捉影"，到底有所证明吧。当然，需要补充说明的是，赵树理小说反映的以山西乡村为主的社会生活内容与丁玲小说反映的以河北乡村为主的社会生活内容，因为山西、河北彼时都属于晋察冀边区，且乡土相邻，也多少造成了两位作家小说中一些相似、相近、相同元素的出现。此种或可实证的部分不暇详论，此处要有所申议的是，丁玲对《李有才板话》"形式的新颖"的感知，可能更在于情节结构、人物设定、叙述视角、语言并置等地方。一切看上去似乎是小说内容的地方，对于丁玲而言，恐怕是真正的形式问题，是怎么写的问题，也即如何适应新的内容的问题。赵树理之影的存在，似乎意味着丁玲学有所成。

---

① 丁玲:《太阳照在桑干河上》,第54—56页。

二 中农意识

在 1955 年 3 月的一次电影剧作讲习会上，丁玲曾以《太阳照在桑干河上》的写作为例，道出自己写作的若干密码。她先是表示"一个作家的脑子里总会有几个人物"，"这些人物是他长期生活经验中产生的，也是从他的思想中产生的"，认为"每一个作家，他至少有几个他最喜爱的人，最爱去表现的人物，这些人物是他多少年生活的积累。而且作家总有他自己的理想，他是要把理想放进他所喜欢的人物里面去的"，① 在简略而动情地回忆了个人创作发生史之后，提及自己参加土改时看见"从地主家的门里走出一个女孩来，长的很漂亮，她是地主的亲戚，她回头看了我一眼，我觉得那眼光表现出很复杂的感情"，② 看见一个被迫献地的富裕中农在群众大会时被迫站台上，"那富裕中农没讲什么话，他一上台就把一条腰带解下来，这哪里还是什么带子，只是一些烂布条，脚上穿着两只两样的鞋。他劳动了一辈子，腰已经直不起来了。他往台上这一站，不必讲什么话，很多农民都会同情他，嫌我们做的太过了"，③ 这些构成了小说人物黑妮和顾涌的来历。丁玲进一步回忆道：

---

① 丁玲：《生活、思想与人物》，载《丁玲全集》第 7 卷，石家庄：河北人民出版社，2001 年，第 431 页。
② 同上书，第 433 页。
③ 同上书，第 436 页。"一次会议"指 1947 年 10 月间中共晋察冀中央局在河北省阜平抬头湾村附近召开的土地会议。相关的是非非可参考龚明德：《〈太阳照在桑干河上〉问世前后》，载《昨日书香》，南京：东南大学出版社，2002 年，第 278—290 页。

> 书没写完，在一次会议上，听到了批评：说有些作家有"地富"思想，他就看到农民家里怎么脏，地主家里女孩子很漂亮，就会同情地主、富农。这话可能是对一般作家讲的，但我觉得每句话都冲着我。我想：是呀！我写的农民家里是很脏，地主家里的女孩子像黑妮就很漂亮，而顾涌又是个"富农"，我写他还不是同情"地富"？所以很苦恼。于是，不写了，放下笔再去参加土改。①

有意思的是，参加土改回来后完成的《太阳照在桑干河上》写黑妮和顾涌仍然是充满同情的。短时间的土改实践并不能从根本上革新一个作家的思想和经验结构，丁玲自有其"多少年生活的积累"和"理想"，是难以改变，甚至是不可改变的。早在1933年4月写自己的创作生活时，丁玲就表示过：

> 我写了《一九三〇年春上海》、《田家冲》。……《田家冲》曾有许多人批评过。这材料确是真的。失败是在我没有把三小姐从地主的女儿转变为革命的女儿的步骤写出，所以虽说这是可能的，却让人有罗漫谛克的感觉。再者，便是我把农村写的太美丽了。我很爱写农村，因为我爱农村，而我爱的农村，却还是过去的比较安定的农村，加之我那种和农村的感情，又只是一种中农意识。这种意识到现在还留得有在我身上，我想可以克服过来的。②

---

① 丁玲：《生活、思想与人物》，载《丁玲全集》第7卷，第436—437页。
② 丁玲：《我的创作生活》，载蓬子编《丁玲选集》，上海：天马书店，1933年，第275页。本书使用的是此书1934年第4次重印的版本。

但克服中农意识并不是那么容易的,正如冯雪峰当年评价丁玲小说《水》时所说的,"作者在《田家冲》之后要能写出《水》来,她必须更经过更其坚苦的对于自己的一切旧倾向旧习气的斗争。同时她要能够从这枝萌芽长大更必须不断的对自己的一切旧的残余及一切新的障碍严行斗争",①丁玲也许在持续不断地进行着严肃的自我斗争,却直到写《太阳照在桑干河上》时,也并未克服中农意识。甚至毋宁说,她虽然在写白奶奶、李子俊的夫人等小说人物时有意克服了自己的中农意识,但在写黑妮和顾涌时,却为自己"多少年生活的积累"和"理想"所蛊惑,仍在享受中农意识。《田家冲》中的三小姐走向革命的步骤固然是不清晰的,黑妮何以与钱文贵他们有不一样的观念和立场,也不是很令人信服。更为关键的是,顾涌和赵树理笔下的王聚财一样,享有了对乡村秩序变动的终极评价权,在写出《太阳照在桑干河上》之后,丁玲也许才真正触碰到中农意识的根本,"更必须不断的对自己的一切旧的残余及一切新的障碍严行斗争"。

因此,丁玲在小说开头不久写下的两段话是值得再次详细分析的:

> 两个车轮几乎全部埋在水里,白鼻也只露出一个大背脊,好像是浮在水上,努力挣扎,大姑娘抱紧了孩子,抓住车栏,水从车后边溅到前边来。老头用鞭子在牲口的两边撺,"呵、呵、呵"随着车的摇摆而吼着。车前边的一片水,被太阳照着,跳跃着刺目的银波,老头子看不清车路,汗流在他打皱的脸上,车陷下去了,又拉出来了,车颠得很厉害,又

---

① 丹仁(冯雪峰):《关于新的小说的诞生》,载蓬子编《丁玲选集》,第287页。

平正了，好容易白鼻才爬出水来，缓缓地用四个蹄子在浅水处踏着。车又走到河滩的路上了，一阵风吹来，好凉快呵！

路两旁和洋河北岸一样，稻穗穗密密的挤着。谷子又肥又高，都齐人肩头了。高粱遮断了一切，叶子就和玉茭的叶子一样宽。泥土又湿又黑。从那些庄稼丛里，蒸发出一种气味。走过了这片地，又到了菜园地里了，水渠在菜园外边留着，地里是行列整齐的一畦深绿又一畦浅绿。顾老汉每次走过这一带就说不出的美慕，怎么自己也有这末一片好地呢？他对于土地的欲望，是无尽止的，他忍不住向他女儿说："在新保安数你们八里桥一带的地土好；在咱涿鹿县就只有这六区算到家的了。你看这土多熟，三年就是一班稻，一年收的比两年还多呢。"①

这里最有意思的细节是，叙述者顺着小说人物顾涌的视线发现"高粱遮断了一切，叶子就和玉茭的叶子一样宽"。整部小说读下来，顾涌生活的土地大量种植的是高粱，小说下文写顾涌的车"缓缓的走过高粱地，走过秫子地，走过麻地，走过绿豆地，走到果园地带了"，②之后写钱文贵家"常吃的是白面大米，一年就见不到高粱玉茭窝窝"，③写董桂花家"用高粱秆隔了一个院子出来"，④写老百姓在谣言中"又专心到他们的谷子地、秫子地、高粱地、麻地，他们的果木园、菜园"

---

① 丁玲：《太阳照在桑干河上》，第 2—3 页。
② 同上书，第 5 页。
③ 同上书，第 11 页。
④ 同上书，第 33 页。

锄草，①写张裕民和舅舅他们"连几顿正经高粱饭也难吃到的"，②写董桂花递给来访的杨亮"一碗高粱米汤"，③见他没吃饱，"又替他装了一碗冷高粱饭"，④写刘满被张正典诓地后灰心不浇地，"别人高粱长的一丈多高，谷穗穗又大又密，他的高粱就像他那个常常害病的女人，又瘦又软弱"，⑤写烦躁不安的小学教员任国忠河滩踱步，看到了原属于白槐庄地主李功德的地，彼时是"足有四十亩地的高粱"，⑥写暖水屯农民翻身后，周月英指挥分财物，"手上拿了半截高粱秆，在那里指挥"，⑦凡10处。而小说写到玉茭只有两处，即上引"叶子就和玉茭的叶子一样宽"及"一年就见不到高粱玉茭窝窝"，都是虚晃一枪，可见顾涌生活的地方不种玉茭。玉茭系玉米的晋方言，玉米在小说中出现了一次，系交代章品的革命往事时叙及："有几次一月多找不到熟的吃，并且还常常吃生的南瓜，生的玉米。"⑧另外，秫子是高粱的方言，指个头较矮的高粱，这就意味着丁玲笔下的"秫子地"也是一种高粱地。因此，顾涌生活的土地上只有高粱，没有玉茭（玉米），他不应该见到高粱的时候产生"叶子就和玉茭的叶子一样宽"这样的想法。就像暖水屯的原型温泉屯的果树园没那么好，小说中的果树园是丁玲的特别想象一样，⑨高粱叶子和玉茭叶子一样宽的想法也是丁玲的

---

① 丁玲：《太阳照在桑干河上》，第41页。
② 同上书，第50页。
③ 同上书，第80页。
④ 同上书，第82页。
⑤ 同上书，第305页。
⑥ 同上书，第315页。
⑦ 同上书，第437页。
⑧ 同上书，第321页。
⑨ 丁玲：《怎样阅读和怎样写作》，《丁玲全集》第7卷，第394页。

特别想象，它不属于小说中的人物，而属于作家丁玲的无意识。据史料记载，高粱主要种植于年降雨量在500毫米以下的干旱、半干旱地区，栽培北限在北纬55°15′，20世纪中叶中国栽培面积为939万公顷，20世纪末由于玉米栽培面积扩大和粮食进口增多而缩减为130万公顷，①而清中期玉米在中国北方和中西部山区的种植面积扩展很快，直到20世纪下半叶仍然是中国北方农村和西南山区的主要粮食作物，②涿鹿地区1940年代遍种高粱也是实情，玉米也有种植的可能。总之，丁玲虽然竭尽全力使用小说人物顾涌的视点并贴近其内心，同其忧戚好恶，但仍然不免有一些特别想象，无意识中也"把农村写的太美丽了"。由于丁玲将这种特别想象视为中农意识，因此她在小说中强调顾涌对土地的欲望时，也就带有了美化和赞美的色彩。小说第二节"顾涌的家"写"他们由于不气馁的勤苦，慢慢地有了些土地，而且在土地上抬起头来了，因为家属的繁殖，步步地、贪婪地去占有土地，也更多由于劳动力多，全家十六口人，无分男女老幼，都要到地里去，大家征服土地，于是土地的面积，一天天推广，一直到不能不临时雇上一些短工"，③就是中农颂歌。在水里挣扎并爬出来的白鼻是中农命运的象征，洋河两岸的风景则是中农的欲望风景。

周扬当年曾经犀利地表示赵树理的《李有才板话》没有风景画，④虽然赵树理确实不像丁玲那样娴于风景描写，但其小说的叙述却充满中农意识，并不像周扬所说的那样，没有降低到农民意识，⑤农民意识

---

① 参见罗桂环：《中国栽培植物源流考》，广州：广东人民出版社，2018年，第67—69页。
② 同上书，第78页。
③ 丁玲：《太阳照在桑干河上》，第7页。
④ 周扬：《论赵树理的创作》，载《论赵树理的创作》，沈阳：东北书店，1949年，第15页。
⑤ 同上书，第13页。

也是要做阶级划分的。赵树理之影所以能存在于丁玲的小说上,就是因为彼此共享着极为相近的中农意识。只不过相对来说,赵树理的小说更多表现中农意识意义上的人情之美,而丁玲小说更多表现中农意识意义上的风景之美。而从表面上看,二者差别甚大,此之谓差之毫厘,邈焉千里。

三　农村作为图书馆

当然,所谓中农意识并不是说丁玲、赵树理们完全按照中农的眼光看待农村,他们只是因为同情和赞美而吸纳了中农的眼光,从而生成了中农意识。事实上,赵树理写《三里湾》时感慨自己"究竟还不是农业生产者而是知识分子",[①]丁玲在小说中也没有放弃自己的知识分子意识,甚至毋宁说,丁玲是始终坚持自己的知识分子身份的。就《太阳照在桑干河上》而言,丁玲对知识分子态度的典型表现是讽刺文采和任国忠,但与其说那是讽刺知识分子,不如说是讽刺党员干部的官僚作风和上位者的自命清高。丁玲对知识分子态度的典型表现可能是在杨亮身上出现的,她在杨亮正式出场时交代:

---

① 赵树理:《〈三里湾〉写作前后》,载《赵树理全集》第4卷,北京:大众文艺出版社,2006年,第378页。

文采派杨亮参加妇女们开会，杨亮一清早便去访问董桂花。他原在边区政府图书馆管理图书，年龄虽说不大，才二十五六岁，又没有进过什么学校，只在小学里读了几年书，但在工作中，尤其是在这个图书馆的岗位使他读了好些书籍。他不只爱读书，也还有一种细致、爱用脑子的习惯，所以表面看来不过是一个比较沉静的普通干部，但同他相处稍久，就会觉得这是一个肯思想、有自己的见解、而且求上进的青年。图书馆的工作虽给了他很多好处，但他却不希望再继续这个工作了。他常想去做地方工作，到区村去，因为他在去年年底曾经到过怀来乡下，参加村的清算工作，一个多月的经历，给了他很大的兴趣。他觉得农村是一个大的活的图书馆，他可以读到更实际的书。这些实际的生活，更能启发他和明确他的人生观，以及了解党的政策。尤其使他愿意去的是这里有一种最淳朴的感情，使他的冷静的理智，融汇在群众的热烈的浪潮之中，使他感觉到充实和力量。他本来就是农村出身的，因为工作脱离了十来年，现在再反身到这里面，就更能体会这些感情，这是他在管理图书工作上所不能找到的。所以这次，他一知道政府准备派几个同志参加土地改革工作实习队，他就极力争取到这个机会。他是多么的愉快，他希望能在这次下来之中，做出一点成绩，和学得许多东西呵！因此昨晚文采同志分配他去参加妇女们开会，又要他去了解一下妇女的情形，虽然这使他感觉这工作对于他并不恰当，也不方便，但他也很乐意的接受了。他明白他们之中并没有女同志呀！只想，慢慢地来吧。所以他趁着清凉的早晨，去打听妇女主任的家宅。①

在这段五六百字的叙述中，丁玲简直勾勒了一个小说中的赵树理形象，杨亮农村出身的背景、学历不高而靠自学的文化素养、对农村工作的热情以及对农民具有"最淳朴的感情"的理解，都与赵树理有高度相关性。当然，杨亮并不是赵树理，丁玲也绝对不会在小说中写赵树理，只是一个理想的基层干部形象与赵树理也不会相差太远罢了。在这里，值得注意的并不是杨亮积极参加土改实践和接受工作安排的态度，而是他在图书馆和农村之间建立的关联。一个没有离开过农村并乐意扎根农村的农民是不会把农村当图书馆的，只有一个并不在农村而来到农村的图书馆管理员才会把农村看作图书馆。这也就是说，不管杨亮的工作多么深入群众，多么深入人心，使得董桂花颇为受用，决心"串门子"做妇女工作去，②杨亮根本的身份是知识分子。

当然，杨亮也是一个有待于成长的知识分子，他来到"大的活的图书馆"，目的是从"实际的生活"中得到启发并明确自己的人生观；与其说他来到暖水屯是为了改造暖水屯，不如说他是为了改造他自己，从而更好地"了解党的政策"。因此，尽管他有"冷静的理智"、"愉快"的心情和积极工作的态度，甚至能从"群众的热烈的浪潮"中感觉到"充实和力量"，他还是暖水屯的外来者和旁观者，暖水屯只是他的工作对象，此外也并没有多少其他的内容。这一点深刻地表露在以下细节中：

---

① 丁玲：《太阳照在桑干河上》，第77—78页。
② 同上书，第83页。

> 他走进了村西头的第三条小巷。巷很窄，两边都是土墙，墙根下狼藉着孩子们的大便。有一个妇女正站在一家门口，赤着上身，前后两个全裸的孩子牵着她，孩子们满脸都是眼屎鼻涕，又沾了好些苍蝇。她看见杨亮走了过来，并不走进院去，反调转脸来望，孩子也就在母亲身后伸过小脸呆呆的望着。杨亮不好意思去看她，却又不得不招呼，只好问："你知道李之祥住哪一家么？"
>
> 女人不急于答应他，像对一个熟人似的笑了："不进来坐坐么？"
>
> "以后再来看你们吧。你是谁家的？你贵姓？现在我要去找李之祥。"
>
> 女人仍旧那末憨憨地笑着，答道："进屋里来吧，看看咱们的破屋子，咱们赵家，是村副家里，赵得禄，你看见过啦吧？"①

这个女人是暖水屯副村长赵得禄的妻子，由于此行的目的是找妇联会主任董桂花，杨亮并不打算打招呼。但是，这个女人却不回院，她满心期待杨亮会问她，使得杨亮不得不问一个与她无关的问题，而她却不急于回答，反而诱导提问，以便自报家门。这当然是乡村社会司空见惯的交往模式，在话与话之间总是充满闲话家常的褶皱，"有一种最淳朴的感情"，但出现在叙述者笔下，就出现了旁观的或者看风景的意味。墙根下的大便、孩子脸上的眼屎鼻涕苍蝇以及女人半裸的身体，都是杨亮虽然见到却无意产生想法的沿途风景，他没有像丁玲笔

---

① 丁玲：《太阳照在桑干河上》，第78—79页。

下的陆萍那样进行现代卫生学意义上的批判，也没有像赵树理笔下的基层干部一样看不见类似的沿途风景，只是直奔主题："你知道李之祥住哪一家么？"小说虽然写女人半裸的身体让杨亮不好意思，但让他真正不好意思的是，半裸女人居然不回避陌生男人的目光，甚至挑衅地问出了问题。这就应该使杨亮意识到，农村作为"大的活的图书馆"，不在于它可以比作图书馆，而在于它是"活的"。可是，这个女人仍然只是沿途风景，是杨亮读农村时一瞥而过的存在，因为丁玲始终没有写出这个女人的名字，反而在一场夫妻争持中写她贪得江世荣妻子送的花洋布衫。那细节倒是写得惊心动魄，似乎隐藏着无数女性的冤屈：

老婆看见他已经被几个人架住了，便坐在地上，伤心伤意的哭了起来，双手不断的去拉着那件又小又短、紧绷在身上的漂亮的小衫，却怎么也不能再盖住她胸脯了！①

但杨亮不在现场，他不知道这个女人的羞耻感，因此也就不知道她改变自身处境的愿望和热情。贫穷、不公以及不相适应的道德感是赤裸裸地存在着的，并且激烈地刺激杨亮的视觉，但杨亮却仍然直奔工作目标，似乎不愿意有过多的停留。这背后可能是丁玲更需要克服的问题，她不能再写一个陆萍式的人物指斥环境的糟糕和农民的愚昧，②但又不能对相关状况熟视无睹，便只能暂时地以图书馆管理的方式将人

---

① 丁玲：《太阳照在桑干河上》，第 236 页。
② 最近有论者认为丁玲《太阳照在桑干河上》的新人叙事仍有启蒙血统。参见张均：《转折时代的"新人叙事学"——〈太阳照在桑干河上〉再解读》，载《天津社会科学》2024 年第 2 期。

间世相编目封存,留待时间的可能淘洗。

丁玲与她笔下的人物杨亮类似,也在通过土改和书写土改来进行自我改造。但可能有所不同的是,丁玲通过特别想象将自己"多少年生活的积累"和"理想"也安插进了图书馆的编目秩序,她的知识分子的身份意识是持续而强韧的。她不会像赵树理那样,长时间遗忘自己的知识分子身份,只在困顿中才深思,"究竟还不是农业生产者而是知识分子"。对于有的人来说,知识分子身份处处会掣肘,处处是隔膜,群众和人民因之触不可及,而对于另一些人来说,知识分子身份是照亮处处的光,是融合人群的黏合剂,群众和人民因之成为共同体。丁玲带来了什么?《太阳照在桑干河上》带来了什么?也许仍然值得深长思之。

参考文献

中文类

A

安德森:《想象的共同体:民族主义的起源与散布》,吴叡人译,上海:上海人民出版社,2003年。

B

白春香:《赵树理小说叙事研究》,北京:中国社会科学出版社,2008年。

贝尔:《资本主义文化矛盾》,赵一凡、蒲隆、任晓晋译,北京:生活·读书·新知三联书店,1989年。

贝尔登:《中国震撼世界》,邱应觉、杨海平、胡代岗等译,北京:北京出版社,1980年。

伯恩斯坦:《农政变迁的阶级动力》,汪淳玉译,北京:社会科学文献出版社,2011年。

C

蔡翔:《〈地板〉:政治辩论和法令的"情理"化——劳动或者劳动乌托邦的叙述(之一)》,载《文艺理论与批评》2009年第5期。

蔡翔:《革命/叙述:中国社会主义文学—文化想象(1949—1966)》,北京:北京大学出版社,2010年。

陈荒煤:《向赵树理方向迈进》,载黄修己编《赵树理研究资料》,太原:北岳文艺出版社,1985年。

陈建华主编：《中国俄苏文学研究史论》第 2 卷，重庆：重庆出版社，2007 年。

陈南先：《俄苏文学与"十七年中国文学"》，苏州大学博士学位论文，2004 年。

陈思和：《民间的浮沉——对抗战到文革文学史的一个尝试性解释》，载《上海文学》1994 年第 1 期。

陈徒手：《一九五九年冬天的赵树理》，载《读书》1998 年第 4 期。

陈兴：《三仙姑与曹七巧人物形象辨析》，载《山西师大学报（社会科学版）》1994 年第 2 期。

程光炜：《论 50～70 年代文学中的农民形象》，载《中国现代文学研究丛刊》2001 年第 4 期。

程凯：《寻找"革命文学"、"左翼文学"的历史规定性》，载《郑州大学学报》2006 年第 1 期。

程显毅、朱倩编著：《文本挖掘原理》，北京：科学出版社，2010 年。

D

戴光中：《赵树理给予"三农文学"的启示》，载《长治学院学报》2006 年第 6 期。

德芒戎：《人文地理学问题》，葛以德译，北京：商务印书馆，2007 年。

丁帆：《中国乡土小说史》，北京：北京大学出版社，2007 年。

丁玲：《太阳照在桑干河上》，香港：新中国书局，1949 年。

丁玲：《丁玲全集》第 11 卷，石家庄：河北人民出版社，2001 年。

丁玲：《跨到新的时代来——谈知识分子的旧兴趣与工农兵文艺》，载《丁玲全集》第 7 卷，石家庄：河北人民出版社，2001 年。

董大中：《赵树理年谱（1906—1970）》，太原：山西人民出版社，1982 年。

董大中：《赵树理评传》，天津：百花文艺出版社，1986 年。

董均伦：《赵树理怎样处理〈小二黑结婚〉的材料》，载《文艺报》1949 年第 10 期。

董丽敏：《"劳动"：妇女解放及其限度——以赵树理小说为个案的考察》，载《中国现代文学研究丛刊》2010 年第 3 期。

董之林：《关于"十七年"文学研究的历史反思——以赵树理小说为例》，载《中国社会科学》2006 年第 4 期。

董之林：《韧性坚守与"小调"介入——赵树理小说再分析》，载《甘肃社会科学》2011 年第 1 期。

F

范家进:《现代乡土小说三家论》,上海:上海三联书店,2002 年。

范智红:《世变缘常——四十年代小说论》,北京:人民文学出版社,2002 年。

废名:《莫须有先生坐飞机以后》,载《莫须有先生传》,桂林:广西师范大学出版社,2003 年。

费孝通:《乡土中国》,上海:观察社,1948 年。

费孝通:《江村经济——中国农民的生活》,北京:商务印书馆,2002 年。

佛克马:《中国文学与苏联影响:1956—1960》,季进、聂友军译,北京:北京大学出版社,2011 年。

福柯:《知识考古学》,谢强、马月译,北京:生活·读书·新知三联书店,1998 年。

弗兰克:《现代小说中的空间形式》,载约瑟夫·弗兰克等著、秦林芳编译《现代小说中的空间形式》,北京:北京大学出版社,1991 年。

弗里曼、毕克伟、赛尔登:《中国乡村,社会主义国家》,陶鹤山译,北京:社会科学文献出版社,2002 年。

福斯特:《小说面面观》,朱乃长译,北京:中国对外翻译出版公司,2001 年。

釜屋修:《玉米地里的作家——赵树理评传》,梅娘译,太原:北岳文艺出版社,2000 年。

G

公木:《谈谈〈东方红〉这支歌》,载《文化月刊》1998 年第 8 期。

郭爱民、李拉利:《"赵树理与三农文学":纪念赵树理诞辰 100 周年学术研讨会综述》,载《中国现代文学研究丛刊》2006 年第 4 期。

郭沫若:《关于〈李家庄的变迁〉》,载《论赵树理的创作》,沈阳:东北书店,1949 年。

郭文元:《现代性视野中的赵树理小说》,兰州:甘肃人民出版社,2009 年。

H

哈贝马斯:《交往行为理论——行动的合理性与社会合理化》第 1 卷,洪佩郁、蔺青译,重庆:重庆出版社,1994 年。

贺桂梅:《转折的时代——40～50 年代作家研究》,济南:山东教育出版社,

2003年。

贺桂梅：《"再解读"——文本分析和历史解构》，载唐小兵编《再解读：大众文艺与意识形态》（增订版），北京：北京大学出版社，2007年。

贺桂梅：《赵树理文学的现代性问题》，载唐小兵编《再解读：大众文艺与意识形态》（增订版）。

和磊：《赵树理：被"展览"的经典》，载《中国比较文学》2004年第3期。

贺仲明：《一种文学与一个阶层——中国新文学与农民关系研究》，北京：人民出版社，2008年。

黑格尔：《精神现象学》上卷，贺麟、王玖兴译，北京：商务印书馆，2010年。

亨廷顿：《变化社会中的政治秩序》，王冠华、刘为等译，北京：生活·读书·新知三联书店，1989年。

洪子诚：《中国当代文学史》，北京：北京大学出版社，1999年。

洪子诚：《中国当代文学史》（修订版），北京：北京大学出版社，2007年。

侯精一：《长治方言志》，北京：语文出版社，1985年。

胡风：《胡风全集》第3卷，武汉：湖北人民出版社，1999年。

黄修己：《传统要发扬 特征不可失——我们向赵树理学习什么？》，载黄修己编《赵树理研究资料》，太原：北岳文艺出版社，1985年。

黄修己：《赵树理研究》，太原：山西人民出版社，1985年。

黄修己：《不平坦的路——赵树理研究之研究》，天津：天津教育出版社，1990年。

黄旭：《文学政治与二十世纪八十年代中国激进主义》，复旦大学博士学位论文，2008年。

J

加缪：《反抗者》，吕永真译，上海：上海译文出版社，2010年。

加藤三由纪：《赵树理研究在日本》，载中国赵树理研究会编《赵树理研究文集》下卷"外国学者论赵树理"，北京：中国文联出版公司，1998年。

贾平凹：《我是农民》，西安：陕西旅游出版社，2000年。

江上幸子：《从〈中国妇女〉杂志看抗战时期中国共产党的妇女运动及其方针转变》，载王风、白井重范编《左翼文学的时代——日本"中国三十年代文学研究会"论文选》，北京：北京大学出版社，2011年。

蒋晖：《中国农民革命文学研究与左翼思想遗产的创造性转化》，载《文艺理论与批评》2004年第3期。
蒋晖：《〈李有才板话〉的政治美学》，载《文艺理论与批评》2006年第6期。
焦晓君：《"巫"者的悲哀——〈小二黑结婚〉中三仙姑的重新解读》，载《洛阳师范学院学报》2010年第1期。
金文声：《从黑戏〈十里店〉看赵树理的黑心》，载《山西日报》1966年8月18日。

K

康濯：《写在前面》，载董大中编录《赵树理文集续编》，北京：工人出版社，1984年。
柯鲁克、柯鲁克：《十里店（一）：中国一个村庄的革命》，龚厚军译，上海：上海人民出版社，2007年
孔庆东：《雅俗互动的宁馨儿——四十年代小说的新面貌》，载《文学评论》1997年第4期。
孔兆熊、郭蓝田修，阴国垣纂：《沁源县志》，台北：成文出版社有限公司，1976年。
旷新年：《赵树理的文学史意义》，载《文艺理论与批评》2004年第3期。

L

勒庞：《乌合之众：大众心理研究》，冯克利译，北京：中央编译出版社，1998年。
黎保荣：《暴力与启蒙——晚清至20世纪40年代文学"暴力叙事"现象研究》，暨南大学博士学位论文，2009年。
李大章：《介绍〈李有才板话〉》，载黄修己编《赵树理研究资料》，太原：北岳文艺出版社，1985年。
李大钊：《青年与农村》，《李大钊全集》第3卷，石家庄：河北教育出版社，1999年。
李洁非、杨劼：《解读延安：文学、知识分子和文化》，北京：当代中国出版社，2010年。
李金铮：《土地改革中的农民心态——以1937—1949年的华北乡村为中心》，载《近代史研究》2006年第4期。

李萌:《也谈"苏联文学的光明梦"》,载《读书》1995年第9期。

李培林:《巨变:村落的终结》,载《中国社会科学》2002年第1期。

李蓉:《"小说身体"的另一种"现代":论赵树理小说的人物写法》,载《文学评论》2011年第3期。

李士德:《赵树理小说的艺术世界》,长春:东北师范大学出版社,1986年。

李陀编:《昨天的故事:关于重写文学史》,北京:生活·读书·新知三联书店,2011年。

李扬:《抗争宿命之路——"社会主义现实主义"(1942—1976)研究》,长春:时代文艺出版社,1993年。

李扬:《现实主义的现代转型——"社会主义现实主义"研究》,北京大学博士学位论文,1993年。

李泽厚、刘再复:《告别革命》,香港:天地图书有限公司,2004年。

李泽厚:《启蒙与救亡的双重变奏》,载《中国现代思想史论》,北京:东方出版社,1987年。

李祖德:《"农民"话语研究导论——1950、1960年代中国当代文学的"农民"叙事及其文化、政治与美学》,北京大学博士学位论文,2006年。

梁漱溟:《乡村建设理论》,重庆:乡村书店,1939年。

列宁:《青年团的任务》,载《列宁文选》第2卷,莫斯科:外国文书籍出版局,1947年。

刘禾:《跨语际实践:文学、民族文化与被译介的现代性(中国,1900—1937)》,宋伟杰等译,北京:生活·读书·新知三联书店,2002年。

刘旭:《赵树理的农民观:"现代"的限度》,载《华东师范大学学报(哲学社会科学版)》2008年第3期。

刘少奇:《关于修改党章的报告》,北平:新民主出版社,1949年。

柳青:《创业史(第一部)》,北京:人民文学出版社,2005年。

龙迪勇:《反叙事:重塑过去与消解历史——叙事学研究之二》,载《江西社会科学》2001年第2期。

卢卡契:《关于文学中的远景问题——在第四届德国作家代表大会上的发言(摘要)》,载中国社会科学院外国文学研究所外国文学研究资料丛刊编辑委员会编《卢卡契文学论文集(一)》,北京:中国社会科学出版社,1980年。

洛奇:《小说的艺术》,王峻岩等译,北京:作家出版社,1997年。

M

马克思、恩格斯：《马克思恩格斯全集》第 3 卷，北京：人民出版社，1960 年。

马若芬：《意在故事构成之中，赵树理的明描隐示》，载中国赵树理研究会编《赵树理研究文集》下卷"外国学者论赵树理"，北京：中国文联出版公司，1996 年。

马世荣：《中国农村经济研究会研究》，河北大学硕士学位论文，2009 年。

毛泽东：《在延安文艺座谈会上的讲话》，延安：解放社，1943 年。

毛泽东：《湖南农民运动考察报告》，载《毛泽东选集》第 1 卷，北京：人民出版社，1991 年。

毛泽东：《毛泽东选集》第 2 卷，北京：人民出版社，1991 年。

毛泽东：《文化工作中的统一战线》，载《毛泽东选集》第 3 卷，北京：人民出版社，1991 年。

毛泽东：《在延安文艺座谈会上的讲话》，载《毛泽东选集》第 3 卷。

毛泽东：《关于农业合作化问题》，载《毛泽东文集》第 6 卷，北京：人民出版社，1999 年。

毛泽东：《致周扬（一九三九年十一月七日）》，载中共中央文献研究室编《毛泽东文艺论集》，北京：中央文献出版社，2002 年。

毛泽东：《致周扬（一九四四年四月二日）》，载中共中央文献研究室编《毛泽东文艺论集》，北京：中央文献出版社，2002 年。

茅盾：《论赵树理的小说》，载《文萃》第二年第 10 号，1946 年 12 月 20 日。

孟繁华：《"到城里去"和"底层写作"》，载《文艺争鸣》2007 年第 6 期。

N

倪文尖：《如何着手研读赵树理——以〈邪不压正〉为例》，载《文学评论》2009 年第 5 期。

牛卫中：《论劳动锻炼》，西安：陕西人民出版社，1958 年。

Q

齐泽克：《意识形态的崇高客体》，季广茂译，北京：中央编译出版社，2001 年。

钱理群：《1948：天地玄黄》，济南：山东教育出版社，1998 年。

秦弓：《从中国文学史的背景看赵树理的"三农"文学》，载《北京师范大学学报（社会科学版）》2008 年第 3 期。

R

任弼时：《土地改革中的几个问题》，载中央档案馆编《解放战争时期土地改革文件选编（1945—1949 年）》，北京：中共中央党校出版社，1981 年。

S

萨支山：《试论五十至七十年代"农村题材"长篇小说——以〈三里湾〉、〈山乡巨变〉、〈创业史〉为中心》，载《文学评论》2001 年第 3 期。

萨支山：《赵树理小说的农村想象》，载《中国现代文学研究丛刊》2006 年第 4 期。

塞尔登：《革命中的中国：延安道路》，魏晓明、冯崇义译，北京：社会科学文献出版社，2002 年。

申丹：《结构与解构：评 J. 希利斯·米勒的"反叙事学"》，载《欧美文学论丛》，北京：人民文学出版社，2004 年。

申丹：《叙事、文体与潜文本》，北京：北京大学出版社，2009 年。

申丹：《也谈"叙事"还是"叙述"》，载《外国文学评论》2009 年第 3 期。

沈从文：《传奇不奇》，载《沈从文全集》第 10 卷，太原：北岳文艺出版社，2009 年。

沈明：《太原方言词典》，南京：江苏教育出版社，1994 年。

斯炎伟：《论"苏联"因素——当代文学早期的外来影响》，载《文艺争鸣》2007 年第 4 期。

宋剑华：《论"赵树理现象"的现代文学史意义》，载《文学评论》2005 年第 5 期。

苏春生：《从通俗化研究会到大众文艺创作研究会——兼及东西总布胡同之争》，载《中国现代文学研究丛刊》2003 年第 2 期。

苏珊·S. 兰瑟：《虚构的权威：女性作家与叙述声音》，黄必康译，北京：北京大学出版社，2002 年。

孙犁：《谈赵树理》，载《孙犁全集》第 5 卷，北京：人民文学出版社，2004 年。

孙先科：《作家的"主体间性"与小说创作中的"间性形象"——以赵树理、孙犁的小说创作为例》，载《河南大学学报（社会科学版）》2003 年第 1 期。

孙晓忠：《有声的乡村——论赵树理的乡村文化实践》，载《文学评论》2011 年第 6 期。

T

谭平山:《国民革命中的农民问题》,载《中国农民》第1卷第1期,1926年1月1日。

唐文其:《赵树理小说的经典化与传播》,厦门大学硕士学位论文,2007年。

仝志辉:《农民国家观念形成机制的求解——以江西游村为个案》,载《中国乡村研究》第4辑,北京:社会科学文献出版社,2006年。

托洛茨基:《文学与革命》,刘文飞、王景生、季耶译,北京:外国文学出版社,1992年。

W

汪东发:《〈三里湾〉、〈创业史〉、〈山乡巨变〉的叙事个性》,载《湖南社会科学》2000年第3期。

汪晖:《去政治化的政治、霸权的多重构成与六十年代的消逝》,载《开放时代》2007年第2期。

汪效驷:《陈翰笙与"中国农村派"》,载《中国党史资料》2007年第2期。

王彬彬:《赵树理语言追求之得失》,载《文学评论》2011年第4期。

王长军、王文卓:《〈李有才板话〉是一部政策小说——兼谈政策小说的创作问题》,载《天中学刊》2002年第6期。

王春林:《赵树理、农民文化与政治意识形态》,载《山西大学学报(哲学社会科学版)》2009年第4期。

王光东:《"民间"的现代价值——中国现代文学与民间文化形态》,载《中国社会科学》2003年第6期。

王力:《赵树理与中国40年代农村小说研究》,北京:中国社会科学出版社,2011年。

王蒙:《苏联文学的光明梦》,载《读书》1993年第7期。

王晓平:《从"赵树理方向"看"新民主主义文化"的内在困境》,载《文艺理论研究》2011年第5期。

王尧:《改写的历史与历史的改写——以〈赵树理罪恶史〉为例》,载《文艺争鸣》2007年第2期。

王中青:《赵树理作品论集》,太原:北岳文艺出版社,1987年。

威廉斯:《关键词:文化与社会的词汇》,刘建基译,北京:生活·读书·新知三联书店，2005 年。

温铁军：《我们到底要什么？》，北京：华夏出版社，2004 年。

吴福辉：《赵树理的文学影响力何在》，载《中国现代文学研究丛刊》2006 年第 4 期。

吴宇宏：《赵树理评价史研究》，北京大学硕士学位论文，2000 年。

武养：《一篇歪曲现实的小说——〈锻炼锻炼〉读后感》，载《文艺报》1959 年第 7 期。

X

席扬：《角色自塑与意识重构——试论赵树理的"知识分子"意义》，载《晋东南师范专科学校学报》2001 年第 4 期。

席扬：《试论赵树理的"知识分子"意义》，载《郑州大学学报（哲学社会科学版）》2001 年第 5 期。

席扬：《多维整合与雅俗同构——赵树理和"山药蛋派"新论》，北京：中国社会科学出版社，2004 年。

席扬、鲁普文：《"中间人意识"与赵树理自我身份认同》，载《文学评论》2009 年第 4 期。

夏志清：《中国现代小说史》，刘绍铭、李欧梵、林耀福等译，香港：香港中文大学出版社，2001 年。

肖佩华：《解读"农民意识"——鲁迅、赵树理、高晓声笔下农民形象的比较分析》，载《培训与研究（湖北教育学院学报）》2002 年第 4 期。

徐懋庸：《徐懋庸回忆录》，北京：人民文学出版社，1982 年。

Y

晏阳初：《农村运动的使命》，载《晏阳初全集》第 1 卷，长沙：湖南教育出版社，1989 年。

杨庆祥：《"重写"的限度："重写文学史"的想象与实践》，北京：北京大学出版社，2011 年。

杨天舒：《赵树理小说创作与民间文艺资源》，北京大学博士学位论文，2006 年。

杨志杰：《赵树理小说人物论》，太原：山西人民出版社，1983 年。

伊格尔顿：《马克思主义与文学批评》，文宝译，北京：人民文学出版社，1980 年。

Z

张爱玲：《秧歌》，台北：皇冠出版社，1989年。

张爱玲：《金锁记》，载《倾城之恋》，北京：北京十月文艺出版社，2006年。

张丽军：《想象农民——乡土中国现代化语境下对农民的思想认知与审美显现，1895—1949》，东北师范大学博士学位论文，2006年。

张霖：《新文学的通俗化实践与赵树理》，中山大学博士学位论文，2005年。

张霖：《两条胡同的是是非非——关于五十年代初文学与政治的多重博弈》，载《文学评论》2009年第2期。

张颐武：《赵树理与"写作"——读解赵树理的最后三篇小说》，见中国赵树理研究会编《赵树理研究文集》上卷"近二十年赵树理研究选粹"，北京：中国文联出版公司，1996年。

赵建国：《赵树理孙犁比较研究》，北京：昆仑出版社，2002年。

赵树理：《赵树理全集》（第1—6卷），北京：大众文艺出版社，2006年。

赵卫东：《延安文学体制的生成与确立》，浙江大学博士学位论文，2004年。

赵勇：《口头文化与书面文化：从对立到融合——由赵树理、汪曾祺的语言观看现代文学语言的建构》，载《山西大学学报（哲学社会科学版）》，2006年第2期。

赵园：《地之子——乡村小说与农民文化》，北京：北京十月文艺出版社，1993年。

周立波：《暴风骤雨》下册，北京：人民文学出版社，1952年。

周扬：《论赵树理的创作》，载《论赵树理的创作》，沈阳：东北书店，1949年。

中国农村经济研究会编：《中国农村》创刊号，1934年10月。

洲之内彻：《赵树理文学的特色》，载黄修己编《赵树理研究资料》，太原：北岳文艺出版社，1985年。

朱德发：《论四十年代中国文学的世界化与民族化》，载《中国社会科学》2002年第6期。

朱凌：《赵树理阐释史》，福建师范大学博士学位论文，2009年。

朱晓进：《"山药蛋派"与三晋文化》，长沙：湖南教育出版社，1995年。

竹可羽：《评〈邪不压正〉和〈传家宝〉》，载《人民日报》1950年1月15日。

竹内好：《新颖的赵树理文学》，载黄修己编《赵树理研究资料》，太原：北岳文艺出版社，1985年。

英文类

Arnason, *The Future That Failed: Origins and Destinies of the Soviet Model*, London: Routledge, 1993.

Boyte, *Everyday Politics: Reconnecting Citizens and Public Life*, Philadelphia: University of Pennsylvania Press, 2004.

Deleuze and Guatarri, *Anti-Oedipus: Capitalism and Schizophrenia*, Minneaplis: University of Minnesota Press, 1983.

Fei, *Peasant Life in China: A Field Study of Country Life in the Yangtze Valley*, London: Kegan Paul, 1939.

Feuerwerker, *Ideology, Power, Text: Self-representation and the Peasant "Other" in Modern Chinese Literature*, California: Stanford University Press, 1998.

Foucault, *The Archaeology of Knowledge*, translated from French by A. M. Sheridan Smith, London: Routledge, 1994.

Jiang, *From Lu Xun to Zhao Shuli: The Politics of Recognition in Chinese Literary Modernity: A Genealogy of Storytelling*, a dissertation of New York University, 2008.

Matthews, *Artistry and Authenticity: Zhao Shuli and His Fictional World*, a dissertation of the Ohio State University, 1991.

Rancière, *The Politics of Literature*, SubStance, Vol. 33 No.1, 2004.

Rancière, *The Politics of Literature*, Malden: Polity Press, 2011.

初版后记

我的一位兄长,在我读高中的时候,曾经语重心长地对我说,人生只有两条路可走,要么从政,要么经商。因此,当我从理科转读文科时,他很高兴,当我考上北京大学国际政治系时,他憧憬我在国务院会有立锥之地。但是,他的希望落空了,我既没有从政,也没有经商,只有两手清寒。我得承认,我只是对文学情有独钟,才读了文科,才又抛弃国际政治,做一个北京大学中文系的研究生。研究生毕业后,我去广东海洋大学教书。父亲说,也好,免得去害人,作孽,教书先生是哪个世道都要的。我没有父亲思虑得那么多,我只是恐惧为权力的狗苟,厌恶为金钱的蝇营,有意在文字上讨生活。孰知文字生活也躲不开权力与金钱的折磨。于是,我决定考博士了,为了生活,我重新回到北大中文系攻读学位。文学、学习与学历、学位,一边是梦想,一边是现实,我早已不是1998年前那个文学爱好者了。将来,我仍然要去大学教书。不过,这已不是什么有意在文字上讨生活,而是我只能在手口之间谋食,别无挑战生活的能力了。

1998年以前,我有一个作家梦,这是我人生唯一的梦想。上大学以后,这个梦想破灭了。不是因为自觉缺乏文学才华,我还没那么有自知之明,而是发现作家的生活方式并不好,我逐渐向现实低头,远离烟、酒、颓废、忧郁、诗、孤独、愤怒、青春、浪漫、远离形容词，远离名词。我开始恋爱，参照父母的愿望选择结婚对象。以后的路是清晰可辨的，正如母亲与嫂子们吵架完了之后所说的那样，屋檐水照旧痕，我活在人类几千年文明的历史中，生，老，病，死。我已为人子，为人夫，将来要完成为人父的责任，然后尘归尘，土归土。也还有许多细节，比如论文、职称、会议、上学、一日三餐、家庭住址、工资卡……在每一个生活的节点，它们都会很重要，甚至顽固地表现出局部大于整体的特征。但是，这些始终都不过是人生的细目罢了。重要的是，不管是否有过梦想，不管有多少细节，你仍然要为了生活而生活。

曾有一段时间，我欣赏知堂先生，觉得十字街头的塔是一个很好的人生意象。自身没有烟火的气息，但并没有远离人间烟火，还有旁观者清的自足，的确可算是人类智力所及的美好境界。然而，我的人生经历却嘲讽了我，它告诉我，欣赏周氏，不过是一种自居智者的自惑。似乎是为了清洗身上的尘垢，我在大学毕业以后选择了继续上学。母亲支持我的学业，她拖着古稀之年的残躯，在地里看日出日落，种下花生、黄豆，再把它们换成钱，担心我有一天需要钱才能完成学业，完成爱情，完成婚姻。父亲曾经是方圆几十里闻名的裁缝，从不下地，母亲让他也拿起了锄头。我劝慰她，也劝慰父亲，说自己一边读书一边打工，不成问题，而且很快就毕业了，就挣钱了。在我的劝慰声中，母亲因脑梗死卧病在床，失去语言能力，并在我毕业参加工作的第二个月永远闭上了双眼。真是树欲静而风不止，子欲养而亲不待，为了那十字街头的塔，我在自己心上留下了永远无法除去的尘垢。我试图在文字里拯救自己堕落的灵魂，然而无计可施。文字譬如流水，带走我难以承受的辛酸血泪，却无法涤除我心灵的失落。逝者已矣，我唯有略尽心力，供养年逾八旬的父亲。

但是，钱已经没有多大意义。年迈的父亲为了照顾他卧病的妻子，身体状况急剧恶化，双目失明，后来更摔断了右腿髂骨，缠绵床榻。当我的博士论文正在写作时，父亲因多年的病痛和寂寞，脑出血住院，四十四天以后，去了。大姐在父亲临终前一天晚上梦见父亲说，我要找你妈妈去了。其实，四十四天只是现代医学的正常作用。如果可以，我真希望这四十四天并不存在，父亲就不必去得那么漫长，那么痛苦。在父亲去世前四十五天，我写下了一些该诅咒的文字，因为那些文字希望父亲离开这扰攘的尘世。在父亲去世前一天，借给朋友代课的机会，我变成了一个布道者，大谈庄子的生死观，希望医院中的父亲不过是正在经历一场必然的尸解。我仍然只能在无用的文字中求得出脱之法，为父亲，更为自己。

塔是没有的，在烟火缭绕之中，我只能让自己的论文写作也充满人间烟火，拒绝被一些抽象的概念吞噬净尽。我想起导师 2009 年提给我的一个问题，你的立场是什么？我当时的回答是，我不知道，或者说，很难有什么立场。我现在仍然不太清楚自己的立场是什么，虽然已有人论定我左倾。我略有觉悟的地方只有这些：我不想成为理论的俘虏，不想论文的写作变成学院体制内部的有机生产，我希望我的论文背后，是对我亲身经历的社会现实的一点简单的理解。至于对学术研究有没有贡献，那不过是余事而已。作为子裔，像我的父亲母亲那样的农村人，他们的生活，也许才是我理解一切的出发点。这种方式也许是坐井观天，会泯灭一部分是非，但至少能从切身的利害出发，让是非的辩白找到实实在在的处所，而不是空留纸上声。如果说这可以算立场，那么，这就是我的立场吧。因此，虽然觉得赵树理研究天地太小，仿佛自己手大脚大，腾挪不开似的，但我仍然接受了导师的建议，选择了赵树理小说作为研究对象。但因为立场的缘故，我不愿意在故事、小说、文学、主流意识形态、延安、四十年代、现代性、知识分子、民间、庙堂……之类的范畴里展开对赵树理小说的解读。虽然也与这些范畴纠缠，也捧出了形式、文学政治之类的词汇，但这不过是便宜之计，写给读者看罢了。我在意的是，在农村生活的人，他们有没有可能过上他们自己想要的生活。说得更私人化一点，我在意的是，像我父母那样的农村人，他们满足吗？幸福吗？但是，正如我的父母从不关心我在研究些什么一样，我写下的偌大篇幅，仍然与那些农村人水米无干。我的读者大约不会太在意我背后的关怀，大概只会追究我的解读范式是否有效，我的文本分析是否合理，是否推进了赵树理研究，仍然只是一些学院的话题，纸上的烟云。买椟还珠，只因为盒子也有一些内容。而我的擅场，也不过是盒子的雕饰。阎连科在他的新书《我与父辈》中感叹，他写了那么多小说，都与地里刨食的人无关。我这一篇浮泛的文字，其实也只是空盒子，因此也不必埋怨读者，故作别有幽怀的姿态。赵树理说自己终究是知识分子，我恐怕自己也摆脱不了被"知识分子"这个概念消化的命运吧。

因为自觉是个雕饰盒子的匠人，我曾经一度想放弃某些章节的写作。尤其是"农民"的主体性这个话题，我觉得纸面上的讨论，是毫无意义的。导师在这个时刻制止了我的消极，虽然态度委婉，但希望我将盒子雕饰完整的意思溢于言表。于是，压抑着消极、虚无的情绪，我继续写作。一旦进入写作，问题便在自洽的逻辑里自主运行，全不管我有什么情绪。这一经验提醒我，写作自有写作的道理，不必与个人的生活那么相关。我也大体上明白了，为什么我两脚还散发着泥巴和牛粪的味道，却在知慕少艾的年纪，变成了文学爱好者，读一些被定义为后现代文学的小说？人的生活，大约从来都是一篇散文，被分割在不同的位移里，没有什么唯一可靠的坐标。那么，所谓有没有意义的焦虑，其实也不必过于集中在某一个点上；立场的问题，也就不那么重要了。鲁迅被毁为二重反革命，钱理群被视为蝙蝠侠，大抵都是那么回事吧。我虽然并不要骗人，像鲁迅那样，但文字是会骗人的。它好像通往真理，其实只是语言编织成的筏子，目的地何在，还得看谁是撑筏子的人。我撑不住筏子，被文字带向了我不想去的地方。有时候被自己的满腹牢骚震惊，我讶异自己何以如此似极乾坤一腐儒？我要通过我的论文表达现实关怀，却又不信它能达成目的，辗转间，自伤自怜之态唾手可掬。我痛恨这种徙倚不定的论客劲儿，决意以后只在文字里讨生活，不让文字变成我的生活。我就在俗世里，在人间烟火中，老病，死去，灰飞烟灭。

现在，我要感谢一些人了。秀才人情纸半张，只能在这里逐一罗列。首先要感谢的是两位导师，吴晓东和高远东，是他们领着我走进学院学术生产的工厂，教我手艺，教我做人，交给我后半生取用的府库。曾经忝列门墙，叨陪两位导师的末座，是我青春岁月的荣耀，一生风景的光华。我也要感谢蒋晖老师，感谢那倾盖如旧的热情，充满教益的交谈，一见倾心的关怀。还有王枫老师，我感谢他一针见血的学术意见，如沐春风的人情味。我也感谢温儒敏老师、商金林老师、陈平原老师、孔庆东老师、姜涛老师，感谢他们对我微末的学术能力的肯定，感谢他们热心指出我的优点和缺点。另外，我还感谢那些偶然谋面或素未谋面的老师，感谢他们帮我寻找研究赵树理的问题与方法；他们是贺桂梅老师、罗岗老师、倪文尖老师、张旭东老师。

当然，还有朋友们。任羽中鼓励我攻读博士学位，他总是在我情绪低落的时候说，你是个读书人。王勇说他的朋友都很优秀，那意思似乎是希望我也变得优秀起来。李雅娟、孙芳、潘利侠、王婷婷、陈尔杰，这些常年的饭伴，不仅在学术中给予我无私的帮助，而且在生活中也惠我良多，使我在文字中讨生活时并不寂寞。牟利锋，吕绍刚，田露，吉田薰，崔问津，陈思，他们也总是在百忙中带给我许多学术的教益和朋友的温情。还有王小岩，当我人在湛江分身乏术时，帮我从北京复印来一些重要的文献。也还有我的室友盛虎，研究水的区域治理，用他的学科意识刺激我，让我得到一些启发。还有王永生，一个研究霍布斯的老哥们儿，他指出我对黑格尔、尼采、海德格尔……的隔膜。我感谢他们。我尤其感谢李雅娟，那个被我戏称为副导师的姑娘，她施惠于我的不止于学术，还有许多我无法顾及的事情，她帮了我。

我感谢导师吴晓东的各位高足，他们中肯的批评，深刻的建议，温厚善良的学术作风，让我获益匪浅。我尤其感谢李松睿、王东东、燕子、许莎莎等人为我的论文贡献了热情和智慧，使我的论文增色不少。另外，我也感谢刘奎帮我张罗答辩的诸种琐事。在他们面前，我深刻体会到，坦诚是多么美好的事情。

最后，我要感谢我的妻子李舒燕，感谢她相信我有才华，感谢她身怀六甲，还帮我校对论文，成为我论文初稿的第一个读者。我感谢她眼中的宽容，心里的爱意，手底的温柔。虽然她离我父母的愿望很远，听不懂客家方言，也未曾在他们活着时让他们抱上孙子，但她是我的理想。

2012年4月20日深夜于湛江蛙鸣声中

增订版后记

要感谢洪子诚老师,没有洪老师垂顾,我不会想出增订版。

2012 年博士论文答辩,洪老师是评委,提了不少意见,其中印象最深刻的一条是,为什么整篇论文都没有涉及《实干家潘永福》?我当时回答以赵树理在《下乡集》中强调《实干家潘永福》是真人真事,与集子中的小说不同。但并不安心,时时惦记该怎么处理。最近两年读原始材料,慢慢明白当年还是太天真了,《实干家潘永福》就是小说,只是不寻常,需要不寻常的读法,便写了《事例的事理与纹理》一文,算是晚交了十二年的一份作业。

答辩时评委老师们认为历史感不足,缺乏常规的单篇小说的独立分析,我斟酌再三,花了几年时间琢磨,写了删,删了写,去年终于凑成了《劳动、尊严及其形式》一文,算是晚交十一年的另一份作业。

此外的两篇文章,一篇解读周立波的《暴风骤雨》,一篇解读丁玲的《太阳照在桑干河上》,也都是近两年完成的,目的是补足当年的缺欠,当年一笔带过地说赵树理与丁玲、周立波的差异,终究是随意了些。

至于《乡村之外——追蹑赵树理小说中的城市因素》一文,是 2012 年博士毕业后在同济大学工作时写的,思路岔出去了。当年不确定是在岔路上继续走走,还是止步不前,便趁着 2016 年博士论文变成书由上海书店出版，附以存念。

增加了四五篇文章，书似乎是完整了。

然而这完整是个假象。事实上，我顶多分析了半个赵树理，而赵树理更重要的一半存在于我几乎完全不懂的话剧写作和地方曲艺中。希望有人像对赵树理的小说一样，热情地对待他的话剧和曲艺创作。

还有很多其他的不足，我仍然试图去弥补，只是不知道能否弥补过来。我的阅读重心早已不是赵树理，也许只能如此了。好吧，书有书的命运，姑且如此吧。

谢谢黄敏劼老师，她细致的工作令本书增色不少。

2024 年 10 月 16 日午夜于中关园